JN098772

新 実務家のための税務相談

のための

税務相談

会社法編

第2版

三木義一 監修／山田泰弘・安井栄二 編

有斐閣

第2版の刊行に寄せて

　初版は，みなさんの「実務上ふと気になる問題」について税務とその基礎となる民法や会社法についてハンディに理解したいというニーズに寄り添い，多くの読者を得ることができました。今回，民法の債権法改正・相続法改正をはじめとする一連の改正法が施行され，会社法も令和元（2019）年改正が施行されようとするタイミングに，それらをキャッチアップする第2版を刊行することができました。第2版も初版に引き続き編者の各先生をはじめ，多くの方々のご協力と有斐閣書籍編集部京都支店の一村大輔さんの丁寧な編集作業で実現することができました。改めてお礼を申し上げます。第2版も初版同様，読者のみなさんに愛され，活用されることを願っています。

　2020年10月

三木　義一

初版　監修者はしがき

　長いことお待たせした本をようやく上梓することができました。税務を適切に処理するためには，税法の理解とともに，その基礎となっている民法や会社法の理解も不可欠です。そこで，有斐閣から2003年に『実務家のための税務相談（民法編）』をだし，これが好評でしたので2006年に取り上げる項目を増やした第2版をだし，多くの読者を得たのですが，少数の項目を非常に深く突っ込んで検討しただけに改訂がかえって難しくなりました。そこで，今回はもう少し広く項目を取り上げ，特殊な問題にはあまり深入りしないようにして，まず全体像を理解していただけるものにしました。さらに，それぞれの項目のほとんどを実務家が書き，それを研究者が確認して整調することにしましたので，実務上ふと気になる問題が理論的にも説明され，実務と理論の交流がなされたとても有益なものになっています。

　また，これまでは民法編だけでしたが，今回は要望の多かった会社法編もまとめることができました。このような企画が実現できたのは，本山敦，山田泰弘，伊川正樹，安井栄二の各先生をはじめ，多くの方々のご協力と，有斐閣書籍編集部京都支店の一村大輔さんの粘り強い編集作業のおかげです。あらためて謝意を表させていただきます。

　2017年4月

三木　義一

第2版　はしがき

　平成29（2017）年6月に初版が上梓された時は，平成26（2014）年改正会社法が施行（平成27（2015）年5月）され，平成29（2017）年税制改正により税制上の理由から事実上企業実務で実施できなかった会社法上の行為ができるようになり，会社法制が新たなステージを迎えた時期でもありました。

　今回，民法（債権関係）改正・相続関係改正等が完全に施行されたタイミングで民法編の第2版が刊行されることに併せて，会社法編も第2版を刊行することができました。会社法編も民法（債権関係）改正等による変化をキャッチアップする必要性があったからですが，内在的には，令和元（2019）年会社法改正と初版刊行後の変化とをキャッチアップする必要性があったからです。

　令和元（2019）年会社法改正は，株主総会の規律の見直し（株主総会資料の電子提供，株主提案権の見直し），取締役の規律の見直し（株式報酬制度の整備，会社の補償・D&O保険に関する規律の整備），社外取締役の活用が主要なテーマであり，それ以外にも，社債の管理に関する規律の整備（社債管理者補助者制度の導入，社債権者集会決議による社債の元利金の減免），株式交付制度の導入，取締役の欠格条項の削除などを実施しました。

　本書のコンセプトは，「税務に携わる者が実務上ふと気になる問題や疑問について会社法がどうなっているかをハンディに知ることができる」ということですから，株主総会の規律の見直しや社外取締役の活用などに関する解説を収録せず，資金移動や経理関係の変動を生じる事例に限って新規に項目を起こし，従来の項目を整理する改訂を行いました。また，初版では実務家のアクセスの便宜を考え，判例引用は商業誌を原則としていましたが，データベース利用がより一般化していることや公式判例集登載の先例としての優位性を考慮して，公式判例集に収録されている場合は，公式判例集を基礎に裁判例の出典を示すことにしました。

　令和元（2019）年改正会社法は，令和3（2021）年3月1日に施行されることが予定されています。株式交付など新たな制度の税務については，令和3（2021）年税制改正で対応することが予定されています。このため，現時点では完全にはフォローができていないことをお断り申し上げます。

　いずれにしましても，税務に詳しい実務家のみなさんが，税務に関する知識

を確認し，その基礎となる会社法の取扱いを調べる際の「ハンドブック」として，初版と同様に本書が活用されることを切に願っています。最後になりますが，第2版も初版に引き続き各トピック執筆担当者のみなさんのご協力と有斐閣書籍編集部京都支店の一村大輔さんの丁寧な編集作業で実現することができました。改めてお礼を申し上げます。

　　2020年10月

山田　泰弘

安井　栄二

初版　はしがき

　本書は，監修者の三木義一先生の「税務に携わる者が実務上ふと気になる問題や疑問について会社法がどうなっているかをハンディに知ることができる本があればどんなに便利か」という思いから誕生しました。その思いに賛同したものの，税務からアクセスするのにふさわしい会社法の叙述の順序が何か試行錯誤が続きました。本書では，Ⅰ法人格の取得，会社の種類・統制，Ⅱ株主＝会社間の関係，Ⅲ株式の譲渡・保有，Ⅳ株主と会社との取引，Ⅴ役員＝会社間の関係，Ⅵ業務執行に関する税務処理，Ⅶ純資産の部の変動，Ⅷ組織再編等，Ⅸグループ会社，というように，会社の立ち上げや規制を取り上げた後，会社を中心とする，財の移転（資本取引，営業取引，株取引）を行う当事者毎にトピックをまとめました。税務の活動から必要となる会社法の議論を見ることにこだわり，税務からはすぐには検討が必要とならない分野（株主総会など）は，直接には扱わないことにしました。

　本書は，トピック毎に Question を示してそれを解説する方式とし，判例引用などは原則として公式判例集ではなく，アクセスしやすい民間の判例集としました。トピックの解説は，税務に精通する実務家や税法研究者が担い，税法については安井が，会社法については山田が内容を確認しました。読者層が税務に携わる方々と想定されるため，税法の記述は専門家がみてわかる程度に要を得て簡潔に記述し，会社法については若干詳述しています。

　税法と会社法の双方からみて，紛れがなく，正確に，そして簡潔に記述することは想像以上に困難で，執筆者と編者との間を原稿が何度か往復することもありました。とりわけ，会社法上の関心と税務上の関心とがすれ違う領域では大変な作業となりました。

　多忙な中，編者の疑問や問題意識に付き合いながらご執筆いただいた各トピックの執筆担当者の皆さんに改めてお礼を申し上げます。また，原稿の往復に巻き込まれ，なかなか執筆が進まぬ状況の中，忍耐強く，励ましてくれた有斐閣書籍編集部京都支店の一村大輔さんにも謝意を表します。

　2017 年 4 月

山田　泰弘

安井　栄二

目　　次

II　株主＝会社間の関係　49

Ⅵ　業務執行に関する税務処理　267

Ⅶ　純資産の部の変動　279

Ⅷ 組織再編等 295

Ⅸ　グループ会社　353

凡　　例

〈法令等〉

一般法人	一般社団法人及び一般財団法人に関する法律
印税	印紙税法
会計原則	企業会計原則
会計士	公認会計士法
会社	会社法
会社計算	会社計算規則
会社整備	会社法の施行に伴う関係法律の整備等に関する法律
会社則	会社法施行規則
会社令	会社法施行令
銀行	銀行法
金商	金融商品取引法
刑	刑法
公益法人	公益社団法人及び公益財団法人の認定等に関する法律
産業競争力	産業競争力強化法
自己株式等会計基準	自己株式及び準備金の額の減少等に関する会計基準
社債株式振替	社債，株式等の振替に関する法律
商	商法
消税	消費税法
消税令	消費税法施行令
商登	商業登記法
商登則	商業登記規則
所税	所得税法
所税令	所得税法施行令
信託	信託法
税徴	国税徴収法
税通	国税通則法
相税	相続税法
相税令	相続法施行令
租特	租税特別措置法
租特令	租税特別措置法施行令
地税	地方税法
中小承継	中小企業における経営の承継の円滑化に関する法律
登税	登録免許税法
独禁	私的独占の禁止及び公正取引の確保に関する法律
法税	法人税法
法税則	法人税法施行規則

法税令	法人税法施行令
民	民法
民訴	民事訴訟法
有限組合	有限責任事業組合契約に関する法律

〈通達〉

所基通	所得税基本通達
相基通	相続税法基本通達
徴基通	国税徴収法基本通達
評基通	財産評価基本通達
法基通	法人税基本通達

〈判決等〉

大連判	大審院連合部判決
最大判	最高裁判所大法廷判決
最判（決）	最高裁判所判決（決定）
高判（決）	高等裁判所判決（決定）
地判（決）	地方裁判所判決（決定）

〈判決等登載誌〉

行集	行政事件裁判例集
金判	金融・商事判例
金法	旬刊金融法務事情
税資	税務訴訟資料
判時	判例時報
判タ	判例タイムズ
法時	法律時報
民集	最高裁判所民事判例集
民録	大審院民事判決録

※各項目冒頭の★マークは重要度を示す。3段階で★が多い方がより重要である。

執筆者紹介 (50音順)

青木　丈	(あおき　たけし)	香川大学教授
石井　亮	(いしい　りょう)	弁護士，税理士
奥谷　健	(おくや　たけし)	広島修道大学教授
木島　裕子	(きじま　ゆうこ)	税理士
小泉　泰之	(こいずみ　やすゆき)	税理士
河野　良介	(こうの　りょうすけ)	弁護士
佐藤　千弥	(さとう　かずや)	弁護士
島原　博	(しまはら　ひろし)	税理士
島村　謙	(しまむら　けん)	弁護士
杉山　康弘	(すぎやま　やすひろ)	税理士
田村　裕樹	(たむら　ひろき)	弁護士
戸田　智彦	(とだ　ともひこ)	弁護士
西中間　浩	(にしなかま　ひろし)	弁護士，税理士
橋本　浩史	(はしもと　ひろし)	弁護士
濱　和哲	(はま　かずあき)	弁護士，税理士
藤井　宣行	(ふじい　のぶゆき)	弁護士
藤曲　武美	(ふじまがり　たけみ)	税理士
藤間　大順	(ふじま　ひろのぶ)	神奈川大学助教
堀　招子	(ほり　しょうこ)	弁護士
馬渕　泰至	(まぶち　やすし)	弁護士，税理士
三木　義一	(みき　よしかず)	青山学院大学名誉教授 (監修者)
峯岸　秀幸	(みねぎし　ひでゆき)	税理士，公認会計士
安井　栄二	(やすい　えいじ)	立命館大学教授 (編者)
山崎　笑	(やまざき　えみ)	立命館大学教授，弁護士
山田　泰弘	(やまだ　よしひろ)	立命館大学教授 (編者)
山本　悟	(やまもと　さとる)	弁護士

法人格の取得, 会社の 種類・統制

1　法人成りと設立手続

Question

　個人事業主として小売店を経営してきましたが，店舗拡大にともない，法人成り
を検討しています。個人事業主の法人設立について注意すべき点がありますか。

会社法の理解

(1)　会社法の規定

　2006（平成18）年5月から施行されている会社法では，設立時の最低資本金制度や類
似商号規制が廃止されたことなどにより，個人事業主が営む事業を現物出資するなどし，
株式会社等を設立して，事業主体が個人から法人へと成りかわる，いわゆる法人成りが
容易にできるようになりました。

　会社法では，株式会社を設立する手続について，①株式引受人が発起人のみのもの
（会社25条1項1号。以下「発起設立」といいます）と②株式引受人に発起人以外の第三
者が含まれるもの（会社25条1項2号。以下「募集設立」といいます）に区分して規定し
ています。

(2)　発起設立の手続の概要

　発起設立の方が，募集設立と比較して，簡便で早期に法人設立が可能であることもあ
り，法人成りは，ほとんどの場合，発起設立の手続がとられるものと考えられます。発
起設立手続は，一般的には以下の手順に従ってなされます。

　①　定款の基本的内容（目的，商号，本店所在地，設立に際して出資される財産の価額ま
たはその最低額ならびに発起人の氏名または名称および住所（会社27条）），設立時発行株
式に関する事項（会社32条），払込取扱場所（会社34条2項）等の決定

　②　定款の作成（会社26条）

　③　定款の認証（会社30条1項）

　④　発起人による設立時発行株式の引受けおよび払込み（会社34条）

　⑤　設立時取締役等の選任（会社38条）

　⑥　設立時取締役等による調査（会社46条）

　⑦　設立時代表取締役の選定（会社47条1項，3項）

　⑧　登記申請（会社49条・911条，商登47条）

税法の理解

(1)　法人成りによる課税関係の変更点の概要

　個人事業主への課税は，国税では，当該個人への所得税（事業所得等）と消費税（地方消費税を含みます。以下同じ）です。これが法人成りすると，法人に対して法人税および消費税，そして，代表者への役員給与に対して所得税（給与所得）が課されることとなります。また，地方税については，個人事業主には個人事業税および住民税（道府県民税および市町村民税をいいます。以下同じ）が課されます。法人成りすると，法人に対して法人事業税および住民税が課され，代表者への役員給与に対しても個人住民税が課されることになります。

　以下，それぞれの税目ごとに主な注意点を述べます。

(2)　所得税・法人税の注意点

　個人事業主が法人成りすると，代表者への役員給与に対して所得税が課されることになります。この所得税は給与所得に対するものですので，一定の給与所得控除（所得に応じて 55 万円〜195 万円）が適用されます（所税 28 条）。

　この点については，2006（平成 18）年 5 月から施行された会社法によって，法人設立が容易になり，給与所得控除を利用した節税目的での会社設立が増加することが予想されたことへの対策として，同年 4 月に特殊支配同族会社の役員給与損金不算入制度（平成 22 年度税制改正前の旧法税 35 条）が創設されました。この制度は，実質的に 1 人会社と認められる同族会社を特殊支配同族会社と定義づけ，そのような会社の代表者の役員給与について，所得税の給与所得控除額相当分を，法人税の所得の計算上で損金不算入とするものでした。しかし，この制度は，個人所得課税と法人所得課税を混同しているもので合理的でないなどの批判が強く，平成 22 年度税制改正で廃止されました。

　もっとも，法人成りと給与所得控除の問題については，政府は引き続き問題意識をもっており，たとえば，令和 2 年度税制改正大綱には，「小規模企業等に係る税制のあり方については，働き方の多様化を踏まえ，個人事業主，同族会社，給与所得者の課税のバランスや勤労性所得に対する課税のあり方等にも配慮しつつ，個人と法人成り企業に対する課税のバランスを図るための外国の制度も参考に，引き続き，給与所得控除などの『所得の種類に応じた控除』と『人的控除』のあり方を全体として見直すことを含め，所得税・法人税を通じて総合的に検討する」との記述があります。そのため，近い将来，個人所得課税改革において何らかの手当てが講じられる可能性もありますので，税制改正の動向には要注意です。

　その他法人税の主な注意点としては，法人税法上の役員給与は，原則として定期同額でなければならず，法令で定める改定事由がなければ給与額を変更できないので（**51**「会社法上の役員報酬と税法上の役員給与」参照），最初の給与額は慎重に設定する必要があるということが挙げられます。

(3)　消費税の注意点

　資本金が 1000 万円未満であれば，原則として設立から 2 年間は消費税の納税義務が免除されます（消税 9 条）。ただし，法人設立後 6 か月間の課税売上高および給与等支払額が 1000 万円を超える場合等は，設立 2 期目から課税事業者になりますので要注意です（消税 9 条の 2）。

(4)　地方税の注意点

　赤字の場合でも課される法人住民税の均等割は，個人住民税よりも高額で，最低7 万円です（道府県民税 2 万円（地税 52 条），市町村民税 5 万円（地税 312 条））。

(5)　その他の注意点

　これは税法上の問題ではありませんが，法人は，業種や従業員数にかかわらず，労働保険（労災保険・雇用保険）や社会保険（健康保険・厚生年金保険）の強制適用事業となります。それぞれの保険料に事業主負担分があり，給与の支払額によっては，法人税等の税額よりも多額の負担となることもありますので，要注意です。

(6)　新設法人の届出書類等

　法人を設立した場合に，税務署に提出しなければならない届出書類は，以下のとおりです。

①　「法人設立届出書」

　設立後 2 か月以内に所轄税務署長に提出しなければなりません。なお，定款等の写し，設立の登記の登記事項証明書，株主等の名簿の写し，設立趣意書，設立時の貸借対照表ならびに合併等により設立されたときは被合併法人等の名称および納税地を記載した書類を添付します。

②　源泉所得税関係の届出書

　「給与支払事務所等の開設届出書」を，給与支払事務所等を開設してから 1 か月以内に所轄税務署長に提出しなければなりません。また，必要に応じて，「源泉所得税の納期の特例の承認に関する申請書」を提出します。

③　消費税関係の届出書

　設立時の資本金が 1000 万円以上である場合には，設立 1 期目から課税事業者となりますので，「消費税の新設法人に該当する旨の届出書」をすみやかに所轄税務

署長に提出するほか，必要に応じて，「消費税簡易課税制度選択届出書」等を提出します。

④　そ　の　他

必要に応じて，青色申告の承認申請書，棚卸資産の評価方法の届出書，減価償却資産の償却方法の届出書等を所轄税務署長に提出します。

ポイント ―――――――――――――――――――――――――

法人成りが節税に有効か否かは，特に社会保険料の負担まで考慮すると，ケースバイケースであり，一概に判断できません。単なる節税目的ではなく，事業の内容や規模に応じて，コスト増も考慮した上で判断することが賢明です。

（青木　丈）

★★ 2　財産引受け・事後設立

Question

　個人事業主から法人成りして，法人設立準備中ですが，財産引受けや事後設立により発起人の財産を会社に引き継ぎたいと考えています。これらについて，税務上注意すべき点はありますか。

会社法の理解

(1)　財産引受け

　財産引受けとは，会社設立の際，発起人が，会社の成立を条件として，会社のために特定の財産を有償で譲り受けることを約する契約をいいます（会社28条2号）。財産引受けにより，会社は成立後に特定の財産を第三者（発起人を含みます）から譲り受けることができます。

　財産引受けは，現物出資（発起人が金銭以外の財産を出資に充てること。会社28条1号）と同様に，会社設立の際に，発起人が自己または第三者の利益をはかって会社の財産的基礎を危うくする可能性があるため，会社法上のいわゆる変態設立事項の1つとされ，定款に記載することが求められる（会社28条2号）とともに，原則として裁判所に選任された検査役の調査を受けなければ効力を生じないこととされています（会社33条1項〜6項）。ただし，次の場合は，検査役の調査は免除されます。

　①　対象財産につき，定款に記載された価額の総額が500万円を超えない場合の現物出資・財産引受け（会社33条10項1号）。

　②　対象財産のうち，市場価格のある有価証券について定款に記載された価額が定款認証日における取引市場の終値または公開買付契約記載の価格のうちいずれか高い額を超えない場合の当該有価証券にかかる現物出資・財産引受け（会社33条10項2号，会社則6条）。

　③　対象財産について定款に記載された価額につき，弁護士，弁護士法人，公認会計士，監査法人，税理士または税理士法人からその価額が相当である旨の証明（不動産については加えて不動産鑑定士の鑑定評価も必要）を受けている場合の当該証明等にかかる現物出資・財産引受け（会社33条10項3号）。

(2)　事 後 設 立

　事後設立とは，会社成立後2年以内に，その成立前から存在した事業用財産を継続して使用する目的で，会社が取得する行為をいいます。会社成立後に会社が第三者（発起

人を含みます）から財産を取得するという意味では，前述の財産引受けと類似していますが，財産引受けは会社成立に際して，会社成立を条件として特定の財産を譲り受ける契約であるのに対し，事後設立は，会社成立後2年以内に取得する契約を締結することであり，契約締結のタイミングの違いがあります。

事後設立は，前述の現物出資や財産引受けと類似した側面があるため，その価額が会社の純資産額の5分の1を超える場合には，株主総会の特別決議が必要です（会社467条1項5号，309条2項11号）。また，現物出資や財産引受けとは異なり，検査役の調査は不要です。会社成立後2年が経過した場合には，重要財産の譲受け（会社362条4項1号）として扱われます。

なお，新設合併，新設分割，株式移転によって成立した株式会社には事後設立規制に適用されません（会社467条1項5号柱書かっこ書）。

税法の理解

(1) 発起人への課税

財産引受けまたは事後設立により自己の所有する財産を法人に引き継いだ発起人に対しては，主として，引き継ぐ財産の種類に応じて，原則として下記の所得区分により所得税が課されます。

① 棚卸資産の引継ぎ——事業所得または雑所得

個人事業での棚卸資産を適正な時価で法人に引き継ぐ場合には，通常の事業所得または雑所得として扱われます。また，著しく低い価額の対価で引き継がれる場合は，通常第三者に販売する売価の概ね70%に相当する金額と実際の引継価額の差額が，事業所得または雑所得の金額の計算上，総収入金額に算入されます（所税40条1項，所基通39-1・40-2・40-3）。

② 不動産等の引継ぎ——譲渡所得

土地，建物，車両，機械装置等の譲渡所得の基因となる資産が適正な時価で法人に引き継がれた場合には，通常の譲渡所得として扱われます。また，時価の2分の1未満の著しく低い価額で法人に引き継がれた場合には，時価で引き継がれたものとみなして譲渡所得を算出します（所税59条1項2号，所税令169条）。

逆に，財産引受けまたは事後設立にあたって，時価よりも高い価額で引き継いだ場合には，その差額について給与所得や一時所得として課税される可能性もあります。

また，法人成りにより設立される会社は，同族会社（株主等の3人以下およびこれらの同族関係者が保有する株式の総数または出資の金額の合計額が，その会社の発行

済株式の総数または出資の金額の 50% 以上に相当する場合のその会社（法税 2 条 10 号））であることが多いでしょう。同族会社に対して時価よりも低い価額で財産を引き継いだ場合で，結果的に発起人が負担すべき所得税が不当に減少すると認定されると，同族会社の行為計算否認規定が適用され，時価により課税されることもあり得ます（所税 157 条）。

　消費税については，発起人が課税事業者である場合には，引き継ぐ財産の対価に対して原則として消費税が課されます（土地や株式の譲渡のような非課税取引を除きます）。

(2)　法人への課税

　発起人から財産を引き継ぐ法人においては，引き継いだ時点の適正な時価で引継財産を計上し，実際の引継価額が時価よりも低い場合には，その差額について，益金算入されます。

　また反対に，特に固定資産について，時価よりも不当に高額で引き継いだ場合には，その引き継いだ価額のうち時価を超える部分の金額は，その購入価額から控除しなければならないものとされています（法基通 7-3-1）。その超える部分の金額は発起人に贈与したこととなり，役員である発起人への給与（いわゆる認定賞与）として，損金不算入とされる可能性があります（法税 34 条）。

ポイント

　財産引受けまたは事後設立による法人への財産の引継ぎは，所得税および法人税の不要な負担を回避するためにも，適正な時価によりなされるべきです。また，発起人が課税事業者である場合には，引き継ぐ財産の対価に対して原則として消費税が課されることにも要注意です。

（青木　丈）

★★ 3　発起人報酬・特別利益・設立費用

Question

　会社設立のために要した費用や発起人に支払う報酬等について，税務上はどのように取り扱われるでしょうか。

会社法の理解

　発起人の特別利益とは，発起人が会社設立を企画した功労に報いるために与えられる特別の財産上の利益をいい，会社設立期間中に発起人が当該会社から受ける報酬（以下「発起人報酬」といいます）のほか，会社施設の利用権等がこれに含まれます。

　設立費用とは，会社設立の事務の執行のために必要な費用のことをいい，設立事務所の賃借料等がこれに含まれます。

　発起人報酬を含む特別利益および設立費用は，会社設立の際に，発起人が自己または第三者の利益をはかって会社の財産的基礎を危うくする可能性があるため，会社法上，いわゆる変態設立事項に該当し，定款に記載することが求められる（会社28条3号，4号）とともに，原則として裁判所に選任された検査役の調査を受けなければ効力を生じないこととされています（会社33条1項）。ただし，設立費用のうち，定款の認証手数料，定款にかかる印紙税，払込取扱機関に対する手数料および報酬，検査役の報酬（会社33条3項）ならびに設立登記の登録免許税については，会社に損害を与えるおそれがないことから，定款の記載を要さず会社が負担することができ（会社28条4号，会社則5条），これらを設立費用として会社が負担しても，検査役調査は要求されません。

　現物出資等（**4**「現物出資等における証明者の証明」参照）と異なり，検査役調査に関する少額免除制度がないため，検査役調査をしてまで，設立費用を会社の負担としたり，発起人報酬を設立後に会社が支出したりすることは合理的ではありません。上記の定款記載が免除されている費用以外に会社の設立に費用が発生しても，定款に記載がない場合は，発起人の負担すべきものとなり，発起人が設立費用を設立後の会社に求償できません。同様に，定款に記載がないかぎり，発起人は設立後の会社に報酬を請求できる権利は認められません。

　なお，発起設立では公証人の認証を受けた後，原則として会社の成立までは定款を変更できず（会社30条2項），募集設立では創立総会終了後（創立総会では定款の変更が可能です。会社96条）は会社の成立まで修正をすることはできません（設立費用や発起人報酬を支出するのに定款に記載していなかったということを治癒するためには，最初から設立

をやり直さなければなりません）。また，会社の成立後に設立費用の支出や発起人報酬の支払を追認（成立後の定款変更で設立費用や発起人報酬について記載）することも認められません。もっとも，設立後の会社が任意に発起人からの求償や報酬の支払請求に応じることまでを禁じることは不可能といえます（発起人相互間では，費用負担や報酬請求につき認識があるのでしょうが，株主の利益保護や会社成立後の会社財産の確保の要請から，会社法上は非債弁済と評価され，求償等に応じた取締役の任務懈怠責任が発生します）。

税法の理解

(1) 創立費の取扱い

　法人税法上，発起人報酬および設立費用は，創立費として，法人が支出する費用のうち支出の効果がその支出の日以後1年以上に及ぶ繰延資産に該当することとされています（法税2条24号，法税令14条1項1号）。繰延資産は，会計上の償却期間は一般原則として5年とされていますが（企業会計基準委員会「繰延資産の会計処理に関する当面の取扱い」），法人税法上は取扱いが異なり，任意償却が可能です（法税令64条1項1号）。したがって，開始事業年度において全額損金算入することもできますし，いつでも自由に任意の額を償却し損金算入することもできます。

　発起人報酬および設立費用は，上記のように会社法上は定款に定めることが必要ですが，法人税法上は，法人がその設立のために通常必要と認められる費用を支出したものであれば，当該費用を当該法人の負担とすべきことが定款で定められていないときであっても，当該費用は創立費に該当するものとして取り扱われます（法基通8-1-1）。ここで，「法人がその設立のために通常必要と認められる費用」とは，一般的には，定款等の作成費用，株主募集等の広告費，株式申込書，目論見書，株券等の印刷費，創立事務所の賃借料，設立事務に使用する使用人の給料，金融機関または証券会社の取扱手数料，創立総会に関する費用等が該当します（企業会計基準委員会　実務対応報告第19号「繰延資産の会計処理に関する当面の取扱い」3(3)創立費の会計処理）。発起人報酬についても，それが法人設立のために必要な範囲のものであり，金額も適正なものであれば，誤って定款に記載をしなかった場合であっても，税務上は当事者の認識を考慮し報酬と扱ってよく，創立費に該当するものと考えて差し支えありません。

　また，創立費の消費税の取扱いについては，その支出した日の課税期間である開始事業年度で仕入税額控除を行います。

⑵　**開業費の取扱い**

　ところで，創立費と似て非なるものに開業費があります。開業費とは，会社設立後に事業を開始するまでの間に開業準備のために特別に支出する費用をいいます（法税令 14 条 1 項 2 号）。

　開業費も創立費と同様に繰延資産に該当し，会計上，法人税法上および消費税法上の取扱いも，創立費と同様です。

⑶　**発起人への課税**

　発起人報酬は，発起人が会社の設立のために提供した労務に対する報酬であり，設立中の会社（人格なき社団等）と発起人とは従属関係にあるものと解されることから，所得税法上，給与所得として取り扱われます（国税庁「質疑応答事例（源泉所得税）」（給与所得）4　会社設立発起人が受ける報酬の所得区分）。

　　ポイント

　発起人報酬については，会社法上の要件である定款の定めを誤って怠った場合であっても，法人がその設立のために通常必要と認められるものであれば，法人税法上は創立費として損金算入されます。もっとも，通常必要と認められることを明確にするため，また，コンプライアンスの観点からも，発起人報酬を支払う予定がある場合には，あらかじめ定款にその旨記載しておくべきでしょう。

（青木　丈）

★ 4　現物出資等における証明者の証明

Question

　会社設立時の現物出資に際して，検査役の調査を免れるために顧問税理士に現物出資の証明を依頼したいと思います。顧問税理士が注意する点は何があるでしょうか。

会社法の理解

(1)　現物出資等における価格証明制度の概要

　設立時にあって，現物出資および財産引受け（以下「現物出資等」といいます）は，会社法上のいわゆる変態設立事項とされ，定款に記載することが求められる（会社28条2号）とともに，原則として裁判所に選任された検査役の調査を受けなければ効力を生じないこととされています（会社33条1項～6項。詳しい規制枠組みは **20**「現物出資」を参照）。

　ただし，対象財産について定款に記載された価額が相当であることについて，弁護士，弁護士法人，公認会計士，監査法人，税理士または税理士法人の証明を受けた場合（当該現物出資財産が不動産である場合には，これに加えて不動産鑑定士の鑑定評価も必要），当該証明等にかかる現物出資等については，検査役の調査は免除されます（会社33条10項3号。以下「価格証明」といいます）。

　この証明する者（以下「証明者」といいます（会社52条3項本文））には欠格事項があり，以下の者は証明をすることができません（会社33条11号）。

① 発起人

② 財産引受けの相手方（譲渡人）

③ 設立時取締役または設立時監査役

④ 業務の停止の処分を受け，その停止の期間を経過しない者

⑤ 弁護士法人，監査法人または税理士法人で，社員の半数以上が① ～ ③のいずれかに該当する場合

　このほか，対象財産につき定款に記載された価額の総額が500万円を超えない場合（会社33条10項1号），および市場価格のある有価証券について定款に記載された価額が定款認証日における取引市場の終値または公開買付契約記載の価格のうちいずれか高い額を超えない場合（会社33条10項2号，会社則6条）についても，検査役の調査は免除されます（証明者による証明も不要）。

　なお，現物出資は，募集株式発行時にも可能で，募集事項として現物出資を行うことを決め（会社 199 条 3 項），設立時と同様に検査役調査を受けなければなりません（会社 207 条。規制の詳細は，**20**「現物出資」を参照）。

(2)　証明の方法

　価格証明は，弁護士等が証明書を作成することにより行われます。証明書には，現物出資等の財産の評価額とそれに対応する現物出資の株数に加え，当該財産の実在性を証する事項も記載する必要があります。実在性を証明するためには，不動産であれば登記事項証明書により容易に確認することができますが，登記のない金銭債権，棚卸資産，固定資産等については，帳簿，台帳，契約書等により，それぞれの実在性を確認する必要があります。

(3)　証明者の責任

　会社設立時の現物出資等の価額が定款に記載された価額に著しく不足するときは，発起人および設立時取締役は連帯して不足額を支払う義務を負うこととされています（会社 52 条 1 項）。この場合において，当該現物出資等の証明をした弁護士等は，発起人および設立時取締役と連帯して不足額の支払義務を負うことになります（会社 52 条 3 項本文）。ただし，発起人，設立時取締役または弁護士等がその証明について注意を怠らなかったことを証明した場合には，このかぎりではありません（会社 52 条 2 項 2 号，3 項ただし書）。

　なお，この責任は，募集株式の発行（株式の発行・自己株式の処分）の際も同様であり，証明者は，連帯して不足額を支払う義務を負い，その義務は「当該証明者が当該証明をするについて注意を怠らなかったことを証明」したときにかぎり免責されます（会社 213 条）。また，新株予約権の行使に際しての出資が金銭以外の財産でなされる現物出資についても，証明者の責任は同様の取扱いです（会社 286 条）。

税法の理解 ────────────────────────────────

　税法では，時価を基準にしてさまざまな課税がなされることがあり，たとえば，現物出資等により発起人から設立法人に財産が時価よりも低額で引き継がれる場合，設立法人については時価との差額が受贈益として益金算入され（法税 22 条 2 項），時価の 2 分の 1 未満の著しく低い価額で法人に引き継がれたときには，発起人の譲渡所得の計算上，時価で引き継がれたものとみなされます（所税 59 条 1 項 2 号，所税令 169 条）。したがって，上記の会社法上の証明者の責任を免れることに加え，この税務上の観点からも，適正な時価を把握する必要があります。

　そこで，以下では主な財産の種別ごとに，適正な時価の算出方法のポイントを述べます。なお，税務上の適正な時価の評価については，所得税法および法人税法上の算定方法の定めはないので，実務上は，相続税および贈与税の課税価格の計算の

ための「財産評価基本通達」に準じて評価されることが多いようです。

(1) 金銭債権

売掛金，未収入金，貸付金等の金銭給付を目的とする金銭債権については，将来の給付の現在価値を評価しなければなりません。具体的には，回収可能性と回収期日までの期間を考慮する必要があります。帳簿や契約書および相手先債務者への確認等により，当該金銭債権の実在性を確認することも重要です。

(2) 棚卸資産

商品，製品，原材料，仕掛品等の棚卸資産のうち，通常の販売サイクルで流通しているものについては，帳簿や台帳等を確認することより容易に評価することができるでしょう。ただし，通常の販売サイクルから外れて長期滞留している棚卸資産には，陳腐化したり劣化しているものがあり得るので，注意が必要です。

なお，棚卸資産について，所得税法上は，通常第三者に販売する売価の概ね70％に相当する金額以上であれば，著しく低い価額の対価とはみなされません（所税40条1項，所基通39-1・40-2・40-3）。

(3) 不 動 産

不動産（土地およびその定着物（民86条））についての評価は，不動産鑑定士による鑑定評価に委ね，当該鑑定評価をもとに弁護士等が証明書を作成することとなります（会社33条10項3号）。

(4) その他固定資産

機械装置，車両，備品等の不動産以外の減価償却資産については，資産の取得価額から適正な償却をして評価します。減価償却の方法は，税務上の減価償却資産の耐用年数等に関する省令にもとづく方法によることが一般的ですが，特別償却の特例等が適用されている場合には，通常の減価償却に引き直して算定すべきです。

ポイント

価格証明に際しては，定款に記載された内容と齟齬が生じないよう適正に評価する必要がありますが，あわせて，それにより生じる発起人および設立会社への課税関係も考慮して，依頼者に説明できるようにしておくべきです。

（青木　丈）

★ 5　設立にともなう出資と詐害取消

Question

　債務者が，債務の弁済を逃れるため，新設される会社への現物出資を利用して，
私財を減少させているようです。債権者は，このような現物出資を取り消すことが
できますか。

会社法の理解

(1)　問題の所在

　たとえば，資力の低い債務者が，その有する唯一の財産である不動産を第三者（妻な
ど）に贈与し，あるいは低い金額で譲渡したとします。その結果，弁済原資が不足する
にいたり，債権者は，債務の弁済を受けることができなくなるかもしれません。民法上，
このように，債務者がその財産を減少させるなどして債権者を害する行為を「詐害行
為」といいます。そして，一定の要件を満たす債権者は，このような詐害行為を取り消
すことができるとされています。

　ところで，同様の問題は，株式会社の設立にともなう出資（特に現物出資）の場合に
も起こり得ます。たとえば，債務者が株式会社の設立に際し出資の一部を引き受け，そ
の有する財産を過小に評価して現物出資を行い，相対的に低い価値の株式を受け取る場
合などです（なお，現物出資ができるのは発起人にかぎられています（会社34条1項と63
条1項を対比））。この場合も，債権者は，当該債務者から債務の弁済を受けられなくな
る可能性が生じます。

　そこで，設立にともなう出資が詐害行為といえるような場合にも，債権者は，詐害行
為取消権による救済を得られるか否かが問題となります。

(2)　株式会社の出資行為と詐害取消の可否

　会社法上，社員の個性が重視される持分会社の設立の場合には，詐害的な設立に対し，
債権者が会社の設立自体を取り消すことができる旨の規定がおかれています（会社832
条2号）。そして，取消し（または無効）の原因が一部の社員のみにある場合，他の社員
全員の同意により当該持分会社を継続させることもできるとされています（この場合，
当該原因のある社員は退社したものとみなされます。会社845条）。

　これに対し，株式会社の場合，設立の効力を争う方法は「設立無効の訴え」に限定さ
れているため，持分会社の場合と異なり，詐害行為を理由に設立自体を取り消すことは
できません。他方で，個々の株式の引受けの瑕疵については，錯誤や詐欺などを理由と

する無効や取消しの主張を制限する規定がありますが（会社51条，102条5項・6項等参照），詐害行為取消権の行使はそのような制限事項に列挙されていません。このため，個々の出資行為に対する詐害取消は，認められる余地があります（設立行為の効力に影響しない場合に限定し株式会社への現物出資に対する詐害取消を認めた例として，東京地判平成15・10・10金判1178号2頁）。

(3) 詐害取消の要件

株式会社を設立する現物出資につき，詐害行為取消権が認められるためには，原則として，① 現物出資により債務者の財産が減少すること（典型的には，出資財産が過大評価され，交付される株式価値が過小となる場合），② 債務者の責任財産が，債権者に対する弁済に不十分となること，③ 債務者および受益者（設立中の会社。具体的にはその発起人）が，①・②について認識していること，のそれぞれが必要です。

詐害取消は，これを行使する債権者の債権（被保全債権）額の範囲でのみ行使することができます。しかし，たとえば一筆の土地など，出資財産が不可分である場合はその全体を取り消すことができます（現物出資行為の取消しに加えて，移転登記の抹消登記を請求する）。

(4) 詐害取消の効果

詐害取消の効果は相対的なものと解されており（大連判明治44・3・24民録17輯117頁），株式会社を設立する現物出資が取り消されると，原告（債権者）と被告（典型的には出資を受け入れた株式会社），および現物出資をした債務者との間で当該出資行為が無効とされます（債務者への判決効の拡張につき，民法425条）。その結果，取り消された現物出資は，出資の引受けはあったものの履行がされていないのと同様の状況になるものと解されます。

詐害行為取消権の行使が，設立登記後になされると，出資された財産が「設立に際して出資される財産の価額又はその最低額」（会社27条4号）を割ってしまう場合や，当該現物出資者である発起人が，設立時に発行する株式を一株も引き受けていないことになる場合（会社25条2項参照）などでは，設立無効原因が認められるか否かが問題となります。もっとも，上記東京地裁平成15年判決の趣旨に従えば，設立無効原因が認められるような場合であれば，そもそも個々の現物出資に対する詐害取消が認められないとも考えられます。

他方，詐害行為取消権の行使が，定款の認証（会社30条1項参照）の取得後，設立登記前になされる場合も一応考えられ，どのような解決が正しいのかは必ずしも明確ではありません。この場合，認証済みの定款に記載した「設立に際して出資される財産の価額又はその最低額」（会社27条4号）を満たすことができないようであれば，設立を諦めるか，定款における現物出資の記載（会社28条1号）を消し，出資財産の価額または最低額を改めた上で定款の認証取得からやり直すほかないでしょう（会社30条2項参照）。募集設立（会社25条1項2号）の場合には，現物出資者にその履行を催告した上で失権させても（会社36条1項，3項），創立総会において認証された定款の変更が可能なので

（会社 96 条），定款認証の取得からやり直さなくても，問題を回避できます。

税法の理解

(1)　現物出資者の課税関係

a)　現物出資時

　現物出資も，出資者との関係では出資すべき現物財産の譲渡として扱われます。そして，詐害行為取消が問題となるような事例では，現物出資にかかる財産が過小に評価され，出資により取得する株式の時価が，出資財産の時価を下回ることが想定されます。

　現物出資者が個人である場合，出資財産の譲渡にかかる収入金額は，取得した株式の時価により評価されます（所税 36 条 1 項，2 項）。そして，取得する株式の時価相当額が出資した財産の時価に比して著しく低いとき（具体的には 2 分の 1 に満たないとき）は，出資財産の時価による譲渡があったものとみなされて譲渡所得課税がなされます（所税 59 条 1 項，所税令 169 条）。詐害的な現物出資の場合，この法理によって現物出資財産の時価にもとづく譲渡所得が発生する可能性があります。

　現物出資者が法人である場合も，資産の低額譲渡の場合に準じて，現物出資財産の時価にもとづく益金が計上される一方（法税 22 条 2 項），当該時価と取得した株式の価額との差額相当額が実質的に贈与であると認められ，寄附金として処理される可能性があります（法税 37 条 8 項）。

b)　取　消　時

　詐害取消を認容する判決が確定すると，私法上，現物出資は最初からなかったことになります。その結果，上記 a) で生じた課税についても，課税要件が充足されなかったことになるので，判決の確定した日の翌日から起算して 2 か月以内であれば，後発的理由による更正の請求が認められるものと思われます（税通 23 条 2 項 1 号）。

(2)　会社の課税関係

　設立される会社にとって，現物出資は資本取引に該当するため，その履行や取消しに関して直接的な課税は発生しません。具体的には，現物出資時は，受け入れた現物出資財産（借方）は時価で受け入れられ，資本金等の額の増加額も同額となります（法税令 8 条 1 項 1 号）。したがって，現物出資が取り消された際も，損益の変動はないため更正の請求も要しません。

ポイント

　株式会社設立の現物出資を詐害行為取消権により取り消すことができるか，できる場合はどのような場合か，取消しの効果はどうなるのか，といった会社法上の論点は，判例も少なく実務上の扱いが確定しているわけではありません。もし，そのような請求を行う場合は，最新の判例の動きもふまえて綿密な検討を行うことが必要です。

（島村　謙）

6　合同会社・有限責任事業組合

Question

　合同会社，有限責任事業組合は，それぞれどういった性格をもつ組織体でしょうか。また，それぞれの課税関係はどうなっていますか。

会社法・実体法の理解

(1)　合同会社と有限責任事業組合

　合同会社とは，持分会社の一種で，社員の全員を有限責任社員とするものをいいます（会社575条1項，576条4項，580条）。他方，有限責任事業組合とは，「有限責任事業組合契約に関する法律」において認められた組合の一種で，組合員が有限責任のみを負うものをいいます（有限組合15条）。

　合同会社は会社として独立の法人格を有するのに対して，有限責任事業組合は組合であり独自の法人格を有しません。しかし，いずれの組織体においても，構成員（社員・組合員）は有限責任のみを負うとされる一方で，業務執行や損益の分配について柔軟な取扱いが認められているという点と構成員が業務執行を行うという点では，似た性質を有した組織体といえます。

(2)　権利義務の帰属のあり方

　合同会社は，法人格を有しているので，自らの名において権利を有し義務を負います。社員となろうとする者は，設立登記のときまでに，出資にかかる財産の全部を払い込みますので（会社578条），合同会社の債務に関して一切の責任を負いません（会社580条2項参照）。

　これに対して，有限責任事業組合は，法人格を有しないので，自らの名において権利を有し義務を負うことができず，組合財産は組合員の共有に属します（有限組合56条，民668条）。ただし，組合財産は，組合員の固有財産と分別して管理され（有限組合20条），組合員の債権者は，その者の権利が組合財産となる前の原因により生じた権利か，組合の業務に関して生じた権利にもとづく場合を除き，組合財産に対して強制執行，仮差押・仮処分等をすることはできません（有限組合22条1項）。そのため，合同会社との実質的な違いはそれほど大きくないといえます。

(3)　業務執行のあり方

　合同会社においては，社員が業務執行を行います（会社590条1項）。社員が複数の場

合は，定款に別段の定めがある場合を除き，社員の過半数をもって決定することになりますが（会社590条2項），定款の定めによって，業務執行を行う社員を限定することができます（会社590条1項）。

　これに対して，有限責任事業組合においても，組合員が業務執行を行います（有限組合13条）。ただし，組合員が複数の場合には，合同会社と異なり，組合契約に別段の定めがないかぎり，総組合員の同意をもって決定することとされています（有限組合12条）。また，組合契約の定めをもっても，業務執行を行う組合員を限定することはできないと解されています。

　なお，株式会社においては，法人が取締役となることはできないとされていますが（会社331条1項1号），合同会社・有限責任事業組合は，いずれも，個人のみならず，法人が社員・組合員となることが可能です。その場合は，法人社員・法人組合員は職務執行者を選任し，その職務執行者が実際の業務執行を行うことになります（会社598条1項，有限組合19条）。

(4)　損益の分配のあり方

　合同会社の社員は，合同会社に対して，利益の配当を請求することができます（会社621条1項）。この利益配当請求権は，損益分配（会社622条1項）により，個々の社員に分配された利益の払戻請求権を意味します。損益分配は，原則，出資の価額に応じて定められますが，定款で，これと異なる定めをおくことも可能です（会社622条1項参照）。合同会社では，配当の総額が利益額（配当をした日の利益剰余金の額か，すでに分配され利益の額から分配された損失の額と配当としてすでに交付された金額とを控除した額のいずれか少ない額。会社623条1項，会社計算163条）を超える場合は配当することはできません（会社628条）。

　有限責任事業組合の組合員も，組合財産の分配を請求することができますが（有限組合34条1項），総組合員の同意がないかぎり，剰余金（純資産額から出資総額を控除した残額）の範囲内にかぎられます（総組合員の同意がある場合には，組合の純資産額から300万円を控除した残額の限度で，剰余金の範囲を超えて配当できます。有限組合34条1項，2項）。そして，個々の組合員に対する損益の分配は，原則，出資の価額に応じて定められますが，総組合員の同意があるときは，異なる定めも可能とされています（有限組合33条）。

　したがって，いずれの組織体においても，株式会社と比較すれば，損益の分配については柔軟な取扱いが可能といえます。

税法の理解

(1)　合同会社の課税関係

　合同会社と有限責任事業組合とでは，税法の取扱いはまったく異なります。

　合同会社は，法人税法上の納税義務者であり（法税2条3号，4条1項），その所

得に対して，法人税が課せられます（法税5条）。また，合同会社が行う利益の配当については，株主に対して配当課税が行われ（法税23条1項1号，所税24条1項），支払をする合同会社においても，源泉徴収が必要となります（所税181条，212条3項）。

(2) 有限責任事業組合の課税関係

　これに対して，有限責任事業組合は，法人税法上の納税義務者とならず，有限責任事業組合の事業から生じた所得については，組合員に対して，法人税（法人組合員の場合）または所得税（個人組合員の場合）が課されることになります（法基通14-1-1，所基通36・37共-19以下）。また，有限責任事業組合は，組合員に対する利益の配分について，源泉徴収をする必要もありません（ただし，外国組合員については所税161条1項4号，212条1項・5項）。

　注意が必要なのは，有限責任事業組合の事業にかかる損益の取り込み方によって，組合員の課税所得の計算が異なってくることがあるという点です。すなわち，有限責任事業組合の事業にかかる損益を取り込む方式としては，① 当該事業の収入金額，支出金額，資産，負債等を取り込む方式（総額方式），② 当該事業の資産，負債等は取り込まず，収入金額，その収入金額にかかる原価の額および費用の額ならびに損失の額を取り込む方法（中間方式），③ 当該事業の利益の額（収入金額から原価等の額を引いた後の純額）または損失の額を取り込む方式（純額方式）がありますが，② の中間方式については，引当金の繰入れ，準備金の積立てなど資産を基準とする規定については適用がないとされています。また，③ の純額方式については，受取配当等の益金不算入，所得税額控除など資産を基準とする規定のみならず，所得の性質に着目する規定についても適用がないとされています（法基通14-1-2，所基通36・37共-20）。

(3) 損益にかかる柔軟な取扱いについて

　上記のとおり，合同会社の定款または有限事業責任契約に定めさえすれば，構成員（社員または組合員）に対して，出資の割合に応じない形で，損益の分配を行うことができますが，当該割合が経済的合理性を欠く場合には，組合員間で利益移転があったとして，別途，課税関係が生じる可能性があります。

ポイント

　合同会社と有限責任事業組合は，いずれも柔軟な処理が可能な組織体ですが，課税関係が根本的に異なるので，その選択については，慎重な検討が必要です。また，有限責

任事業組合については損益の取り込み方によって，課税関係が異なってくるので，注意が必要です。

（石井　亮）

7　一般社団・一般財団・公益認定

Question

一般社団法人または一般財団法人を設立するにあたり，税務上注意すべき点はありますか。また，公益認定を受ける場合との税務上の取扱いの差異は何でしょうか。

一般社団・財団法人法および公益法人認定法の理解

(1)　一般社団・財団法人法および公益法人認定法の規定

　いわゆる公益法人制度改革により，公益法人制度は旧民法 34 条法人の仕組みから，一般社団法人または一般財団法人（以下「一般社団・財団法人」といいます）と公益社団法人または公益財団法人（以下「公益社団・財団法人」といいます）の 2 つに改組されました。

　2008（平成 20）年 12 月に施行された一般社団法人及び一般財団法人に関する法律（以下「一般社団・財団法人法」といいます）により，同法制定前の許認可主義が改められ，その事業の公益性の有無にかかわらず，社団・財団一般の法人化を一元的に定めるとともに，準則主義（法の定める要件を充足さえすれば，許認可を待つことなく設立可能）により，一般社団・財団法人を簡便に設立することができるようになりました。なお，これらの法人の社員や設立者に剰余金または残余財産の分配を受ける権利を与える旨の定款の定めは効力を有しないこととされています（一般法人 11 条 2 項，153 条 3 項 2 号）。

　また，同時に施行された公益社団法人及び公益財団法人の認定等に関する法律（以下「公益法人認定法」といいます）により，公益社団・財団法人の認定と監督は，独立した合議制機関の答申にもとづいて内閣総理大臣または都道府県知事の権限で行う制度となりました。

(2)　一般社団法人の主な設立要件

　一般社団法人を設立するには，2 名以上の設立時社員により，一定の事項を記載した定款を作成し，公証人の認証を受け，設立時理事等の選任を行わなければなりません（一般法人 10 条 1 項，11 条 1 項，13 条，15 条〜17 条）。次に，設立時理事等は，設立手続の調査を行わなければなりません（一般法人 20 条）。そして，法定の期限内に，主たる事務所の所在地を管轄する法務局または地方法務局に設立の登記をすることによって，一般社団法人は成立します（一般法人 22 条，301 条）。

(3)　一般財団法人の主な設立要件

　一般財団法人を設立するには，一定の事項を記載した定款を作成し，公証人の認証を

受け，財産（価額 300 万円以上）の拠出を履行し，定款の定めに従い，設立時評議員，設立時理事，設立時監事等の選任を行わなければなりません（一般法人 152 条，153 条 1 項・2 項，155 条，157 条，159 条，160 条）。次に，設立時理事および設立時監事は，設立手続の調査を行わなければなりません（一般法人 161 条）。そして，法定の期限内に，主たる事務所の所在地を管轄する法務局または地方法務局に設立の登記をすることによって，一般財団法人は成立します（一般法人 163 条，302 条）。

(4)　公益認定の概要

　公益認定の基準（公益社団・財団法人として満たすべき主な要件）は，公益目的事業（学術，技芸，慈善その他の公益に関する別表各号に掲げる種類の事業であって，不特定かつ多数の者の利益の増進に寄与するもの（公益法人 2 条 4 号））の比率が全支出の 50% 以上であること，収支相償（その行う公益目的事業について，当該公益目的事業にかかる収入がその実施に要する適正な費用を償う額を超えないこと（公益法人 5 条 6 号，14 条）），遊休財産額（公益法人による財産の使用もしくは管理の状況または当該財産の性質に鑑み，公益目的事業または公益目的事業を行うために必要な収益事業等その他の業務もしくは活動のために現に使用されておらず，かつ，引き続きこれらのために使用されることが見込まれない財産として内閣府令で定めるものの価額の合計額（公益法人 16 条 2 項））が約 1 年分の公益目的事業費の額を超えないことなどです（公益法人 5 条）。

税法の理解

(1)　法人税法上の区分

　法人税法上，一般社団・財団法人および公益社団・財団法人は，以下のように区分されます。

a)　公益社団・財団法人（原則非課税）

　行政庁から公益認定を受けたものをいい，法人税法上，公益法人等（法人税法別表第 2 に掲げられた法人をいいます。法税 2 条 6 号）として取り扱われ，普通法人とは異なり，収益事業から生じた所得以外の所得には課税されません（法税 4 条 1 項ただし書）。

b)　非営利型法人（原則非課税）

　まず，一般社団・財団法人は，非営利型法人と非営利型法人以外の法人の 2 つに区分されます。このうち，非営利型法人とは，一般社団・財団法人のうち一定の要件に該当する次のものをいい，法人税法上，公益法人等として取り扱われ（法税 2 条 6 号・9 号の 2），上記の公益社団・財団法人と同様に原則非課税となります。

①　非営利性が徹底された法人

　その行う事業により利益を得ることまたはその得た利益を分配することを目的と

しない法人であって，その事業を運営するための組織が適正であるものとして政令で定める一般社団・財団法人（法税2条9号の2イ，法税令3条1項）。

② 共益的活動を目的とする法人

その会員から受け入れる会費により当該会員に共通する利益をはかるための事業を行う法人であって，その事業を運営するための組織が適正であるものとして政令で定める一般社団・財団法人（法税2条9号の2ロ，法税令3条2項）。

c) 非営利型法人以外の一般社団・財団法人（原則課税）

一般社団・財団法人のうち，上記の非営利型法人でないものは，法人税法上，普通法人として取り扱われます。すなわち，収益事業から生じた所得以外の所得についても課税されることとなります。

(2) 寄附金税制

公益社団・財団法人は，寄附金税制上，すべて特定公益増進法人となり，寄附金優遇措置の対象となります（法税37条4項，法税令77条3号，所税78条2項3号，所税令217条3号）。

また，公益社団・財団法人においては，その収益事業に属する資産のうちからその収益事業以外の事業で自らが行う公益目的事業のために支出した金額について，その収益事業にかかる寄附金の額とみなして，寄附金の損金算入限度額の計算を行うことができます（法税37条4項・5項，法税令77条の3）。なお，一般社団・財団法人については，このみなし寄附金の適用はありません。

(3) 源泉所得税，譲渡所得課税等の特例等

公益社団・財団法人は，所得税法別表第1に掲げられる公共法人等に該当しますので，これらの法人が支払を受ける一定の利子等にかかる源泉所得税は非課税とされます（所税11条1項）。なお，一般社団・財団法人については，この取扱いの適用はありません。

また，個人が公益社団・財団法人，非営利型法人のうち非営利性が徹底された法人等に対し財産の贈与または遺贈をした場合において，その贈与または遺贈が教育または科学の振興，文化の向上，社会福祉への貢献その他公益の増進に著しく寄与することなど一定の要件を満たすものとして国税庁長官の承認を受けたものであるときは，譲渡所得等にかかる所得税が非課税となる特例が設けられています（租特40条1項後段）。

(4) 相続税・贈与税の課税

準則主義により容易に設立が可能な一般社団・財団法人に財産を移転することに

よる相続税・贈与税の課税逃れを防止する観点から，次の2つの制度が設けられています。

a)　一般社団・財団法人に対する課税

　個人から一般社団・財団法人に対して財産の贈与または遺贈があった場合，その贈与等をした者やその親族等の相続税または贈与税の負担が「不当に減少する結果となると認められるとき」は，その法人を個人とみなして相続税または贈与税が課されます（相税66条4項）。これについて，「不当に減少する結果となると認められないもの」に該当するための4つの要件が政令に定められていますが（相税令33条3項），平成30年度税制改正において，この4要件のすべてを満たさなければならないこととされ，要件が明確化されました。

b)　特定一般社団法人等に対する課税

　また，同族関係者が理事の過半を占めている一般社団・財団法人（これを「特定一般社団法人等」といいます）について，その同族理事の1人が死亡した場合，その法人の財産のうち一定金額を対象に，その法人に相続税が課税されます（相税66条の2，相税令34条）。この制度は平成30年度税制改正で設けられたもので，2018（平成30）年4月1日以後の相続について適用されています。ただし，同日前に設立された一般社団・財団法人については，2021（令和3）年4月1日以後のその法人の役員の死亡に係る相続税について適用されます。

ポイント

　一般社団・財団法人は，準則主義により，許認可が不要で主務官庁の監督も受けませんが，非営利型法人に該当すれば，公益社団・財団法人と同様に法人税は原則非課税となります。また，平成30年度税制改正において，一般社団・財団法人に財産を移転することによる課税逃れを防止する観点から，相続税・贈与税の課税の適正化が図られています。

（青木　丈）

8 匿名組合

Question

匿名組合について説明してください。

商法の理解

(1) 匿名組合とは

匿名組合とは，匿名組合契約にもとづき，当事者の一方（「匿名組合員」）が相手方（「営業者」）の営業のために出資をし，その営業から生ずる利益を分配することを約することによって，その効力を生ずる契約形態をいいます（商535条）。匿名組合員の出資は，営業者の財産となります（商536条1項）。

株式会社の出資者である株主はその株式会社の取締役に就任しその事業を主宰することが可能ですが，匿名組合の出資者である匿名組合員は出資の相手方である営業者の業務を執行したり，営業者を代表したりすることはできず，営業者の営業に関する行為について第三者に権利・義務を有しません（商536条3項，4項）。

株式会社はその事業活動により生じた利益は株主総会の議決によって配当として株主に分配されますが，匿名組合はその営業により生じた利益は匿名組合契約の定めに従い，匿名組合員と営業者に分配されます。また株式会社の事業活動で損失が生じても株主に対し損失の配当はない（株価が下落することとは別）のですが，匿名組合の営業により生じた損失は匿名組合契約の定めに従い，匿名組合員と営業者とに分配されます。このように匿名組合契約にもとづき営業者が行う営業から生ずる権利・義務は営業者のみに帰属し，それから生じた利益・損失は匿名組合員と営業者に分配されるというところに特徴があります。

(2) 匿名組合の成立・運営

匿名組合は，当事者の一方が営業者，もう一方が匿名組合員として出資をする契約であり，たとえば，1人の営業者が出資者10名と匿名組合を組成する場合には，営業と匿名組合員である出資者個々との匿名組合契約が10件存立することとなります。

匿名組合員は，出資に際しては金銭その他の財産を出資しなければなりません。労務などによる出資は認められません（商536条2項）。匿名組合員は特約がないかぎり，その出資額を超えて損失の分担をすることがありませんが，自己の氏もしくは氏名を営業者の商号中に用いること，または自己の商号を営業者の商号として使用することを許諾したときは，その使用以後に生じた債務については，営業者と連帯してこれを弁済する

責任を負うことになります（商537条）。

　営業者が匿名組合契約にもとづき取得した財産はすべて営業者の財産とされます（商536条1項）。しかし営業者は，匿名組合員による業務や財産の検査（商539条）に備えるため，匿名組合契約にもとづく営業により生じた利益や損失，取得した資産や発生した債務，匿名組合員からの出資である預り金を，自己の財産と区分して管理することが当然といえるでしょう。

　なお，営業者はファンド運営者とみなされるため，原則として金融商品取引法に規定する第二種金融商品取引業の登録が必要となります（匿名組合を組成するときに，投資家が「適格機関投資家1人以上＋49人以下の一般投資家」を満たすファンドであれば，適格機関投資家等特例業務に該当し，事前届出制になりますので，改めて登録は不要となります）。

　通常，匿名組合は営業年度をその契約において定め（営業者の事業年度に合致させることが多い），その営業年度における利益または損失を匿名組合員に報告します。

(3)　匿名組合の解除・終了

　匿名組合は，通常は存続期間を定めて契約を締結するのでその存続期間満了によって当然終了となります。存続期間を定めない場合や営業者などの当事者の終身の間存続することを定めた場合は，営業者・匿名組合員は6か月前に予告することにより営業年度の終了時において契約の解除をすることができます（商540条1項）。やむをえない事由があるときは，営業者・匿名組合員は，いつでも匿名組合契約の解除をすることができます（商540条2項）。

　他に終了の事由には次のものがあります（商541条）。

①　匿名組合の目的である事業の成功またはその成功の不能。
②　営業者の死亡または営業者が後見開始の審判を受けたこと。
③　営業者または匿名組合員が破産手続開始の決定を受けたこと。

　なお，匿名組合契約が終了したときは，営業者は，匿名組合員にその出資の価額を返還しなければなりませんが，出資が損失によって減少していたときは，その損失を控除した残額を返還すればよいとされています（商542条）が，その匿名組合契約において解除・終了の場合の出資額の返還金額の算定方法を定めておくようにした方がよいでしょう。

(4)　匿名組合の活用例

　匿名組合は，事業者が新規事業への進出や研究・開発事業を立ち上げる際に新たな出資者から出資を募る場合など，本来の事業とは切り離して財産・損益管理をして利益分配をスムーズに行いたいケースなどでの活用が考えられます。具体的には，不特定多数の人がインターネット経由により他の人々やさまざまな組織（たとえばNPOなどの公益的企業）に財源の提供を行い，その果実の分配を受ける「クラウドファンディング」や映画配給会社がある映画制作における資金を投資家より調達し，その興行成績に応じて配当をするという仕組みの「映画ファンド」があります。

税法の理解

⑴　匿名組合の課税問題

　匿名組合は，それ自体が組合として独立して存立するものではなく組合自体が権利・義務の主体とはなり得ない（商535条，536条）ため，匿名組合としては課税されず，その匿名組合契約にもとづく事業を行う営業者および分配を受ける出資者である匿名組合員に対して課税されます（所基通36・37共-21，36・37共-21の2，法基通14-1-3）。

　そこで，以下では営業者の立場と出資者である匿名組合員それぞれの立場に分けて説明していきます。

⑵　営業者の課税関係

　営業者は，その匿名組合契約にもとづく事業の収益について消費税の納税義務者として納税義務が生じます。また，その匿名組合契約にもとづく事業により取得した固定資産等についても，固定資産税の納税義務者として納税義務が生じます。

　しかしながら，これらの税負担額はその匿名組合契約にもとづく事業の必要経費であるため，通常はその匿名組合契約にもとづく収益から控除して利益を算出することになるので，最終的には匿名組合員が負担することになります。

　営業者がその匿名組合契約にもとづく事業による利益を匿名組合員に分配した場合には，その分配した金額は営業者の必要経費となります。したがって利益をすべて匿名組合員に分配した場合には，営業者にはその匿名組合契約にもとづく事業の利益がゼロとなり，結果その匿名組合契約にもとづく事業については所得税・法人税ともに課されないこととなります（パススルー課税）。なお営業者が匿名組合員に利益を分配する場合には，その分配額について源泉徴収の義務があります。

　最終的に営業者がその匿名組合契約にもとづく事業により損失を生じた場合は，その損失は匿名組合員の出資額から補てん（あくまでも計算上の補てんであって現実に補てんされるものではありません）されるため，その損失の額は匿名組合員に分配されて営業者にはその匿名組合契約にもとづく事業の損失がゼロとなり，結果その匿名組合契約にもとづく事業については所得税・法人税ともに課されないこととなります。

　なお，匿名組合契約終了時において出資額がマイナスとなっていた場合は，そのマイナス部分を匿名組合員に負担を求めることができないため，営業者の損失として確定されます（商542条）。

(3)　匿名組合員の課税関係

　個人である匿名組合員は，営業者からその匿名組合契約にもとづき利益の分配を受けた場合には，その利益の分配は任意組合等と異なり営業者に帰属した利益からの分配であり出資の対価であるという部分から，原則として雑所得として課税されます（所基通 36・37 共-21）。ただし，その匿名組合員がその組合事業を営業者とともに経営していると認められる場合には，その組合事業の内容に従い，事業所得またはその他の各種所得として課税されます（所基通 36・37 共-21 ただし書）。

　法人である匿名組合員は，営業者からその匿名組合契約にもとづき利益の分配を受けた場合には，法人の収益として法人税が課税されます。この利益の分配については受取配当等の益金不算入の規定の対象とはなりません。

　なお営業者から分配された匿名組合契約にもとづく損失の分配については，個人である匿名組合員については雑所得の損失となり損益通算できず，法人である匿名組合員については組合事業等による損失がある場合の課税の特例の規定（租特 67 条の 12）により出資額を超える部分の金額は損金の額に算入されないこととなります。

　　ポイント

　匿名組合は新たに出資者から出資を募り事業展開をする場合（たとえば新店舗の開設など）に活用できます。従前の事業の損益と区分して損益を計算し出資者に分配することができます。ただし，金融商品取引法の規制に注意が必要です。

（島原　博）

★★ 9　法人課税信託

Question

　なぜ法人課税信託という制度があるのでしょうか。どういう信託が法人課税信託として扱われるのでしょうか。また，法人課税信託の課税関係はどのようになっているのでしょうか。

信託法の理解

(1)　信 託 と は

　信託は，後見や委任と同様に，他人による財産の管理・処分のための制度の1つです。委任や後見と異なって，管理・処分を託する財産の移転をともなうところに，信託の特徴があります。信託は，法人格を有していないことから，信託財産は受託者に帰属します（信託2条3項）。ただ，受託者の固有財産とも区別された，独立の財産として取り扱われることになります。

　このように，信託は，一定の事業目的の達成のために，他とは区別された独立の財産を作り出すことができ，さらに，その事業にかかる収益を一定の者に配分できるので，法人と類似した機能を営むことがあります。また，事業用資産の信託とあわせて債務引受を行うことによって，実質的に事業そのものを信託することもでき（信託21条1項3号），この場合も信託が法人と類似した機能を営むことになります。

(2)　信託の当事者

　信託には多数の当事者が登場します。信託を行う特定の者を「委託者」，当該目的に従って信託財産の管理・処分等をすべき義務を負う者を「受託者」，その受託者に対して信託財産に関して一定の権利を有する者を「受益者」といいます（信託2条4項，5項，6項）。

　委託者，受託者，受益者は，一定の範囲で，同一人が兼ねることができます。委託者が受益者となる信託を「自益信託」，委託者以外の者が受益者となる信託を「他益信託」といいます。また，委託者が受託者となる信託を「自己信託」といいます（信託3条3号参照）。受託者が受益者となることも可能ですが，受託者以外の受益者が存在しない状態が1年間継続した場合には，信託は終了します（信託163条2号）。

　さらに，受益者を定めない信託も可能です（信託258条。自己信託による設定は認められていません）。これを「目的信託」といいます。信託設定時に，受益者が特定・現存していない場合であっても，受益者の存在を予定している場合には，目的信託にはあたら

ないことに注意が必要です。

税法の理解

(1)　法人課税信託とは

　法人課税信託とは，信託の受託者に対して，その固有財産とは別に，信託資産等に帰せられる所得について法人税が課される信託をいいます（法税4条の6）。

　信託は，法人格を有していないことから，所得課税の場面でも，信託は独自の課税主体として扱われず（「導管」論），原則，受益者に対して課税をする仕組みが採用されています（所税13条，法税12条）。

　ただ，信託は，法人と類似した機能を営むことがあり，そのような信託については，法人と同様の課税を行うことが公平といえます。また，受益者が存しない信託については，原則的な課税主体とされる受益者が存しないので，適切に信託財産にかかる所得に対して課税を行うためには，別の仕組みが必要となります。そこで，法人類似の信託について法人と同様の課税を行うために，また，受益者が存在しない信託について適切な課税を行うために，法人課税信託という制度が設けられています。

(2)　法人類似の法人課税信託

　法人との類似性を理由に，法人課税信託とされる信託は，① 受益権を表示する証券を発行する旨の定めのある信託（ただし，特定受益証券発行信託を除きます。法税2条29号ハ），② 法人が委託者となる信託のうち，ⓐ 法人の重要事業の信託（法人の事業の全部または重要な一部を信託した場合で，法人の株主等が取得する受益権の全受益権に対する割合が100分の50を超えるもの），ⓑ 長期の自己信託（信託の効力発生時に存続期間が20年を超える自己信託または特殊関係人を受託者とする信託），ⓒ収益分配の割合が変更可能な自己信託（効力発生時に当該法人の特殊関係者を受益者とし，その受益者に対する収益の分配の割合が変更可能な，自己信託または特殊関係人を受託者とする信託），③ 投資信託（集団投資信託を除きます。法税2条29号），④資産の流動化に関する法律の特定目的信託（法税2条29号の2イ，ハ，ニ，ホ）です。

(3)　受益者が存しない法人課税信託

　他方，「受益者」が存しない信託とは，法人税法12条1項に規定する受益者が存在しない信託をいいます（法税2条29号の2ロ）。信託法上の受益者が存する信託であっても，受益者がその権利を現に有しないときは，法人税法上の受益者とはな

らないので（法税 12 条 1 項），そのような信託は，受益者が存しない信託として，法人課税信託にあたるということになります。逆に，信託法上の受益者が存しない信託であっても，信託の変更をする権限を現に有し，信託財産の給付を受けることとされている者がいれば，その者は所得税法および法人税法上受益者とみなされるので（法税 12 条 2 項），その信託は，法人課税信託となりません。

　注意が必要なのは，目的信託の取扱いです。目的信託の委託者は，受託者との合意によって信託の変更をすることができるので（信託 149 条 1 項，261 条），法人税法上は信託の変更をする権限を現に有することとされています（法税 12 条 2 項，法税令 15 条 2 項）。また，委託者は，帰属権利者の定めがないかぎり，帰属権利者として信託財産の給付を受ける権利を有するので（信託 182 条 2 項），所得税法および法人税法上受益者とみなされ，受益者が存する信託ということになります。

⑷　法人課税信託の課税方法

　法人課税信託は，信託を法人とみなして課税する場合と類似した形で，法人税の課税を行う仕組みです。ただ，信託は法人格を有せず，信託そのものを課税主体とすることはできないので，法人課税信託においては，かなり技巧的な課税の仕組みを採用しています。

　法人税法は，信託財産の形式的な所有者である受託者に対して，その者が法人であるか，個人であるかを問わず，信託財産に帰せられる所得について，受託者の固有財産に帰せられる所得とは区別して，法人税を課すことにしています（法税 4 条の 6）。そして，受託者は，信託財産にかかる所得に対する法人税を，信託事務を処理するのに必要な費用として，信託財産の負担に帰せることになります（信託 48 条 1 項）。その結果，信託を法人として取り扱って法人税を課す場合と類似した取扱いが実現されます。

⑸　法人課税信託内での取扱いの差異

　法人類似の法人課税信託では，株主資本に関しても，法人に対する課税と類似した取扱いが認められています。すなわち，法人課税信託においては，受益権を株式または出資に，受益者を株主等に，受益者に対する信託収益の分配を資本剰余金の減少をともなわない剰余金の配当に，元本の払戻しを資本剰余金の減少をともなう剰余金の配当に，それぞれみなすこととされ（法税 4 条の 7 第 6 号，10 号），委託者が信託をした場合には，出資があったものとして取り扱われます（法税 4 条の 7 第 9 号）。

　その結果，法人類似の法人課税信託では，委託者が，無償で他益信託をした場合

であっても，資本等取引となり，受託者に対する受贈益課税は行われません（法税22条5項）。

　これに対して，受益者の存しない法人課税信託では，受益者がいないので，上記のような取扱いはありません。そのため，委託者が無償で信託をした場合には，受託者に対して，信託設定時に受贈益課税が行われます。ただし，この受贈益課税は，一定の場合に信託の設定時に課される相続税・贈与税または受益者が出現時に課される相続税・贈与税の額から控除することができます（相税9条の4第4項）。

　　ポイント

　受益者が存しない信託は法人課税信託となりますが，そこでいう「受益者」が信託法の受益者と必ずしも合致しないことには注意が必要です。

（石井　亮）

★ **10** 特例有限会社

Question

取引先が「有限会社」でしたが，有限会社とは何でしょうか。

会社法の理解

(1) 会社法施行前には存在した「有限会社」

　会社法には会社として，株式会社，合名会社，合資会社そして合同会社の4種類が存在します（会社2条1項）。会社法制定前には，有限会社法にもとづく有限会社が存在していました。当時の株式会社は，法定の手続が厳格に定められ，所有と経営の分離している事業体向けの会社形態であり，その規律は，所有と経営が一体的で出資者の数が少ない事業体にとって運営の負担となりかねませんでした。そこで，有限会社法は，規模の小さな企業がより緩やかな規律を受けられる物的会社の形態として有限会社を選択できるようにしていました。

　しかしながら，会社の規模に応じて準拠法を区分するという体制は機能しませんでした。なぜなら，企業（設立時では発起人）の選択により株式会社か有限会社かが選択できましたので，「株式会社」の方が対外的に信用される傾向が強く，中小企業でも，「株式会社」を選択していたからです。もちろん，平成2年商法改正から会社法制定までの間は，設立時の資本金の額が，株式会社で1000万円，有限会社で300万円を下回ることが認められませんでしたので（最低資本金制度），1000万円以上の資金を設立時に用意できない場合には，有限会社を選択したいというニーズはあったとは考えられます。

　このように会社法制定前は，有限会社または株式会社を採用する中小企業が存在しました。しかし，両者の間では規制のギャップがあり，会社法は，株式会社の規制に有限会社の規制の実質を取り込み（たとえば，取締役の員数は，取締役会を設置しない場合には1名以上で足りますし（会社326条1項，331条5項），公開会社でない会社では株主ごとに属人的に権利内容を変更することも認められます（会社109条2項）），中小企業に対する規律を一元的に行うとし，有限会社法は廃止されました。このため，現在，企業を「有限会社」という会社形態で設立することはできません。

(2) 「特例有限会社」とは（会社法の施行（2006（平成18）年5月）以前より存在した有限会社の取扱い）

　準拠法たる有限会社法が廃止されれば，会社法の施行前に存在した有限会社は，準拠法を失い，本来存続できなくなります。しかし，その時点で有限会社のすべてに，組織

変更や株式会社の設立を行うことを期待することはできず，その負担を課すことも適当でありません（山本憲光「有限会社法の廃止に伴う経過措置」相澤哲編著『立案担当者による新・会社法の解説（別冊商事法務 295 号）』（商事法務，2006 年）229 頁）。そこで，会社法施行前に存在していた，有限会社法の規定による有限会社は，会社法の規定による株式会社として存続することを認め（会社整備 2 条 1 項），そのような会社には従前の規律と同様の規制しか受けないことを明記しました。

　もっとも，このような会社が「株式会社」の文字を商号中に利用すると，取引相手方等に通常の株式会社であるかと誤認させるおそれがあります（山本・前掲 230 頁）。そこで，このような会社は，商号中に「有限会社」の文字を用いなければならず（会社整備 3 条 1 項），反対に，株式会社等の文字を用いることができないとされました（会社整備 3 条 2 項）。このように，会社法制定前は有限会社法にもとづく有限会社であり，会社法施行後は株式会社として存続するものの，商号中に「有限会社」の文字を用いている会社を特例有限会社といいます（会社整備 3 条 2 項）。

(3)　特例有限会社の規律

　特例有限会社は，有限会社法と同様に，株主総会と取締役からなる会社で，監査役は任意に設置できるとされ，それ以外の機関をおくことはできません（会社整備 17 条，会社 326 条）。

　通常の株式会社では，発行する株式の譲渡制限の有無や機関設計などは，定款で定めることで決定します。会社法における定款記載事項を組み合わせることで，有限会社と同様の規制を組み立てることができます。特例有限会社は，会社法施行時に会社の負担を軽減し，有限会社と同様の規制を組み立てるため，定款の記載があるものとみなされています。たとえば，発行する全部の株式の内容として，譲渡制限の定めおよび株主間の譲渡については承認をしたものとみなす旨の定款の定めがあるものとみなされています（会社整備 9 条 1 項）。定款に記載されている事項と実際がずれてしまうことがあり得ますので，定款の閲覧が株主・債権者から請求された場合には，みなし事項につき知ることができるようにしなければならないとされます（会社整備 6 条）。

　会社法の規律が，有限会社法の規律よりも厳格となる場合には，適用除外も認められています。とりわけ，留意をすべきなのは次の 3 点です。① 取締役・監査役の任期は，通常の公開会社でない株式会社では，定款自治によっても 10 年までしか伸長できませんが，特例有限会社では，任期の定めがなく，それに応じて，休眠会社（会社の登記がされた最後の日から 12 年間登記の変更等がされない会社）としてみなし解散されること（会社 472 条）もありません（会社整備 32 条）。② 特例有限会社には，決算公告（会社 440 条）をすべき義務もありません（会社整備 28 条）。③ 特例有限会社には，大会社となっても，会計監査人の設置の義務はありません（会社整備 17 条 2 項）。もっとも，特例有限会社であっても，出資者の人数の上限はなくなり，社債の発行も可能です。

　他方，会社法の規律では有限会社法よりも緩和される場合には，規律が強化されてい

ます。① 株主総会の特別決議の要件は，総株主の半数以上であって，当該株主の議決権の4分の3以上とされます（会社整備14条3項）。決議要件である「総株主の半数以上」の総株主には議決権行使を制限された株主も含まれます（広島高松江支判平成30・3・14金判1542号22頁，鳥取地判平成29・9・15金判1528号37頁）。② 少数株主権の要件は，総株主の議決権の10分の1とされます（会社整備14条，22条，26条1項，39条）。

特例有限会社は，有限会社法廃止にともなう経過措置により認められているものですから，吸収合併存続会社，吸収分割承継会社となることはできず，株式交換・株式移転もすることはできません（会社整備37条，38条）。

⑷ **特例有限会社の通常の株式会社への移行**

特例有限会社が通常の株式会社に移行したいと望むのであれば，商号の変更（定款の変更）の手続により可能です（会社整備45条）。

商業登記上は，この商号の変更は，当該特例有限会社の解散の登記をし，商号変更後の株式会社については設立登記をするものと扱われ（会社整備46条），設立登記によって商号変更の効力が生じるとされます（会社整備45条2項）。

税法の理解

特例有限会社は，会社法に規定されている株式会社として存続するものですから，通常の株式会社と税務上の取り扱いが変わるわけではありません。

ポイント

特例有限会社は株式会社であり，通常の株式会社と税務上の取扱いが変わるわけではありません。「会社法の施行に伴う関係法律の整備等に関する法律」には定款のみなし規定がありますので特例有限会社はみなし規定を織り込んだ定款を作成しておくことが必要となります。特例有限会社を通常の株式会社に移行させるのは，商号変更のみで可能ですが，役員の任期の定めがないなど，通常の株式会社にはない利点が特例有限会社にはありますので，そういった利点を失うことには留意が必要でしょう。

（山田　泰弘）

★ 11   非公開会社の機関設計

Question

　譲渡制限株式のみを発行するわが社は，取締役会設置会社ですが，取締役は 3 名しかおらず，3 名とも高齢です。将来を考えれば，取締役会を設置しない会社に変更した方が，企業運営も簡素化できてよいのではないかといわれました。そんなことが自由にできるのでしょうか。

会社法の理解

　会社法は，定款自治を広く認め，株主・経営陣の選択により，会社の機関設計等を決定できるとし，定款で会社に設置する機関を定めなければなりません（会社 327 条 1 項）。

　非公開会社（公開会社でない会社）は，発行するすべての株式が譲渡制限株式である会社を指します。

　非公開会社にあっては，人的資源を活用する組織形態として，出資比率にとらわれずに，利益分配残余財産請求権や株主総会の議決権の大きさを株主ごとに属人的に定めること（会社 109 条 2 項）や，種類株主総会で取締役・監査役の選任をすることもでき（会社 108 条 1 項ただし書，1 項 9 号），議決権制限株式の発行上限もありません（会社 115 条）。人的資源の活用のため柔軟な運営をしつつ出資者が有限責任を享受できる会社形態として合同会社（会社 576 条 4 項）が用意されていますが（**6**「合同会社・有限責任事業組合」を参照），非公開会社もそれとほぼ同様のことを実現できます。

　非公開会社では，株式の流動性が低く，株主が業務執行者を監督しやすい環境が存在するため，定款において，業務執行者である取締役は株主でなければならないとすることもでき（会社 331 条 2 項ただし書），役員（会社 329 条 1 項。取締役，会計参与および監査役）の任期も，監査等委員会設置会社（会社 2 条 11 号の 2）または指名委員会等設置会社（会社 2 条 12 号）を除いて，定款の定めにより 10 年まで伸長できます（会社 332 条 2 項，334 条 1 項，336 条 2 項。定款の定めがなければ，取締役・会計参与は 2 年，監査役は 4 年の任期です）。

　非公開会社では，どのような機関を設けるかの裁量の幅は大きいのですが，非公開会社が大会社である場合には，機関設計の選択肢は狭くなります。

(1)　取締役会設置会社

　非公開会社では，取締役会は任意設置ですが，取締役会が設置された場合は，取締役

は 3 人以上でなければなりません（会社 331 条 5 項）。指名委員会等設置会社を除く取締役会設置会社では，業務執行を行う取締役は限定され（会社 363 条 1 項，2 条 15 号イ），取締役会は，業務執行に関する重要な意思決定を行う（会社 362 条 4 項）とともに，業務執行取締役の選定・解職を行います（会社 362 条 2 項 3 号，363 条 1 項 2 号）。

　取締役会設置会社は，監査等委員会設置会社および指名委員会等設置会社を除いて，原則として監査役を設置しなければなりません（会社 327 条 2 項）。もっとも，非公開会社では，当該会社が監査役会設置会社および会計監査人設置会社でないときには，定款で，監査役の権限の範囲を会計監査のみに限定することが認められています（会社 389 条 1 項）。これは会社法制定前に存在した，小会社（資本金額が 1 億円以下の会社）に関する機関設計（平成 17 年廃止商法特例法 22 条，25 条）の「名残り」です。この規制にあわせて，会計監査人設置会社でない非公開会社では，株主総会，取締役会および会計参与のみの機関設計も認められています（会社 327 条 2 項ただし書）。これらの場合，株主が監査役並みの監督権限を有し（会社 357 条 1 項，360 条 1 項・3 項，385 条 1 項参照），取締役会を招集すること（会社 367 条）も認められます。

　取締役会設置会社では，株主総会の招集（会社 298 条 4 項）や主要な業務執行が取締役会決議によって実行されますが，法定員数または定款で定めた員数を欠く場合には，有効な取締役会決議をすることができません。取締役が存命であれば，任期を満了しても，後任が決まるまで任期満了で退任した取締役が取締役としての権利義務者となりますので（会社 346 条 1 項，351 条 1 項），有効な取締役会決議をなし得ます。しかし，取締役の死亡により法定員数または定款で定めた員数を欠く場合には，有効に取締役会決議を成立させることができません。このままでは，後任の取締役を選任するための株主総会を招集することもできません。株主総会を招集するためには，裁判所に一時取締役の選任を申し立て（会社 346 条 2 項，351 条 2 項），株主総会の招集のための取締役会決議を有効に成立させる方法があります。このほか理論的には疑問もありますが，総株主の議決権の 100 分の 3（定款でこれを下回る割合を定めることも可能）以上の株主が，取締役に株主総会の開催を請求しても開催されないとして，裁判所の許可を得て株主総会を招集することも考えられます（会社 297 条）。もっとも，株主全員が出席すれば，招集手続を欠く場合であっても決議が有効に成立します（最判昭和 46・6・24 民集 25 巻 4 号 596 頁，最判昭和 60・12・20 民集 39 巻 8 号 1869 頁）。

　なお，取締役会設置会社では，株主総会決議事項は，法令・定款で決議事項とされたものに限られ（会社 295 条 2 項），個々の株主総会で決議できるのは招集通知に記載された議題（総会の目的）に限定されます（会社 309 条 5 項）。株主総会決議事項を定款で定めるとしても，法定の決議事項を株主総会以外の機関で決定するとは定められず（会社 295 条 3 項），会社法の定めと抵触することも定めることはできません（会社 29 条）。取締役会の法定決議事項（たとえば代表取締役の選定・解職（会社 362 条 2 項 3 号）など）は，非公開会社で法定の取締役会の決定権限を維持し，それと併存する形であれば，定款で

株主総会決議事項とすることも認められています（最決平成 29・2・21 民集 71 巻 2 号 195 頁）。

(2) 非公開会社における取締役会の任意設置

非公開会社は，取締役会を設置しないことも可能です（会社 327 条 1 項参照）。現在の会社法は，平成 17 年改正前に存在していた有限会社を株式会社に統合して規制しており（**10**「特例有限会社」を参照），有限会社と同一の機関設計の株式会社の存在を認めているからです。取締役会を設置しない会社（取締役会不設置会社）では，取締役は当然に業務執行権を有します（会社 348 条 1 項）が，定款の定め，株主総会決議または取締役の合議により取締役の中から代表取締役を定めることができます（会社 349 条 3 項）。代表取締役が定められれば，そのほかの取締役は，業務執行権は有しますが，会社の代表権は認められません。

取締役会不設置会社の株主総会は，会社の組織，運営，管理その他の会社の一切の事項について決定することができます（会社 295 条 1 項）。株式譲渡の承認（会社 139 条 1 項）や取締役の利益相反取引等の承認（会社 356 条 1 項）なども株主総会が行います。株主が会社の業務に関与し得る状況であるから，非公開会社では株主総会の招集通知の発送も総会の日の 1 週間前（公開会社は 2 週間前でなければならない）とされますが，取締役会不設置会社では，それを下回る期間を定款で定めてもよく（会社 299 条 1 項），招集通知も書面でなくともかまいません（会社 299 条 2 項）。監査役の設置も任意です（会社 326 条 2 項）。

取締役会が設置されていなければ，取締役の法定員数は 1 名以上ですから（会社 326 条 1 項），取締役が死亡の場合にも，残る取締役の合議（会社 348 条 2 項）で株主総会の招集を決定できます（会社 298 条 1 項）。柔軟な会社運営ができる分，会社の事業上の必要性がなければ，取締役会を設置しないという選択をすることも合理的です。

(3) 大会社規制

大会社（最終事業年度にかかる貸借対照表に計上される資本金の額が 5 億円以上または負債の額が 200 億円以上の会社（会社 2 条 6 号））は取引先の数も多く，会社債権者にとっては，会社の計算の適正さを担保することが重要となりますので，非公開会社であっても会計監査人の設置が強制されます（会社 328 条 2 項）。会計監査人が設置されれば，経営陣と会計監査人の癒着を防止するため，監査役をおくか（この場合は取締役会をおかなくともよい），監査等委員会設置会社または指名委員会等設置会社とならなければなりません（会社 327 条 3 項）。

税法の理解

(1) 株式会社の機関設計と税法

株式会社の機関設計をどのように行うかということは，税法に影響がありません。もっとも，株式会社の資本金等の額が 1 億円以下となる場合，「中小法人」として

各種の特例を適用することができます（なお，資本金等の額が5億円以上の法人が完全支配関係を有する子会社（100%子会社等）については，その子会社の資本金等の額が1億円以下であっても特例の適用はありません）。以下では，法人税法で規定されている特例（租税特別措置法において規定されているものも含みます）のうち主要なものを紹介します。

(2) 中小法人に対する法人税法上の特例

　まず，銀行や保険会社以外の普通法人は，原則として貸倒引当金繰入額の損金算入が認められていません。しかし，中小法人であればその損金算入が認められています（法税52条）。また，中小法人以外の普通法人は，接待飲食費の50%相当額を除く交際費等の額が全額損金不算入ですが，中小法人であれば接待飲食費以外の交際費等であっても年間800万円以内であれば損金算入できます（ただし，この場合，接待飲食費の50%相当額を別途損金算入することはできません。租特61条の4第1項）。

　次に，欠損金の取扱いですが，原則として繰越欠損金の損金算入には限度額（当年度の所得金額の50%）があります（法税57条1項）。しかし，中小法人については，その限度額が適用されません（法税57条11項）。また，欠損金の繰戻しによる還付（法税80条）についても，中小法人以外の普通法人はその適用が停止されていますが，中小法人は停止されていません（租特66条の12）。

　さらに，法人税率に関して中小法人は，各事業年度の所得の金額のうち年800万円以下の金額について，法人税率が19%となります（法税66条2項。なお，2021（令和3）年3月31日までの間に開始する各事業年度については15%となります（租特42条の3の2））。

ポイント ─────────────────────

　税法では資本金の額により課税状況が異なりますが，大会社を除く，譲渡制限株式のみを発行する会社（非公開会社）は，資本金の額にかかわらず，会社の機関設計は定款で自由に設定でき，取締役会をおかなくともかまいません。大会社では，会計監査人，監査役の設置が義務づけられます。

（山田泰弘＝安井栄二）

★ 12　会　計　参　与

Question

　税理士Ａは，顧問先より会計参与への就任を要請されました。引き受けるにあたってどのような点に注意をしなければならないでしょうか。

会社法の理解

(1)　注目された会計参与

　会計参与は，取締役と共同して計算書類（その附属明細書や連結計算書類を含みます）の作成を行う会社法上の機関であり（会社 374 条），どのような会社でも任意に定款の定めにより設置をすることができます（会社 326 条 2 項。公開会社でない取締役会設置会社で，監査等委員会，指名委員会等または監査役をおかない会社は必ず会計参与を設置しなければなりません（会社 327 条 2 項ただし書））。会計参与は，公認会計士，監査法人，税理士または税理士法人の資格を有するものしか就任できず（会社 333 条 1 項），会社の取締役との兼任は禁止され（会社 333 条 3 項 1 号），会計監査人との兼任も禁止されています（会社 337 条 3 項 1 号，会計士 24 条 1 項 1 号）。なお，監査法人または税理士法人が会計参与に選任される場合，その社員の中から会計参与の職務を行う者を選定し，会社に通知しなければなりません。

　会計参与は，取締役・執行役と共同して計算書類の作成を行う，いわば，計算書類の作成を担当する会計担当取締役的な立場ですが（計算書類を承認する取締役会にのみ出席義務があります（会社 376 条 1 項）），作成にあたっては，会社やその子会社の取締役や従業員等への調査権が認められ（会社 374 条 1 項，2 項），調査等の職務の執行に関して発生した費用については会社に請求することが可能であり（会社 380 条），監査役に近い位置づけがなされています。

　会社法制定の際に，会計参与制度の導入は，大きな注目を集めましたが，現在のところ利用状況は低調です。

(2)　会計参与が注目された理由

　会計参与が注目された理由は，中小企業の会計処理能力と費用負担能力の範囲で，いかにその財務情報（計算）の適正化をはかるかという問題を解決したからです。この問題は，公認会計士監査の結果を確定決算に反映させるための会社法制改革が議論された 1967（昭和 42）年 5 月 2 日の法制審議会商法部会「監査制度に関する問題点」において認識されています。当時，資本金 1 億円以上の株式会社のすべてに公認会計士・監査法

人の監査を義務づけようとしましたが，税理士と公認会計士との職域論争が発生したために頓挫しました。さらに1990（平成2）年商法改正時に，大会社（現行の基準（会社2条6号）と同様）以外の会社につき，税理士等による限定された内容の会計監査制度を導入しようとしましたが，当該監査の具体的手法を詰め切れず，やはり頓挫していました。会計参与制度の導入は，この積年の問題に終止符を打ったわけです。

　会計参与は，税理士が事実上計算書類・その附属明細書等の作成に関与する例が多いという現状を追認する制度ともいえ，職務内容が明確で，公認会計士サイドからも反対が少なかったといえます（江頭憲治郎『株式会社法（第7版）』（有斐閣，2017年）548頁注1）。

　このほか決算公告をめぐる問題もありました。会社法は，決算公告を株式会社に義務づけていますが（会社440条1項。懈怠の場合には過料の対象となります（会社976条2号）），中小企業では，現実には決算公告が実施されず，違法状態が常態化していました。もっとも，逆に決算公告が実施されれば，専門家によるチェックを受けていない計算書類を開示することになり，信用性について疑義のある数値が1人歩きすることも懸念され，この常態化した違法状態をどう改善するかも課題でした。

　会計参与制度の導入にあわせて，中小企業に統一的な会計基準として，中小企業の会計に関する指針作成検討委員会（日本税理士会連合会＝日本公認会計士協会＝日本商工会議所＝企業会計基準委員会）による「中小企業の会計に関する指針」が提示されました。これに従った会計処理を行うことにより，中小企業の財務情報の信頼度が増し，金融機関の中には，中小企業会計指針に従った会計処理につき税理士のチェックがある場合には，無担保でも事業力を基礎に融資を行う商品を提供するものもあります。もっとも，「中小企業の会計に関する指針」では，会計処理が中小企業にとってまだまだ複雑であることを考慮し，中小企業の多様な実態に配慮し，その成長に資するため中小企業が会社法上の計算書類等を作成する際に参照するための会計処理や注記等の作成を行う基準として「中小企業の会計に関する検討会」による「中小企業の会計に関する基本要領」（2012（平成24）年）も存在します。この基本要領にもとづく会計処理が行われ，税理士によるチェックが行われる場合には，無担保での融資商品があるわけではありませんが，信用保証協会の保証料の割引を受けることができます。

　会計参与の職務として，会社とは別に，会計参与が定めた場所（自身の事務所など）に計算書類を保存し（5年間），備置開示をしなければならないとされること（会社378条）は，中小企業の会計情報の開示の充実化を目的としています。

　日本公認会計士協会と日本税理士会連合会は，会計参与の職務実施のガイドラインとして「会計参与の行動指針」を定めています。

税法の理解
---

(1) 会計参与制度の利用が低調な理由

会計参与の普及度が低いのは，会計参与の主たる担い手である税理士からみれば，会計参与に就任することにより被るリスクと報酬が見合わないという問題が発生しているからといえます。税理士が計算書類等の作成への関与をすでに実施していることからは，会計参与に就任しても，事務の委託を受けていた税理士としての報酬に上乗せしてもらうことは一般に難しいと考えられます。

他方で，会計参与は会社の機関であり，役員（会社 329 条 1 項）として，会社法上はその職務の執行に関して，取締役と同様に，善管注意義務を負担します（会社 330 条，民 644 条）。このため，会社に対する任務懈怠責任（会社 423 条）や，対第三者責任（会社 429 条）を負担することになります。計算書類を取締役・執行役と共同して作成するという会計参与の職務内容からは，計算書類の不適正さ（粉飾など）を原因として直接会社に損害が発生することは考えにくいですが，計算書類の作成過程および会社の事業等への調査権行使を実行している過程において，取締役の不正行為に気がついた場合，または気がつき得たのに放置した場合には，会計参与に監査役等への報告義務（会社 375 条）があることから，任務懈怠があるとされます。会計参与が監査役等へ報告していれば対処できたであろう場合には，会社や第三者に損害賠償責任を負担することになりかねません。第三者との関係では，計算書類に虚偽の記載がある場合には，その虚偽記載を信頼した銀行等に対し，対第三者責任（会社 429 条 2 項 2 号）を負担しかねないことにも注意が必要です。

これらの会計参与に就任することのリスクは，責任限定契約（**63**「責任限定契約・D&O 保険」を参照）で一定程度対応が可能ですが，対第三者責任などには対応できず，会計参与賠償保険（http://www.zeirishi-hoken.co.jp/sanyo/index.html）に加入しておくことが肝要となります。

会計参与賠償保険は，日本税理士会連合会を保険契約者とし，税理士及び税理士法人を被保険者とする団体契約による保険ですから，株式会社が役員のために締結する D&O 保険には該当せず，D&O 保険締結に関する会社法上の手続をする必要はありません。

(2) 会計参与報酬と会計参与賠償保険の保険料の税務上の取扱い

税理士が会計参与に就任した場合，会計参与が会社法上の役員であることから，役員に対する給与となり，給与所得（所税 28 条）として課税されますので，その報酬が税理士業務によるものとして事業所得または雑所得（所税 35 条）になるこ

とはありません。そのため，会計参与である税理士に報酬を支払う会社には源泉徴収義務が課されます（所税183条）。また，その支給については法人税法34条の対象として損金不算入にならないように留意する必要があります。すなわち，会計参与として毎月の報酬を受け取る場合には定期同額給与（法税34条1項1号）としての要件を，決算時を中心とした職務で一時的な支払報酬の場合には事前確定給与（法税34条1項2号）としての要件を，それぞれ満たさなければその支払報酬が損金不算入となってしまいます。

　このように，所得税法上，法人税法上の給与として会計参与の報酬が扱われますので，消費税法上も，会社側では支払報酬は課税仕入に該当せず，税理士にとっても受け取った報酬は課税売上に該当しないことになります。

　なお，会計参与就任に関するリスクに備えた損害賠償保険に加入した場合，その保険料は給与所得にかかるものですから，給与所得控除の範疇で考慮されており，税理士業務にかかる事業所得の計算上，必要経費には算入されないと考えられます。

　以上のように，実務家は，会計参与に就任しているかどうかにかかわらず，顧問先に提供するサービスが同一であったとしても，会計参与に就任しているか否かにより報酬の取扱いが異なることには注意が必要です。

ポイント

　会計参与制度は，税理士を主たる担い手として想定した上で，計算書類の作成にあたり，税理士を会社法上の役員という責任ある立場につかせ，その真実性を保全させようというものです。そのため，税理士が顧問先の会計参与に就任する場合には，これらの責務を自覚することが重要です。また，実際に提供するサービスが会計参与就任前と異ならなかったとしても，会計参与報酬は給与ですので，税務の処理は異なります。

（奥谷健＝山田泰弘）

★ 13　株式会社における各種議事録,会計帳簿等の書類の備置の強制

Question

　法人成りした場合，どのような書類の作成・保存が義務づけられるのでしょうか。

会社法の理解

(1)　株式会社における財務情報に関する書類

　株式会社には，会計帳簿の作成と 10 年間の保管が義務づけられ（会社 432 条），貸借対照表，損益計算書そして株主持分変動計算書（これらをまとめて計算書類といいます）と事業報告ならびにそれらの附属明細書の作成が義務づけられ（会社 435 条），それらには監査役（監査委員または監査等委員）の監査が要求されます（会計監査人設置会社では計算書類に会計監査人の監査も必要。会社 436 条 1 項，2 項）。これらの書類には，取締役会および株主総会での承認が必要となります（会社 436 条 3 項，438 条 2 項。会計監査人設置会社では一定の場合に株主総会の決議を報告に代えることができます（会社 439 条，会社則 116 条，会社計算 135 条））。

　計算書類等（会社 442 条 1 項）は，会社の本店および支店に，定時株主総会の日の 2 週間前（取締役会不設置会社では 1 週間前）から 5 年間備え置き，株主と債権者は，営業時間内はいつでもその閲覧謄写が可能です（会社 442 条）。計算書類とその附属明細書は，作成時から 10 年間会社に保存しなければなりません（会社 435 条 4 項）。株式会社は，株主総会の承認後，貸借対照表（大会社にあっては貸借対照表と損益計算書）を公告しなければならず（会社 440 条 1 項），公告懈怠は過料の対象とされます（会社 976 条 2 号。もっとも，法務省に取り締まる部局はありませんが，合併や会社分割に関する登記申請には，債権者異議手続における通知・公告事項として，最終事業年度にかかる貸借対照表の公告に関する情報が記載され（会社 789 条 2 項 3 号，799 条 2 項 3 号，810 条 2 項 3 号。**74**「合併」を参照），その公告をしたことを証明する書面を添付書類として登記所に提出する必要があり（商登 108 条 1 項 3 号，109 条 1 項 3 号），これらの申請時に貸借対照表の公告が実施されていないことが判明すれば，過料を徴収されます）。

　会計帳簿に関しては，裁判所が申立てまたは職権により，訴訟の当事者である株式会社にその全部または一部の提出を命じることができ（会社 434 条），総株主の議決権の 3 ％（または発行済株式の 3%）を有する株主も，一定の場合（会社の拒否事由がないかぎり）には，会計帳簿およびその作成の基礎となった資料の閲覧謄写が可能です（会社 433 条）。

⑵　**株式会社における運営上の書類（株主名簿・各種議事録）**

　株式会社は株主と別の法人格であり，（代表）取締役ではない株主は会社の運営状況を知ることができません。問題があれば，株主が業務執行の状況や会社運営の状況を確認する必要が生じますので，取締役会の議事録や，監査役会・監査等委員会・指名委員会等の議事録を作成することが会社に義務づけられ，10年間，本店に備え置かなければなりません（会社371条1項，394条1項，399条の11第1項，413条1項）。株主・債権者は，裁判所の許可を得て閲覧謄写を会社に請求することができます（当該株式会社が監査役設置会社などでない場合，株主は取締役会議事録を営業時間内はいつでも閲覧謄写を請求できます。会社371条）。株主総会議事録も作成が義務づけられ，開催の日から10年間は本店に備え置き，支店にも謄本を5年備え置かなければならず，株主・債権者は，営業時間内はいつでも閲覧謄写を請求できます（会社318条）。

　株主総会決議や取締役会決議は，取締役の選・解任（株主総会決議），譲渡制限株式の譲渡や利益相反取引（株主総会決議または取締役会決議）などの効力発生の条件とされ，その存在の確認は議事録の謄本によりますし，登記事項とされる場合には謄本が登記申請の添付書類とされます。

　株券発行会社では，株券の所在と株主名簿の記載により，誰が株主であるかを特定できますが，株券を発行しない会社では，株主名簿の記載のみが対抗要件となります（会社130条）。このため，誰が株主かを特定するためにも株主名簿の整備が重要となります。

　なお，2016（平成28）年10月1日より登記すべき事項につき，株主全員の同意（種類株主全員の同意）または株主総会決議を要する場合には，登記申請の際に株主リストの添付が必要となりました（商登則61条2項，3項）。

税法の理解

⑴　**法人税法において求められる保存文書**

　法人税法150条の2によれば，青色申告法人以外の普通法人等は，財務省令に定める帳簿を備え付けてこれにその取引を財務省令で定める簡易な方法により記録し，かつ，当該帳簿を保存しなければなりません。財務省令に定める帳簿とは，現金出納帳その他必要な帳簿のことで，取引に関して相手方から受け取った注文書や契約書ならびに棚卸表，貸借対照表および損益計算書等の決算に関して作成された書類を含むとされています（法税則66条1項，67条）。また，財務省令で定める簡易な方法とは，法人税法施行規則別表22の区分の欄に掲げる事項の区分に応じた方法です（法税則66条2項）。

⑵　**青色申告法人**

　これに対して，青色申告法人も，財務省令で定める帳簿書類を備え付けてこれに

その取引を記録し，かつ，当該帳簿書類を保存しなければなりません（法税126条）。この場合の財務省令で定める帳簿書類とは，すべての取引を借方および貸方に仕訳する帳簿（仕訳帳），すべての取引を勘定科目の種類別に分類して整理計算する帳簿（総勘定元帳）その他必要な帳簿を指します（法税則54条）。その取引の記録方法も，上記の簡易な方法ではなく，法人税法施行規則別表20に掲げる区分に応じて，取引に関する事項を記載しなければなりません（法税則54条）。さらに，青色申告法人は，各事業年度終了の日現在において，法人税法施行規則別表21に掲げる科目に従い貸借対照表および損益計算書を作成しなければなりません（法税則57条）。これらの帳簿書類等の保存期間は7年間です（法税則59条）。

　なお，このような帳簿書類の備付け，記録または保存が行われていなかったことが発覚した場合，その備付け等が行われていない事業年度に遡って青色申告の承認が取り消されます（法税127条）。

(3)　事実の証拠化

　税務調査では，課税の基本となる所得や財産の帰属の確認も主に文書情報にもとづいて行われます。たとえば，株式取得の事実については，株式売買契約書などとともに，株主名簿や取締役会議事録なども重要性の高い確認資料とされます。そこで，会社法上要求される各種議事録や株主名簿の整備が重要となります。

(4)　株主総会の議事録と法人税の申告

　法人税の申告は「確定した決算」にもとづき行わなければなりません（法税74条。なお，**70**「税務申告（確定決算主義）と定時株主総会」を参照）。そして，株式会社の決算は株主総会の決議事項です。もし，株主総会の議事録が保存されていなければ，株主総会が実際に開催されたかどうかを証明することができず，法人税の申告が「確定した決算」にもとづいて行われたかが疑わしくなります。そのため，株式会社において株主総会の議事録の保存は必須といえます。

ポイント

　株式会社では，計算書類等，株主名簿そして各種議事録の作成が義務づけられます。法人税等の申告にあって，これらの書類は確認資料として重要であり，作成保管は徹底されるべきです。

（安井栄二＝山田泰弘）

株主＝会社間の関係

1　ファイナンス

★ ★ 14　募集株式の発行

Question

　依頼者（株式会社）から，資金調達のため株式を発行したいとの連絡がありました。株式の発行にはどのような種類がありますか。また，どのような手続が必要でしょうか。さらに，株式の発行によって何らかの課税関係は生じるのでしょうか。

会社法の理解

⑴　募集株式の発行とは

　株式会社では，会社成立後に，企業規模の拡大や損失の穴埋めのために，資金調達の手段として，株式を発行することができます。会社法では，株式の発行とともに，保有する自己株式の処分を，「募集株式の発行等」として規定しています（会社199条～213条の3）。

　会社法上，募集株式の発行等は，株主割当（**15**「株主割当の募集株式の発行」参照），第三者割当，または公募の3類型に分けられます。株主割当は株主に株式の割当てを受ける権利を与える形でなされる方法であり（会社202条），第三者割当は株主に株式の割当てを受ける権利を与えない形でなされる募集株式の発行等のうち縁故者に対してのみ募集株式の申込みの勧誘および割当てを行う方法であり，公募は不特定・多数の者に対して引受けの勧誘をする方法です。株主に株式を割り当てる場合でも，株主の持株数に応じて株式の割当てを受ける権利を与えない場合は，第三者割当発行となります。

⑵　発行会社の手続

　会社法においては，株式会社の資金調達の便宜という観点から，授権資本制度（定款で定められた発行可能株式総数（会社37条）の範囲内で会社が取締役会決議等により適宜株式を発行することができる制度）がとられています。公開会社では，発行可能株式総数は設立時発行株式の4倍までという規制（会社37条3項本文）や定款変更により発行可能株式総数を変更する場合には既発行株式の4倍を上限とするという規制（会社113条3項1号）により，既発行株式の株主が募集株式の発行による持株比率の希釈化の上限を設定することで，資金調達の手段として定款を変更することなく募集株式を発行できるようにされています。これに対して，資金調達の手段として募集株式の発行を行うこと

が相対的に難しい非公開会社（公開会社でない株式会社：株式譲渡には取締役会など譲渡承認機関の承認を要するとの制約が設けられ，株主の持株割合に対する要保護性が高いため，募集株式の発行が公開会社よりも厳しくなります）には，このような規制が課されていません（会社 37 条 3 項ただし書，113 条 3 項）。

　募集株式の発行等の手続として，会社は，募集事項として，募集株式の数（種類株式発行会社では募集株式の種類および数），募集株式の払込金額またはその算定方法，現物出資の場合には現物出資財産の内容および価額，金銭の払込みまたは現物出資給付の期日または期間，増加する資本金および資本準備金に関する事項を定めなければなりません（会社 199 条 1 項）。募集事項の決定機関については，資金調達の便宜と，既存株主・新たに新株を取得する者との利害調整などを考慮して，公開会社か否か，公開会社にあっては有利発行か否かなどによって細かく場合分けがなされており，それぞれ株主総会，取締役会または取締役が定めることとされています（会社 199 条 2 項，201 条 1 項，202 条 3 項など）。募集株式につき引受けの申込みがなされたときに，募集株式の割当てを受ける者やその者が引き受ける募集株式の数の決定は，取締役会設置会社では取締役会が決定します（会社 204 条 1 項。譲渡制限株式を発行する場合につき，会社 204 条 2 項かっこ書。非取締役会設置会社では株主総会特別決議（会社 204 条 2 項本文，309 条 2 項 5 号））。

　なお，平成 26 年会社法改正により，公開会社における時価による第三者割当で支配株主の異動をともなう募集株式の発行等については，会社経営に重大な影響を及ぼす可能性があることから，株主に対し引受人に関する情報を開示し，一定の場合には募集株式の割当ての決定は株主総会決議による承認を必要とする手続が設けられました（会社 206 条の 2。この点については，**17**「第三者割当 ②——支配権の異動を伴う募集株式発行規制」参照）。

　募集株式の発行においては，原則として，株主となる者が払込みまたは給付をした財産の額が資本金の額に組み入れられますが，その額の 2 分の 1 を超えない額については，資本金ではなく資本準備金として計上することができます（会社 445 条 1 項，2 項，3 項）。

図表 14-1　募集株式発行における募集事項の決定機関

＊種類株式発行会社でない場合。なお、「特に有利な金額」（会社 199 条 3 項）に該当する場合を以下では有利発行と記載している。

	公開会社でない株式会社 （譲渡制限株式のみを発行する会社）	公開会社
時価による発行 （公募・第三者割当）	株主総会の特別決議（会社 199 条 2 項，309 条 2 項 5 号） ただし，株主総会特別決議により委任事項の決定を取締役（会）に委任できる（会社 200 条 1 項）	取締役会（会社 201 条 1 項，199 条 2 項）
有利発行 （公募・第三者割当） ただし，公募は現実的にはあり得ない	同上。 ただし，株主総会において有利発行が必要な理由を説明しなければならない（会社 199 条 3 項）	株主総会の特別決議（会社 199 条 2 項，201 条 1 項，309 条 2 項 5 号） 株主総会において有利発行が必要な理由を説明しなければならない（会社 199 条 3 項） ただし，株主総会特別決議により委任事項の決定を取締役（会）に委任できる（会社 200 条 1 項，309 条 2 項 5 号）
株主割当	原則　株主総会の特別決議（会社 202 条 3 項 4 号，309 条 2 項 5 号）。 ただし，有利発行が必要な理由は説明しなくともよい（会社 202 条 5 項） 例外 1　非取締役会設置会社では，取締役の決定とする旨を定款に記載（会社 202 条 3 項 1 号） 例外 2　取締役会設置会社では，取締役会決議とする旨を定款に記載（会社 202 条 3 項 2 号）	取締役会（202 条 3 項 3 号，5 項）

税法の理解

(1)　株式の発行会社における取扱い

　株式の発行会社では，株式の発行により払い込まれた金銭の額および現物出資において給付を受けた財産の価額が資本金等の額になります（法税 2 条 16 号，法税令 8 条 1 項 1 号）。発行会社においては，募集株式の発行は資本等取引に該当し，払い込まれた金銭の額および給付を受けた財産の価額について法人税は課税されません（法税 22 条 2 項）。

　なお，役員等に対する第三者割当の有利発行の場合には，株式を取得する役員等

に株式の時価と発行価額との差額に相当する金額の利益が生じますので，役員等に
給与所得または退職所得が発生したものとされ所得税が課税されることがあります
（所税36条2項，所税令84条3項3号，所基通23～35共-6）。このように所得税の課
税が生じる場合には，株式の発行会社は，その所得について算出される所得税を源
泉徴収して納付する義務が生じます（所税6条，183条，199条）。

⑵ 株主の課税関係

株主の課税関係については，株主割当の場合と第三者割当・公募の場合とで取扱
いが異なりますので，以下において分けて記載します。

a) 株 主 割 当

法人が株主割当で募集株式の発行を受けた場合，株式の取得価額は，原則として，
払い込んだ金銭の額に株式取得のために要した費用（付随費用）の額を加算した金
額となります（法税令119条1項2号）。株式の発行を受けた法人に法人税は課税さ
れません。もっとも，有利発行の場合には，「他の株主等に損害を及ぼすおそれが
ないと認められる場合」を除き，株式の取得価額は時価となり（法税令119条1項
4号），株式の時価と払込金額との差額について，株式の取得時点において益金（無
償による資産の譲受け）が計上され，法人税が課税されます（法税22条2項）。

個人が株主割当で募集株式の発行を受けた場合，株式の取得価額は，原則として，
払い込んだ金銭の額に株式取得のために要した費用（付随費用）の額を加算した金
額となります（所税令109条1項1号）。株式の発行を受けた個人に所得税・贈与税
は課税されません。もっとも，有利発行の場合には，株式の時価と払込金額との差
額について，収入金額があるものとして所得税が課税されます（所税36条）。

なお，同族会社において，失権株が生じることによって株式を取得した個人が利
益を受ける場合に贈与税が課税される場合があり得ることについては（相税9条，
相基通9-4および9-7），**15**「株主割当の募集株式の発行」にて説明します。

b) 第三者割当・公募

第三者割当・公募の場合であっても，時価発行の場合には，株式の取得価額は払
込みをした金銭の額に付随費用の額を加算した金額であり（法税令119条1項2号，
所税令109条1項1号），株式を取得した法人に法人税は課税されず，株式を取得し
た個人に所得税・相続税は課税されません。

これに対し，有利発行の場合には，株式の取得価額は時価となり（法税令119条
1項4号，所税令109条1項3号），株式の時価と払込金額との差額について，株式
を取得した法人については益金（無償による資産の譲受け）が生じ法人税が課税さ

れ（法税 22 条 2 項），株式を取得した個人については所得税が課税されます（所税 36 条）。

ポイント ─────────────────────────

　会社法上，募集株式の発行等についての手続は細分化されていますが，株式の発行会社の資本金または資本準備金に計上されることについては会社法 445 条に定められているとおりです。税法上の取扱いについては，上記のとおり，株主割当と第三者割当・公募の場合，有利発行か否かなどによって細かく場合分けしなければなりません。

（戸田　智彦）

15　株主割当の募集株式の発行

Question

　依頼者（株式会社）から，株主割当で募集株式を発行したいとの連絡がありました。株主割当の場合にはどのような手続が必要でしょうか。また，株主割当の株式の発行によって何らかの課税関係は生じますか。

会社法の理解

(1)　株主割当の募集株式の発行とは

　会社法の定める募集株式の発行等（会社 199 条～213 条）は，株主割当，第三者割当，または公募の 3 類型に分けられます。このうち，株主割当による募集株式の発行とは，株式発行会社の既存の株主にその持株数に比例する株式の割当てを受ける権利を与える形で株式の発行がなされる方法をいいます（会社 202 条）。

　なお，ここでいう株主割当で発行する場合とは，上記のとおり，株主に対して持株数に比例する株式を割り当てる場合であり，特定の株主のみに割り当てる場合や，株主に持株数に比例しないで株式を割り当てる場合は該当しません（これらは第三者割当となります）。

　株主割当で募集株式を発行する場合には，既存の株主は，株式を引き受けることにより持株比率の低下・株式の経済的価値の希釈化による不利益を回避することが可能であるため，手続が簡易となっています。いいかえると，既存の株主は，株式の引受けに応じなければ自己の持株比率が希釈化するとともに株式の経済的価値が低下する可能性がありますから，そのような希釈化・価値低下の防止という点が，株式の引受けに応じる誘因となります。

(2)　発行会社の手続

　株式会社が募集株式を発行する場合には，募集事項として，募集株式の数（種類株式発行会社では募集株式の種類および数），募集株式の払込金額またはその算定方法，現物出資の場合には現物出資財産の内容および価額，金銭の払込みまたは現物出資給付の期日または期間，増加する資本金および資本準備金に関する事項，を定めなければならないとされています（会社 199 条 1 項）。株主割当の場合には，これらの募集事項に加えて，株主に対して募集株式（種類株式発行会社の場合には当該株主の有する種類の株式と同一の種類のもの）の割当てを受ける権利を与える旨，および，募集株式の引受けの申込みの期日を定めなければなりません（会社 202 条 1 項 1 号，2 号）

　この募集事項の決定機関については，公開会社か否かなどによって，株主総会，取締役会または取締役に細かく分けられています（会社 202 条 3 項）。公開会社が株主割当により株式を発行する場合には，募集事項の決定は取締役会の決議によります（会社 201 条 1 項，202 条 3 項 3 号）。公開会社でない株式会社（非公開会社。発行する株式のすべてが譲渡制限株式である株式会社）が株主割当で発行する場合には，募集事項の決定は株主総会の特別決議によるのが原則です（会社 202 条 3 項 4 号，309 条 2 項 5 号）。この場合には，有利発行であっても株主総会でその点を説明する必要はありません（会社 202 条 5 項）。例外的に，非公開会社にあっても，株主割当の場合の募集事項の決定を取締役会決議（非取締役会設置会社では，取締役の決定）によるとの定款の定めを設けることも認められています（会社 202 条 3 項 1 号，2 号）

　会社法上，株主となる者が払込みまたは現物出資の給付をした財産の額が資本金の額となりますが，その 2 分の 1 を超えない額については，資本金として計上せず，資本準備金として計上することができます（会社 445 条 1 項，2 項，3 項）。

税法の理解

(1)　株式の発行会社における取扱い

　株式の発行会社では，株式の発行により払い込まれた金銭の額および現物出資において給付を受けた財産の価額が資本金等の額になります（法税 2 条 16 号，法税令 8 条 1 項 1 号）。発行会社においては，募集株式の発行は資本等取引に該当し，払い込まれた金銭の額および給付を受けた財産の価額について法人税は課税されません（法税 22 条 2 項）。

(2)　株主の課税関係

　株主の課税関係については，以下のとおり，株式引受人が法人の場合と，株式引受人が個人の場合とに分けて記載します。

a)　株式引受人が法人の場合

　法人が株主割当で募集株式の発行を受けた場合，株式の取得価額は，原則として，払い込んだ金銭の額に株式取得のために要した費用（付随費用）の額を加算した金額となります（法税令 119 条 1 項 2 号）。

　もっとも，有利発行の場合には，「他の株主等に損害を及ぼすおそれがないと認められる場合」を除き，株式の取得価額は時価となります（法税令 119 条 1 項 4 号「その取得の時におけるその有価証券の取得のために通常要する価額」）。「他の株主等に損害を及ぼすおそれがないと認められる場合」とは，「株主等である法人が有する株式の内容及び数に応じて株式又は新株予約権が平等に与えられ，かつ，その株

主等とその内容の異なる株式を有する株主等との間においても経済的な衡平が維持される場合をいう」（法基通2-3-8）とされています。他の株主等に損害を及ぼすおそれがある場合とは、たとえば、2種類以上の種類株式を発行している株式会社において、そのうちの1種類の株式のみを対象に新株の有利発行または株式の無償交付を行い、他の種類株式の価値を低下させる場合が挙げられます。

株式が時価で発行された場合、株式の発行を受けた法人には、法人税は課税されません。

これに対し、有利発行の場合には、「他の株主等に損害を及ぼすおそれがないと認められる場合」を除き、株式の時価と払込金額との差額について、株式の取得時点において益金（無償による資産の譲受け）が計上され、法人税が課税されます（法税22条2項）。有利発行の場合においても、「他の株主等に損害を及ぼすおそれがないと認められる場合」には、株主間において価値の移転はありませんので、法人税は課税されません。

b)　株式引受人が個人の場合

個人が株主割当で募集株式の発行を受けた場合、株式の取得価額は、原則として、払い込んだ金銭の額に株式取得のために要した費用（付随費用）の額を加算した金額となります（所税令109条1項1号）。もっとも、有利発行の場合には、株式の取得価額は時価となります（所税令109条1項3号）。

株式が時価で発行された場合、株式の発行を受けた個人には、株主間の価値の移転がありませんので、所得税・贈与税は課税されません。

もっとも、有利発行（有利発行については**18**「第三者割当③——新株の有利発行と時価評価」で説明します）の場合には、株式の時価と払込金額との差額について、収入金額があるものとして所得税が課税されます（所税36条2項）。個人について所得税の課税が生じる場合の所得区分については、原則として一時所得となりますが、株式を発行した株式会社の役員または使用人に対してその地位または職務等に関連して株式を取得する権利が与えられたと認められるときには給与所得となり、退職に基因すると認められるときは退職所得となります（所基通23〜35共-6）。

なお、同族会社（法税2条10号）の株主割当による新株発行の場合において、新株割当権を与えられた株主の一部が、その全部または一部について出資の履行をせずに失権株が生じ、その結果、他の株主が新株発行前の発行済株式総数に対する新株の割合を超えた割合で新株を取得した場合には、株主間において価値の移転が生じています。この場合のうち、新株を取得した者が失権株主の親族等である場合に

は，移転した価値に相当する金額に対して贈与税が課税されることとされています（相税9条，相基通9-4および9-7）。株主割当による新株発行では，すべての株主が割り当てられた株式を引き受けるのであれば株主間における価値の移転はなく，贈与税の課税は生じませんが，上記の場合には親族等である株主間の価値の移転が生じることとなりますので（株式を引き受けなかった株主の有する持株比率の低下および株式の経済的価値の減少に応じて，株式を引き受けた株主の有する株式の持株比率の増加および経済的価値の増加が生じます），贈与税の課税が生じます。課税実務においては，移転した価値に相当する利益の金額を，相続税法基本通達9-7に定められた計算式により算出しています。

ポイント

　株主割当の募集株式の発行においても，株主間で価値の移転があると認められる場合には，法人税・所得税・贈与税の課税が生じることになります。

（戸田　智彦）

16 第三者割当①——募集株式の不公正発行

Question

　会社の取締役が会社支配権の維持を目的として第三者割当で株式を発行しようとしている場合，反対派の株主が差し止めることはできますか。このような株式の発行によって何らかの課税関係は生じますか。

会社法の理解

(1) 募集株式の発行の差止め

　公開会社において会社支配権をめぐる争いがある場合，経営陣（取締役会）が会社支配権の維持・争奪という多数派工作を目的として時価による第三者割当の新株発行を企図することがあります。そのような場合における株主の救済手段として，会社法では，募集株式の発行が法令・定款に違反する場合（会社210条1号）の他，著しく不公正な方法によってなされる場合（会社210条2号）に，株主は募集株式の発行等の差止めを請求できると定められています。

　いかなる場合が「著しく不公正な方法」に該当するかについて，裁判例では，公開会社の時価発行として取締役会で募集事項を決定する場合には，資金調達目的ではなく，取締役が自派で議決権の多数を確保し，対立する株主の持株数を低下させるなどの不当な目的を達成することが主要な目的の場合に株主による差止めを認め，他の場合には認めないとする「主要目的ルール」とよばれる考え方が有力であり，会社に資金調達の必要があったと認定される場合には取締役の判断を尊重する傾向が強いとされています（差止めを認めなかった裁判例として，東京高決平成24・7・12金法1969号88頁，東京高決平成21・3・30金判1338号50頁，東京高決平成16・8・4金判1201号4頁。会社支配権維持を主要な目的とする新株の発行であるとして差止めを認めた裁判例として，東京地決平成20・6・23金判1296号10頁）。

　公開会社でも，有利発行の場合には，取締役は株主総会において有利な払込金額で募集株式を発行することが必要な理由を説明し，株主総会の特別決議により募集株式の発行を決定します（会社201条1項，199条3項・2項，309条2項5号）。有利発行の場合の株主総会においては，取締役から，有利発行に該当する可能性や，株主の持分価値の希釈化が生じる可能性やその程度について説明され，株主総会における議決権行使の際に考慮されることになります。

　裁判例（京都地決平成30・3・28金判1541号51頁）では，現経営者の支配権を維持す

ることを主要な目的としてされたものであるときには，不当な目的を達成する手段として新株発行が利用される場合にあたるとして主要目的ルールを採用し，第三者割当増資により持分比率の変動（仮処分を申し立てた第2順位の株主の持分価値の希釈化）が生じることや，株主総会の2週間前までに発出された招集通知において有利発行に該当する可能性があることおよび上記持分比率の変動について説明されていないこと，などの諸事情を考慮して，不公正発行に該当するとしたものがあります。

Question でも，取締役会決議による第三者割当の時価発行による募集株式の発行が，会社支配権維持を主要な目的とするものであると認定できる事実関係があれば，株主による差止請求が認められることになります。もっとも，資金調達の必要がなく会社支配権維持を主要目的とする募集株式の発行であると疎明することは，株主にとって容易ではありません。

非公開会社では募集株式の発行は，株主総会の特別決議により行われますから（会社199条2項・309条2項5号），株主総会決議を経ない場合や株主総会決議の手続に瑕疵がある場合には，募集株式の発行に法令違反があるとして株主は差止めが可能となります（会社210条1号）。株主総会の手続に瑕疵がなくとも，株主平等の原則から見て著しく不公正な方法によるものであるときには，不公正発行として差止めの対象となる可能性があります（同条2号。なお，最決平成19・8・7民集61巻5号2215頁（スティール・パートナーズが東証2部上場のブルドックソース株式会社株式の公開買付を行い，ブルドックソース株式会社が新株予約権発行による買収防衛策を株主総会特別決議により発動した事案）では，株主総会の手続に瑕疵はないとしたうえで，株主平等の原則から見て著しく不公正な方法によるものといえないことを判示し，不公正発行としての新株予約権の差止めの申立ての抗告を棄却しました。公開会社の新株予約権発行の株主総会特別決議の事案ですが，非公開会社での株主総会特別決議による募集株式の発行においても参考になります）。

(2) 募集株式不公正発行が行われた場合

取締役が募集株式の不公正発行を行った場合において，新株発行の効力を否定する方法は，新株発行無効の訴え（会社828条1項2号，3号）および不存在確認の訴え（会社829条1号，2号）の2つです。これは，法律関係の安定などの要請から，新株発行の効力を否定する方法を制約するものです。さらに，当該株式の譲受人・会社債権者等の利益を害するおそれを理由に新株発行無効の原因となる事由は狭く解釈されており，公開会社では，適法な取締役会決議を経ない新株発行（最判昭和36・3・31民集15巻3号645頁）や，株主総会決議を経ない新株の有利発行（最判昭和46・7・16判時641号97頁）でも，それだけでは無効原因とはならないとされています。

もっとも，新株発行差止の仮処分に違反して新株発行がなされた場合（最判平成5・12・16民集47巻10号5423頁）や，募集事項の公示（公告または通知）なく行われた募集株式発行（新株発行差止請求をしたとしても差止めの事由がないためにこれが許容されないと認められる場合でないかぎり）の場合（最判平成9・1・28民集51巻1号71頁），無効事

由になります。定款所定の発行可能株式総数（会社37条，113条）を超過する新株発行（東京地判昭和31・6・13判時83号22頁）や定款の認めない種類の株式の発行（会社108条1項，2項）は，重大な法令・定款の違反であり，新株発行の無効事由になると解されています（江頭憲治郎『株式会社法（第7版）』（有斐閣，2017年）778頁）。

また，平成26年会社法改正で新設された支配株主の異動をともなう募集株式の割当てについて株主総会決議による承認を要する場合（会社206条の2第4項）であるにもかかわらず決議が行われなかった場合についても，新株発行の無効事由になると考えられます（江頭・前掲779頁）。

他方，非公開会社では，不公正な募集株式の発行（第三者割当の募集株式の発行）が株主総会を経ずに実行される場合には無効とされています（最判平成24・4・24判時2160号121頁）。非公開会社の募集株式の発行については，公開会社の場合のような株式譲受人の取引の安全への配慮は不要であるから，公開会社の場合のように無効事由を狭く解釈する必要はないとの見解が有力です（江頭・前掲777〜778頁）。

このような公開会社と非公開会社の無効事由についての解釈の差異は，公開会社では募集株式の発行が原則として取締役会決議により行われ，業務執行行為に準じているのに対し，非公開会社では，募集株式の発行等が原則として株主総会決議により行われ，持株比率の維持に関する既存の株主保護の要請に差があること，および，非公開会社では不公正な方法により発行された株式が当初の引受人またはその者からの悪意の譲受人の下に留まっていることが多いこと，が主な理由です。

税法の理解

募集株式が不公正発行であるとしても，新株発行の効力が否定されない場合については，**14**「募集株式の発行」に記載のとおり，有利発行などの特段の事情がないかぎり，発行会社・新株取得者その他関係人について，所得税・法人税・贈与税等の課税関係は生じません。

なお，新株の有利発行については**18**「第三者割当③——新株の有利発行と時価評価」にて説明します。

また，新株発行の効力が否定された場合については，**22**「新株発行無効の訴えの認容判決」にて説明します。

ポイント

　会社法上，募集株式の不公正発行に対して株主に差止請求権が認められていますが，仮処分手続において差止めが認められるのは容易ではありません。課税関係については，新株発行の効力が否定されないかぎり，通常の第三者割当での新株発行の場合や，有利発行に該当する場合には有利発行の場合と同様に取り扱われます。

（戸田　智彦）

17　第三者割当②——支配権の異動を伴う募集株式発行規制

Question

公開会社にあって，募集株式の発行により，その募集株式の引受人の有する株式の議決権が総株主の議決権の過半数を超える場合について，平成 26 年会社法改正ではどのような規制が新設されたのでしょうか。また，かかる募集株式の発行によって何らかの課税関係は生じますか。

会社法の理解

(1)　規制の概要

平成 26 年会社法改正が施行（2015（平成 27）年 5 月）されるまでは，公開会社では，募集株式の払込金額が時価よりも低い「特に有利な金額」（会社 199 条 3 項）である場合（以下「有利発行」といいます）を除き，定款で定められた発行可能株式総数の範囲内であれば，取締役会決議により，第三者割当の募集株式の発行における募集事項を決定することができ（会社 199 条 1 項・3 項，201 条 1 項），その割当ての決定は取締役会決議で行うため（会社 204 条 1 項），第三者割当の募集株式の発行後に株式取得者が議決権の過半数を超える株式を保有することになる株式の割当てについても，株主がその決定に関与することはできませんでした（なお，募集株式発行が著しく不公正な方法により行われる場合には株主は差止めを行うことができます（会社 210 条 2 号））。

しかし，支配株主の異動は，会社の経営に重大な影響を与える可能性があることから，既存の株主に対する情報開示を充実させるとともに，株主の意思を問うための手続を設けるべきであることから，2014（平成 26）年の会社法改正により，下記のとおり支配権の異動をともなう募集株式の発行等について新たな規制（情報の開示および割当てに株主総会決議による承認を要する場合があること）が設けられました（会社 206 条の 2）。

(2)　規制の対象

新設された規制は，当該募集株式の引受人（その子会社等を含みます）が引き受けた募集株式の株主となった場合に有することとなる議決権の数（会社 206 条の 2 第 1 項 1 号）の，当該募集株式の引受人の全員が募集株式の株主となった場合における総株主の議決権の数（会社 206 条の 2 第 1 項 2 号）に対する割合が 2 分の 1 を超えるとき（以下「支配権の異動」）に適用されます。206 条の 2 第 1 項 1 号にいう保有議決権の数には，当該募集株式の発行前から有する議決権の数も含めて計算され，そのような株式の引受人を

「特定引受人」とよんでいます。ただし，当該特定引受人が当該公開会社の親会社等である場合には支配株主の異動が生じるわけではないことから，また，株主割当の場合（会社202条）にはすべての株主に均等に募集株式を引き受ける権利が与えられていることから，この規制の適用範囲外とされています（会社206条の2第1項ただし書）。

なお，第三者割当の有利発行の場合には，公開会社であっても，既存の株主の利益を保護する必要（持株比率の希釈化・株式の価値の低下の防止）があることから，募集事項の決定は株主総会の特別決議を要することとされています（会社199条2項，309条2項5号）。

(3)　情報の開示等

まず，支配権の異動をともなう募集株式の発行等をする場合には，公開会社は，株主に対し，特定引受人に関する情報を開示しなければなりません。この開示については，募集事項において定めた払込期日（または払込期間の初日）の2週間前までに，公開会社は，株主に対し，特定引受人の氏名または名称および住所，当該特定引受人が保有することとなる議決権の数その他の法務省令で定める事項を通知することを原則としつつ（会社206条の2第1項本文），この通知は公告をもって代えることができると定めています（会社206条の2第2項）。また，通知すべき事項を記載した有価証券届出書を払込期日（または払込期間の初日）の2週間前までに提出している場合などには，通知することを要しないと定められています（会社206条の2第3項）。

(4)　募集株式の割当てに株主総会決議を要する場合

次に，総株主の議決権の10分の1以上の議決権を有する株主（定款でこれを下回る割合を定めた場合にはその割合）が，上記通知等の日から2週間以内に特定株式引受人による募集株式の引受けに反対する旨を公開会社に通知したときは，公開会社は，払込期日（または払込期間の初日）の前日までに，株主総会の決議によって，当該特定引受人に対する募集株式の割当てまたは当該特定引受人との間の総数引受契約（会社205条1項）の承認を受けなければなりません。ただし，当該公開会社の財産の状況が著しく悪化している場合において，当該公開会社の事業の継続のため緊急の必要があるときは，株主総会決議を要しないとされています（会社206条の2第4項）。

この場合に承認を行う株主総会決議は，普通決議ですが，定足数は定款によっても，議決権を行使できる株主の議決権の3分の1未満に下げることは認められず（会社206条の2第5項），取締役の選解任を行う株主総会決議（会社341条）と同様の取扱いとなります。

税法の理解

(1)　株式の発行会社における取扱い

公開会社における支配権の異動をともなう募集株式の発行の場合，株式の発行会社では，株式の発行により払い込まれた金銭の額および現物出資において給付を受

けた財産の価額が資本金等の額になります（法税2条16号，法税令8条1項1号）。当該発行会社においては，募集株式の発行は資本等取引に該当し，払い込まれた金銭の額および給付を受けた財産の価額について法人税は課税されません（法税22条2項）。

(2)　株主の課税関係

株式を取得した特定引受人において，株式の取得価額は払込みをした金銭の額に付随費用の額を加算した金額であり（法税令119条1項2号，所税令109条1項1号），株式を取得した法人に法人税は課税されず，株式を取得した個人に所得税・贈与税は課税されません。

なお，当該発行会社の発行済株式総数の20％以下を保有していた法人（特定引受人）が，募集株式を取得したことにより，その所有株式数が当該発行会社の発行済株式総数の（20％以下から）20％を超えることとなった場合には，企業支配株式等（法税令119条の2第2項2号，法基通4-1-7）に該当することになり，その当該発行会社の資産状態が著しく悪化した場合に，当該発行会社の株式の評価損について損金算入が認められます（法税令68条1項2号，法基通9-1-9）。

(3)　有利発行について

平成26年会社法改正にかかわらず，第三者割当による株式の発行が有利発行にあたる場合，すなわち，取得時における「その有価証券の取得のために通常要する価額に比して有利な金額」（法税令119条1項4号）である場合にはその株式の時価と払込価額との差額について，取得者が法人である場合には受贈益の計上（益金）が生じ法人税が課税され（法税22条2項），取得者が個人である場合には所得税が課税されます（所税36条）。有利発行の場合の詳細については，**18**「第三者割当③——新株の有利発行と時価評価」で説明します。

ポイント

会社法上，公開会社における支配権の異動をともなう募集株式の割当て等について，2014（平成26）年の会社法改正により，株主に対する情報の開示等の新たな規制が設けられましたが，税法上の取扱いは，第三者割当による募集株式の発行の場合と同様です。

（戸田　智彦）

★★★ 18　第三者割当③——新株の有利発行と時価評価

Question

　第三者割当により新株の有利発行が行われた場合の課税関係はどのようになりますか。

会社法の理解

(1)　発行の手続

　第三者割当による募集株式の発行等（自己株式の処分も含みます）とは，特定の第三者（既存株主でもよい）に株式を割り当てて行われる募集株式の発行等のことをいいます。

　第三者割当における募集事項の決定は，公開会社以外の株式会社では，原則として株主総会の特別決議によります（会社199条2項，309条2項5号）。他方，公開会社では，原則として取締役会の決議によります（会社201条1項）。ただし，払込金額が募集株式の引受人に特に有利な金額である場合には，既存株主の経済的利益を保護するため，公開会社であっても，第三者割当の場合，募集事項の決定は株主総会の特別決議によらなければならず，取締役はその株主総会において当該払込金額で募集株式の発行等を行うことを必要とする理由を説明しなければなりません（会社201条1項，199条3項）。公開会社でない会社にあっても，株主総会で当該理由を説明しなければならないことは同様です。

(2)　「特に有利な金額」の意義

　「特に有利な金額」とは，払込金額が株式の公正な価額と比較して特に低い金額であることを意味します。「公正な価額」とは，「新株の発行により企図される資金調達の目的が達せられる限度で旧株主にとって最も有利な価額」です（東京高判昭和46・1・28高民集24巻1号1頁）。

　具体的には，「公正な価額」は，上場株式については，払込金額決定前の当該会社の株価，当該株式の騰落習性，売買出来高の実績，会社資産および収益状態，配当状況，発行済株式数，新たに発行される株式数，株式市況の動向等を斟酌して判断され（最判昭和50・4・8民集29巻4号350頁），非上場株式については，①簿価純資産法，②時価純資産法，③配当還元法，④収益還元法，⑤DCF法，⑥類似会社比準法などのさまざまな評価手法が存在しますが，どのような場合にどの評価方法を用いるべきかについて明確な判断基準は確立されていません。

　非上場会社が第三者に対する募集株式発行において，取締役会が，客観的資料にもと

づく一応合理的な算定方法によって払込金額を決定した場合は，特別の事情のないかぎり，その払込金額は「特ニ有利ナル発行価額」にあたらないとする注目すべき判例（最判平成 27・2・19 民集 69 巻 1 号 25 頁）が下されました。

(3)　株主総会の特別決議を欠く新株発行の効力

公開会社にあっては，第三者割当による新株の有利発行が株主総会の特別決議を経ずに行われる場合，かかる新株がいったん株式会社の代表取締役により発行された場合には，取引安全の観点から，株主総会の特別決議を欠くことは新株発行無効の訴え（会社 828 条 1 項 2 号，3 号）における無効事由に該当しないと解されており（最判昭和 46・7・16 判時 641 号 97 頁。詳しくは **22**「新株発行無効の訴えの認容判決」を参照），次に示すような取締役の責任が問題になります。

(4)　取締役の責任

a)　会社に対する責任

株主総会決議を経ずに第三者に対して新株の有利発行（以下「違法な有利発行」といいます）をすることは 423 条 1 項の任務懈怠に該当し，会社は公正な発行価額と実際の払込価額の差額分だけ損害を被ると解されています（東京高判平成 25・1・30 判タ 1394 号 281 頁）。

b)　第三者に対する責任

取締役が違法な有利発行をした場合，当該取締役は，a)で述べた責任のほかに，株主に対して 429 条 1 項による責任を負うかについて争いがあります。

まず，このような場合に既存株主が被る損害は「間接損害」（会社が損害を被った結果，第三者が被った損害）であり，株主は代表訴訟によって上記の取締役の会社に対する責任を追及することができるから，株主は「第三者」に含まれず，429 条 1 項にもとづく損害賠償請求をすることはできないとするのが従来からの通説です（東京高判平成 17・1・18 金判 1209 号 10 頁）。

しかし，かかる見解に対しては，「間接損害」の場合でも取締役と支配株主が一体である閉鎖型の会社の場合には株主も「第三者」にあたるとして，あるいは，違法な有利発行が行われた場合に株主が被る損害はそもそも「直接損害」（第三者が直接被った損害）であるとして，既存株主に損害賠償請求を認める見解も近時は有力です（最判平成 9・9・9 判時 1618 号 138 頁参照）。また，既存株主は，代表訴訟により 423 条 1 項の責任を追及することも，429 条 1 項の責任を追及することもいずれも認められるという見解もあります（田中亘「募集株式の有利発行と取締役の責任」新堂幸司＝山下友信編『会社法と商事法務』（商事法務，2008 年）143 頁）。

税法の理解

(1)　株式の発行法人

株式の発行法人に払い込まれた金銭の額は，資本金等の額となり（法税 2 条 16 号，

法税令8条1項1号），資本等取引に該当するので（法税22条5項），当該金銭には法人税は課税されません。

(2)　株主となる個人の課税関係

a)　所　得　税

個人株主が，第三者割当で有利な払込金額により新株を取得した場合，払込期日における株式の価額（時価）から払込金額を控除した金額の収入金額を得たものとされ（所税36条2項，所税令84条3項3号），同株式の取得価額は，以後，当該払込期日における時価になります（所税令109条1項3号）。

そして，有利な払込金額，すなわち「株式と引換えに払い込むべき額が有利な金額である場合」（所税令84条3項3号）とは，払込金額の決定日の現況におけるその発行法人の株式の価額に比して社会通念上相当と認められる価額を下回る金額である場合をいい，かかる金額であるかどうかは，当該株式の価額と払込金額との差額が当該株式の価額の概ね10％相当額以上であるかどうかにより判定し，また，払込金額の決定日の現況における株式の価額とは，決定日の価額のみをいうのではなく，決定日前1月間の平均株価等，当該株式の払込金額を決定するための基礎として相当と認められる価額をいうものとされています（所基通23～35共-7）。

また，この場合における個人株主の所得区分は，一時所得ですが，当該発行法人の役員・使用人がその地位・職務等に関連して当該株式を取得する権利が与えられたときは給与所得とされ，これらの者の退職に基因して当該権利が与えられたときは退職所得とされます（所基通23～35共-6 (3)）。

さらに，当該株式の価額の具体的な評価については，株式の種類に応じて，通達で規定されています（所基通23～35共-9）。

b)　贈　与　税

同族会社が新株の発行をする場合において，当該新株にかかる引受権（以下「募集株式引受権」といいます）が当該同族会社の株主の親族等に与えられ，当該募集株式引受権にもとづき新株を取得したときは，原則として，当該株主の親族等が，当該募集株式引受権を当該株主から贈与によって取得したものとされます（当該募集株式引受権が給与所得または退職所得として所得税の課税対象となる場合を除きます。相税9条，相基通9-4）。

この場合，当該募集株式引受権に価値がなければ課税関係は生じませんが，当該株式の払込価額が有利な発行価額である場合には，当該株式の取得者には贈与税が課せられます。

(3) 株主となる法人の課税関係

法人株主が，第三者割当で有利な払込金額により新株を取得した場合は，払込期日における株式の価額（時価）から払込金額を控除した金額が，受贈益として益金の額に算入されると解されています（法税22条2項，東京地判平成22・3・5税資260号順号11392，東京高判平成22・12・15税資260号順号11571）。このことは，第三者割当による有利発行の場合における有価証券の取得価額を「その取得の時におけるその有価証券の取得のために通常要する価額」と定める法人税法施行令119条1項4号が間接的に規定していると考えられています。

この「通常要する価額に比して有利な金額」の意義についても，上記(2)a)の所得税基本通達と同様に通達で定められています（概ね10%基準等，法基通2-3-7）。また，当該株式の価額（時価）は，株式の種類に応じて，通達で定められています（法基通2-3-9等）。

(4) 株式引受人以外の株主（既存株主）

第三者割当により新株の有利発行が行われた場合，既存株主は原則として何らの課税も受けません。ただし，唯一の株主が発行会社をして，同社の発行済株式総数の15倍の新株を第三者に対して著しく有利な価額で発行させた事案において，当該既存株主から新株主への発行会社の「資産価値の移転」は法人税法22条2項の取引に該当するとして，当該既存株主に対する課税を適法とした判例があります（オウブンシャホールディング事件・最判平成18・1・24判時1923号20頁）。

  ポイント ────────────────────────────

株式が第三者割当で有利発行された場合，当該新株を取得した個人株主は，当該株式の時価から払込金額を控除した金額（差額）につき一時所得等が課され，また，同族会社の場合は，贈与税が課される可能性があります。また，当該新株を取得した法人株主は，当該差額につき受贈益課税（法税22条2項）されます。

（橋本　浩史）

19　金銭出資・仮装払込

Question

　① 　会社の設立および募集株式の発行に際して出資はきちんと守られるのでしょうか。そのための規制はどうなっているのでしょう。
　② 　出資の仮装に対する規制はどうなっているのでしょう。
　③ 　株式会社に出資した場合の課税関係はどうなるでしょう。

会社法の理解

(1)　設立時における全額払込確保のための規定

　株式会社では，株主は有限責任しか負わないことから，一定の財産が現実に会社に拠出され，かつ保有されていることが必要になります。

　会社法は，設立にあたっては，出資の履行に関して，会社成立前に，払込金額全額の払込みまたは出資にかかる金銭以外の財産の全部を給付しなければならないと規定しています（会社34条）。このうち，金銭の払込みは，発起人の定めた銀行・信託会社等の払込場所にしなければなりません（会社34条2項，63条1項）。そして，発起設立の場合には払込みがあったことを証明する書面を（商登47条2項5号），募集設立の場合には保管証明書（商登47条2項5号かっこ書）を，設立登記申請にあたって添付しなければなりません。

　設立時取締役が，その選任後遅滞なく，発起人による出資の履行や設立時募集株式についての払込みが完了していることを調査し（会社46条1項3号，93条1項3号），発起設立の場合には，これらの事項について法令・定款違反または不当な事項があると認められるときは発起人にその旨を通知しなければなりません（会社46条2項）。

　募集設立の場合には，調査の結果を創立総会に報告し説明を求められたときには必要な説明をしなければなりません（会社93条2項，3項）。

　なお，設立時取締役の全部または一部が発起人である場合には，設立時取締役による調査は自分で行ったことを自分で調査するということになってしまいます。そこで，設立時募集株式引受人の利益を守るために，第三者の立場から客観的に調査を行ってもらう必要が生じます。そのために，募集設立にあっては，創立総会で，これらの事項を調査する者を選任することができることになっています（会社94条1項）。

(2) 設立時における仮装出資

　この出資は仮装されることがあり，預合いがその典型例といわれます。預合いとは次のようなスキームです（図表19-1）。すなわち，発起人が払込取扱機関である銀行から借入れをし，これを払込みに充てます。これと同時に，その借入金を返済するまでは，発起人・設立中の会社はその預金を引き出さないことを約束し（募集設立ではこのような約束をしても，成立後の会社に対抗できません。会社64条2項），会社の成立（設立登記完了）後に出資の払込みとして会社の口座に入金した資金で借入金を返済します。つまり，会社成立時には会社財産は銀行に対する債権として存在していますので，資本金に相当する財産は会社に確保されているようにみえます。しかし，会社経営のために使用する段階ではその預金は会社の口座には存在しませんので，実質的に払込みがないのと同じになります。これでは，資本充実を果たしたとはいえず，払込みは無効であると一般的に理解され，会社法はこれに対して罰則を設け禁止しています（会社965条）。

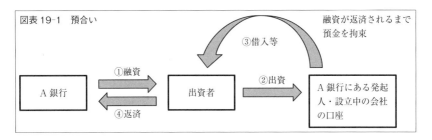

図表 19-1　預合い

③借入等

融資が返済されるまで預金を拘束

①融資

A銀行　　　　　出資者　　　　②出資　　A銀行にある発起人・設立中の会社の口座

④返済

　この他にも，この預合いに対する規制を逃れるために，発起人等が払込取扱機関以外の者から借入れをし，株式の払込みに充てるのですが，設立登記後に会社の預金を引き出して借入先に返済するということもあります（見せ金。図表19-2）。これは形式的には払込みがなされていますが，実質的になされていない場合と同じに評価できます。そのため，判例はこのような仮装払込みについて，その効力を認めていません（最判昭和38・12・6民集17巻12号1633頁）。ただし，この場合には，預合いとは異なり，現実に金銭の移動があります。そのため，預合いに該当せず，簡単には無効とは評価できないところもあります。

　そこで，このような仮装出資については，①会社成立後，借入金を返済するまでの期間，②払込金が会社資金として運用された事実，③借入金の返済が会社の資金関係に及ぼす影響を総合的に評価して，払込みが実質的に会社の資金とする意図があったかどうか，つまり単に払込みの外形をとったにすぎないものかを判断することになります（前掲最判昭和38・12・6）。

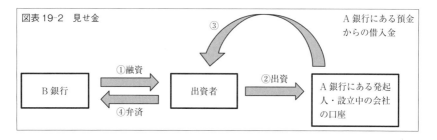

図表 19-2　見せ金

A 銀行にある預金からの借入金

③

B 銀行 ①融資→ ②出資→ A 銀行にある発起人・設立中の会社の口座
④弁済← 出資者

(3) 設立時において出資の履行を仮装した場合の責任

　上記のような払込みを仮装した発起人・設立時募集株式の引受人は，会社に対してその仮装した払込金額の全額を支払う義務を負うことになります（発起人につき，会社 52 条の 2 第 1 項。設立時募集株式の引受人につき会社 102 条の 2 第 1 項）。また，発起人や設立時募集株式の引受人が出資の履行を仮装することに関与した発起人・設立時取締役は，仮装した発起人や設立時募集株式の引受人と連帯して（会社 52 条の 2 第 3 項，103 条 2 項），仮装した払込金額等の支払義務を負います（会社 52 条の 2 第 2 項，103 条 2 項，会社則 7 条の 2，18 条の 2）。これらは株主代表訴訟の対象となっています（会社 847 条 1 項）。ただし，発起人（出資の履行を仮装した者を除きます）と設立時取締役は，関与についての無過失を証明できれば，この責任を免れることができます（会社 52 条の 2 第 2 項ただし書，103 条 2 項ただし書）。

　仮装払込によって引き受けられた株式については，以上のような支払義務が履行されるまでは，仮装払込をした発起人・設立時募集株式の引受人は，設立時株主の権利や株主権を行使できません（会社 52 条の 2 第 4 項，102 条 3 項）。もっとも，そのような株式を譲り受けた者は，悪意または重大な過失があるときを除いて，権利行使が認められています（会社 52 条の 2 第 5 項，102 条 4 項）。

(4) 募集株式発行（会社成立後の新株の発行）・新株予約権行使にともなう出資における取扱い

　以上のような設立時における仮装払込に関する取扱いは，募集株式発行においても同様に扱われます（仮装払込人の責任につき会社 213 条の 2，関与取締役の責任につき会社 213 条の 3，会社則 46 条の 2，仮装払込によって引き受けられた株式に関する権利行使制限につき会社 109 条 2 項，3 項）。また，新株予約権行使にともなう出資についても同様に扱われます（仮装払込人の責任につき会社 286 条の 2，関与取締役の責任につき会社 286 条の 3，会社則 62 条の 2，払込みが仮装された新株予約権の目的である株式に関する権利行使制限につき会社 282 条 2 項，3 項）。

(5) 現物出資の仮装払込

　たとえば，現物出資財産が，上場株式の場合，現物出資財産を会社に給付した後，出資者に還流させることも可能です。2014（平成 26）年会社法改正により，このような事

例では，現物出資財産の給付を仮装したとして，発起人（募集株式引受人）は，給付を仮装した現物出資財産の給付をするか，会社がその給付に代えてその財産の価額に相当する金銭の支払を請求した場合には当該金銭の支払をしなければならないとされました（会社52条の2第1項2号，213条の2第1項2号）。また，出資の履行を仮装することに関与した発起人・設立時取締役（募集株式発行にあっては取締役）も，仮装した払込金額等の支払義務を負うとしました（会社52条の2第2項，103条2項，会社則7条の2，18条の2，213条の3第1項）。新株予約権の行使にともなう出資につき現物出資を行う場合も同様です（仮装した新株予約権者の責任につき，会社286条の2第1項3号。関与した取締役の責任につき会社286条の3）。

(6)　仮装払込に関する会計処理

払込みが仮装であっても，資本金の額は減額されません（会社計算25条2項）。

しかし，実際には会社にその分の資産が存在しないわけですから，資本の部を減少させなければならず，その他資本剰余金の額を減少させることになります（会社計算27条2項3号）。

その後，仮装払込人が仮装払込に関する支払義務（会社52条の2，102条の2，213条の2，286条の2）を履行し，実際に資産が払い込まれた場合，その額につきその他資本剰余金の額を増加させることになります（会社計算21条5号）。

税法の理解

仮装払込について，仮装払込人等が支払義務を履行した場合の会計処理をみれば，このような取引関係は，「資本等取引」ですから，課税関係が生じることはありません（法税22条2項，法税令8条1項1号）。

他方，関与した取締役や発起人がこの支払義務を履行したときについて，法人税法施行令8条には特に規定がありません。会計上は「特別利益」として計上されることになるのであれば，法人税法上は，この「特別利益」を「益金」に算入しない旨の別段の定めはありませんから，「益金」となります。その結果，取締役が支払義務を履行した場合には，それに対する課税を受けると考えられます。

ポイント

株式会社は設立時に会社財産を確保する必要があることから，出資金の全額払込の原則があります。そのために，金融機関を払込場所とするなどの規制があります。

払込みを仮装する典型例が預合いです。これは会社法上禁止されており，その払込みは無効となるだけでなく，罰則も適用されます。また，この預合いの脱法行為として見せ金という方法がとられることもあります。これについても判例上無効として扱われて

います。しかし，見せ金は預合いとは異なり，銀行との通謀がありません。そのため，その判断は慎重になされる必要があります。

　なお，仮装払込の場合の仮装払込人等の払込義務について，払込人が履行する場合には課税関係を生じないのですが，取締役が履行する場合には，特別利益として益金に算入され課税関係が生じると考えられるため注意が必要です。

（奥谷　健）

★★ 20 現物出資

Question

① 株式会社の設立時または募集株式の発行時の出資を現物で行う場合の留意点はどこにあるのでしょう。

② その場合の課税関係はどうなっているのでしょう。

会社法の理解

(1) 全額払込確保のための規定

株式会社の設立に際しては，出資は金銭だけとはかぎりません。金銭以外の財産をもって出資を行うことも可能です。これを現物出資といいます（会社28条1号）。

現物出資の目的となる財産の価額が過大に評価されていると，他の出資者との間に不公平が生じます。さらに，会社財産が貸借対照表に過大計上されることにもなりかねません。そのため，設立時には，現物出資について定款に定めないかぎり，その効力は認められず（変態設立事項。会社29条），現物出資財産の評価が適切になされるように以下の配慮がなされます。

設立時の現物出資に関しては，現物出資で出資される財産が定款に記載された価額に見合うものであるかという点につき，裁判所が選任する検査役の調査が必要とされます（会社33条1項，2項）。調査結果は，裁判所と発起人に示されます（会社33条4項，6項）。検査役調査は，定款に定めた価額が500万円を超えない場合，当該財産が市場価格のある有価証券であり，定款に定めた額が市場価格を超えない場合には不要とされます（会社33条10項1号，2号）。このほか，弁護士，公認会計士（外国公認会計士を含みます。監査法人），または，税理士（税理士法人）の証明（当該財産が不動産である場合にはこの証明とともに不動産鑑定士の鑑定評価）がある場合にも検査役調査は不要とされます（会社33条10項3号）。

このような取扱いは，会社設立後になされる募集株式発行時も同様で，募集事項として現物出資を行うことを決めた場合には（会社199条1項3号），設立時と同様に検査役調査を受けなければなりません（会社207条）。なお，設立時に検査役調査が不要とされる場合に加え，募集株式引受人に割り当てる株式の総数が発行済株式の10分の1を超えない場合（会社207条9項1号），弁済期が到来している会社に対する金銭債権を現物出資する場合（会社207条9項5号。**21**「DES（デット・エクイティ・スワップ）」参照）にも検査役調査が不要とされます。新株予約権の行使にともなう出資につき現物出資を

行う場合も同様です（会社 284 条）。

(2)　目的物価額不足額てん補責任

　会社の成立時において現物出資の目的物である財産の価額が，定款に記載された価額に著しく不足する場合，現物出資者は，その不足額を支払わなければなりません（会社 52 条 1 項，2 項）。

　このほか，設立にあたって，検査役調査を経ていない場合には，現物出資者以外の発起人および設立時取締役は，会社に対して，現物出資者と連帯して，その不足額を支払う義務を負うことになります（会社 52 条 1 項，2 項）。ただし発起設立にあたっては，出資者が発起人しかおらず，自身も定款に署名する際に予防が可能であることから，この責任は過失責任とされています（会社 52 条 2 項 2 号，3 項ただし書）。また，募集設立にあたっては，発起人以外の株式引受人保護のため，この責任は無過失責任とされています（会社 103 条 1 項）。

　なお，税理士などの証明がなされ，検査役調査が不要とされる場合には，証明をした者も連帯して責任を負うことになります（過失責任。会社 52 条 3 項）。

　他方で，設立後の募集株式の発行時にあっても，現物出資者は，不足額を支払わなければならず（会社 212 条 1 項 2 号），検査役調査を経ていなければ，募集株式発行に関与した取締役等は，現物出資者と連帯して不足額を支払う義務があり（過失責任。会社 213 条 1 項，2 項），証明者も同様の責任を負担します（会社 213 条 3 項）。もっとも，募集株式発行時の現物出資者が著しく不足することにつき善意でかつ重大な過失がない場合には，募集株式の引受けの意思表示を取り消すことが認められます（会社 212 条 2 項）。意思表示が取り消されれば，株式発行は無効となりますので，取締役等や証明者の責任も発生せず，払込金は返還されますが，資本金額は減少しません（会社計算 25 条 2 項 4 号）。

(3)　財産引受け・事後設立規制──設立時の現物出資規制の潜脱防止

　発起人が，設立中の会社のために，株式引受人または第三者と会社設立後に財産を譲り受ける契約を締結する場合があります。これを財産引受けといいます。

　財産引受けと金銭出資を組み合わせることで，現物出資と同じ経済的成果を実現できるので，現物出資の規制を潜脱するための財産引受けも変態設立事項とされ，検査役調査を必要とします（会社 28 条 2 号，29 条，33 条）。

　財産引受けは，定款に記載がないなど法定の手続を経ていなければ，発起人の権限に属さない行為として無効になります（会社 28 条）。相手方も，財産引受けであることを知っていると通常は考えられますので，絶対無効であると考えられています（最判昭和 61・9・11 判時 1215 号 125 頁）。その場合には，発起人は相手方に対して責任を負います（財産引受け契約を締結した発起人につき民法 117 条類推適用（最判昭和 42・9・26 民集 21 巻 7 号 1870 頁）。それ以外の発起人につき会社 53 条 2 項）。もっとも，事業に必要な財産の取得について無効としてしまうよりは，設立後の会社が追認できた方が会社の利益になるとも考えられます。また，追認できないときには新たに会社が契約することになりますので，そのまま契約を有効に残した方がいいという考えもあり，学説上強く主張さ

れています。

　なお，会社成立後に会社が代表者を通じて財産を譲り受けることで，現物出資と財産引受けの規制を潜脱することが可能になります。そのような行為を事後設立といいます。

　この事後設立とされるのは，設立後2年以内の会社が，設立前から存在する事業のために継続して使用する財産を譲り受ける場合であり，あらかじめその取得にかかる契約について株主総会の特別決議による承認を得なければなりません（会社467条1項5号，309条2項11号）。

(4)　現物出資の目的物価額の不足額に関する会計処理

　現物出資の対象となる財産の価額が定款に記載された価額に満たない場合も，払込人には差額を支払う義務があります。現金による出資の仮装が行われる場合と同様に，いったん，現物出資の定款記載の価額に満たない金額をその他資本剰余金として減額します。そして，差額が支払われた場合には，その他資本剰余金を増加させることになります（会社計算21条4号）。

　他方，関与した取締役や発起人のこの支払義務は，当該取締役らの帰責性にもとづく責任であること（注意を怠らなかったことを証明すれば免責されること）からは，損害賠償責任として理解されているため，会計上は「特別利益」として計上されることになります（坂本三郎編著『一問一答　平成26年　改正会社法（第2版）』（商事法務，2015年）156頁注3）。

税法の理解

(1)　所　得　税

　個人が会社に対して現物出資した場合，その資産が不動産などの資産であれば，「資産の譲渡」（所税33条）となり，所得税の課税対象となります。このときの譲渡収入金額は，出資した不動産の時価でなく，現物出資によって取得した株式や出資持分の時価となります。ただし，その価額が不動産の時価の2分の1に満たない場合には，不動産の時価が収入金額とみなされて課税されることになります（所税59条1項2号，所税令169条）。

(2)　法　人　税

　出資者が法人（現物出資法人）の場合にも，原則として法人税の課税対象になります。ただし，法人が現物出資を行う場合は，会社分割での新設法人（子会社）に対する出資といったことが考えられますので，現物出資は法人税法上組織再編の1つとして評価されます。そのため，法人税の負担が組織再編の阻害要因にならないように，税制適格が問題になります（法税2条12号の14。税制適格の要件については，**73**「組織再編の手続──略式組織再編・簡易組織再編」を参照してください）。

　適格現物出資の場合，移転した資産については簿価が引き継がれます（法税62条の4第1項）。そして，現物出資を受けた被現物出資法人（法税2条12号の5）が，当該資産を譲渡するまで課税は繰り延べられます。

　被現物出資法人においては，不動産の現物出資を受けた場合，その資産の譲受け自体は「資本等取引」に該当しますので，課税関係は生じません（法税22条2項）。ただし，その所有権移転登記が必要になるため，登録免許税が必要になります。また不動産取得税や保有にかかる固定資産税が発生します。

⑶　消　費　税

　現物出資による資産等の移転は，消費税法上も「資産の譲渡等」に該当することになります。この点は合併や分割による資産等の移転とは異なります。

　消費税法上「資産の譲渡等」に該当するということは消費税の課税対象になるということです。このときの課税標準は，その資産の時価ではなく，所得税と同様に現物出資によって取得した株式等の時価となります。ただし，土地などの非課税資産であれば，非課税売上となります。

　消費税については，適格現物出資の場合でも課税関係を生じます。現物出資をするのが法人の場合には，税制適格によって法人税が繰り延べられますが，消費税については検討しなければなりませんので，注意が必要です。

⑷　適格事後設立の廃止

　課税関係についても，基本的には，現物出資と同じに考えられます。しかし，事後設立に関しては平成22年度の税制改正によって，税制適格の場合の課税の繰延べといった措置は廃止されています。その理由は，適格事後設立（平成22年改正前法税2条12号の6）があまり利用されてこなかったためであるといわれています。また，平成22年度の税制改正で，いわゆるグループ法人税制が導入され，完全支配関係法人間（100％グループ法人）での資産の譲渡については課税を繰り延べて，当該資産をグループ外の法人等に譲渡した場合に，その資産にかかる譲渡益または譲渡損失に相当する金額を当該事業年度に計上することになりました（法税61条の13）。この制度によって，事後設立に対する課税の繰延べは代替されます。そのため，事後設立に対する特例措置は廃止されています。

　ポイント ─────────────────────────────

　現物出資は会社財産確保の観点から，その価額がとても重要な意味をもちます。そのため，定款にその価額などが記載されていないと効力を認められない変態設立事項とな

っています。財産価額が不十分な場合には，補てん責任が課されます。

　現物出資の課税関係は，「資産の譲渡」として所得税，法人税および消費税について考えます。しかし，法人税法においては，税制適格があり一定の要件の下で課税が繰り延べられます。ただし，このときにも消費税は検討しなければなりません。

　現物出資と同様の効果をもつ手法として事後設立があります。これについても，当該財産の価額についての検査などが必要になります。課税関係はグループ法人税制の導入によって税制適格が廃止されている点に注意が必要です。

（奥谷　健）

★★★ 21 DES（デット・エクイティ・スワップ）

Question

貸付金の弁済の滞っている会社から，貸付債権を現物出資して新株を引き受けてくれないかとの依頼がありました。回収の危うい貸付債権をどのように評価すればよいのでしょうか。また，このような手続を行うことで会社が債務免除益を課税されることになり，かえって状況が悪化することにはならないでしょうか。

会社法の理解

(1) デット・エクイティ・スワップ

借入金などの株式会社の債務（Debt）を株式（Equity）に転化（Swap）することを，デット・エクイティ・スワップといいます（以下，英語表記の頭文字をとって「DES」といいます）。

株式会社としては，DES によって，債務の圧縮・自己資本比率の改善，支払利息の減少による損益の改善といった財務上の効果を期待できます。また，DES に協力する債権者としても，たとえば債権の回収が困難となっていた場合において，直ちに債権放棄を行うのではなく DES を行うことで，当該株式会社が再生したとき，配当や株式の売却の形で利益を得る可能性を残すことができます。多額の貸付金を有する銀行が企業再生の手段の 1 つとして DES に協力することも多くみられますが，その場合，銀行には原則として会社の議決権の 5％ を超えて株式を取得できないという制限があるため（銀行 16 条の 4，独禁 11 条），通常は完全無議決権株式を債権の代わりに取得することになります。

(2) 会社法の制度

会社法をはじめ法令において，株式会社の債務を株式に直接転換するような制度は用意されていません。会社法では新株予約権付社債について新株予約権を行使する場合に社債が消滅するもの（会社 280 条 4 項）が用意されていますが（**23**「新株予約権付社債」を参照），これについても新株予約権行使の際の出資に社債を充当するものであって直接社債が株式に転換されるわけではありません。

したがって，DES を実現するには，会社に対する債権の現物出資による新株発行の手続によることになります。具体的には，① 会社に対する債権の現物出資をする旨を募集事項として決議した上で（会社 199 条 1 項 3 号ほか）債権の現物出資（債権譲渡），② 混

同による債権債務の消滅（民 520 条），③ 新株発行の効力発生（新株の引受け（会社 209 条 1 項ほか））という手順で行われます。

　会社は，① を行う際，遅滞なく現物出資財産の価額を調査させるため，裁判所に対して検査役の選任を申し立てなければならないのが原則ですが（会社 207 条 1 項），現物出資する会社に対する金銭債権の弁済期がすでに到来しており，かつ募集事項に定めた当該金銭債権の価額が，帳簿価額を超えない場合は，検査役の調査は不要となっています（会社 207 条 9 項 5 号）。これは弁済期が到来している債務については，いったん会社が債務を弁済し，すぐに金銭を払い込んだのと同じですので，このような現物出資が既存株主を害することが考えられないためです。弁済期が到来していない債務についても，債務者である会社が期限の利益を喪失ないし放棄すれば同じ取扱いを受けることができます。もっとも，期限の利益の放棄自体が会社の不利益となる場合には当該放棄に対して取締役が任務懈怠責任（会社 423 条 1 項）を負うことになりかねません。

　他にも，募集事項に定めた金銭債権の価額が相当であることについて弁護士・公認会計士・税理士等の証明を受けたときなども検査役の調査は不要とすることができます（会社 207 条 9 項 4 号）。このときの弁護士・税理士等の証明は債権の時価（評価額）によらなければなりません。産業競争力強化法の適用を受ける場合，すなわち生産性の向上と健全な財務体質をめざし事業再編計画等を作成して主務大臣の認定を受けた場合には，これら弁護士・税理士等の証明を受けずとも検査役の調査は不要となります（産業競争力 29 条）。

(3)　券面額による場合の有利発行の問題

　債権の価額（時価）が券面額（帳簿価額）を下回る場合，券面額にもとづいた株式の割当ては，実際には有利発行（**18**「第三者割当 ③——新株の有利発行と時価評価」を参照）に該当するのではないかといった問題もあります。これについては，有利発行該当性は，現物出資財産の価額ではなく，1 株あたりの払込金額を基準として判断しますので，払込金額をどう設定するかに関わります。会社が債務超過に陥っている場合には，株式の価値はゼロとなっているため，払込金額をどう設定しても，既存株主を害さず有利発行とは認められません。債務超過に陥っていないのであれば，通常は債務全額の弁済は可能で債権の価額は券面額と一致しこれを下回ることが想定できません。そうすると，券面額によって現物出資財産の価額や株式の払込金額を設定したことで有利発行となってしまうことはほとんどない，ということになります（藤原総一郎編著・山崎良太＝稲生隆浩著『DES・DOS の実務（第 3 版）』（一般社団法人金融財政事情研究会，2014 年）9 頁以下）。また，現物出資価額として募集決定で設定した券面額が現物出資財産の価額（時価）を下回るとしても，履行期が到来していれば会社が法的に支払うべき額は券面額であり，問題は生じません。履行期が到来していない債権につき DES が行われた場合には評価額が券面額を下回れば不足額が発生しますが，新株の払込金額の総額を評価額が超えていれば，既存株主を害さず，「著しい不足額」とは評価されず，不足額の払込み責任

（会社212条1項2号）はDESの実施者に発生しないでしょう。

税法の理解

⑴　DESへの課税

　DESは最終的には資本金額を増加させるため，登記の際，増加資本金額の0.7%の登録免許税の納付が必要となります。産業競争力強化法の適用を受ける場合には，登録免許税は0.35%まで軽減されています（租特80条1項1号）。また，法人税については，DESは資本等の金額の増減をもたらすものですが，上記②の混同の段階においては資本等の金額の増減は発生しませんので，これを資本等取引と扱うことはできません。また，①〜③の異なる過程をあわせて全体を1つの資本等取引と扱うこともできません（東京高判平成22・9・15税資260号順号11511，東京地判平成21・4・28税資259号順号11191）。②の混同の部分はDESを行う会社にとって損益取引として法人税法上の課税の対象となります。

⑵　債務免除益

　現物出資される金銭債権の価額（評価額）が，混同により消滅する債権の券面額よりも低い場合，差額分につきDESを行う会社に債務免除益が生じることになります。一般に金銭債権の価額（評価額）は，券面額（利息付の場合は既経過未収利息を含みます）によるのが原則ですが，回収困難と認められるものについてはその適正な評価額（回収可能額）による必要があります。回収可能額は，債務者の実態貸借対照表の債務超過額，損益の見込み，物的・人的担保の有無，返済期間，従前の支払状況等の諸要素を総合的に勘案して算定されることになります（法税令24条の2第1項参照）。また，金銭債権の債権者がDESの直前に低額で当該金銭債権を第三者から譲り受けていた場合には，そのときの価額が金銭債権の現在の価額であるとされる可能性が高いといえます。

　なお，DESにかかる現物出資対象債権の評価について，その評価方法を明らかにした通達等は存在していません。

⑶　適格現物出資の場合の債務免除益

　100%親子会社間などの適格現物出資では，移転資産等の帳簿価額による譲渡を行ったものとされています（法税62条の4）。そのため金銭債権者がDES以前に低額で当該債権を譲り受けていた場合には，その低額の帳簿価額で譲渡したものとして，事業年度の所得の金額を計算することとなります。すなわち，券面額との差額分については債務免除益が生じることになります（前掲東京高判平成22・9・15，東

京地判平成 21・4・28）。

(4)　擬似 DES

　① 債権の現物出資，② 混同，③ 新株発行の形をとると債務消滅益が発生してしまうということで，これを避けるべく，ⓐ金銭出資，ⓑ新株発行，ⓒ出資を受けた金銭による債務の弁済，といったことが行われることがあります（最終的には債権が株式に転化するのと同じ効果をもたらすことから擬似 DES とよばれます）。

　たしかに，擬似 DES については，債権の評価の問題や，混同の場面での債務消滅益の発生の問題を生じさせません。しかしながら，不良貸付金対策としてこれを行う場合，往々にしてⓑ新株発行における新株の価額（時価）はすでにゼロに近いものとなっており，ⓒ債務の弁済のために行うⓐ金銭出資は発行株式の時価を大きく上回る払込みとなっています。この場合，金銭出資額と新株の価額（時価）との差額部分は寄附金（新株発行会社からすれば受贈益）であると認定されるリスクがあります。また同族会社等でこのようなことを行えば同族会社等の行為または計算として否認（法税 132 条）される可能性もあります（たとえば，いわゆる 3S 事件。東京地判平成 12・11・30 税資 249 号 884 頁，東京高判平成 13・7・5 税資 251 号順号 8943）。

　同様の問題は，DES において，金銭債権の価額（時価）と新株の価額（時価）が釣り合っていない場合にも問題になります。

ポイント

　回収可能性の低い金銭債権を現物出資した場合，券面額との差額分につき債務免除益として課税されることがあります。適格現物出資の場合にも帳簿価額が券面額とずれているときには債務免除益が発生します。

（西中間　浩）

★ 22　新株発行無効の訴えの認容判決

Question

　新株発行無効の訴えとはどのような制度ですか。また新株発行が無効とされた場合の課税関係はどのようになりますか。

会社法の理解

(1)　新株発行の無効の訴え

　株式会社が成立した後に発行された株式について，その発行の効力が無効であると主張して提起される訴訟のことを，新株発行無効の訴えといいます。

　ある法律行為の効果が無効である場合には，法律の一般原則からは，当該行為は行為時から無効で（効力を生じない），誰でも，いつでも，無効であることを主張することができます。

　しかし，多数のステークホルダーが存在する会社の行為についてもこの一般原則を適用してしまうと，会社の権利関係が錯綜するなど，法的安定性を害することになります。そこで，会社法では，会社の組織に関する行為等いくつかの行為については，この一般原則を修正しています。すなわち，一定の行為の無効等を主張する場合には，訴訟によることが必要とされ，また，当該訴訟における当該行為を無効とする判決が確定してはじめて，当該行為の効力が実体法上無効となります。このような訴訟のことを形成訴訟といいます。

　新株発行無効の訴えも形成訴訟とされており，次のような特徴を有します。すなわち，提訴期間が株式発行の効力が生じた日から6か月以内（公開会社でない会社の場合は1年以内。隠蔽工作が繰り返される場合に提訴期間を徒過しても訴えの提起を認めたものとして名古屋地判平成28・9・30判時2329号77頁）に制限され，提訴権者も株主や取締役等の一定の者に制限されています（会社828条1項2号，2項2号）。また，新株の発行を無効とする判決が確定すると，当該判決は第三者に対しても効力を有するとされ（会社838条。このような効力を対世効といいます。民事訴訟の一般原則では，判決の効力は，通常，訴訟の当事者にのみ及ぶとされているのですが（民訴115条1項1号参照），法律関係の画一的確定をはかるために，会社法で民事訴訟の一般原則を修正したものです），新株発行は将来に向かって効力を失うとされています（会社839条）。

(2)　新株発行の無効原因

　どのような場合に株式の発行が無効とされるのか（無効原因）については，会社法等

に規定されておらず，解釈に委ねられています。過去の判例等で，株式の発行が無効とされたケースとしては，① 発行可能株式総数を超過する新株発行（東京地判昭和31・6・13判時83号22頁），② 非公開会社において株主総会特別決議を経ずに株主割当以外の方法による募集株式の発行がされた場合（最判平成24・4・24民集66巻6号2908頁），③ 新株発行差止めの仮処分命令に違反して新株発行がなされた場合（最判平成5・12・16民集47巻10号5423頁）等があります。他方，株式の発行が無効とされなかったケースとしては，① 取締役・取締役会に募集株式の発行等の権限がある場合に適法な決議等を欠いた場合（最判昭和36・3・31民集15巻3号645頁），② 公開会社において募集株式の引受人に特に有利な払込金額による発行等であるため株主総会の特別決議が必要であるのにその決議を欠いた場合（最判昭和46・7・16判時641号97頁）等があります。なお，一般に，公開会社よりも非公開会社の方が，無効とされる範囲が相対的に広いと考えられています。公開会社の場合，株式の発行等にかかる手続上の法令違反は基本的に無効事由には該当せずに，募集事項の公告・通知を欠いたものなどに限定して，無効原因に該当するという考え方が一般的であるといえます。他方，非公開会社においては，会社の支配権にかかわる持株比率の維持についての既存株主の保護を重視するという観点から，公開会社よりも株式発行の無効原因を広く解釈する傾向にあるといえます。募集事項を決定する株主総会決議の手続上の瑕疵は，総会決議取消の訴えの提訴期間内（決議後3か月）であれば，新株発行の無効原因として新株発行無効の訴えを提起することが認められると解されます（江頭憲治郎『株式会社法（第7版）』（有斐閣，2017年）780頁（4））。

(3)　無効の判決の効力

　上記のように，新株発行無効の訴えを認容する判決が確定しても，新株発行の効力は将来に向かって失効するだけで，新株発行のときに遡及して無効とされるわけではないので，当該判決が確定するまでに，新株を引き受けた者が株主であることを前提として行われた剰余金の配当や議決権行使の効力は失われません。もっとも，会社は，当該株主（正確には当該判決の確定によって株主ではなくなっています）に対し，払込みを受けた金額（現物出資であった場合には給付を受けた財産の給付のときにおける価額に相当する金銭）を払わなければなりません（会社840条1項）。この金額が，判決確定時における会社財産の状況に照らして著しく不相当であるときは，裁判所は，会社または株主の申立てによって，当該金額の増減を命じることができます（会社840条2項）。

税法の理解

　新株発行に際して株式引受人が払い込んだ金額が，当該株式の時価よりも低額である場合には，株式引受人に対する課税が生じることがあります（詳しくは**18**「第三者割当③――新株の有利発行と時価評価」を参照してください）。

　株式引受人が，自己が新株を時価よりも低額で引き受けたことを理由に生じた納

税義務を履行した後に，新株発行無効の訴えを認容する判決が確定した場合，当該株式引受人が納付した税金の取扱いはどうなるのでしょうか。

　株式引受人による税負担の原因となった新株発行が無効であることが判決によって確定したといえること，所得のないところに課税すべきでないこと，また，租税法の解釈に際して，必ずしも私法上の法律効果の発生時と合致させる必要性はないこと（大阪高判平成14・7・25判タ1106号97頁等参照）等を理由に，株式引受人は，更正の請求（税通23条2項1号）によって，納付した税額の還付を請求することができるという見解もあります。他方，新株発行無効の訴えを認容する判決には遡及効がなく，将来に向かって新株発行の効力を失わせるのみであることから，「計算の基礎となつた事実……が当該計算の基礎としたところと異なること」（税通23条2項1号）に該当せず，更正の請求をすることができないという考え方もあります。この点について，新株発行無効の訴えではなく，合併無効の訴えに関してですが，大阪高裁（大阪高判平成14・12・26判タ1134号216頁）は，合併無効判決の将来効等を理由に，更正の請求を認めませんでした。この判決の考え方からすると，新株発行無効の訴えが認容されたことは，更正の請求の対象に含まれないと考えられそうです。

> ### ポイント
>
> 　新株発行無効の訴えを認容する判決が確定した場合に更正の請求が認められるのかについては，今後の判例の集積が待たれますが，更正の請求をする場合には，判決が確定した日の翌日から2か月以内に行わなければなりませんので，この期間を徒過しないよう注意が必要です。

（藤井　宣行）

2　新株予約権

23　新株予約権付社債

Question

　当社は株式上場を目指しており，このたびベンチャーキャピタルから新株予約権付社債での投資の提案を受けました。新株予約権および新株予約権付社債について手続および課税関係を教えてください。

会社法の理解

(1)　新株予約権とは

　新株予約権とは，新株予約権の発行における募集事項の決定で定められた「期間内（権利行使期間）」に権利行使することで，あらかじめ定められた「価格（権利行使価額）」に相当する対価を払い込み，一定の「数（付与数）」の株式の交付を発行会社に請求することができる権利をいいます（会社2条21号）。権利保有者（新株予約権者）は，新株予約権を行使して，権利行使価格に相当する対価の払込みを行い，株式を取得し，その株式を売却することによって利益を得ることができます。一方，会社は新株予約権者からの権利行使に応じて株式を発行します。

(2)　手　　　続

a)　新株予約権の発行

　新株予約権の発行に際して，発行会社は新株予約権の募集事項（新株予約権の内容および数，金銭払込の要否，新株予約権の割当日など）を決定します（会社238条）。公開会社では原則として取締役会決議で募集事項を決定することができますが（会社240条1項），新株予約権の公正価値に比べて特に有利な発行価額により新株予約権を発行する場合や対価の払込みを要しないとすることが特に有利な条件となる場合（これを「有利条件発行」といいます）には，株主総会の特別決議により募集事項を決定します。他方，非公開会社においては，株主総会の特別決議により募集事項を決定しますが，株主総会で「新株予約権の内容および数の上限」，「新株予約権につき金銭の払込みを要しない場合にはその旨」，「新株予約権の払込金額の下限」を定めた場合には，株主総会決議日から1年以内に発行する新株予約権について，その他の募集事項の決定を取締役会に委任することができます（会社239条1項，3項）。募集事項の通知，申込み・割当手続等を経

て新株予約権が発行されます。

b) 新株予約権の権利行使

　新株予約権の行使は，その行使期間内に「行使する新株予約権の内容および数」，「新株予約権を行使する日」を明らかにして行います（会社280条1項）。新株予約権者は権利行使代金を発行会社が定める方法で新株予約権を行使する日に全額払い込み，その権利行使をした日に発行会社の株主となります（会社281条1項，282条1項）。

(3) 新株予約権付社債とは

　新株予約権付社債とは，社債に新株予約権が付されたもので，新株予約権と社債を別々に譲渡等できないものをいいます（会社2条22号，254条2項・3項）。新株予約権付社債には，新株予約権の権利行使にあたって払込みを必要とせず社債の全額が償還される「転換社債型」と社債以外の財産を出資する「非分離の新株引受権付社債型」とがあります。従来，新株予約権と社債を別々に発行する「分離型新株予約権付社債」も実務では用いられていますが，会社法上は新株予約権付社債ではなく新株予約権と普通社債とを同時発行するものと整理されました。

　新株予約権付社債の発行に際しては，社債に関する規定は適用されず，前述の新株予約権の発行手続が適用されます（会社248条）。

　新株予約権付社債の保有者は，当初は発行会社に対する社債権者としての権利を有しますが，新株予約権の権利行使により債権者から株主としての権利を手に入れることができ，ベンチャー企業などへの投資において事業の進捗状況を見極めたいという投資家のニーズに合致するものとして広く使われています。また，権利行使価格が発行後の株価に応じて調整される修正条項付新株予約権付社債（Moving Strike Convertible Bond: MSCB）も用いられます。新株予約権の発行後株価が下落した場合であっても，下落後の株価を基準に権利行使価格が自動的に調整されることで投資家が損失を被りにくい設計となっており，信用力の面から公募など通常の方法での資金調達が難しい企業において利用されます。

税法の理解

(1) 株主の課税関係

a) 取得時の課税関係

　新株予約権が時価で有償発行された場合には，新株予約権者が個人・法人いずれであっても課税関係は生じず，払い込んだ金額が当該新株予約権の取得価額となります。一方，無償または有利な条件により発行された場合（一定の株主割当の場合を除きます）には，原則的には新株予約権者が法人・個人いずれであっても，その新株予約権の発行時の時価と発行価額（無償の場合には零）との差額が経済的利益として課税の対象となります。ただし，個人が取得する新株予約権で譲渡制限等の

特別の条件が付されているものについては，取得時には課税されず権利行使時に課税されます（所税令 84 条 3 項 2 号）。

b)　権利行使時の課税関係

新株予約権者が法人の場合には権利行使時には課税は生じず，新株予約権の発行価格（取得時に経済的利益への課税を受けている場合にはその金額を加えた金額）と権利行使価額の合計額をもって権利行使により取得した株式の取得価額となります（法税令 119 条 1 項 2 号）。

新株予約権者が個人の場合には，新株予約権が有償で時価発行されたものですと課税は生じず，新株予約権の発行価格と権利行使価額の合計額をもって株式の取得価額となります。一方，新株予約権が無償または有利発行されたものであるときは（一定の株主割当による場合を除きます），権利行使により取得した株式の権利行使時の時価と新株予約権の取得価額に権利行使価額を加えた金額との差額が課税の対象となります（所税令 84 条 3 項 2 号，109 条 1 項 3 号）。

この場合の所得区分は，新株予約権者が発行会社との間に雇用関係を有する者である場合には給与所得とされ，外部協力者等の雇用関係のない者である場合には事業所得または雑所得とされます（所基通 23～35 共-6）。また，権利行使時の株式の時価は，金融商品取引所に上場されている株式の場合には権利行使日の最終価格により，それ以外の株式の場合には純資産価額等を参酌して通常取引されると認められる価格とされています（所基通 23～35 共-9）。

c)　株式売却時の課税関係

新株予約権の権利行使により取得した株式を売却した場合には，法人・個人いずれにおいても株式の売却金額と取得価額との差額について課税が生じます。個人の場合には，「株式の譲渡所得」として他の所得と区分して所得税 15%（復興特別所得税を除きます），住民税 5% による課税が行われます（租特 37 条の 10）。

(2)　発行会社の課税関係

新株予約権の発行および権利行使による株式の発行は，発行会社においてはいずれも資本取引に該当するために原則的には課税関係は発生しません。新株予約権の権利行使があった場合には，新株予約権の発行価額および権利行使価額の合計額が資本金等の額として計上されます（法税令 8 条 1 項 2 号）。

(3)　新株予約権付社債の課税関係

新株予約権付社債にかかる新株予約権の権利行使が行われた場合には，権利行使直前の新株予約権付社債の帳簿価額をもって株式の取得価額とされます（法税令

119条1項20号）。発行法人においても社債が資本金等に振り替わる資本取引に該当しますので課税関係は生じません。

___

ポイント

新株予約権にかかる課税関係は，新株予約権の発行が有償か無償か，新株予約権者が法人か個人か，により決まります。新株予約権付社債については発行時および権利行使時に課税関係が生じることはなく，権利行使により取得した株式を売却したときに課税関係が生じることになります。

（杉山　康弘）

24　ライツオファリング（新株予約権の無償割当）

Question

　上場企業の株式を保有していますが，その会社からライツオファリングを実施するとの連絡がありました。株主として，何らかの手続は必要でしょうか。また，これによって何らかの課税関係が生じるのでしょうか。

会社法の理解

(1)　ライツオファリングとは

　ライツオファリングとは，発行会社が譲渡可能な新株予約権の無償割当を行う（会社277条）というものです。この制度は，株主が申込みをしなくても当然に割当てが行われ，かつ，割り当てられた新株予約権が市場で流通し得る点に特徴があります。

　企業がエクイティ（株式）の発行による資金調達をする方法として，まず思いつくのは，第三者割当増資です。しかし，企業が第三者割当増資をすれば，既存株主は持分割合が希釈化し，不利益を被りかねません。これに対し，ライツオファリングも企業の資金調達の仕組みですが，いったん，株主に新株予約権を割り当てるので，出資をしたくない株主は，新株予約権を市場で売却することで，持分の希薄化によって被る損失を埋め合わせることができます。当該企業に出資したいと考える第三者は，市場で新株予約権を購入し，それを行使することで，会社と資本関係を構築することができます。なお，ライツオファリングには，一般投資家の行使期間終了時に発行会社が未行使分の新株予約権をいったん取得し，それを証券会社に譲渡し，証券会社が未行使分の新株予約権の取得・行使を行うという契約を発行会社と証券会社が締結するコミットメント型と，証券会社が関与せず，行使期間が終了すれば，新株予約権が失効してしまうノンコミットメント型の2種類があります。

　コミットメント型は，証券会社が関与するため，資金調達を必要とする事業計画に合理性があることを発行会社が証券会社から求められますが，ノンコミットメント型では，証券会社が関与しないため事業計画に合理性がない，不合理な資金調達が行われる可能性も高くなります。東京証券取引所は，ノンコミットメント型ライツオファリングの新株予約権を上場するには，資金調達の合理性に関する審査を行うか，株主総会決議などによる既存株主の意思の確認を行うことを発行会社に義務づけています。

(2)　発行会社の手続

　発行会社は，「株主に割り当てる新株予約権の内容及び数又はその算定方法」および

「当該新株予約権無償割当てがその効力を生ずる日」を株主総会（取締役会設置会社にあっては，取締役会）の決議により決定しなければなりません（会社278条）。その後，発行会社は，株主に対して新株予約権行使期間末日の2週間前までにその株主が割当てを受けた新株予約権の内容および数を通知しなければなりません（会社279条2項，3項）。

　なお，ライツオファリングは発行された新株予約権を市場で流通させることに特徴があるため，ライツオファリングを実施する会社は上場企業であることが前提となりますが，非上場企業も行うことができます。

(3)　株主の手続

　会社法277条による新株予約権の無償割当に際して，株主の申込みは必要ありません。新株予約権無償割当の効力発生日において，株主に新株予約権が割り当てられます。新株予約権の割当てを受けた株主は，行使期間中に権利を行使するか，権利を売却するかを選択することになります。

　行使期間が終了した場合，ノンコミットメント型の新株予約権は失効します。他方，コミットメント型新株予約権には取得条項が付されるので，一般投資家行使期間終了後に発行会社が未行使分の新株予約権をいったん取得し，一定の取得対価が新株予約権を保有する者に支払われます。発行会社は，その新株予約権は証券会社に一括して譲渡し，証券会社はそれを行使し，取得した株式を市場で売却します。

税法の理解

(1)　ライツオファリングと課税問題

　ライツオファリングによって割り当てられる新株予約権の行使に際して出資される価額（以下「行使価格」といいます）は，一般的に発行決議前の株価に比して低く設定されます。そのため，流通市場を前提としない非上場企業の新株予約権の時価は，理論的には株価と行使価格の差額ということになりますが，流通市場の存在を前提とする上場企業が発行する新株予約権の時価については，その新株予約権の行使期間やボラティリティ（価格の変動性），無リスク資産（国債等）の金利といった要素によっても左右されます。このように，経済的価値のある新株予約権を，株主は発行会社から無償で割り当てられるわけですから，何らかの課税関係が生じそうです。そこで，以下ではライツオファリングにまつわる課税関係について，株主と発行会社それぞれの立場ごとに分けて説明していきます。

(2)　株主の課税関係

a)　新株予約権取得時および売却時

　会社法の理解(1)のとおり，会社法277条による新株予約権の無償割当は，既存株主の株式保有割合に応じて行われます。そのため，新株予約権の割当てによって株

式保有割合に変動が生じることはありませんから，まず株主間における経済的価値の移転は認められません。

　次に，割り当てられる新株予約権自体に経済的価値があることから，発行会社から株主に対する資産の移転があったと考えられるかもしれません。しかし，この新株予約権は，定められた行使価格を払い込むことを条件として発行会社に対して株式の交付を請求できる権利にすぎないことから，新株予約権の無償割当によって発行会社から株主に対する資産の移転があったとは認められません。

　したがって，株主が新株予約権を取得した時点では課税関係は発生しないことになります。

b)　新株予約権売却時

　ただし，株主が新株予約権を行使せず市場で売却した場合，新株予約権の時価相当額の収入を株主は得ることになります。この場合，株主には経済的価値が流入していますので，この時点で株主に課税関係が生じることになります。具体的には，新株予約権の売却額が株主の収入金額（個人株主の場合）または益金の額（法人株主の場合）に算入されることになります。新株予約権の取得価額はゼロですから，新株予約権の取得費や損金が計上されることはありません。

c)　新株予約権行使時

　上記(1)のとおり，この新株予約権の行使価格は株価より低く設定されるのが一般的です。そうすると，権利行使時の払込価格と株価の差額は「権利行使益」であるようにみえます。しかし，この新株予約権は株主に対し一律に割り当てられるものであり，発行法人の他の株主等に損害を及ぼすおそれがないと認められるため，個人株主について所得税法施行令84条の適用がありません。そのため，所得税法36条2項の価額が発生せず，収入金額が計上されないことから，課税関係は生じません。法人株主についても，この新株予約権の行使により交付された株式の取得価額は，行使価格にその株式を取得するのに要した費用を加算した額となることから（法税令119条1項2号），課税関係は生じません（国税庁2010年3月31日付回答「株主に無償で割り当てられた上場新株予約権の行使により交付される端数金等の税務上の取扱いについて」参照）。

　なお，この新株予約権を市場で有償取得した者が権利行使した場合についても「権利行使益」が発生しているようにみえます。しかし，上記(1)のとおり，行使価格と株価の差額である「権利行使益」は，理論上，新株予約権の時価に含まれており，この場合は権利行使者が対価を支払って，新株予約権を取得しています。その

ため，この場合権利行使者に利益は生じていないと考えられ，課税関係は生じません。

(3)　発行会社の課税関係

新株予約権を無償で発行しても，発行会社はその新株予約権の発行時の時価を損金の額に算入することができません（法税54条5項）。そのため，発行時において発行会社に課税関係は生じません。また，新株予約権が行使され普通株式が発行される場合も，発行会社においては資本等取引に該当するため，課税関係は生じません（法税22条）。

ただし，ライツオファリングがコミットメント型であった場合，発行会社にも課税関係が生じる可能性があります。コミットメント型の場合，行使されなかった新株予約権は，発行会社によっていったん買い戻され，その後，引き受ける約束をした証券会社に譲渡されます。この場合，証券会社はその新株予約権の行使を強制され，かつ，価格変動のリスクもあることから，証券会社への譲渡価額は，新株予約権の時価よりも低くなります。しかし，そういった点を考慮しても，なお新株予約権の譲渡価額が低すぎると考えられるケースにおいては，資産の低額譲渡にまつわる課税関係が生じる可能性があります。資産の低額譲渡にまつわる課税関係の詳細については，**46**「低額譲渡事例」を参照してください。

ポイント

ライツオファリングによって新株予約権が割り当てられ，それを行使しても，それだけでは課税関係は生じません。ただし，新株予約権を売却する場合には，資産を譲渡するときと同じような課税関係が生じることになります。

（山田泰弘＝安井栄二）

25　敵対的買収の防衛策としての新株予約権

Question

　取引先である上場会社の株式を保有していますが，その会社が「ライツプラン」を導入すると株主総会で決定しました。「ライツプラン」では，敵対的企業買収が対象企業の企業価値を毀損すると認められる場合に新株予約権が割り当てられるそうですが，それによって課税関係は生じるのでしょうか。

会社法の理解

(1)　新株予約権を用いた敵対的企業買収の防衛策（ライツプラン）

　買収対象会社の経営陣の同意なく，その会社の株式を購入し，発行済株式の過半数を取得することでその企業の支配権を確保することを，敵対的企業買収といいます。敵対的企業買収は，会社の現経営陣にとっては「乗っ取り」であり，「悪い」こととととらえられますが，社会や経済全体からみれば，より効率的な事業運営を実行し得る経営陣への交代を促進する「よい」企業買収もあります。このため，会社が買収防衛策を採用する場合には，敵対的企業買収全般の実行を阻止するようなものは導入が認められず，現経営陣との交渉を促進させるような買収防衛策であれば，導入が可能であると理解されています。

　このような観点から，導入が認められ得る買収防衛策として，ライツプランとよばれるものがあります。ライツプランは，敵対的買収者は行使することができない新株予約権を株主に割り当て，敵対的買収者以外の株主（以下「一般株主」といいます）に権利を行使してもらい，新株を発行することで敵対的買収者の持株割合を低下させるというものです。

　現在，公開買付制度が整備され，敵対的買収者に対し，対象会社の経営陣が交渉し，買付けへの応募期間の伸長も可能となりました。ライツプランの導入は過剰な防衛とも考えられるため，導入する企業が減少しています。

(2)　ライツプランの3類型

　経済産業省「ライツプランの類型について」（2005年4月28日）は，ライツプランとして以下の3類型を提示しています。

a)　第1類型──事前警告型ライツプラン

　この類型は，いまだ敵対的企業買収が実行されない平時の段階で，企業価値を毀損さ

せるような敵対的買収者があらわれた場合には，その者だけが行使できないという差別的行使条件（行使条件としてたとえば発行済株式の 20% 超を有する株主の行使を認めないとする）が付された新株予約権を新株予約権の無償割当により，全株主に交付するというプランにつき，株主総会で承認を得て，実行することを予告する（事前に警告する）ものです。この新株予約権は差別的な取得条項が付され，取締役会決議により一般株主には対価を株式として新株予約権を取得するとされます（つまり，一般株主は無対価で新株を取得することができます）。この新株予約権には一般に譲渡制限条項が付されています。新株予約権は，取締役会で譲渡不承認とされる場合には譲渡の効力が発生しないと理解されています。

b)　第 2 類型──信託型ライツプラン（直接型）

この類型では，平時のうちに，敵対的買収者だけが行使できないという差別的行使条件を付した新株予約権を将来（敵対的企業買収が実行されたときの）株主に交付することを予定して，発行会社を委託者，信託銀行を受託者，敵対的企業買収が実行されたときの株主を受益者とする信託を設定します。信託を設定する際に，受託者に対し新株予約権を発行することが信託財産の委託者への交付といえるかには疑義がありましたので，発行会社が金銭信託により設定した信託口に対して新株予約権を直接発行するという構成が採用されています。この構成は実質的には発行会社が自身に新株予約権を割り当てるといえ，理念的には疑念もありますが，実務上は，形式的な新株予約権の保持者が信託銀行となることから，多くの場合，第三者割当の有利条件発行として株主総会の特別決議によりこの新株予約権は発行されます。敵対的買収者があらわれたら，そのときの全株主（受益者）に対して新株予約権を交付することが信託契約により受託者の信託事務とされています。この新株予約権にも一般に譲渡制限条項が付されています。

c)　第 3 類型──信託型ライツプラン（SPC 型）

上記 b)は，新株予約権の発行会社が委託者となるものですが，この類型は，発行会社が SPC に敵対的買収者だけが行使できないという差別的行使条件付新株予約権を無償で発行した上で（有利条件発行となります），その SPC が委託者となって上記 b)と同様の信託契約を信託会社と締結するという方法です。これは，当初直接型の法的安定性に疑義があったことから開発されました。この新株予約権にも一般に譲渡制限条項が付されています。

⑶　ライツプランの新類型

上記のようなライツプランにおいては，実際に敵対的買収者があらわれ新株予約権が交付されると，下記税法の理解で述べるように，発動時には，一般株主に課税関係が生じます。そこで，経済産業省と国税庁の折衝を経て，経済産業省は，2005（平成 17）年 7 月 7 日付で「ライツプランの新類型について」という文書を公表しました。この「新類型」は，上記 3 つの類型と基本的な枠組みは同一ですが，それぞれにつき「買収者が第三者に新株予約権を譲渡することが可能で，かつ，新株予約権の譲渡を受けた第三者が権利行使を行うことが可能である」ことが保障されていなければならないとされてい

ます。

　なお，(2)a)の類型のように，株主への無償割当により新株予約権が発行される場合，新株予約権の内容にも株主平等原則の趣旨が及びます。そのため，差別的行使条件のついた新株予約権は，そのような差別的な取扱いをしなければ，会社の企業価値の毀損を防止できないという必要性があり（その有無は株主（株主総会）が判断します），差別的に取り扱ったとしても，当該取扱いが衡平の理念に反せず相当性を有するものでなければなりません。これに反するような新株予約権は，株主平等原則の趣旨に反するとして，違法であるとされます（最決平成19・8・7民集61巻5号2215頁）。この「相当性」をめぐっては理解に争いがありますが，「新類型」に該当すれば「相当性」を有するものと考えられます。

税法の理解

(1)　ライツプランの3類型による課税関係

a)　平時の課税関係

　まず，第1類型については，平時においては事前警告のみで新株予約権は発行されませんので，特に課税関係は生じません。

　次に，第2類型については，平時のうちから新株予約権が信託会社に発行されますが，信託会社は受託者としてこれを管理するだけです。受益者は敵対的買収者登場時の株主ですから，平時においては受益者が存在しないことになります。したがって，税務上は，この新株予約権は発行会社が保有しているものと考えられ（所税13条1項本文，法税12条1項本文），財の移転がありませんから，第1類型と同様，課税関係は生じません。

　第3類型については，平時のうちから新株予約権がSPCに無償で発行されます。そうすると，SPCには新株予約権の時価相当額の受贈益が生じることになりますが，この新株予約権はこの時点では譲渡も行使もできないものとなっていますので，価格マイナス要因が存在し，その時価はかぎりなく零に近くなると考えられます。そのため，実質的には課税関係は生じません。

b)　敵対的買収者があらわれた際の課税関係

　会社法の理解で述べたように，ライツプランの3類型については，いずれも敵対的買収者に新株予約権の行使が認められていません。また，取締役会の譲渡承認も得られないでしょうから，新株予約権の譲渡も認められないことが多いことが想定されました。そうすると，実質的には，敵対的買収者があらわれた際に一般株主に対してのみ新株予約権が無償で割り当てられたと考えられます。そのため，一般株

主には新株予約権の付与時にその時価相当額の受贈益が生じたことになります。

　この一般株主が法人の場合には，それにもとづいて課税関係が生じます。

　一般株主が個人の場合には，課税関係が少々異なります。所得税法施行令84条2項柱書および同項3号によれば，上記のような新株予約権の発行法人からその権利を与えられた場合には，発行される株式の時価と権利行使価格の差額を，権利行使時に収入金額として計上することとされています。そのため，上記類型のうち第1類型と第2類型については，新株予約権の付与時ではなく行使時に課税関係が生じることになります。これに対して，第3類型については，新株予約権を株主に付与するのは発行法人ではなくSPCですから，同施行令の適用はありません。そのため，一般株主が法人の場合と同様の課税関係となります。

(2)　新類型の課税関係

　これに対して，ライツプランの新類型については，敵対的買収者に新株予約権の行使は認められないものの，譲渡することが保障され，譲り受けた者の権利行使も保障されます（会社が取得条項にもとづいて取得する場合にも，取得対価が差別的に設定され，一般株主には株式が付与され，買収者には現金を交付することを保障するものが多いです）。そのため，この新類型は，一般株主に対する新株予約権の有利発行ということにはならず，株主に対する通常の新株予約権の無償割当と同様のものとなります。そうすると **24**「ライツオファリング（新株予約権の無償割当）」でも述べているように，新株予約権の付与時および行使時において課税関係は生じません。

　ただし，新株予約権を第三者に譲渡した株主については，その譲渡益にかかる課税関係が生じることになります。

ポイント

　ライツプランにはさまざまな類型がありますが，いずれも制度導入時には課税関係は生じません。ただし，実際に敵対的買収者があらわれた場合には，課税関係が生じる可能性があるので注意が必要です。　　　　　　　　　　　　　　　　　　　　　（安井　栄二）

3　リファイナンス

★★ 26　配当原資の相違と会社法上の配当規制

Question

　株式会社における剰余金の配当は，その配当原資いかんによって会社法および税法上の取扱いが異なるのでしょうか。

会社法の理解

(1)　**剰余金の配当の意義・原資**

　会社法においては，株主に対する金銭等の分配（従来の利益の配当，中間配当，資本金および準備金の減少にともなう払戻し）はすべて「剰余金の配当」として統一され（会社453条），その原資が利益（その他利益剰余金）であるか資本（その他資本剰余金）であるかによって区別をしていません。

　持分会社（合名会社，合資会社または合同会社）の社員も利益の配当を請求することができます（会社621条1項）。以下，株式会社における剰余金の配当について説明します。

(2)　**剰余金の配当の手続**

　株式会社は一事業年度に何度でも剰余金の配当をすることができますが，剰余金の配当をしようとするときは，その都度，株主総会決議（普通決議）によって，配当財産の種類と帳簿価額の総額等を定めなければなりません（会社454条1項，309条1項）。取締役会設置会社は，定款で定めれば，一事業年度に1回にかぎり，取締役会の決議によって剰余金の配当をすることができます（中間配当，会社454条5項）。さらに，会計監査人設置会社は，所定の要件を満たせば，定款の定めにより，取締役会決議により剰余金の配当をすることができます（剰余金の配当等の決定機関の変更。会社459条1項4号）。

(3)　**分配可能額**

　剰余金の配当は，分配可能額の限度内で行わなければなりません（会社461条1項8号）。

　分配可能額は，剰余金の額（会社446条）に所定の金額を加減することによって算出されますが（会社461条2項），この計算方法は詳細に規定されています。

　基本的には，剰余金の額は，最終事業年度の末日における「その他資本剰余金」の額と「その他利益剰余金」の額の合計額に所定の金額を加減して算出され，さらに，分配可能額は，以下の①と②の合計額から，③〜⑥の合計額を減算した額になります（会

社 461 条 2 項，会社計算 156 条，158 条)。

■加算　①　剰余金の額
　　　　②　臨時計算書類につき株主総会等の承認を受けた場合における，その期間の
　　　　　　利益の額およびその期間内に自己株式を処分した場合における対価の額
■減算　③　自己株式の帳簿価額
　　　　④　最終事業年度の末日後に自己株式を処分した場合における対価の額
　　　　⑤　②の場合におけるその期間内の損失の額
　　　　⑥　法務省令で定める各勘定科目に計上した額の合計額（会社計算 158 条）

　したがって，基本的には，「その他資本剰余金」と「その他利益剰余金」の合計額から自己株式の帳簿価額を控除した額が分配可能額になるといえます。会社法が「その他資本剰余金」と「その他利益剰余金」との合計額である剰余金を基礎として配当を規制することは，純資産額が資本金と準備金（資本準備金と利益準備金）の合計額を超えた部分のみを株主に配当することができるという考えに立っていることによります。

税法の理解

(1)　配当原資による区別

　税法では，剰余金の配当等について，会社法と異なり，配当の原資に着目し，利益の分配（その他利益剰余金を原資とするもの）と資本の払戻し（その他資本剰余金を原資とするもの）を区別し，それぞれ異なった取扱いを定めています。

　すなわち，法人税法では，資本金等の額を「法人が株主等から出資を受けた金額として政令で定める金額」（法税 2 条 16 号，法税令 8 条 1 項）と，利益積立金額を「法人の所得の金額で留保している金額として政令で定める金額」（法税 2 条 18 号，法税令 9 条 1 項）と定義しており，前者は，会社法上の資本金および資本剰余金に，後者は会社法上の利益剰余金に概ね相当します。

　そして，「その他利益剰余金」を原資とする剰余金の配当は利益積立金額の減算要素（法税令 9 条 1 項 8 号）となり配当所得（所税 24 条 1 項），受取配当金の益金不算入（法税 23 条 1 項）の対象となり，「その他資本剰余金」を原資とするものは資本金等の額と利益積立金額の減算要素（法税令 8 条 1 項 18 号，9 条 1 項 12 号）となり，みなし配当（所税 25 条 1 項 4 号，法税 24 条 1 項 4 号）の対象となります。

(2)　個人株主に対する配当

a)　配当所得の範囲

　個人株主が，法人から受ける剰余金の配当（株式または出資にかかるものにかぎります。資本剰余金の額の減少にともなうものおよび分割型分割によるものを除きます），

利益の配当および剰余金の分配等は，配当所得とされます（所税 24 条 1 項）。

　会社法上，株式会社の剰余金の配当の原資は利益部分だけでなく，資本部分も含まれるため，株主の拠出部分にまで課税が及ぶことのないよう，「資本剰余金の額の減少にともなうもの」を所得税法 24 条の配当所得から除外しています。

　さらに，法人税法上，分割型分割には，分割の日において分割法人が交付を受ける分割承継法人の株式その他の資産（分割対価資産）のすべてがその分割の日においてその分割法人の株主等に交付される場合が含まれ（法税 2 条 12 号の 9 イ），この分割対価資産の株主等への交付も会社法上は剰余金の配当として行うこととされているところ（会社 758 条 8 号等），税制上，分割対価資産の交付は分割法人にかかる株主資本の一部払戻しとして取り扱われているため，所得税法 24 条 1 項の剰余金の配当からは除くものとされています。

b)　みなし配当

　形式的には剰余金の配当等ではありませんが，法人がその利益を留保していた場合に，その利益留保金（利益積立金額）に相当する資産が，一定の事由によって株主等に帰属したときに，通常の配当と同様に課税する制度を「みなし配当」といい，所得税法 25 条に規定されています。そして，a)で前述した所得税法 24 条 1 項の配当所得の対象となる剰余金の配当から除外される ① 資本剰余金の額の減少にともなうもの（資本の払戻し。所税 25 条 1 項 4 号），② 分割型分割によるもの（適格分割型分割を除きます。所税 25 条 1 項 2 号）にはこの制度の適用があり，交付を受けた金銭等の額が当該法人の資本金等の額のうちその交付の基因となった当該法人の株式または出資に対応する部分の金額を超えるときは，その超える部分の金額にかかる金銭その他の資産は，配当所得として課税されます（所税 25 条 1 項）。これは，当該金銭等を「利益剰余金」の額と「資本剰余金」の額で按分計算（プロラタ計算）して，利益積立金からなる部分のみを配当所得とするという考えにもとづいています。

　① の場合，上記の「超える部分」以外の部分については，当該個人株主は，株式の簿価との差額を譲渡損益として，分離課税されます（租特 37 条の 10 第 3 項 4 号）。

(3)　法人株主に対する配当

a)　受取配当の益金不算入

　内国法人が受ける配当等の額のうち，完全子法人株式等にかかるものはその全額が，非支配目的株式等にかかるものはその 20% 相当額が，それらのいずれにも該

当しない株式等にかかるものはその 50% 相当額が，それぞれ益金に算入されません（法税 23 条 1 項）。このうち，関連法人株式等とは，他の内国法人の発行済株式等の総数の 3 分の 1 超の株式等を配当等の額の計算期間を通じて保有する場合の当該株式等をいいます（法税 23 条 4 項，法税令 22 条の 3）。また，非支配目的株式等とは，他の内国法人の発行済株式等の総数の 5% 以下の株式等を配当等の額の支払にかかる基準日において保有する場合の当該株式等をいいます（法税 23 条 6 項，法税令 22 条の 3 の 2）。

　この制度は，法人擬制説の立場からは法人税は所得税の前取りであると考えられるところ，支払法人の段階ですでに法人税が課されている法人の受取配当について，受取法人の法人所得に対し何回も重複して課税することを避けるための制度です。

　受取配当の益金不算入の対象となる「剰余金の配当」（法税 23 条 1 項 1 号）からは，① 資本剰余金の額の減少にともなうものおよび，② 分割型分割によるものは除かれています。

　これは，(2) a)で説明したのと同じく，これら① および② による剰余金の配当の払戻し原資には，利益部分のみならず資本部分の払戻しも含まれているからです。

b)　みなし配当

　法人税法 23 条 1 項 1 号かっこ書により，同号の「剰余金の配当」から除外されている① 資本剰余金の額の減少にともなうもの（資本の払戻し）と② 分割型分割（適格分割型分割を除きます）にともなうものについては，交付を受けた金銭等の額がその交付を行った法人の資本金等の額のうちその交付の基因となつた当該法人の株式又は出資に対応する部分の金額を超える金額があるときは，その超える部分の金額はみなし配当とされ，受取配当等の益金不算入の規定が適用されます（法税 24 条 1 項 2 号，4 号）。

　① の場合，上記の「超える部分」以外の部分については，当該法人株主は，株式の簿価との差額（譲渡損益）が益金または損金に算入されます（法税 61 条の 2 第 18 項）。

図表 26-1　剰余金の配当の会社法および税法による取扱い

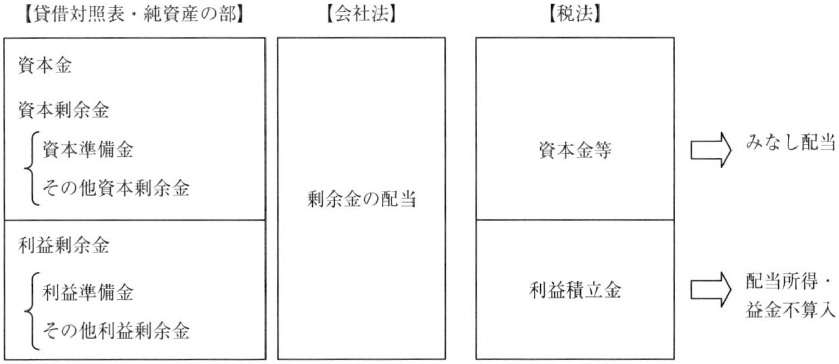

【貸借対照表・純資産の部】	【会社法】	【税法】	
資本金 資本剰余金 　資本準備金 　その他資本剰余金	剰余金の配当	資本金等	みなし配当
利益剰余金 　利益準備金 　その他利益剰余金		利益積立金	配当所得・ 益金不算入

ポイント

　会社法と異なり，税法では，剰余金の配当等について，配当の原資が利益か資本かによって異なった取扱いをしています。そのため，剰余金の配当であっても，①資本剰余金の額の減少にともなうもの，②分割型分割によるものは，所得税法における配当所得（所税 24 条 1 項）および法人税法における益金不算入の対象となる受取配当（法税 23 条 1 項）から除外され，みなし配当（所税 25 条 1 項，法税 24 条 1 項）の対象となります。

（橋本　浩史）

★★ 27　現 物 配 当

Question

　当社は，A社から同社の子会社であるB社の株式を剰余金の配当として交付されました。この場合，当社およびA社の課税上の取扱いはどうなるでしょうか。また，A社が当社の100%子会社であった場合はどうなるでしょうか。

会社法の理解

(1)　現物配当の意義

　現物配当とは，金銭以外の財産を配当財産の種類とする株式会社における剰余金の配当のことをいいます。会社法制定前は，現物配当の可否について争いがあったのですが，会社法は，現物配当が可能であることを条文上明確にしました。

(2)　現物配当の手続

　株式会社が剰余金の配当をしようとするときは，その都度，株主総会の普通決議により，配当財産の種類等を定めなければなりませんが（会社454条1項，309条1項），この配当財産の種類は金銭以外の財産（発行会社の株式は除きます）であってもよく（現物配当），この場合，株式会社は，株主総会の決議によって，①株主に対して金銭分配請求権（その現物の配当財産に代えて金銭を交付することを株式会社に対して請求する権利）を与えるときは，その旨および金銭分配請求権を行使することができる期間，②一定の数（基準株式数）未満の株式を有する株主に対して配当財産の割当てをしないこととするときは，その旨およびその数を定めることができます（会社454条4項）。

　株主総会決議により，基準株式数を定めた場合には，株式会社は，基準株式数に満たない数の株式を有する株主に対し，現物配当に代えて金銭を支払わなければなりません（会社456条）。

　現物配当を行うには，株主に対して金銭分配請求権を与える場合は，通常の金銭による配当と同様に，株主総会の普通決議で足りますが，金銭分配請求権を与えない場合は株主総会の特別決議を要します（会社309条2項10号）。株式の数に完全に比例して配当財産を決することが難しく，株主の平等取扱いが不十分となるからです。剰余金等の配当を取締役会が決定する旨の定款の定めがある場合でも，金銭分配請求権を与えない現物配当は株主総会の特別決議により決定をしなければならず，取締役会で決定することができません（会社459条1項4号ただし書）。

(3) **現物配当が行われる場面**

　実際に現物配当の対象となる財産としては，子会社株式が考えられます。会社分割により分割会社が取得した承継会社または新設会社の株式または持分のみを，会社分割の効力発生日に，分割会社の株主に剰余金の配当として交付することを吸収分割契約または新設分割計画に記載した場合（会社 758 条 8 号ロ，760 条 7 号ロ，763 条 1 項 12 号ロ，765 条 1 項 8 号ロ）には，例外的に剰余金分配に関する財源規制の適用がありません（会社 792 条，812 条）。これは，会社法制定前における会社分割の一類型であった「人的分割」を，「株式を分割対価とする物的分割＋当該株式の配当（現物配当）」により行うことに相当します（**76**「会社分割——物的分割と人的分割」を参照）。

税法の理解

(1) **法人税法における現物分配の意義**

　法人税法では，会社法における現物配当を含むより広いものとして「現物分配」という概念が定められています。

　すなわち，法人税法上，現物分配とは，法人（公益法人等および人格のない社団等を除きます）がその株主等に対し，次の 2 つの事由により金銭以外の資産の交付をすることをいいます（法税 2 条 12 号の 5 の 2）。

　① 剰余金の配当もしくは利益の配当または剰余金の分配

　② ⓐ資本の払戻しおよび解散による残余財産の分配，ⓑ自己の株式または出資の取得，ⓒ出資の消却，出資の払戻し等，ⓓ組織変更など「みなし配当」の原因となる事由

　そして，現物分配によりその有する資産の移転を行った法人を現物分配法人といい（法税 2 条 12 号の 5 の 2），現物分配により現物分配法人から資産の移転を受けた法人を被現物分配法人といいます（法税 2 条 12 号の 5 の 3）。

(2) **時価課税の原則**

　法人税法では，法人が剰余金の分配または利益の配当として金銭以外の資産の移転をした場合には，無償による資産の譲渡に該当し，現物分配法人（*Question* におけるА社）は，当該資産を時価により譲渡したものとし，その時価と帳簿価額との差額は，譲渡益または譲渡損として，益金の額または損金の額に算入することとされています（法税 22 条 2 項・3 項，22 条の 2 第 4 項）。

　これは，剰余金の分配等は，資本等取引として課税の対象外とされていますが（法税 22 条 5 項），剰余金の分配等としての金銭以外の資産の交付という行為には，資産の流出という資本等取引としての面のほかに，資産の譲渡という面があり，こ

れについて譲渡損益を課税しない理由はないからです。

この場合，被現物分配法人（*Question* における当社）においては，当該資産の時価相当額が同資産の取得価額になります。

(3) 100％ グループ内の法人間の現物分配

平成22年度税制改正においては，100％ 支配関係にあるグループ法人の実体的な一体性に着目すれば，グループ法人間の現物分配（適格現物分配）の場合には，いまだ資産の譲渡損益は実現していないものと考えられることから，現物分配による資産の譲渡損益課税の繰延制度等が制定されました。

以下の制度は，連結納税を選択していない100％ グループ法人にも適用されます。

a) 適格現物分配の意義

法人税法では，内国法人を現物分配法人とする現物分配のうち，その現物分配により資産の移転を受ける者がその現物分配の直前においてその内国法人との間に完全支配関係がある内国法人（普通法人または協同組合等にかぎります）のみであるものを適格現物分配といいます（法税2条12号の15）。

この「完全支配関係」とは，①一の者が法人の発行済株式等の全部を直接もしくは間接に保有する関係（当事者間の完全支配の関係）または，②一の者との間に当事者間の完全支配関係がある法人相互の関係をいいます（法税2条12号の7の6，法税令4条の2第2項）。

図表27-1 完全支配関係の例の図

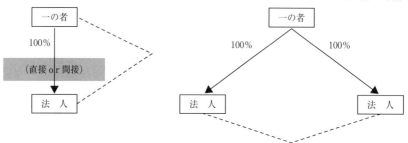

① 当事者間の完全支配の関係　　② 一の者との間に当事者間の完全支配関係がある法人相互の関係

「完全支配関係」の判定については，法人税法施行令によって詳細に規定されていますが，具体的には，100％ グループ内の親と子の関係，親と孫の関係，親と曾孫の関係，子と孫の関係および子どうしの関係のいずれも完全支配関係になります。

b)　**適格現物分配による資産の譲渡損益課税の繰延制度**

　内国法人が，適格現物分配により被現物分配法人にその有する資産の移転をしたときは，その被現物分配法人に移転をした資産のその適格現物分配の直前の帳簿価額による譲渡をしたものとして，その内国法人の各事業年度の所得の金額を計算することとされています（法税 62 条の 5 第 3 項）。

　この結果，現物分配法人においては，交付した資産の譲渡損益が計上されないことになります。

c)　**適格現物分配にかかる収益の益金不算入**

　被現物分配法人が適格現物分配により資産の移転を受けたことにより生ずる収益の額は，その被現物分配法人の各事業年度の所得の計算上，益金の額に算入しないこととされています（法税 62 条の 5 第 4 項）。本来，適格現物分配による資産の取得は無償による資産の譲受けに該当し，益金の額に算入されるはずであり，同項は，法人税法 22 条 2 項の「別段の定め」に該当します。

　この場合，被現物分配法人の適格現物分配により移転を受けた資産の取得価額は，現物分配法人における適格現物分配の直前の帳簿価額に相当する金額とされています（法税 62 条の 5 第 6 項，法税令 123 条の 6）。

> ### ポイント
>
> 　法人税法上，現物配当は無償による資産の譲渡（法税 22 条 2 項）に該当し，当該資産の時価と帳簿価額との差額（収益）が課税の対象になります。現物分配法人と被現物分配法人との間に「完全支配関係」が認められる適格現物分配の場合は，現物分配法人においては，資産の譲渡損益課税が繰り延べられ，被現物分配法人においては，当該収益の額は益金の額に算入されません。

（橋本　浩史）

28　違法配当（剰余金分配規制違反）

Question

　取引先の会社の株式を保有していて，毎年配当金を受け取っていましたが，その会社の債権者から「あなたが過去5年間受け取られた配当金には違法な部分が含まれているため，その部分の支払を求めます」との連絡がきました。債権者は直接株主に対して支払請求ができるのでしょうか。また，この配当金に相当する金額を支払った場合，その配当金にかかる税金は還付されるのでしょうか。

会社法の理解

(1)　配当をめぐる規制（剰余金分配規制と手続規制）

　株主（自己株式は除かれます（会社453条））への配当は，剰余金の分配の代表的な手法です。会社法は剰余金の処分（分配）のうち財産（金銭等）の流出するものには横断的な規制を行います。

　剰余金の分配の財源に関しては，分配可能額（端的には，その他利益剰余金とその他資本剰余金の合計額から自己株式の帳簿価額を控除した金額。詳しくは，**26**「配当原資の相違と会社法上の配当規制」を参照）を超えることができないとします（会社461条）。たとえ剰余金の分配の金額が分配可能額の範囲内であったとしても，剰余金の分配を行った年度の期末に欠損が生じるような場合には，その欠損額（上限は分配額の総額）を支払う義務を，分配を行った業務執行者に負わせます（会社465条1項）。この責任は，業務執行者が注意を怠らなかったことを証明した場合にはその責任が免れるとされ（会社465条1項），その責任の免除には株主全員の同意が要求されます（会社465条2項）。

　なお，会社法制定時に最低資本金制度が廃止されていますが，純資産額が300万円を下回る場合には，配当はできないとされています（会社458条）。

　株主への配当は，株主の有する株式の数に応じて配当財産を割り当てなければならず（会社454条3項），原則として株主総会決議（普通決議）により決定されます（会社454条1項，309条1項。現物配当（**27**「現物配当」を参照）の場合の一部には特別決議（会社309条2項10号））。株主への配当を株主総会決議で決定する会社にあっても，定款の定めにより事業年度の途中に1回だけ取締役会決議により配当を行うこと（中間配当）が認められています（会社454条5項）。

　他方，会計監査人設置会社で取締役（監査等委員会設置会社の監査等委員である取締役

を除きます）の任期が1年の会社は、定款の定めにより、取締役会で剰余金の配当（現物配当でかつ金銭分配請求権を株主付与しない場合を除きます）等の決定をすることができます（会社459条。なお、この定款の効力が認められるのは、計算書類に会計監査人の無限定監査意見が付され、会計監査人の監査が相当であるとの監査役等の意見が付されている場合にかぎります（会社459条2項、会社則116条12号、会社計算155条）。この定款の定めがある場合には、配当決定等を株主総会の決議事項としないことを定款に定めることもできます（会社460条））。

　このため、違法配当とは、剰余金分配規制に反するものや、手続違背や一部株主にのみ分配を行う株主平等原則に反するものが想定できます。

(2)　剰余金分配規制違反の責任と効果

　剰余金分配規制に違反して配当がなされた場合、会社法462条にもとづき、違法配当の交付を受けた株主は、交付を受けた金銭等の交付時の帳簿価格に相当する金銭を支払う義務を負い（会社462条1項柱書）、当該行為に関する職務を行った業務執行者（業務執行取締役・指名委員会等設置会社にあっては執行役での当該業務執行に関与した者（会社則116条15号、会社計算159条8号））や配当決議時に分配可能額を配当財産の総額が超える場合の議案提案取締役（会社462条1項6号）は、違法配当の交付を受けた者と連帯して、交付を受けた金銭等の帳簿価格に相当する金銭を支払わなければならないとされます（職務を行うについて注意を怠らなかったことを証明したときは免責されます（会社462条2項））。

　違法配当の交付を受けた株主のこの会社に対する支払義務を、株主が株主代表訴訟によって会社に対し履行するよう請求することはできません（会社847条1項）。しかし、会社債権者は自身に対し、その支払を請求することができるとされています（会社463条2項は債権者代位の特則を認めていると一般に解され、無資力要件は要求されず、債権者は自己の債権の弁済期が未到来でも請求できます。もっとも、自己の債権の満足に充てられるのは弁済期が到来しているものにかぎられるとされています（弥永真生『リーガルマインド会社法（第14版）』（有斐閣、2015年）436頁））。

　なお、会社法制定前は、会社の債権者は、違法配当を受け取った株主に対し受け取った配当を会社に返還するよう請求し得るのみであったため（平成17年改正前商290条2項）、会社法制定後も同様であると解する見解（龍田節＝前田雅弘『会社法大要（第2版）』（有斐閣、2017年）434頁）もないわけではありません。

　違法配当に関する業務執行者等の責任は、株主は株主代表訴訟により追及ができますが（会社847条1項）、会社債権者は直接行使できません（もっとも、会社が無資力となり会社債権者が自身の債権の弁済を受けられない場合には、会社法429条1項による追及が認められるでしょう）。当該業務執行者等が責任を履行した場合、その者は違法配当の交付を受けた株主に対して求償することが認められていますが、善意で配当を受領した株主に対する求償は認められていません（会社463条1項）。

　剰余金分配規制に違反して交付された配当の効力をめぐっては、会社法制定の際の立

案担当者は有効であると解していますが（相澤哲編著『立案担当者による新・会社法の解説（別冊商事法務 295 号）』（商事法務，2006 年）135 頁），現在は，会社法制定前の理解と同様に無効であると解する見解が有力です。

　違法配当が無効であるとの理解の下では，違法配当の交付を受けた株主に対し，原状回復のため，会社は不当利得の返還請求権を有することになりますが（民 703 条），462条の支払義務と不当利得の返還請求権が法条競合の関係にあるとする見解（神田秀樹『会社法（第 22 版）』（弘文堂，2020 年）326 頁の＊3 参照）や，462 条は，民法 703 条の特則であり，不当利得返還請求権の行使を認めない見解（江頭憲治郎『株式会社法（第 7版）』（有斐閣，2017 年）687 頁，259 頁注 11）が主張されています。

(3)　手続違背・株主平等原則違反

　株主への配当が，株主の有する株式の数に応じて配当財産を割り当てなければならないとされるのは（会社 454 条 3 項），株主平等原則のあらわれであり，会社法に反するとして無効とされます。たとえば，会社が一部の大株主に対して，配当を実施しないことによる逸失利益の補てんの趣旨で盆暮れの手当てとして金員を贈与することは無効であるとされます（最判昭和 45・11・24 民集 24 巻 12 号 1963 頁）。

　配当実施の法定手続の欠缺については，原則として無効とする理解がありますが（龍田＝前田・前掲 434 頁注 90），欠缺の程度により効力は異なると考えられます。

税法の理解

(1)　会社債権者への返金と税法

　会社法 461 条 2 項に定める分配可能額を超えて配当が支払われた場合，当該配当を受け取った株主は，受け取った配当金に相当する金額（以下「違法配当」といいます）を支払う義務を会社に負います（会社 462 条 1 項）。しかし，通常，会社からの配当金にはすでに所得税等の税金が課せられており，会社に対し上記支払義務を履行した場合には違法配当に対応する税金を還付してもらわなければ，株主は損失を被ることになります。この点，株主が個人か法人かで結論が異なりますので，以下では場合分けをして説明していきます（なお，以下では違法配当は無効であるとの理解を前提とします）。

(2)　個人株主の場合

　会社に対し上記支払義務を履行することは，所得税法施行令 274 条の「計算の基礎となつた事実のうちに含まれていた無効な行為により生じた経済的成果がその行為の無効であることに基因して失われたこと」にあたります。そのため，個人株主が会社に対し上記支払義務を履行した場合には，上記支払義務を履行した部分にかかる所得税について，所得税法 152 条にもとづき更正の請求をすることができます。

(3)　法人株主の場合

　これに対して，法人株主の場合は，法人税法に受取配当等の益金不算入規定（法税23条）があるため，受取配当に対して法人税が課されていない場合は，上記支払義務を履行しても課税問題は生じません。しかし，完全子法人株式等，関連法人株式等および非支配目的株式等のいずれにも該当しない株式等や非支配目的株式等に係る配当等については一部が益金に算入されるため，配当を受け取った段階で法人税が課税されています。そのようなケースで上記支払義務を履行した場合，法人税法には所得税法152条のような規定はありません。ただし，国税通則法23条2項は「後発的事由による更正の請求」を認めています。「後発的事由」とは，その申告に係る税額等の計算の基礎となった事実に関する訴えについての判決等により，その事実が当該計算の基礎としたところと異なることが確定したときやそれらに類するやむをえない理由がある場合を指します。また，ここでいうやむをえない理由とは，税額等の計算の基礎となった事実に係る契約が，解除権の行使によって解除されたり，当該契約の成立後生じたやむをえない事情によって解除されたり，取り消されたりすることを指します。このような場合には，その事実が生じた日の翌日から2か月以内であれば，更正の請求ができます。

　しかしながら，法人税の分野では，この「後発的事由による更正の請求」があまり認められません。その理由については，以下のように考えられています。

　まず，法人税法では所得の計算の基礎となる収益や費用，損失の額は「一般に公正妥当と認められる会計処理の基準」（法税22条4項）によって計算されます。そして，その会計処理基準では，契約後に解除等がなされた場合には，遡及して会計処理を修正するのではなく，その年度の損失として計上することになっています。もし，遡及するとなると，数年前の決算もやり直し，配当なども計算し直さなければならなくなってしまいます。そのため，法人の所得の計算については，契約後に解除等がなされた場合等には更正の請求はできないとされているのです（横浜地判昭和60・7・3判時1173号51頁）。会社はいつも事業上の所得がある団体だから，その事実が生じた年度に入れていけば，おのずと調整されていく，ということかもしれません。

　したがって，法人株主の場合は，違法配当を受け取った年度の益金の額を減額するのではなく，会社に対し上記支払義務を履行した年度にその金額を損金の額に計上することで対応することになります。

ポイント —————————————————————

　会社の債権者は，会社が無資力でなくとも，違法配当の交付を受けた株主に対し，違法配当の価額に相当する金銭の支払を請求することができます。違法配当の価額に相当する金銭を支払った株主は，個人であれば更正の請求，法人であればその額を損金として計上することができます。

（山田泰弘＝安井栄二）

★ 29　自己株式取得・処分・消却

> 当社は非公開会社ですが，株主の1人が持株の売却を申し出ているため，自己株式の取得を検討しています。取得した自己株式については，第三者割当による処分または消却を考えていますが，これらについて，発行法人および株主の税務処理についての注意点はありますか。

会社法の理解

(1)　自己株式の取得

　自己株式の取得については，一般的に，① 株主の平等性，② 債権者保護，③ 経営支配の助長予防および ④ 相場操縦の4つの弊害があるとされており，このうち，① ～ ③ について対応する規制が会社法におかれています。

　Question のように合意により特定の株主から自己株式を取得する場合には，（株主の平等性および経営支配の助長予防の観点から）主に以下の手続が必要です。

　①　自己株式の取得に関する事項（特定の株主からの取得に関する事項を含みます）を決定するための株主総会の招集（招集決定→会社 298 条，招集通知→会社 299 条）・売主追加請求権を行使し得る旨の通知（会社 160 条 2 項）

　②　他の株主の売主追加請求権の行使（会社 160 条 3 項）

　③　特定の株主（売主追加請求権を行使した株主を含みます）からの自己株式の取得に関する株主総会（定時総会または臨時総会）の特別決議（会社 156 条 1 項，160 条 1 項，309 条 2 項 2 号）

　④　会社の取得する自己株式の数（取得総数），取得価格，会社に対する申込期日の決定（会社 157 条。取締役会設置会社では取締役会決議によります（同条 2 項））

　⑤　特定の株主（売主追加請求権を行使した株主を含みます）への取得価格等（④ の決定事項）の通知（会社 160 条 5 項，158 条 1 項）

　⑥　会社への譲渡を希望する株主による会社に対する申込み（会社への譲渡の申込みにかかる株式の種類および数を明示。会社 159 条 1 項）

　⑦　会社は譲渡の申込みの期日に，当該株主が申込みをした株式の譲受けを承諾したものとみなされる（会社 159 条 2 項本文。申込総数が取得総数を上回る場合は，取得総数を申込総数で除して得た数にそれぞれの株主の申込数を乗じた分について承諾があったものとみなされます。比例按分方式）

　なお，非公開会社が株主の相続人その他の一般承継人からその相続その他の一般承継により取得した当該非公開会社の株式を取得する場合には，上記②の売主追加請求権は認められていません（会社162条。ただし，当該相続人その他の一般承継人が株主総会や種類株主総会において当該株式について議決権を行使していない場合にかぎります）。

　また，債権者保護の観点から，自己株式の取得価額には，剰余金の配当等と類似するものとして一定の財源規制が設けられています（会社461条1項）。すなわち，自己株式の取得価額の総額は分配可能額（その他資本剰余金とその他利益剰余金の合計額から自己株式の帳簿価額を控除した金額）を超えることはできません（会社461条1項3号，2項）。

(2)　自己株式の処分

　取得した自己株式の処分については，会社法上，原則として株式の発行と同じ募集の手続によることとされています（会社199条1項）。

　非公開会社が株式を発行する方式としては，株主割当と第三者割当があります。株主割当とは，総株主（自己株式を除きます）に対して株式数に応じて株式を割り当てる方法で，株主総会の特別決議により，発行株式の種類，数，払込金額等発行事項，および株主に株式の割当てを受ける権利を与える旨を決定します（会社199条2項，309条2項5号。ただし，決定権限を取締役または取締役会に与える旨の定款の定めがある場合は，その定めに従うこととなります（会社202条3項1号，2号））。

　また，第三者割当は，原則として株主総会の特別決議により，発行株式の種類，数，払込金額等の発行事項を決定します（会社199条1項・2項，309条2項5号）。

(3)　自己株式の消却

　自己株主の消却とは，会社が保有する自己株式のうち，特定の株式を消滅させる行為をいいます。自己株式を消却するためには，取締役会設置会社においては取締役会の決議（会社178条2項），それ以外の会社においては株主総会決議により（会社309条1項），消却する自己株式の種類と数を決定することが必要です（会社178条1項後段）。

(4)　自己株式の会計処理

　まず，自己株式の取得についての会計処理は，取得原価をもって「純資産の部」の株主資本から控除し（自己株式等会計基準7項），期末に保有する自己株式は，「純資産の部」の株主資本の末尾に自己株式として一括して控除する形式で表示します（自己株式等会計基準8項）。

　次に，自己株式の処分についての会計処理は，自己株式の処分の対価から自己株式の帳簿価額を控除した額がプラスの値の場合には「その他資本剰余金」に計上します（自己株式等会計基準9項）。一方，上記控除した額がマイナスの値の場合には「その他資本剰余金」から減額し（自己株式等会計基準10項），その結果，「その他資本剰余金」の残高がマイナスの値となった場合には，会計期末において，「その他資本剰余金」をゼロとし，当該マイナスの値を「その他利益剰余金」（繰越利益剰余金）から減額します（自己株式等会計基準12項）。

　最後に，自己株式の消却についての会計処理は，消却手続が完了したときに，消却の

対象となった自己株式の帳簿価額を「その他資本剰余金」から減額します（自己株式等会計基準11項）。自己株式の消却によって「その他資本剰余金」の残高がマイナスの値となった場合の取扱いについては，上記自己株式の処分の場合と同様です（自己株式等会計基準12項）。

税法の理解

(1)　発行法人への課税

　法人税法上，自己株式は有価証券には該当しないこととされ（法税2条21号かっこ書），自己株式の取得は資本の払戻しとして整理されているので，自己株式を取得する発行会社においては，原則として課税関係は生じません。

　自己株式の取得価額のうち資本金等の額（資本金の額とそれ以外の払込資本等の増加額から同減少額を減算した額（法税2条16号，法税令8条））を超える部分がある場合には，その超過額は利益積立金額の減少として扱われます（法税令9条1項8号）。ただし，株主にみなし配当課税の適用がない場合（下記(2)参照）には，利益積立金を減少させず（法税24条1項5号かっこ書），自己株式の取得により金銭等を交付した場合の取得資本金額のみ資本金等の金額を減少します（法税令8条1項21号）。

(2)　株主への課税

　そして，原則として，その利益積立金額の減少額をみなし配当として，自己株式を譲渡した株主に対する課税が生じることになります。

　すなわち，取得した自己株式に対応する資本金等に相当する額について，資本金以外の払込資本等と自己株式の取得価額とを相殺し（法税令8条1項20号），相殺しきれない金額がある場合には，利益積立金と相殺し（法税令9条1項14号），その結果として法人税法上の自己株式の帳簿価額がゼロになるとともに，当該利益積立金額の減少額がみなし配当として自己株式を譲渡した株主に対する課税が生じることになります（法税24条1項5号，所税25条1項5号）。ただし，市場取引により株式を発行法人に譲渡した場合（法税24条1項5号かっこ書，所税25条1項5号かっこ書）や，相続または遺贈により非上場会社の株式を取得した個人で納付すべき相続税額がある者が一定の株式発行会社に当該株式を譲渡した場合（租特9条の7）には，みなし配当課税の適用はありません。

　また，自己株式の譲渡価額からみなし配当相当額を控除した金額と自己株式を譲渡した株主における当該自己株式の帳簿価額との差額が，株主における株式譲渡損

益として計上されます（法税61条の2，租特37条の10第3項5号）。

　自己株式を譲渡した株主が法人である場合には，原則として，受取配当金の一部または全額が益金不算入とされるとともに（法税23条），株式譲渡損益の全額が益金または損金の額に算入されます（法税61条の2）。

　一方，自己株式を譲渡した株主が個人である場合には，受取配当金に対して所得税が課されますが，一定の配当控除が適用されます（所税92条，租特9条）。また，譲渡損については，同一年に発生した他の株式譲渡益との相殺が認められますが，他の所得との損益通算は認められません（租特37条の10第1項）。

(3)　処分・消却時の課税

　前述のように，自己株式の取得は資本の払戻しとされ，取得時点での法人税法上の帳簿価額はゼロとされているので，自己株式を処分した場合には，払い込まれた処分価額全額が資本金等の額の増加となります（法税令8条1項1号）。

　また，消却についても，消却時の法人税法上の帳簿価額はゼロであるため，帳簿金額の変動は生じず，税務処理も発生しません。

ポイント

　自己株主の取得，処分および消却のいずれの場合も，原則として発行会社に課税関係は生じません。ただし，自己株式取得の相手方となる株主については，原則としてみなし配当として課税され，譲渡損益の計上が必要になることもあるので，自己株式の取得価額の適正性等については慎重に検討するべきです。

（青木　丈）

30 相続人等に対する売渡しの請求

Question

相続による株式の分散を避けるために，相続人等に対する売渡しの請求制度を導入しようと考えています。導入するためには，どのような手続を踏む必要があるでしょうか。また，導入に際して，特に注意をすべき点はありますか。

会社法の理解

(1) 相続人等に対する売渡しの請求とは

相続人等に対する売渡しの請求とは，発行会社が，相続その他の一般承継により譲渡制限株式を取得した者に対して，当該株式の売渡しを請求することができるという制度です（会社174条）。

もともと，株式の譲渡による取得に関しては，信頼関係のない株主が出現することを避けるために，定款に発行会社の承認を要する旨を定めることが可能とされてきました（会社107条2項1号，108条2項4号）。しかし，相続や合併といった一般承継は，「譲渡」にあたらないため，係る定めがあったとしても，発行会社の承認の対象とはなりません。そのため，定款に譲渡制限の定めがあったとしても，相続等を機に，信頼関係がない株主が出現する可能性がありました。もちろん発行会社が相続人等と合意をし，相続された株式を取得することは可能です（この場合には，株主総会の特別決議による承認（会社160条1項）が必要ですが，公開会社でない会社で当該相続人等が株主総会で議決権を行使していない場合には，他の株主に売主追加請求権は認められていません（会社162条））。しかし，相続人等が株式の売却に応じてくれないこともあり得ます。そこで，会社法は，譲渡制限株式については，あらかじめ定款に定めをおくことで，当該株式を一般承継した者から，強制的に当該株式を取得することを認めています。

(2) 売渡しの請求の手続と注意点

相続人等に対する売渡しの請求をするためには，定款に譲渡制限の定めが必要です。異なる種類の株式を発行していない会社において定款に譲渡制限の定めをおくには，株主総会の特殊決議（議決権を行使できる株主の議決権の3分の2以上および頭数の半数以上の賛成）が必要（会社309条3項1号）です。すでに定款に譲渡制限の定めがおかれている場合は，通常の定款変更手続（株主総会の特別決議による承認）で，相続人等に対して売渡しの請求ができる旨を定めることができます（会社466条，309条2項11号）。なお，相続等の時点ではかかる定めがなくても相続人等に対し売渡しの請求をする時点で定款

に定めがあれば足ります（請求は相続等があったことを会社が知った日から1年以内にする必要があります。会社176条1項。特定の相続人が取得した旨の認識は不要とした裁判例として，東京高決平成19・8・16資料版商事法務285号146頁）。

　定款の定めにもとづいて，実際に売渡しの請求をするためには，その都度，株主総会の特別決議によって，売渡しの請求をする譲渡制限株式の数（一部でも構いません）とその株主を定める必要があります（会社175条1項，309条2項3号）。会社が種類株式を発行している場合には，株式の種類ごとに売渡しの請求の対象となる数を区別することができます（会社175条1項1号かっこ書）。なお，株式が準共有となっている場合に，準共有者の一部に対してその持分の売渡しを請求することもできるとされています（東京高判平成24・11・28資料版商事法務356号3頁）。

　注意が必要なのは，売渡しの請求の対象となった相続人等は，当該売渡しの請求についての株主総会において議決権を行使することができないという点です（会社175条2項）。たとえば，オーナー経営者が死去した場合に，少数株主が株主総会を招集してオーナー経営者の相続人に対して売渡しの請求をしようとした場合，その株主総会において，オーナー経営者の相続人は相続開始前から保有する株式を含むすべての株式について議決権を行使できないことになります。その結果，オーナー経営者の相続人が議決権の大半を保有していたとしても，株主総会で売渡しの請求が決議され，オーナー経営者の相続人が逆に会社から排除されるという事態も生じ得ます。

　このような事態を回避するためには，①相続人等の売渡しの請求について，あらかじめ定款に定めをおくのではなく，相続開始後に定款変更をして定めをおく，②一定の株式には譲渡制限を付さないで売渡しの請求の対象から除外する，③相続人に対し特定承継である遺贈で株式を取得させるなどといった方策が考えられます。

　なお，相続人等に対する売渡しの請求による株式の取得は，自己株式の取得の一種なので，分配可能額を超えてまで株式を取得することはできません（会社461条1項5号）。したがって，相続人等に対する売渡しの請求によって取得できる株式の数にも，おのずから限界があります。なお，相続人等に対する売渡しの請求においては，対象となる株式以外の株主に売主追加の請求権が認められていません。

(3) 売買価格の決定

　売渡しの請求があった場合，対象とされた株式の売買価格は，会社と売渡しの請求の対象者との間で協議によって決まります（会社177条1項）。協議が調わないときは，売渡しの請求があった日から20日以内に，裁判所に対し，売買価格の決定の申立てをすることができ（会社177条2項），当該申立てがない場合には売渡しの請求は効力を失います（会社177条5項）。裁判所は株式の資産状態その他一切の事情を考慮して売買価格の決定をします。

税法の理解

(1) 相続人等に対する売渡しの請求をめぐる課税問題

相続人等に対する売渡しの請求による株式の取得は，自己株式の一種です。課税関係についても，自己株式の取得として取り扱われます。

(2) 会社の課税関係

相続人等に対する売渡しの請求にもとづき，会社が相続人等の株式を取得した場合，資本等取引とされ（法税令8条1項20号，9条1項14号），発行会社においては，課税関係は生じません（法税22条5項）。

ただし，株主において利益積立金額の減算額に応じた配当があったとみなされる場合には（所税25条1項5号，法税24条1項5号，租特9条の7），発行会社において，配当にかかる所得税の源泉徴収が必要となります（所税181条1項，212条3項）。

(3) 個人株主の課税関係

相続人等に対する売渡しの請求にもとづき，会社が相続人などの個人株主から株式を取得した場合には，みなし配当課税（所税25条1項5号。例外として，租特9条の7）と株式等の譲渡所得等の課税（租特37条の10第3項5号，39条）が行われます。

(4) 法人株主の課税関係

相続人等に対する売渡しの請求にもとづき，会社が吸収合併存続法人などの会社から株式を買い取った場合，みなし配当課税（法税24条1項5号）と有価証券の譲渡損益課税（法税61条の2第1項）が行われます。

ポイント

相続人等に対する売渡しの請求は，対象株主以外に売主追加の請求権が認められないなど，分散した株式を集約する手段としてメリットもありますが，悪用される可能性があるので，導入の際には慎重な検討が必要です。

（石井　亮）

4　株式単位の見直し

31　株式分割・株式の無償割当

Question

　株式会社の株式を保有していたところ，その会社から株式分割を実施するとの連絡がありました。株主として，どのような手続が必要ですか。これによって何らかの課税関係が生じますか。また，これが，株式の無償割当の場合はどのようになりますか。

会社法の理解

(1)　株式分割

a)　株式分割とは

　株式分割とは，発行済株式を細分化する会社の行為のことです（会社183条1項）。株式分割をした場合には，各株主の所有株式数は，一律かつ按分比例的に増加します。分割割合に応じて発行済株式数は増えますが，会社財産に変動が生じるわけではありません。したがって，理論上，株価は下落するはずですが，市場の期待感などにより，株価が上昇する場合もあり，これを株価操縦に利用するケースもあったことから，証券市場において一定の規制がかけられています（東京証券取引所有価証券上場規程433条）。

　株式数が増加する株式分割は，後述の株式の無償割当と同様，株主の持株数が減少する株式併合（**32**「株式の併合」を参照）に比べ，株主の権利を害する可能性は小さく，株式併合より手続が緩やかです。

b)　株式会社の手続

　株式会社が，株式の分割をするときは，その都度，株主総会（取締役会設置会社にあっては取締役会）の決議によって，①株式の分割により増加する株式の総数の，株式の分割前の発行済株式（種類株式発行会社にあっては種類の発行済株式）の総数に対する割合および当該株式の分割にかかる基準日，②株式の分割がその効力を生ずる日，③株式会社が種類株式発行会社である場合には，分割する株式の種類を，定めなければなりません（会社183条2項）。なお，このときの株主総会の決議は，株式併合が特別決議であるのと異なり普通決議です（会社183条2項）。これは，株式の併合とは異なって，既存の株式が1株未満の端数となり，株主の利益を害すること等がないからです（なお，種

類株式については会社 322 条 1 項 2 号参照）。

　株式の分割に際しては，株主総会の特別決議によらず，前述の株主総会（取締役会設置会社にあっては，取締役会）の決議により，定款を変更し，株式の分割がその効力を生ずる日における発行可能株式総数を，その日の前日の発行可能株式総数に，株式の分割により増加する株式の総数の株式の分割前の発行済株式の総数に対する割合を乗じて得た数の範囲内で増加させることができます（会社 184 条 2 項）。なお，単元株式数を増加させる定款変更も可能です（会社 191 条）。ただし，現に 2 以上の種類の株式を発行している会社は，発行可能株式総数の変更は既存株主の利害にかかわるので，当該手続で，発行可能株式総数についての定款変更はできません（会社 184 条 2 項かっこ書）。

　株式会社は，上記 ① の基準日の 2 週間前までに，上記 ①～③ の事項を公告しなければなりません（会社 124 条 3 項）。

　振替株式以外の株式の場合，株式会社が定めた基準日に，株主名簿に記載・記録されている株主が，株式会社の定めた効力発生日に，持株数に比例して株式を追加取得します（会社 184 条 1 項。振替株式については社債株式振替 137 条 1 項，3 項，4 項）。

　株式会社が株式の分割をすることにより株式の数に 1 株に満たない端数が生ずるときは，株式会社は，その端数の合計数に相当する数の株式を競売しまたは市場価格等での売却・買取により，その端数に応じてそれらの競売等により得られた代金を株主に交付しなければなりません（会社 235 条 1 項・2 項，234 条 2 項～5 項）。

c)　株主の手続

　株式の分割は，すでに存在する株式を細分化しますので，株式の発行とは観念されず，株主の申込みは必要ありません。株式分割における手続違背があれば，その効力は否定されるべきですが，後述の株式無償割当と効果が同じであり，同様の処理をすべきであるとして，株式の発行の無効の訴えによらなければならないと学説上主張されています（会社 828 条 1 項 2 号類推。江頭憲治郎『株式会社法（第 7 版）』（有斐閣，2017 年）296～297頁）。

(2)　株式の無償割当

a)　株式の無償割当とは

　株式の無償割当とは，株式会社が，株主（種類株式発行会社にあっては，ある種類の種類株主）に対して新たに払込みをさせないで当該株式会社の株式の割てをする会社の行為のことをいいます（会社 185 条）。株式の無償割当の場合，発行会社の発行済株式総数も増加しますが，会社財産に変動が生じるわけではありません（会社計算 16 条 1 項）。

　このような意味で，株式の無償割当は，株式分割と機能的に類似しており手続も基本的には同様となりますが，次のような相違点もあります。

	株式分割	株式の無償割当
株式の発行か	×	○
自己株式の交付	生じない	交付可
自己株式の対象可否	禁止する規定なく，自己株式も分割される	無償割当の対象とすることは不可
異なる種類の株式を与えることの可否	不可	可
基準日の設定	必要	不要（ただし，日々株主が変動する上場会社等においては，事実上設定が必要）

b)　株式会社の手続

　発行会社が株式無償割当をしようとするときは，その都度，株主総会（取締役会設置会社にあっては，取締役会）の決議によって，① 株主に割り当てる株式の数（種類株式発行会社にあっては株式の種類および種類ごとの数）またはその数の算定方法，② 当該株式無償割当がその効力を生ずる日，③ 株式会社が種類株式発行会社である場合には，当該株式無償割当を受ける株主の有する株式の種類，を定めなければなりません（会社186条1項）。このときの株主総会の決議は，株式分割とは同様に，普通決議です（会社186条3項）。

　振替株式以外の株式の場合，株式会社が定めた効力発生日に株主名簿に記載・記録されている株主が，当該効力発生日に，持株数に比例して株式を追加取得します（会社184条1項，振替株式については社債株式振替130条，131条）。

　発行会社が株式の無償割当をすることにより株式の数に1株に満たない端数が生ずるときは，株式分割と同様の手続があります（会社234条1項3号，2項〜5項）。

c)　株主の手続

　株式の無償割当に際して株主の申込みは必要ありません。

　株式の無償割当は，会社成立後の株式の発行（会社834条2号）または自己株式の処分（会社834条3号）にあたるので，その法的瑕疵については，それらの行為の無効の訴えによらなければ主張できず（会社828条1項2号，3号）また，無効の効力は遡及しません（会社839条〜841条）。

税法の理解

(1)　株 式 分 割

a)　発行会社の課税問題

　株式の分割は，株式数を均一の条件で増加させる手続ですから，発行会社に課税関係は発生しません。

b)　株主の課税問題

　株式の分割により，各株主の所有株式は増加し，1株あたりの単価を再計算することになります。ただし，株式分割は，資本金および資本準備金の増減がなく，1株主あたりの会社財産に対する持ち分および議決権に変更を生じないため，原則として，課税関係は生じません。

　株式の分割後の1株あたりの帳簿価額は，株式分割の直前の帳簿価額を株式分割の直後の所有株数で除した金額となり（法税令119条の2第1項，所税令110条第1項），分割時の時価で受け入れ評価をする必要はありません（法税令119条1項3号）。

　ただし，1株に満たない端数が生じた場合の処理に関しては，金銭が交付されるため（会社235条1項），譲渡損益について考慮しなくてはなりません。具体的には，端数株式等の交付を受け直して譲渡したものとして計算することになります（法基通2-3-25，所基通57の4-2参照）。そこで，取得価格を超える金銭が交付された場合は，株主が法人であれば譲渡益，個人であれば譲渡所得を計上しなければなりません。なお，端数に関する金銭交付については，みなし配当課税の適用はありません（法税24条1項5号，法税令23条3項9号，所税25条1項5号，所税令61条1項9号）。

(2)　株式の無償割当

a)　発行会社の課税問題

　株式分割の場合と同様，課税関係は生じません。

b)　株主の課税問題

　株式の無償割当により，各株主の所有株式は増加し，1株あたりの単価を再計算することになります（法税令119条1項3号，119条の2第1項，所税令111条2項）。ただし，発行会社においては資本金および資本準備金の増減はなく（会社計算16条1項），基本的に1株主あたりの会社財産に対する持株割合に変更を生じないので，たとえば，異種の株式の数が増加して他の株主に損害を及ぼすおそれがある場合（法税令119条1項4号かっこ書，所税令111条2項，租通37の10-37の11共-18）を除き，原則として，課税関係は生じません。このときの株式の無償割当後の1株あたりの帳簿価額は，株式分割の直前の帳簿価額を株式分割の直後の所有株数で除した金額となり，分割時の時価で受け入れ評価をする必要はありません（法税令119条1項3号，119条の2第1項，所税令111条2項）。

　なお，株主として無償割当により取得した株式であっても，他の株主に損害を及ぼすおそれがある場合には，その経済的利益について課税関係が発生します（法税

令119条1項4号かっこ書，所税令84条3項〔未施行。施行日未定〕）。その他，1株に満たない端数が生じた場合の処理に関しては，株式分割と同様です。

ポイント

1株に満たない端数が生じた場合には，株式譲渡損益が生じ，金銭の交付を受けた株主に，課税の問題が生じる可能性があります。

（堀　招子）

32 株式の併合

Question

　株式会社の株式を保有していますが，その会社から株式の併合を実施するとの連絡がありました。株主として，何らかの手続は必要ですか。また，これによって何らかの課税関係が生じますか。

会社法の理解

(1)　株式の併合とは

　株式の併合とは，数個の株式を合せてそれより少ない株式とする会社の行為のことです（会社180条1項）。この行為は，各株主の所有株式を一律・按分比例的に減少させますが，会社財産および資本金額には変動を生じさせません。

　株式の併合は，たとえば，市場価格の変動に対応する出資単位の調整という趣旨で実行されますが，その他に，企業買収後の残存少数株主の締出し等のため実行されることもあります。後者のように株主たる地位を失わせることができ，端数を生じる株主に対して重大な不利益が生じることがあるため，後述のとおり，発行会社における事前事後の情報開示や，反対株主の株式買取請求権および株式併合差止請求権という株主の権利を保護する手続や権利が設けられています。

(2)　会社の手続

a)　株主総会の特別決議

　発行会社は，株式併合をしようとするときは，その都度，「併合の割合」，「株式の併合がその効力を生ずる日（以下「効力発生日」）」，「株式会社が種類株式発行会社である場合には，併合する株式の種類」および「効力発生日における発行可能株式総数」を株主総会の特別決議により決定しなければなりません（会社180条2項，309条2項4号。なお，種類株式発行会社である場合で，種類株主に損害を及ぼすおそれがあるときは，上記の株主総会決議のほか，当該種類株式の種類株主総会の決議も必要となります（会社322条1項2号））。

　上記効力発生日における「発行可能株式総数」は，株式会社が公開会社の場合は，効力発生日における発行済株式の総数の4倍を超えることはできません（会社180条3項）。これは，公開会社は取締役会の決議で株式を発行することができますが（会社201条1項），発行可能株式総数が株式の発行に上限を付する機能を有することに着目し，公開会社の設立時同様，取締役会に対する株式にかかる授権に一定の限度を付する趣旨から

設けられたものです。なお，株式の併合をした会社は，効力発生日に，株主総会におい
て決議された内容に従って発行可能株式総数にかかる定款変更をしたものとみなされる
ので（会社 182 条 2 項），株式の併合と別途独立に定款変更の株主総会決議を経る必要は
ありません。

　上記株主総会では，取締役は，株式の併合をすることを必要とする理由を説明しなけ
ればなりません（会社 180 条 4 項）。これは，株式の端数化によって不利益を受ける可能
性のある株主に対する情報開示のためです。

b) 株主等に対する通知・公告

　株式会社は，株主等に，併合の割合，効力発生日の 2 週間前までに，180 条 1 項各号
で定める事項を通知または公告をしなければなりません（会社 181 条，社債株式振替 161
条 2 項）。

c) 株式併合の効力

　株式併合の効力は，振替株式以外は，株主総会の決議によって定めた効力発生日に生
じます（会社 182 条。株主名簿の記載については会社 132 条 2 項。振替株式の振替口座簿の
記載については，社債株式振替 136 条 1 項 3 号，3 項，4 項参照）。

d) 事前事後の情報開示

　事前，事後の情報開示につき，株主総会の日の 2 週間前の日または，株主等に対する
併合割合等の通知公告の日，のいずれか早い日から効力発生日後 6 か月を経過する日ま
での間，180 条 1 項各号その他施行規則 33 条の 9 で定める事項を記載し，または記録し
た書面または電磁的記録をその本店に備え置かなければなりません（会社 182 条の 2，
182 条の 6）。

e) 端数が生じる場合の株式併合の手続

　発行会社が株式の併合をすることにより株式の数に 1 株に満たない端数が生ずるとき
は，発行会社は，その端数の合計数に相当する数の株式を競売等によって換価し（会社
235 条 1 項・2 項，234 条 2 項〜5 項），その端数に応じて競売等により得られた代金を株
主に交付しなければなりません（会社 235 条 1 項）。後述の株式買取請求制度との関係で，
前述の会社の株主に対する通知・公告は効力発生日の 2 週間前ではなく同日の 20 日前
に行わなければなりません（会社 182 条の 4 第 3 項）。

　なお，単元株式数を定款で定めている場合にあっては，併合の結果一単元の株式が 1
株に満たない端数となる場合以外には，事前事後の情報開示は不要で，また，上記通知
の時期の特則（効力発生日の 20 日前）の適用もありません。単元未満株式が 1 株に満た
ない端数となる場合は小数株主が締め出されるわけでもなく，株主の受ける不利益は小
さいと考えられるからです。

(3) 株主の手続

　株券発行会社においては，株主（併合する種類株式の株主）および登録株式質権者は，
併合の効力発生日までに発行会社に対し，株券を提出することになりますが，それ以外
は，株式の併合自体については，特に株主がとるべき手続はありません。

　ただし，少数株主の保護のための制度として，次の制度があります。各制度の要件に該当する場合には，株主はそれらの権利を行使することができます。

a)　株式の併合の差止め

　株式の併合（単元株式数を定款で定めている場合にあっては，当該単元株式数に併合割合を乗じて得た数に1に満たない端数が生ずるものにかぎります）が法令または定款に違反する場合において，株主が不利益を受けるおそれがあるときは，株主は，発行会社に対し，当該株式の併合をやめること（差止め）を請求することができます（会社182条の3）。

b)　反対株主の株式買取請求権

　発行会社が株式の併合（単元株式数を定款で定めている場合にあっては，当該単元株式数に併合割合を乗じて得た数に1に満たない端数が生ずるものにかぎります）をすることにより株式の数に1株に満たない端数が生ずる場合には，反対株主は，発行会社に対し，自己の有する株式のうち1株に満たない端数となるものの全部を公正な価格で買い取ることを請求することができます（会社182条の4第1項，2項）。その行使期間は，効力発生日の20日前から効力発生日の前日までです（会社182条の4第3項），株主と株式会社の間で株式の価格につき協議が調わない場合は，株主または発行会社は裁判所に対し，価格決定の申立てができます（会社182条の5第2項）。

税法の理解

(1)　発行会社の課税関係

　株式の併合は，株式数を均一の条件で減少させる手続ですから，発行会社に課税関係は発生しません。

(2)　株主の課税関係

　株式の併合により，各株主の所有株式は減少し，1株あたりの単価を再計算することになりますが，原則として，課税関係は発生しません。

　株式の併合後の1株あたりの帳簿価額は，株式併合の直前の帳簿価額を株式併合の直後の所有株数で除した金額となり（法税令119条の3第7項，119条の4第1項，所税令110条1項），併合時の時価で受け入れ評価をする必要はありません。

　ただし，1株に満たない端数が生じた場合の処理に関しては，金銭が交付されるため（会社235条1項），譲渡損益について考慮しなくてはなりません（法基通2-3-25，所基通57の4-2参照）。具体的には，端数株式等の交付を受け直して譲渡したものとして計算することになります。そこで，取得価格を超える金銭が交付された場合は，株主が法人であれば譲渡益，個人であれば譲渡所得を計上しなければなりません。なお，端数に関する金銭交付については，みなし配当課税の適用はありません（法税24条1項5号，法税令23条3項9号，所税25条1項5号，所税令61条1

項9号）。

　株式買取請求権が行使された場合も，金銭が交付されるため（会社182条の4第1項），上記1株に満たない端数が生じた場合と同様の処理が必要ですし，株式買取請求権行使による金銭交付についてみなし配当課税の適用はありません（法税24条1項5号，法税令23条3項9号，所税25条1項5号，所税令61条1項9号）。

　ただし，株式併合の端数処理による完全子法人化の場合については，組織再編税制の下に位置づけられ，株式交換と同様の適格要件に該当しない場合にはその有する資産の時価評価課税の対象ですが，その適格要件に該当する場合には時価評価なしとなります。詳細につきましては，**81**「株式交換・株式移転」をご参照ください。

ポイント

　1株に満たない端数が生じた場合には，株式譲渡損益が生じ，金銭の交付を受けた株主に，課税の問題が生じる可能性があります。

（堀　招子）

5　株式の種類

★★ 33　配当・残余財産の分配に関する種類株式

Question

　配当・残余財産の分配に関する種類株式はどういう場合に用いられますか。また，導入する際にはどういう手続が必要となりますか。その課税上の取扱いはどうなりますか。

会社法の理解

(1)　配当・残余財産の分配に関する種類株式とは

　株式会社は，剰余金の配当，残余財産の分配について，異なる定めをした内容の異なる2以上の種類の株式を発行することができます（会社108条1項1号，2号）。このうち，他の株式に先立って剰余金の配当・残余財産の分配を受けることができる株式を「優先株式」，他の株式に遅れて剰余金の配当・残余財産の分配を受ける株式を「劣後株式」といいます。従来，広く利用されてきたのは，優先株式です。

　剰余金の配当に関する優先株式には，①累積型と非累積型，②参加型と非参加型の別があります。累積型とは，ある事業年度における配当金の額が所定の金額に達しない場合に，その不足額が次事業年度以降に支払われるものをいい，非累積型とは，そのような不足額は切り捨てられ，次事業年度以降に繰り越さないものをいいます。また，参加型とは，ある事業年度において所定の額の配当金に加えて，追加の配当金が支払われるものをいい，非参加型とは追加の配当金が支払われないものをいいます。

　累積型で非参加型の配当優先株式で残余財産の分配に関する優先株式は，実質的には社債に類似します（取得条項・取得請求権を付せば，さらに社債に近似することになります）。そのため，優先株式は，劣後債などと同様に，メザニン・ファイナンスの手段として利用されることもあります。ただ，法形式はあくまで株式なので，資金回収の局面では社債や貸付金と較べて劣後します。また，優先株式の内容として，剰余金の配当の額を子会社からの配当額と同額にし，さらに，残余財産の分配の額を子会社株式の価額相当額にすることによって，子会社の業績に連動した，いわゆるトラッキング・ストックを発行することもできます（優先劣後の関係がなく，配当等の計算方法が異なる種類株式とされます）。

　このように，配当・残余財産の分配に関する種類株式は，工夫次第で，さまざまな用途に用いることができます。

(2)　導入するための手続

　配当・残余財産の分配に関する種類株式を発行するためには，定款で，剰余金の配当・残余財産の分配に関する価額の決定方法，条件などの取扱いを定める必要があります（会社 108 条 2 項 1 号，2 号）。前述した累積型・非累積型の別，参加型・非参加型の別も，定款に定めをおく必要があります。さらに，その発行可能種類株式総数および発行する各種類の株式の内容については，登記する必要があります（会社 911 条 3 項 7 号）。

　新規に配当・残余財産の分配に関する種類株式を発行する場合，定款変更のための株主総会の特別決議（会社 466 条，309 条 2 項 11 号）に加え，種類株式発行会社において既存の発行済みの種類株式の株主に損害を及ぼすおそれがあるときは，その株主による種類株主総会の特別決議が必要となります（会社 322 条 1 項 1 号イ。同項ただし書も参照）。

　すでに既存の発行済みの種類株式の内容を変更して，配当・残余財産の分配に関して異なる定めを設けることもできます。この場合，定款変更のための株主総会の特別決議に加え，変更される種類株式の株主に損害を及ぼすおそれがある場合にはその株主による種類株主総会の特別決議，さらに，変更される種類株式以外の種類株式が発行済みであり，その株主に損害を及ぼすおそれがある場合にはその株主による種類株主総会の特別決議が必要となります（会社 322 条 1 項 1 号ロ）。

　既存の発行済みの種類株式に取得条項を付して社債に類似する配当・残余財産の分配に関する優先株式とすることもできます。この場合，その株主全員の同意が必要となります（会社 111 条 1 項。この場合には，変更される種類株式以外の種類株式が発行済みであり，その株主に損害を及ぼすおそれがある場合にはその株主による種類株主総会の特別決議が必要となりますが，取得条項を付す種類株式の株主については全株主の同意が必要とされていますから，種類株主総会決議は不要です（会社 322 条 1 項 1 号かっこ書））。

　また，実務では，既存の発行済みの種類株式の一部を配当・残余財産の分配に関する優先株式に変更するためには，①株式の内容の変更に応ずる個々の株主と会社との合意，②株式の内容の変更に応ずる株主と同じ種類の株式の株主全員の同意を得るという方法が広く利用されています。この場合も，別の種類の株式の株主に損害を及ぼすおそれがあるときは，さらに③その株主の種類株主総会の特別決議が必要とされています（法務省民事局回答昭和 50・4・30 民事四 2249 号）。

　このほか，既存の種類株式の内容として全部取得条項を付し，全部取得の対価として配当・残余財産の分配に関する種類株式を設定すれば，たとえ，配当・残余財産の分配に関する種類株式を社債に類似させるために取得条項を付したとしても，全株主の同意を得ることなく，株主総会および種類株主総会の特別決議をもって，すでに既存の種類株式を剰余金の配当・残余財産の分配に関する種類株式に変更することはできます（会社 111 条 2 項）。もっとも，全部取得条項付種類株式を利用する場合には，反対株主は株式買取請求権を行使することが認められています（会社 116 条 1 項 2 号）。

税法の理解

(1) 発行時の課税問題

　発行会社では，配当・残余財産の分配に関する種類株式の発行は資本等取引となるので，課税関係は生じません（法税22条5項）。また，種類株式の引受人は，払込金額の給付に代えて，種類株式を取得するので，払込金額が適正である場合には，課税関係は生じません（もちろん，現物出資の場合は現物出資にかかる譲渡所得課税は生じます）。これに対して，払込金額が適正でない場合には，引受人と既存株主との間で経済的価値の移転が生じるので，引受人または既存株主において，当該経済的価値の移転に応じた課税関係が生じるので，注意が必要です。

　他方，既存の種類株式の内容を，配当・残余財産の分配に関する種類株式に変更する場合には，直ちに課税の問題は生じないと一般的には理解されています。ただ，課税当局はこの点についての見解を明らかにしていませんので，注意が必要です。

(2) 配当・残余財産の分配に関する種類株式の評価

　配当・残余財産の分配に関する種類株式を，課税上どのように評価するかについては，必ずしも明らかではありません。所得税法，法人税法または相続税法は，そもそも株式の評価方法について規定をおいていませんし，相続税・贈与税における財産の評価方法を定めた財産評価基本通達においても，種類株式の評価方法は明示されていません。所得税基本通達，法人税基本通達も同様です。

　国税庁が公表している個別通達（平成19年2月26日付課審6-1ほか2課共同「相続等により取得した種類株式の評価について（平成19年2月19日付平成19・02・07中庁第1号に対する回答）」）において，①配当について優先・劣後のある株式を発行している会社の株式については，類似業種比準方式および配当還元方式により評価する場合には，株式の種類ごとにその株式にかかる配当金によって評価し，純資産価額方式により評価する場合には，配当優先の有無にかかわらず，従来どおり財産評価基本通達の定めにより評価するとされています。また，②社債類似株式（累積型・非参加型の配当金にかかる優先株式で，無議決権とされているなど一定の条件を備えたもの）については，利付社債と同様の評価による，との見解が明らかにされています。

　ただし，配当・残余財産の分配に関する種類株式については，この個別通達では，これ以上は言及されていませんし，また，法令や基本通達ではなく，個別通達において見解が示されているだけなので，実際の執行の場面では，課税当局が異なる評価を行う可能性も否定できません。さらに，この個別通達は，相続税・贈与税に関

する評価について言及したものであって，法人税法および所得税法における評価についての言及はありません。そのため，配当・残余財産に関する種類株式の評価は，必ずしも明らかではない場合があることに注意が必要です。

ポイント

　配当・残余財産の分配に関する種類株式は，さまざまな利用の仕方があります。ただし，その税務上の評価は，必ずしも明確ではありませんので，思わぬ課税関係が生じる可能性があることに注意が必要です。

（石井　亮）

34　議決権制限株式の発行

Question

　長男への事業承継にあたって，長男へは私が所有する普通株式を承継させ，長男以外の子供たちには議決権制限株式を承継させようと考えています。議決権制限株式の発行手続と税務上の取扱いについて教えてください。

会社法の理解

(1)　議決権制限株式とは

　会社法では，ある一定の事項について権利内容の異なる 2 以上の種類の株式を発行することができるとされています。このうち「株主総会において議決権を行使することができる事項」について他の株式と異なる定めをした株式を「議決権制限株式」といいます（会社 108 条 1 項 3 号）。公開会社においては議決権制限株式を発行済株式総数の 2 分の 1 以下とする制約があり，2 分の 1 を超えた場合には直ちに 2 分の 1 以下にするために必要な措置をとる必要があります。一方，非公開会社においては議決権制限株式の発行数に制限はありません（会社 115 条）。

　株主総会で決議されるすべての事項に議決権をもたない「完全無議決権株式」を発行することも可能です。配当および残余財産の分配において同一の扱いを受けるのであれば，議決権のある会社法上原則とされる株式（いわゆる普通株式）も完全無議決権株式も経済的価値は同一ですので（株主総会の議決権は，ある程度のまとまりがなければ，決議を成立させることがなく，1 株あたりでみれば議決権分は経済的に価値があるとは評価しにくくなります），たとえば事業承継のために承継者には普通株式を承継させ，承継者以外の相続人には完全無議決権株式を承継させることで，経営権は承継者に 100％承継させた上で，いわゆる財産権は相続人に平等に承継させることも可能です。

　平成 17 年改正前商法においては，配当優先株式（他の種類の株式に優先して配当金を受け取ることができる種類株式）にかぎって完全無議決権株式とすることが認められ，議決権の一部のみを行使できないとすることは認められていませんでした。現在では，完全無議決権株式が配当優先株式でなければならないというルールはなくなり，株式の内容として 108 条 1 項に列挙される事柄に関する異なる定めをアレンジできることになりました。議決権制限株式は，どのような場合に制限を課すかという条件を設定できるので，改正前の完全無議決権株式のように，権利行使の条件を「優先配当金が支払われなかったとき」とし，あわせて，優先配当に関する定めを設けることも可能です。

(2)　発行会社の手続

　議決権制限株式を発行するには，当該株式の内容を定款に記載しなければなりませんから（会社108条2項3号），株主総会の特別決議により定款変更を行います（会社466条，309条2項11号）。定款に「株主総会において議決権を行使することができる事項」，「当該種類の株式につき議決権の行使の条件を定めるときは，その条件」（会社108条2項3号）および発行可能種類株式総数（会社108条2項柱書）を定めた上で，募集株式発行手続に沿って発行されます（**14**「募集株式の発行」を参照してください）。なお，すでに発行されている株式の内容として議決権制限を付記する場合には，定款変更のための株主総会決議に加えて，変更により影響を受ける種類の株式に関する株主による種類株主総会の特別決議が必要になります（会社322条1項1号）。

税法の理解

(1)　株主の課税関係

a)　発行時・売却時の課税関係

　議決権制限株式の発行時および売却時における株主の課税関係は普通株式の場合と同様です。金銭出資により議決権制限株式を取得した場合には出資金額が取得価額とされ，売却時には売却金額と取得価額との差額について20%（所得税15%（復興特別所得税を除きます），住民税5%）による株式譲渡益課税が行われます。

b)　議決権制限株式の評価

　議決権制限株式の相続・遺贈があった場合には，原則として議決権の有無を考慮せずに議決権制限株式を評価します。ただし，次のすべての条件を満たす場合には，原則的評価方式により評価した価額から，その価額の5%相当額を控除した価額をもって議決権制限株式を評価するとともに，その控除した金額を普通株式の価額に加算して申告することができます（国税庁文書回答事例「相続等により取得した種類株式の評価について」）。

　①　当該会社の株式について，相続税の法定申告期限までに，遺産分割協議が確定していること

　②　当該相続または遺贈により，当該会社の株式を取得したすべての同族株主から，相続税の法定申告期限までに，当該相続または遺贈により同族株主が取得した無議決権株式の価額について，調整計算前のその株式の評価額からその価額に5%を乗じて計算した金額を控除した金額により評価するとともに，当該控除した金額を当該相続または遺贈により同族株主が取得した当該会社の議決権のある株式の価額に加算して申告することについての届出書が所轄税務署長に提出されていること

③　当該相続税の申告にあたり，「取引相場のない株式（出資）の評価明細書」に，無議決権株式および議決権のある株式の評価額の算定根拠を適宜の様式に記載し，添付していること

なお，株式の評価において原則的評価方式が適用される同族株主の判定は議決権割合により行います。議決権制限株式を発行している会社において，当該議決権制限株式が株主総会の一部の事項について議決権を行使できない株式であるときは，当該株式にかかる議決権を含めて同族株主に該当するかどうかの判定を行いますが，株主総会の全部の事項について議決権を行使できない完全無議決権株式であるときは，当該株式にかかる議決権を除いたところで議決権割合の判定を行います（評基通188-5）。

(2)　発行会社の課税関係

議決権制限株式の発行も資本等取引に該当しますので，発行会社において課税関係は生じません。なお，種類株式発行会社においては，株式の種類ごとに資本金等の額を計算する必要がありますので，法人税申告書別表5(1)付表（種類資本金額の計算に関する明細書）で区分して管理する必要があります（法税令8条1項20号）。

また，議決権制限株式を発行している会社の同族会社の判定においては，発行済株式総数による判定に加えて，議決権数による判定が必要になります。具体的には，事業譲渡や合併などの組織再編等の決議にかかる議決権，役員の選任解任決議にかかる議決権，役員報酬等の決議にかかる議決権，剰余金の配当決議にかかる議決権について，その総数の50%を超えるときは同族会社に該当することとなります（法税2条10号，法税令4条3項・5項，法基通1-3-1）。なお，法人税上の支配関係または完全支配関係の有無の判定においては，議決権の有無は考慮されず発行済株式数をベースに判定を行いますので，議決権制限株式を発行している場合においても当該株式を含めて判定を行います（法税2条12号の7の5，12号の7の6，法税令4条の2）。

ポイント

議決権制限株式にかかる課税関係および相続・贈与時における評価は原則として普通株式と同様です。ただし，相続・遺贈の場合には納税者の選択により議決権制限株式と普通株式の間で評価額の調整をすることができます。

（杉山　康弘）

★★ 35　取得請求権付株式・取得条項付株式

Question

取得請求権付株式と取得条項付株式とは何でしょうか。

会社法の理解

(1)　取得請求権付株式とは

取得請求権付株式とは，株式が発行会社に対してその株式の取得を請求できる権利を付されている株式をいいます（会社2条18号）。通常，株式はその出資に対する払戻しは認められないため，株主は譲渡するしか資金を回収することができないのですが，この取得請求権付株式は発行会社に対しその取得の請求を行うことにより，株主は資金をいつでも回収することができる点に特徴があります。

株主から発行会社が取得請求権付株式の取得を請求された場合，株主総会での決議などの特段の手続は必要ありません。株主から請求のあった日に，その株式を取得することになります（会社167条1項）。ただし，会社が取得に際して交付する金銭の額が取得請求時の分配可能額を超える場合には，株主は取得請求できません（会社166条1項ただし書）。

なお，取得請求権は，1種類のみ株式を発行している場合に株式の内容として定めること（会社107条1項2号）も，種類株式として発行済株式の一部にのみ設定すること（会社108条1項5号）も可能です。

具体的な活用例としては，増資等をする際に発行する株式を種類株式としての取得請求権付株式にして換金性を高め資金調達を容易にすることが考えられます。

a)　発行会社における発行手続

すべての株式に設定する場合には，次の事項を定款で定める必要があります（会社107条2項2号）。このため，新たに発行するためには，定款変更の株主総会の特別決議（会社466条，309条2項11号）が必要です。

①　株主が発行会社に対してその株主の有する株式を取得することを請求することができる旨

②　取得の対価として発行会社の社債（新株予約権付社債についてのものを除く）を交付するときは，その社債の種類および種類ごとの各社債の金額の合計額またはその算定方法

③　取得の対価として発行会社の新株予約権（新株予約権付社債に付されたものを除く）

を交付するときは，その新株予約権の内容および数またはその算定方法

　④　取得の対価として発行会社の新株予約権付社債を交付するときは，その新株予約権付社債についてのロに規定する事項およびその新株予約権付社債に付された新株予約権についてのハに規定する事項

　⑤　取得の対価として発行会社の株式等（株式，社債および新株予約権をいう）以外の財産を交付するときは，その財産の内容および数もしくは額またはこれらの算定方法

　⑥　株主が発行会社に対してその株式を取得することを請求することができる期間

　種類株式として発行済株式の一部にのみ設定する場合には，上記の事項に加えて，発行会社の他の株式を交付するときはその他の株式の種類および種類ごとの数またはその算定方法および発行可能種類株式総数を定款で定める必要があります（会社108条2項5号）。

　なお，既発行の株式にその内容として取得請求権をつける場合には，種類株式発行会社においては，ある種類の株式の種類株主に損害を及ぼすおそれがあるときは，当該種類の株式の種類株主総会の承認を得なければなりません（会社322条1項1号イロ）。

b)　株主による取得請求権の行使

　株主は定款に定められた請求することができる期間中に，発行会社に対して買取りの意思表示をしなければなりません。上記請求可能期間をすぎると発行会社に対して買取りを求めることはできなくなります。

　なお新株予約権等とは違い，取得請求権のみを譲渡することはできません。

(2)　取得条項付株式とは

　取得条項付株式とは，発行会社が株主に対して一定の事由が生じたことを条件として株式を取得することができる旨が定められている株式をいいます（会社2条19号）。全部取得条項付種類株式と異なり，発行する取得条項付株式の一部の取得が認められていますので（会社107条2項3号ハ），発行会社は，たとえば発行会社からみてふさわしくないと考えられる株主から株式を引き渡すように請求できるため，企業防衛の観点からは有効と考えられます。

　発行会社は一定の事由が生じた場合には，その事由が生じた日をもってその株式を株主から取得することができます（会社169条）。その事由として株式会社（たとえば取締役会）が別に定める日が到来することとすることもできます（会社107条2項3号ロ）。なお，取得の日に株主に交付する対価の総額が分配可能額を超える場合には，会社は取得できません（会社170条5項）。

　取得条項付株式は，1種類のみ株式を発行している場合に株式の内容として定めること（会社107条1項3号）も，種類株式として発行済株式の一部にのみ設定すること（会社108条1項6号）も可能です。

　具体的な活用例としては，取得条項付株式にあっては，発行する株式の一部の取得が許容されていることを利用して，たとえば，事業承継の場面にあって，株主全員の同意が必要ですが（会社110条），既発行の株式に取得条項を付し，後継者以外の相続人が有

する株式を会社が取得し，円滑に後継者に株式についての保有を集中させることに使用します。もし，株主全員の同意を得ることが難しいのであれば，いったん，既発行の株式の内容として全部取得条項を付し，全部取得条項付種類株式とした上で，その全部取得の対価を取得条項付株式とし，全部取得を行えば，株主総会（種類株主総会）の特別決議で実行することができます（会社 108 条 2 項 6 号・7 号，466 条，309 条 2 項 11 号，111 条 2 項，171 条 1 項）。

a) 発行会社の手続

すべての株式に設定する場合には，① 〜 ⑦ の事項を定款で定める必要があります（会社 107 条 2 項 3 号）。このため，新たに発行するには，定款変更のため，株主総会の特別決議（会社 466 条，309 条 2 項 11 号）が必要です。

① 一定の事由が生じた日に発行会社がその株式を取得する旨およびその事由

② 発行会社が別に定める日が到来することをもって ① の事由とするときは，その旨

③ ① の事由が生じた日に ① の株式の一部を取得することとするときは，その旨および取得する株式の一部の決定の方法

④ 取得の対価として発行会社の社債（新株予約権付社債についてのものを除く）を交付するときは，その社債の種類および種類ごとの各社債の金額の合計額またはその算定方法

⑤ 取得の対価として発行会社の新株予約権（新株予約権付社債に付されたものを除く）を交付するときは，その新株予約権の内容および数またはその算定方法

⑥ 取得の対価として発行会社の新株予約権付社債を交付するときは，その新株予約権付社債についての ④ に規定する事項およびその新株予約権付社債に付された新株予約権についての ⑤ に規定する事項

⑦ 取得の対価として発行会社の株式等（株式，社債および新株予約権をいう）以外の財産を交付するときは，その財産の内容および数もしくは額またはこれらの算定方法

種類株式として発行済株式の一部にのみ設定する場合には，上記の事項に加えて，発行会社の他の株式を交付するときはその他の株式の種類および種類ごとの数またはその算定方法および発行可能種類株式総数を定款で定めます（会社 108 条 2 項 6 号）。

発行会社が一定の事由が生じたため取得条項付株式を取得する場合には，定款に別段の定めがある場合を除き，その対象となる取得条項付株式を株主総会（取締役会設置会社にあっては取締役会）で決議をし，直ちにその取得条項付株式を取得する旨をその株主等または登録株式質権者に対し，通知または公告しなければなりません（会社 169 条）。

既発行の株式の内容として，取得条項を付す場合には，取得条項が発行済株式の一部を会社が取得することを許容し，株主間の不平等が生じるおそれがあることから，取得条項を付すための手続が通常より厳格となっています。1 種類のみ株式を発行する会社の場合には，取得条項を付すための定款変更は，株主全員の同意が必要です（会社 110 条）。種類株式発行会社の場合，通常の定款変更のための株主総会特別決議（会社 466 条，309 条 2 項 11 号）に加え，当該既発行株式の株主全員の同意が必要です（会社 111 条 1 項）。

b)　取得条項が生じた場合の株主の手続

　株主が発行会社から取得条項付株式を取得する旨の通知等を受けた場合には，その一定の事由が生じた日かその通知等を受けた日から2週間を経過した日のいずれか遅い日をもって，その取得条項付株式の取得の効果が発生します（会社170条1項）。

　なお，全部取得条項付株式の場合は取得決議で定める取得日をもって，全部取得の効果が発生します（会社173条1項）。全部取得条項付株式の株主がその全部取得条項付株式の取得に反対する等一定の事由に該当する場合には，取得日の20日前の日から取得日の前日までの間に，裁判所に対し，全部取得条項付種類株式の取得の価格の決定の申立てをすることができます（会社172条1項）。

税法の理解

(1)　取得請求権付株式・取得条項付株式の譲渡があった場合の課税関係

　株主が取得請求権付株式を発行会社に対し買取りを申し出，その対価として財産等を受け取った場合や，株主が発行会社より一定の事由が生じたこと等により取得条項付株式の取得を通知され，その対価として財産等を受け取った場合には，株式の譲渡として課税関係が生じることとなりそうです。また発行会社も，その取得した取得請求権付株式や取得条項付株式は自己株式として所有することとなるため，みなし配当にともない源泉徴収義務が生じることとなりそうです。

　そこで，以下ではこれらの株式を譲渡・取得したときの課税関係について，株主と発行会社それぞれの立場に分けて説明していきます。

(2)　株主の課税関係

　株主が取得請求権付株式を発行会社に対し買取りを請求した場合や，一定の事由が生じたこと等により取得条項付株式を発行会社に対し譲渡した場合の対価は，定款でその内容および数量や金額の算定方法が定められているため，それぞれ交付される財産の請求のあった日における価額がその譲渡対価となり，譲渡損益が認識されることとなります。

　ただし，個人である株主が取得請求権付株式を発行会社に対し買取りを請求した場合や，取得条項付株式を発行会社に対し譲渡した場合で，その対価がその発行会社の株式のみでかつ交付された株式の価額が譲渡した取得請求権付株式の価額と概ね同額と認められる場合には，その譲渡はなかったものとみなされます（所税57条の4第3項1号，2号）。

　発行会社の株式以外の対価が交付される場合，その対価のうち資本金等の額を超える部分は「みなし配当」，資本金等の額は「みなし譲渡収入金額」として認識さ

れ，個人株主は所得税（配当所得・株式等の譲渡所得等），法人株主は法人税の課税対象となります。

　譲渡の対価が無償・低額であった場合や高額であった場合の税務上の取扱いは，自己株式の取扱いと同様になります。

⑶　発行会社の課税関係

　発行会社が株主より取得請求権付株式の買取りを請求され，その株式を取得した場合や，発行会社が一定の事由が生じたため，株主より取得条項付株式を取得した場合には，自己株式の取得になんら変わりがないため，通常の株式を発行会社が取得した場合と同様，資本の払戻しと認識され，対価として交付した財産の価額が自己株式の取得価額となります。その対価のうち資本金等の額を超える部分は「みなし配当」となり，支払時に源泉徴収の義務が生じます。

　取得の対価が無償・低額であった場合や高額であった場合の税務上の取扱いは，自己株式の取扱いと同様になります。

ポイント

　取得請求権付株式は株主側から会社に買取りを要求することができる株式，取得条項付株式は会社が株主から買取りをする株式，どちらがイニシアチブをもっているのか理解することが重要です。

（島原　博）

★★ 36　拒否権付種類株式・役員の選任権付種類株式の発行

Question

　ベンチャーキャピタルからの出資を受けるにあたり，株主総会および取締役会の一部決議事項についての拒否権付種類株式と取締役の選任権付種類株式の発行を予定しています。同種類株式の発行手続および課税関係について教えてください。

会社法の理解

(1)　拒否権付種類株式とは

　拒否権付種類株式とは，株主総会または取締役会で決議すべき事項のうち，当該決議のほか，その種類株主総会の決議を必要とすることを内容とする株式です（会社108条1項8号）。株主総会または取締役会の決議事項につき，当該種類株式が発行されれば，その種類株式の種類株主による種類株主総会の決議がなければ，決議できなくなり，その種類株主は一定の決議事項について拒否権をもつことになります。そのため当該種類株式は，その種類株主が強力な権利を有することから一般的に「黄金株」ともよばれます。

　拒否権付種類株式は，先代経営者が次世代への事業承継にあたって，一定の重要な決議事項について拒否権をもつことで後継者の経営を監視するケースや，ベンチャーキャピタル等の投資家が投資の条件として一定事項についての拒否権をもつようなケースで多く利用されています。

　会社法上，拒否権付種類株式は公開会社・非公開会社を問わず発行可能ですが，上場会社においては他の株主の権利を不当に制限するおそれがあることから，原則として拒否権付種類株式の発行は認められていません。ただし例外的に認められるケースがあります。その例外とは，「会社の事業目的，拒否権付種類株式の発行目的，割当対象者の属性および権利内容その他の条件に照らして，株主および投資者の利益を侵害するおそれが少ないと当取引所が認める場合」です。この要件に該当する可能性がある場合としては，民営化企業が，その企業行動が国の政策目的に著しく矛盾することがないよう，国を割当先として拒否権付種類株式を発行するような場合が考えられます（日本取引所「新規上場ガイドブック2019」82頁より抜粋）。

　なお，国際石油開発帝石株式会社が上場会社として唯一拒否権付種類株式発行会社ですが，拒否権付種類株式を有するのはやはり国（経済産業大臣）になっています。

(2) 役員の選任権付種類株式

役員の選任権付種類株式とは，その種類株主総会で取締役または監査役を選任することを内容とする株式で，公開会社でない株式会社（指名委員会等設置会社を除きます）でのみその発行が認められています（会社108条1項）。ベンチャーキャピタルが投資条件として前述の拒否権付種類株式とセットで活用するケースが多くみられます。

通常の役員を選任する株主総会決議は，議決権を行使することができる株主の議決権の過半数（3分の1以上の割合を定款で定めた場合にはその割合）を有する株主が出席し，その議決権の過半数（これを上回る割合を定款で定めた場合にはその割合）により行われますが，役員の選任権付種類株式の種類株主総会においても同様です（会社341条，347条）。また，種類株主総会で選任した役員は，同様に種類株主総会の決議によってのみ解任することができます（会社339条）。

なお，役員の選任権付種類株式は取締役と監査役についてのみ認められており，会計参与や会計監査人の選任権付種類株式は発行できません。

(3) 発行会社の手続

拒否権付種類株式および役員の選任権付種類株式を発行するには，ともに株主総会の特別決議により定款変更の手続が必要になります。定款に発行可能種類株式総数および拒否権付種類株式にあっては拒否権付種類株主総会の決議を必要とする事項，拒否権付種類株主総会の決議を必要とする条件を定めるときは，その条件を，役員の選任権付種類株式にあってはその種類株主総会で選任する取締役または監査役の数，選任する役員が社外役員の場合には，その旨および数などを定めた上で，通常の株式発行手続と同様の手続を経て発行されます（会社108条2項8号，9号，会社則19条1号）。なお，種類株式の内容を変更する場合には，定款変更決議に加えて，変更により影響を受ける株主による種類株主総会の特別決議が必要になります（会社322条1項1号）。

税法の理解

(1) 株主の課税関係

a) 発行時・売却時の課税関係

拒否権付種類株式および役員の選任権付種類株式ともに，その発行時および売却時における株主の課税関係は普通株式の場合と同様です。金銭出資により株式を取得した場合には出資金額が取得価額とされ，売却時には売却金額と取得価額との差額について20％（所得税15％（復興特別所得税を除きます），住民税5％）による株式譲渡益課税が行われます。

b) 株式の評価

現行の税法においては，株式はその経済的価値にもとづいて評価され，議決権の有無や強弱によって株式の評価方式が変わることはありません。したがって拒否権

付種類株式および役員の選任権付種類株式ともに普通株式と同様に評価します。また，議決権制限株式の相続において選択可能な普通株式との5％の調整計算は適用されません（国税庁文書回答事例「相続等により取得した種類株式の評価について」）。

なお，株式の評価において原則的評価方式が適用される同族株主の判定においても拒否権付種類株式および役員の選任権付種類株式は普通株式と同様に扱われます（評基通188-5）。

(2)　発行会社の課税関係

拒否権付種類株式および役員の選任権付種類株式の発行も普通株式の発行と同様に資本取引に該当しますので，発行会社において課税関係は生じません。なお，種類株式発行会社においては，株式の種類ごとに資本金等の額を計算する必要がありますので，法人税申告書別表5(1)付表（種類資本金額の計算に関する明細書）で区分して管理する必要があります（法税令8条1項20号）。

法人税上の同族会社の判定および支配関係・完全支配関係の判定における取扱いは **34**「議決権制限株式の発行」の場合と同様です。

ポイント

事業承継や資金調達などの局面で拒否権付種類株式および役員の選任権付種類株式は利用されます。各々の課税関係および相続・贈与時における評価は原則として普通株式と同様です。

（杉山　康弘）

★★ 37　事業承継（黄金株・属人的株式の利用）

Question

　長男へ事業を承継するにあたり，黄金株か属人的株式の活用を検討しています。各々の会社法上の手続と事業承継における両社の違いおよび課税関係について教えてください。

会社法の理解

(1)　属人的株式とは

　非公開会社においては，①剰余金の配当②残余財産の分配③株主総会における議決権に関する事項について，株主ごとに異なる取扱いを定款で定めることができます。議決権制限株式や拒否権付種類株式などの種類株式と異なり，株式そのものの内容に他の株式と差異を設けるものではなく，株主ごとに異なる取扱いをするものであるところから「属人的株式」とよばれます。

　特に③の株主総会における議決権に関する事項については，「株主Aは，その保有する株式1株につき200個の議決権を有する。株主A以外の株主は，その保有する株式1株につき1個の議決権を有する」とすることで，複数議決権と同様の効果を得ることができます。

　たとえば事業承継者へ株式を承継する際に，先代経営者は1株だけ株式を所有し続けることとし，残りの株式をすべて承継者へ移転させ，同時に先代経営者のもつ株式の議決権を100倍とすることで，財産権としての株式は早期に承継者へ承継させますが，先代経営者が現役のうちは議決権を維持し続けることが可能になります。先代経営者が所有する間にかぎって議決権が100倍となるものですから，先代経営者から相続等でその株式の所有者が変わった場合には，元の1株1議決権に戻ることになります（会社105条1項，109条2項）。なお，すでに株式が発行されている段階で定款変更により属人的な定めを定款で設ける場合には，株主平等原則の趣旨が及び，差別的取扱いが合理的な理由にもとづかず，その目的において正当性を欠いているようなときや，特定の株主の基本的な権利を実質的に奪うものであるなど，当該株主に対する差別的取扱いが手段の必要性や相当性を欠くようなときには，定款変更のための株主総会決議は無効とされますので（東京地立川支判平成25・9・25金判1518号54頁），注意が必要です。

(2)　発行会社の手続

　属人的株式は定款変更の手続によりその効力を生じます。この定款変更のための株主

総会決議は，総株主の半数以上（これを上回る割合を定款で定めた場合にはその割合以上）
であって，総株主の議決権の 4 分の 3（これを上回る割合を定款で定めた場合にはその割
合）以上にあたる多数をもって行う必要があります（会社 309 条 4 項。定款変更の形式を
とらなくとも全株主の同意でもかまわない（東京高判平成 28・2・10 金判 1492 号 55 頁））。
属人的株式は，会社法上，原則として種類株式とみなされ同様に取り扱われますが，登
記はされません（会社 109 条 3 項）。

⑶　株主の手続

　属人的株式は，種類の異なる株式ではなく株主ごとに異なる取扱いを認めるものです。
したがって属人的株式を新たに発行するなどの手続を必要とせず，会社の定款変更手続
をもって手続完了となります。

⑷　黄金株と属人的種類株式の違い

　黄金株（拒否権付種類株式）は株主総会または取締役会の決議事項のうち一定のもの
について拒否権をもつものであり，積極的に決定権をもつものではありません（**36**「拒
否権付種類株式・役員の選任権付種類株式の発行」を参照）。属人的株式の場合には，株主
総会の決議権に関する事項について属人的定めをすることで自ら決定権をもつことがで
きるため，必要に応じて積極的に経営上の意思決定を行うことができるという点では優
れているといえます。たとえば将来に備えて株価の低いうちに後継予定者に株式を承継
させつつ，経営権は現経営者が確保し続けたいというような事業承継ニーズには，属人
的株式が適しているといえるでしょう。

　一方，議決権に関する属人的定めは株主総会の決議事項にかぎり可能ですので，自ら
経営を行うのではなく取締役会での決議事項も含めて重要な経営上の意思決定について
一定の拒否権をもちたいというニーズには拒否権付種類株式が適しています。典型的な
例としては，ベンチャーキャピタルが投資をするにあたって，自らがすべての経営事項
に関与するのではなく，より重要と認める株主総会・取締役会決議事項についてのみ拒
否権をもちたい場合に，**36**「拒否権付種類株式・役員の選任権付種類株式の発行」と
セットで利用されるケースが多くみられます。

　また，株式所有者が変わった場合の取扱いは両者で大きく異なります。黄金株は異な
る種類の株式ですから黄金株としてそのまま流通可能なのに対して，属人的株式は株主
ごとに定められるものであるため，その権利内容を保持したまま流通することはありま
せん。相続があった場合に，相続人が黄金株のまま相続するのか，1 株 1 議決権に戻っ
た普通株式を相続するのかという点で両者は異なります。

　なお，黄金株は種類株式として登記されます。したがって第三者が会社の登記簿謄本
で確認することができるのに対し，属人的株式は登記事項ではありませんので，その定
めは定款を確認してはじめて知られることになります。

税法の理解

まず，黄金株については **36**「拒否権付種類株式・役員の選任権付種類株式の発行」を参照してください。

(1)　株主の課税関係

a)　定款変更時・売却時の課税関係

属人的株式の定めにかかる定款変更時には原則として課税関係は生じません。売却時には普通株式と同様に売却金額と取得価額との差額について 20%（所得税 15%（復興特別所得税を除きます），住民税 5%）による株式譲渡益課税が行われます。

b)　株式の評価

黄金株および属人的株式ともに議決権の有無等を考慮せずに普通株式と同様に評価します。また，議決権制限株式の相続において選択可能な普通株式との 5% の調整計算も適用されません。

現行税法においては議決権の価値を株式価値に反映させるという考え方はとっていないため，上記の取扱いとなりますが，属人的株式の評価においては，そもそも属人的株式として移転することがありませんので，当然に属人的定めのない普通株式として評価されることになります。今後の税法改正等で議決権の有無によって異なる評価方式が適用されるようになると，特に相続・贈与時における黄金株と属人的株式の評価方法に違いが生じることとなるため，どちらを選択するかで株式の評価額に大きな差異が出てくる可能性があります。

(2)　会社の課税関係

属人的定めにかかる定款変更を行っても会社側で課税関係は生じません。また，属人的株式は法人税法上種類株式には該当しませんので，種類株式について必要とされる資本金等の額の区分計算も必要ありません（法税令 8 条 1 項 20 号）。

法人税上の同族会社の判定および支配関係・完全支配関係の判定における取扱いは **34**「議決権制限株式の発行」の場合と同様です。

ポイント

黄金株は一定の重要事項について拒否権をもち，同じ権利内容のまま承継できる株式であるのに対し，属人的株式は株主総会決議事項について決定権をもちますが，同じ権利内容のまま承継することはできず一代かぎりです。

（杉山　康弘）

6　少数株主の締出し

<h1>★★ 38　全部取得条項付種類株式の取得──少数株主の締出し</h1>

Question

　将来の事業承継を見据え，株式保有を集中させるために，全部取得条項付種類株式を利用して「少数株主の締出し」を行いたいと思っています。反対株主が価格決定の申立てまたは株式買取請求権の行使をすることが予想されますが，課税において差はありますか。

会社法の理解

⑴　全部取得条項付種類株式とは

　全部取得条項付種類株式（会社171条1項，108条1項7号）とは，会社が株主総会の特別決議により当該株式の全部を取得することができる種類株式です。

　全部取得条項付種類株式は，会社再生のための私的整理においても，発行済株式の全部を消却し，当該会社の再生を支援する債権者や新たなスポンサーに対して新株を発行することを株主総会の特別決議でも行えるようにするため，平成17年会社法制定時に導入されました。しかし，現実にはそのような利用をするものは少数に留まり，MBO後の残存少数株主の締出しに利用されていました。

　もっとも，後述のように，全部取得条項付種類株式の全部取得による少数株主の締出しの仕組みは複雑です。締め出される少数株主の救済を目的として，現金対価の組織再編や株式併合，特別支配株主による株式等売渡請求といった他の少数株主の締出し手段とともに，横断的に規制を整備した2014（平成26）年会社法改正後は，より仕組みが単純である株式併合が利用されると予想されます（**32**「株式の併合」，**39**「特別支配株主の株式等売渡請求」を参照）。

⑵　全部取得条項付種類株式を利用した少数株主の締出しの手順

　注意すべき点は，既発行株式の内容として全部取得条項を新たに定めることが種類株式発行会社（会社2条13号）しか実行できないことです（会社111条2項）。これは，全部取得条項付種類株式を会社が取得する場合にも，株主が存在することを制度的に担保しようとしたためです（もっとも，種類株式発行会社は，定款上に2以上の種類の異なる株式が存在すればよく，現実に2以上の種類株式を発行することは要求されません）。

　このため，第 1 段階として，この会社を種類株式発行会社とするために何らかの種類株式を定款上定めます。この種類株式の追加のための定款変更には，① 株主総会の特別決議が必要です（会社 108 条 2 項，466 条，309 条 2 項 11 号）。

　第 2 段階は，既存株式の内容として全部取得条項を追加する定款変更をする段階です。この定款変更には，② 定款変更のための株主総会の特別決議（会社 466 条，309 条 2 項11 号）と ⓐ 変更される種類の株式（すなわち既存株式）の種類株主総会の特別決議（会社111 条 2 項，324 条 2 項 1 号）が必要です。

　第 3 段階は，全部取得条項付種類株式に変更された既存株式を会社が取得する段階です（会社 171 条）。全部取得条項付種類株式の取得は ③ 株主総会の特別決議（会社 171 条1 項，309 条 2 項 3 号）により決定されます。株主総会では，取得対価と取得日も決定されます（会社 171 条 1 項）。その際に取締役は，全部取得条項付種類株式を取得することが必要な理由を説明しなければなりません（会社 171 条 3 項）。

　① ～ ③ の株主総会決議と ⓐ の種類株主総会決議は議決権を行使する株主は既存株主であり同一ですから，ⓐ の種類株主総会決議は ① の株主総会決議の成立を条件とし，② は，① ⓐ の成立を条件とし，③ は ① ⓐ ② の成立を条件とすれば，一括して一度の株主総会決議で済ますことができます。

　取得対価の総額は分配可能額を超えることはできません（会社 461 条 1 項 4 号）。全部取得条項付種類株式の取得の対価を，たとえば，第 1 段階で設定した種類株式とし，既存株式 1 株につき支払われる種類株式の数を，支配株主以外は端数となる数字に設定すれば，端数処理により，支配株主以外の株主には現金が交付されます（会社 234 条 1 項 2号）。これにより支配株主以外の株主はもはや株主でなくなり，締め出されます。

　端数処理にあっては，端数が生じるすべての株主の端数部分の合計が競売され（会社が市場価格で購入することも可能（市場価格がない場合は裁判所の許可を得なければなりません）），端数が生じた株主にその売却対価が比例按分的に配分されます（会社 234 条 1 項柱書）。このとき，各株主に生じる端数の合計部分のうち 1 を下回る部分は切り捨てられ，端数が生じる株主にはその分は分配されません（同項かっこ書）。なお，反対株主の買取請求権や価格決定申立権が行使された場合，株主には全部取得の対価が割り当てられず（会社 171 条 2 項，173 条 2 項），その分は端数処理の対象とはされません。端数処理の対応によっては，現金を対価として少数株主の締出しによって受け取り対価の目減りが生じる可能性もあることから，令和元年会社法改正を受けた会社法施行規則の改正により，端数処理手続きの態様，すなわち，競売又は任意売却の別，株主に対する代金の交付の見込みに関する事項等について，事前開示をさせることになります。

　以上のように，全部取得条項付種類株式を利用した少数株主の締出しは実質的には一度の株主総会の特別決議で実行できます。株主総会決議における反対株主は，その者の有する株式の買取請求権が認められています（会社 116 条 1 項 2 号，2 項）。また，取得対価に不満をもつ反対株主は，裁判所に対して取得時における株式価格の決定申立権も

行使できます（会社 172 条）。株式買取請求にかかる株式の買取りの効力が生ずるのは，反対する行為の効力発生日とされ（会社 117 条 6 項），株式買取請求権にもとづく価格決定申立（会社 117 条 2 項）と全部取得の価格の決定申立（会社 172 条）とが併存し得ることになり，いずれを申し立ててもかまいません。全部取得の価格の決定申立における価格も取得日の公正価格とされていますので（最決平成 21・5・29 金判 1326 号 35 頁），会社法上は両者には差がありません。

(3)　平成 26 年会社法改正による手続の適正化

2014（平成 26）年会社法改正は，株主保護の見地から，少数株主の締出しが行われる，株式併合・現金対価の組織再編と並列的に同一の規律を設けました。

全部取得条項付種類株式を取得する株式会社は，取得決定の前後に情報を開示しなければなりません（会社 171 条の 2 第 1 項，会社則 33 の 2，会社 173 条の 2，会社則 33 の 3）。このほか，全部取得条項付種類株式の取得が法令または定款に違反する場合において，株主が不利益を受けるおそれがあるときは，株主に差止権も請求することも認められました（会社 171 条の 3）。

　税法の理解

(1)　支配株主の課税

支配株主は，全部取得条項の発動によって，自ら保有する株式会社の株式を当該会社に譲渡して，その対価として 1 株以上の新株を取得します。この段階で支配株主が会社の株式を譲渡しているため，それに対する譲渡所得課税と，会社が自己株式を取得することからみなし配当課税が考えられます。

譲渡所得課税については，① 譲渡株式と新株の価格が概ね同額であること，② 譲渡株式の対価として，株式以外の資産が交付されていないことを要件として，課税関係が生じないことになっています（法税 61 条の 2 第 14 項 3 号，所税 57 条の 4 第 3 項 3 号）。少数株主の締出しが行われる場合，既発行の株式のすべてが全部取得条項付種類株式となり，会社がそれを取得する際に新株が株主に交付されているため，①，② の要件は充足されています。

また，これらの要件を充足している場合には，「自己株式の取得」であっても，みなし配当の対象からは除外されます（法税 24 条 1 項 5 号，所税 25 条 1 項 5 号）。

ただし，端数部分があれば，それに対する金銭交付が生じますので譲渡損益が認識されます（法基通 2-3-25，所基通 57 の 4-2）。なお，みなし配当については，その対象から除外されています（法税 24 条 1 項 5 号，法税令 23 条 3 項 9 号，所税 25 条 1 項 5 号，所税令 61 条 1 項 9 号）。

(2) 少数株主の課税

少数株主は，取得に際して交付される新株がすべて端数となりますので，上記支配株主の端数部分の処理と同様にみなし配当は認識されず，譲渡損益のみが課税上認識されます。

少数株主が裁判所に対して取得時における株式価格の決定申立権（会社172条）を行使した場合，その株式の譲渡は会社にとっては「自己株式の取得」になりますが，みなし配当の対象からは除外されています（法税24条1項5号，法税令23条3項11号，所税25条1項5号，所税令61条1項11号）。そのため，譲渡損益のみが認識されることになります。

他方，少数株主が，全部取得条項を付す定款変更に反対し株式買取請求をした場合（会社116条1項2号）には，全部取得条項付種類株式の取得日に，当該少数株主は，有する株式を現金対価で買い取ってもらうことになります。そうすると，上記②の要件を満たさないことになってしまいます。その結果，「自己株式の取得」として会社による買取時の当該株式の時価を超える部分がみなし配当の対象となっていました。しかし，平成29年度税制改正により，この場合もみなし配当の対象から除外されることになりました（法税24条1項5号，法税令23条3項10号，所税25条1項5号，所税令61条1項10号）。

このように，保有する株式が会社に取得される株主と，価格決定の申立てをした株主とでは，それぞれの株主が得る対価の額は異なる可能性はありますが，課税に際しては，譲渡損益のみが認識される点では共通となります。他方，価格決定申立をした反対株主と株式買取請求権を行使した株主とでは，「公正価格」を対価として得る点だけでなく，課税面でも同様の扱いがされるようになりました。

なお，会社としては全部取得条項付種類株式の取得は自己株式の取得であり資本取引ですから課税関係は生じません。

ポイント

全部取得条項付種類株式の取得による少数株主の締出しは，株主総会特別決議により実施できますが，手続は複雑です。取得に反対する株主は，価格決定申立権または株式買取請求権を行使し，株式を手放す代わりに「公正価格」を対価として得ることができます。

（山田泰弘＝奥谷健）

★★ 39 特別支配株主の株式等売渡請求

Question

特別支配株主の株式等売渡請求とはどういう制度なのでしょうか。これまでの少数株主の締出し（キャッシュ・アウト）の手法とどこが違うのでしょうか。

会社法の理解

(1) 特別支配株主の株式等売渡請求とは

特別支配株主とは，総株主の議決権の10分の9以上を保有する株主のことをいいます（会社179条1項）。この特別支配株主には，他の株主全員に対して，その有する株式の全部を自らに売り渡すことを請求することが認められています（会社179条1項）。これを特別支配株主の株式等売渡請求といいます。

特別支配株主の株式等売渡請求は，少数株主を締め出す手段として，平成26年会社法改正によって，新たに導入された制度です。同改正までは，少数株主を締め出す手段としては，全部取得条項付種類株式を用いることが一般的でした（同改正後は，財源規制がなく，端数処理の問題が少ない株式併合を用いることが一般的です）。すなわち，少数株主に端株（1株に満たない端数の株式）が交付されるように取得対価となる株式の数を調整して，全部取得条項付種類株式を取得し，その端数部分は現金交付するという方法です（会社234条1項2号）。しかし，一人の株主が議決権のほとんどを有している場合であっても，全部取得条項付種類株式への変更および取得のために，必ず種類株主総会決議・株主総会決議が必要でした（導入について，会社108条2項7号，466条，309条2項11号，111条2項。取得について，会社171条，309条2項3号。この点については，**38**「全部取得条項付種類株式の取得——少数株主の締出し」参照）。このように，全部取得条項付種類株式を用いた少数株主の締出しは手続が煩雑でした。そこで，一人の株主が議決権のほとんどを有している場合に，株主総会決議を経ることなく，少数株主を締め出す制度として，特別支配株主の株式等売渡請求が導入されました。

このような経緯で導入された制度ですから，株式等売渡請求をするために，株主総会の決議が不要であることは当然です。さらに，特別支配株主の株式等売渡請求は，①売渡対象株式が，発行会社を経由することなく，株主間で移転するという点，②株式の売渡請求とあわせて新株予約権の売渡しを請求できるという点に，全部取得条項付種類株式を用いた少数株主の締出しとの違いがあります。

(2)　株式等売渡請求の手続

　特別支配株主の株式等売渡請求は，株主間で株式の移転の効果が生じますが，株式等売渡請求は，特別支配株主が，直接，他の株主に対してするのではなく，売渡請求の対象となる株式を発行する会社である対象会社（会社 179 条 2 項）に対して売渡請求の内容（対価として交付する金銭の額または算定方法や取得日など）を通知し（会社 179 条の 3 第 1 項），これを受けて，対象会社の取締役会（取締役会非設置会社の場合は取締役の過半数）が可否を判断し，特別支配株主への売渡請求を承認する場合には，承認する旨を特別支配株主に通知するとともに（会社 179 条の 3 第 4 項），取得の日の 20 日前までに承認した旨，特別支配株主の氏名・住所，取引条件などを売渡株主に通知することによって行います（会社 179 条の 4 第 1 項）。

　株式等売渡請求による株式移転の効果が特別支配株主と売渡株主の間で生じるにもかかわらず，対象会社を関与させた趣旨は，株式等売渡請求の条件が適正であるか否かを対象会社の取締役に判断させるとともに，他の株主に対する周知を徹底するところにあります。したがって，株式等売渡請求の条件が適正でないにもかかわらず承認をした場合には，取締役は善管注意義務違反を理由として損害賠償責任を負うことになると解されています。ただし，株式の移転によって対象会社に損害は生じませんので，主に株主に対する損害賠償責任が問題となるでしょう（会社 429 条 1 項）。

　なお，売渡株主には，差止権が付与され（会社 179 条の 7），価格等に不満のある売渡株主は，売買価格の決定の申立てを裁判所にすることができます（会社 179 条の 8）。これらを実施するか否かを判断するために必要な情報（対価の相当性に関する判断とその理由など）は，対象会社が事前（会社 179 条の 5），事後（会社 179 条の 10）に開示しなければなりません。

図表 39-1　株式等売渡請求の手続

特別支配株主が対象会社に対して売渡請求をする旨の通知

↓

対象会社の取締役会決議（取締役の過半数）による承認

↓

対象会社が他の株主に対して承認した旨の通知（公告）と書類の事前備置

↓　20 日

特別支配株主による株式の取得（取得日）と事後備置書類の作成

↓ 6 か月（公開会社でない場合は 1 年）

事前・事後の書類備置の終了

税法の理解

　特別支配株主の株式等売渡請求，株式併合または全部取得条項付種類株式を用い
た少数株主の締出しは，いずれも株式交換に類似するものとして，組織再編税制の
下で課税関係が規律されることになりました。

　具体的には，特別支配株主の株式等売渡請求，株式併合または全部取得条項付種
類株式を用いた少数株主の締出しは，いずれも「株式交換等」とされ（法税2条12
号の16），所定の適格要件を満たさない場合には，対象会社の保有する一定の資産
（固定資産，土地，有価証券，金銭債権等の時価評価資産）について，時価評価課税が
行われることになりました（法税2条12号の17，62条の9）。

　特別支配株主の株式等売渡請求に係る適格要件は，支配関係がある法人間で行う
株式交換と同様です（法税2条12号の17ロ）。ただし，特別支配株主の株式等売渡
請求においては，特別支配株主と対象会社との間に支配関係（法税2条12号の7の
5）があり，特別支配株主による対価の支払はいわゆる金銭等不交付要件に抵触し
ないとされていることから（法税2条12号の17柱書），実質的には，次の要件が問
題となります。

　① 　特別支配株主である法人による支配関係が株式取得後も継続すること
　② 　対象会社の直近の従業員の概ね80%以上が引き続き対象会社の業務に従事
　　 すると見込まれていること
　③ 　対象会社の直近の主要事業が引き続き行われることが見込まれていること

　なお，少数株主が保有する株式の譲渡に係る課税については，特別支配株主の株
式等売渡請求を用いた場合と全部取得条項付種類株式を用いた場合とで，異なる取
扱いとなっています。特別支配株主の株式等売渡請求によって，少数株主の保有し
ていた株式は対象会社を経ることなく，直接，特別支配株主に移転するのに対して，
全部取得条項付種類株式を用いた少数株主の締出しは自己株式の取得となるからで
す。

　それぞれの具体的な課税関係は次のとおりです。

(1)　全部取得条項付種類株式の全部取得の場合

　全部取得条項付種類株式を用いた少数株主の締出しの場合には，少数株主の株式
は発行会社に移転することになるので，自己株式の取得が生じることになります。
そのため，発行会社からすれば，資本等取引となるので，課税関係は生じません。
他方，締出しを行う株主は，多くの場合には全部取得条項付種類株式に代えて概ね
同価値の株式を取得することになるので，取得される株式について譲渡損益課税も

ないということになります（法税 61 条の 2 第 14 項 3 号，所税 57 条の 4 第 3 項 3 号。法基通 2-3-1，所基通 57 の 4-2 も参照）。少数株主においては，株式の譲渡損益課税が行われますが（法税 61 条の 2，租特 37 条の 10，37 条の 11），みなし配当課税は，生じないこととされています（法税 24 条 1 項 5 号，法税令 23 条 3 項 11 号，所税 25 条 1 項 5 号，所税令 61 条 1 項 11 号）。

(2)　特別支配株主等の株式売渡請求の場合

　これに対して，特別支配株主の株式等売渡請求を用いた少数株主の締出しの場合には，少数株主の株式が直接，特別支配株主に移転するので，そもそも発行会社は関与せず，自己株式の取得という要素もありません。そのため，発行会社には課税関係は生じず，特別支配株主，少数株主においても，みなし配当課税は生じません。また，特別支配株主は，通常は，適正な価額で少数株主の株式を取得するので，課税関係は生じず，ただ，少数株主においてのみ，株式の譲渡損益課税が生じることになります。

　このように，全部取得条項付種類株式と株式等売渡請求とでは，株式の移転をめぐる法律関係に大きな違いがあるわけですが，課税関係には大きな違いが生じないようになっています。ただし，特別支配株主の株式等売渡請求では，個人間の譲渡があり得ることから，通達を用いて株式の価額を評価する局面では，法人税基本通達，所得税基本通達の定めではなく，財産評価基本通達の定めによって評価できる場面が生じることになります。

ポイント

　特別支配株主の株式等売渡請求を用いた少数株主の締出しは，全部取得条項付種類株式を用いた少数株主の締出しなどと同じように，組織再編税制の下で規律され，適格要件を充足しない場合には，対象会社の保有資産について時価評価課税が行われるので注意が必要です。少数株主に対する課税については，特別支配株主の株式等売渡請求を用いた少数株主の締出しと全部取得条項付種類株式を用いた少数株主の締出しとで，課税関係に大きな違いはありません。ただし，通達を用いて株式の価額を評価する局面では，違いが生じる可能性もあります。

（石井　亮）

40　MBO と事業承継

Question

　事業承継において税務上気をつけるべき点は何ですか。また，事業承継のスキームとして MBO（マネジメント・バイアウト）を行う場合，どのような点に気をつけたらいいでしょうか。

会社法の理解

(1)　事業承継とは

　経営者の高齢化にともない，事業承継の必要性および対策が実務家の業務としてきわめて重要になっています。事業承継には，オーナーの親族に承継させる場合（多くの場合は相続が問題となります）と，親族外の者に承継させる場合（MBO，M&A など）があります。

(2)　親族に承継させる場合

　親族に承継させる場合に大きな問題となるのが，相続（税）です。遺言によって後継者に株式や事業資産を集中させても，他の相続人の遺留分を侵害することはできません（民 1042 条）。

　対策としては，その他の財産の十分な配分や遺留分侵害額に相当する金銭の確保（保険金等）の他，中小企業における経営の承継の円滑化に関する法律（円滑化法）によって，推定相続人の全員の合意により遺留分算定の基礎財産に算入しないという方法があります（中小承継 4 条 1 項 1 号）。ただし，適用できる場合が限定されていますので注意が必要です（詳しくは円滑化法各条文等参照）。

　また，円滑化法には，事業承継にあたって必要な資金の支援措置が設けられています（中小承継 13 条，14 条）。こちらも要件が限定的ですが，親族外の者が承継する場合にも利用可能です。

(3)　親族以外に承継させる場合

　親族以外の承継者としては，主に当該会社の役員・従業員が対象となります。

　役員に承継する場合を MBO（Management Buy Out），従業員に承継する場合を EBO（Employee Buy Out）と呼称されることがあります。

(4)　M B O

　MBO とは，現在の経営者が資金を出資し，事業の継続を前提として対象会社の株式を購入することです。

　MBO は，いわゆるノンコア事業を切り離すリストラの一環として行われる場合を中心に，近年では上場会社の非上場化（ゴーイング・プライベート），大企業グループからの積極的な離脱，中小企業における事業承継などに利用されています。中小企業における事業承継対策としての MBO の流れとしては，以下の①～④のようになります。

　①　承継する役員による受皿会社の設立
　②　受皿会社に対する金融機関（銀行・ファンド）による貸付け・出資
　③　現経営者から受皿会社への株式譲渡（③-2 少数株主の締出し（スクィーズアウト））
　④　受皿会社と当該会社との合併

　④の受皿会社との合併を行う理由は，承継する役員のみでは銀行融資等の信用力に問題があり，当該会社の資金や事業力を担保として融資を受けることから，合併して受皿会社の債務を当該会社の財産で弁済させる必要があるからです。

　③-2 の少数株主の締出しが必要な理由は，少数株主の存在による会社運営上の弊害を排除することにあります。特に金融機関が出資の効率性を高めるために要請してくる場合があります。④の合併前に③-2 の締出しを行うのは，法人税法上の適格合併とするためです。合併の前後で株主構成が変化すると非適格合併となりますが，この場合は資産負債等が時価評価され，簿価との差が譲渡損益として課税されてしまいます。そのため，合併前に③-2 の締出しを行い，適格合併として簿価や欠損金を引き継ぐことを選択することが多いでしょう。

　③-2 の実現方法として，2014（平成 26）年の会社法改正前までは，主に上場会社において，TOB を経て，株主総会の特別決議可決に必要な議決権割合 3 分の 2 以上を獲得した後に，全部取得条項付種類株式を用いた以下の複雑なスキームによって行われていました（詳細は **38**「全部取得条項付種類株式の取得——少数株主の締出し」を参照）。

　　ⓐ　種類株式発行のために当該会社の定款を（種類株式発行会社，全部取得条項について）変更する（会社 298 条 1 項・4 項，108 条 1 項 7 号，466 条，309 条 2 項 11 号，111 条 2 項柱書，324 条 2 項 1 号）。

　　ⓑ　すべての普通株式に全部取得条項を付すこととし，取得の際は別の種類株式（これを「A 種類株式」とする）と引き換えるが，その交換割合が受皿会社以外は A 種類株式を取得できない（1 株未満になるようにして端株に金銭交付）ものにする。

　　ⓒ　全部取得条項を発動させ，受皿会社以外の株式をすべて端株にした上で金銭を交付（会社 234 条 1 項，2 項）して消滅させることによって，A 種類株式を得た受皿会社のみが当該会社の株主となる。

　この方法による場合，株主総会決議が必要になる点が不便であると指摘されていました。2014（平成 26）年の会社法改正によって，総株主の議決権の 90% 以上を有する株主（特別支配株主）がいる場合には，株主総会決議を経ることなく締出しを可能とする，特別支配株主の株式等売渡請求制度（会社 179 条以下）が新設されました（詳細は **39**「特別支配株主の株式等売渡請求」参照）。さらに，株式併合（会社 180 条以下）による締出しを認めない実務慣行が上場会社にはありましたが（上場規制），株式併合による締出しも

可能になりました（詳細は **32**「株式の併合」参照）。締め出される少数株主が存在する場合には，締め出される少数株主に不利益を与えぬよう，締出し対価の公正性の確保が必要となります。非上場企業では，株式の公正価額が判明しにくく，少数株主から納得を得られるように努める必要性があります（少数株主が納得しない場合には，反対株主の株式買取請求権・価格決定申立権が行使されます。**75**「反対株主の株式買取請求」を参照）。

　事業承継を目的とする中小企業における MBO の場合，少数株主の締出し方法としては，今後は特別支配株主の株式等売渡請求制度または株式併合によることが予想され，全部取得条項付種類株式による方法の利用は少なくなると思われます。

　なお，いわゆる M&A については，**74**「合併」を参照してください。

税法の理解

(1) 親族に承継させる場合に活用できる税制

　親族への承継は相続税（贈与税）が問題になります。この点で，いくつかの制度を事業承継スキームに活用することができます。

　事業承継をスムーズに行うため，事業用資産を生前に贈与することが考えられます。しかし，この場合にかかってくる贈与税の税率は高く，基礎控除額（110万円）を超える部分について，3000万円超の場合は55％にもなります（一般税率，暦年課税。なお，一定の要件を満たせばより低率な特例税率を受けることができます）。相続時精算課税制度（相税21条の9以下，暦年課税制度と選択制）は，贈与税が2500万円の特別控除限度額までは無税となり，これを超える部分も税率は一律20％となります。代わりに，後に相続が発生した場合に，相続時精算課税制度によって贈与を受けた財産は相続財産に加算し，従来の課税方式により計算した相続税額からすでに相続時精算課税制度にもとづいて支払済みの贈与税額が控除されます。

　事業承継にともなう納税用など資金確保のため，相続した会社株式を会社に買い取らせ，その代金を資金とする（いわゆる金庫株の活用）方法があります。通常，資本金等の額を超える部分はみなし配当課税として所得税の高率な累進課税がされます。しかし，相続で取得した非上場株式を相続税申告期限の翌日から3年内に発行会社に譲渡した場合は，株式譲渡益課税（20％課税）となり（租特9条の7），上記方法が利用しやすくなります。その他，生命保険や役員退職金などにより資金を計画的に準備することも考えられます。

　自宅がある土地や事業用の土地が主な相続財産の場合，その土地の相続税評価額が高額であれば大きな相続税負担となってしまいます。そこで，一定の条件を満たした場合，一定の範囲内で相続税を一定割合減額される（原則として 400 m² までの

部分について 80% 減額）小規模宅地等の評価減の特例（租特 69 条の 4）を利用することが考えられます。

　依然として，会社を承継するに際して相続する自社株の相続税負担はきわめて大きな問題です。そこで，一定の条件を満たせば，事業の後継者が相続で取得した非上場株式の 80% に対応する相続税の納税を猶予する制度（租特 70 条の 7 の 2）を活用し，納税資金問題を緩和することが考えられます。同様に贈与を受けた場合も納税が猶予されます（租特 70 条の 7）。後継者が対象株式を死亡時まで保有し続けた場合などには，最終的に猶予されていた税額が免除されます。なお，本制度における後継者は親族にかぎられず，親族外承継も対象となります。

　さらに，円滑化法の特例措置（令和 5 年 3 月までに特例承継計画を提出して認定を取得する必要がある。適用期間は令和 9 年末まで）による場合，一定の要件を満たせば，全株式について 100% の割合で，贈与税・相続税が納税猶予となります（租特 70 条の 7 の 5〜70 条の 7 の 8）。

⑵　Ｍ　Ｂ　Ｏ

　少数株主の締出しが全部取得条項付種類株式による方法で行われた場合，受皿会社は当該会社に全部取得条項付種類株式を譲渡し，対価として別の種類株式の交付を受けます。交付を受けた種類株式と譲渡した全部取得条項付種類株式の価額が概ね同額であり，かつ，株式のみの交付の場合は，みなし配当課税の適用はなく，譲渡損益に対する課税は繰り延べられます（法税 24 条 1 項 5 号，61 条の 2 第 14 項 3 号）。当該会社には課税は生じません（ただし，資本金等の額の減少が発生）。締め出された少数株主には譲渡所得が生じ，みなし配当は生じません。くわしくは **38**「全部取得条項付種類株式の取得――少数株主の締出し」を参照してください。

　受皿会社（合併法人）と当該会社（被合併法人）の合併をする場合，その適格判定が問題となります。詳しくは **74**「合併」を参照してください。

　適格合併を行った場合で，いわゆるみなし共同事業要件を満たさない場合には，繰越欠損金の引継ぎについて制限を受けます（法税 57 条 3 項，4 項）。このうちの事業関連性要件については，受皿会社が経営管理業務を行うことによって，単に株主としての立場のみだけでなく，持ち株会社としてグループ全体の経営を監督する立場にあり，グループが共同して 1 つの事業を営んでいる場合には，事業関連性要件が満たされると考えられます（国税庁ウェブサイト質疑応答事例法人）。

ポイント━━━━━━━━━━━━━━━━━━━━━━━━━━━━━━━━━━━

　事業承継は親族内承継の場合は相続税対策が重要です。MBO を活用する場合，資金の手当てもさることながら，受皿会社との合併後の欠損金引継等も視野に入れて計画する必要があります。

（田村　裕樹）

株式の
譲渡・保有

41　上場株式の譲渡

Question

　上場株式の譲渡における課税上の優遇措置は現在どのようなものとなっていますか。また市場価格と異なる対価を設定した場合，課税上どのような問題が生じ得るのでしょうか。

会社法の理解

　金融商品取引所に上場されている株式については，株券の発行はなされず，株式の権利の帰属は，株式会社証券保管振替機構や証券会社や銀行などの口座管理機関が作成する振替口座簿の記載または記録により定まることとなっています（社債株式振替128条1項，140条，141条）。そのため，上場株式の譲渡は，譲渡人の振替の申請により，譲受人が自分の口座の保有欄に譲渡にかかる数の増加の記載または記録を受けることにより効力を生ずることになります（社債株式振替140条，132条2項）。

　また，上場株式には譲渡制限はかかっていませんので，譲渡の際に株式発行会社の承認を得る手続は不要です。

税法の理解

⑴　個人株主の上場株式の譲渡

a)　申告分離課税

　個人株主が株式を譲渡した場合，他の所得とは区分して所得税の納税額を計算することになります（申告分離課税）。譲渡価額から取得費・委託手数料等の必要経費を除したものが，譲渡益となります。税率は，2019（令和元）年分で非上場株式の譲渡と同じく20％（所得税が15％，住民税が5％）となっています（復興特別所得税を除きます）。

b)　特定口座制度

　特定の口座内での上場株式の取引については，金融商品取引業者等が年間の譲渡損益を計算してくれる制度が設けられています。このような特定口座は金融商品取引業者等1につき，1口座にかぎられます。個人株主は，特定口座として，源泉徴収口座か簡易申告口座のいずれかを選択することができます。

　源泉徴収口座を選択した場合，上場株式の譲渡益については上場株式等の譲渡の都度，所得税等が金融商品取引業者等からの支払の際に源泉徴収されます。そして，その口座内における年間取引の譲渡損益と源泉徴収口座への受け入れを選択した配当等については原則確定申告が不要となります。ただし，他の口座での上場株式等の譲渡損益と相殺したい場合，申告分離課税を選択した配当所得と損益通算したい場合および上場株式等にかかる譲渡損失を翌年以降3年間繰越控除する特例の適用を受けたい場合には，必要書類を添付した確定申告が必要です。

　簡易申告口座を選択した場合，金融商品取引業者が計算する年間の譲渡損益について，自ら確定申告を行う必要がありますが，金融商品取引業者等から送られてくる特定口座年間取引報告書によって簡易に行うことができます。

c）　少額投資非課税制度（NISA・つみたて NISA）

　上場株式等の譲渡益や配当等については，2014（平成26）年から2023（令和5）年までの間，毎年投資金額120万円を上限として（通算では600万円が上限），最長5年間非課税となる少額投資非課税制度（Nippon Individual Savings Account，頭文字をとって NISA とよばれています）が設けられています。

　また，これとは別に，2018（平成30）年から2037（令和19）年までの間，毎年投資金額40万円を上限として（通算では800万円が上限），最長20年間非課税となる制度（つみたて NISA とよばれています）も設けられています。非課税口座を開設する年の1月1日現在で20歳以上の居住者等であればいずれかを選択して利用することができます。

　いずれの制度も投資枠を翌年以降に繰り越すことはできません。これらの制度を使って購入した上場株式等をいったん譲渡すれば非課税枠を利用したとされ，早期に売却したとしても，非課税となる投資金額が再度復活することはありません。NISA については5年経過後，その年の非課税投資枠に移して引き続き非課税の扱いを受けることも可能です。

d）　未成年者少額投資非課税制度（ジュニア NISA）

　日本に居住する20歳未満の者については，2016（平成28）年から2023（令和5）年までの間，毎年投資金額80万円を上限として（通算では400万円が上限），最長5年間非課税となる未成年者少額投資非課税制度（ジュニア NISA とよばれています）が設けられています。ジュニア NISA の非課税口座は原則として親権者などが運用・管理することになります。この制度は，子どもの将来のための資産形成を目的としたものであるため，非課税口座からの払い出しを3月31日時点で18歳である

年の前年の12月末よりも前に行うと，同口座内で生じた過去の利益に対して遡って課税されることになります。

　2023年の本制度終了時点で20歳になっていない場合には，非課税期間の終了した上場株式等を1月1日時点で20歳になる年の前年の12月末まで非課税のまま保有し続けることができる継続管理勘定に移管（ロールオーバー）することができます。

　2023年の本制度終了前に20歳になる場合には，20歳となる年の1月1日に自動的にNISA口座が開設されます。その際，NISAかつみたてNISAのいずれかを選択することができ，NISAを選択した場合には，ジュニアNISAの口座内の上場株式等についてはNISA口座に移すことができます。

e)　高額譲渡

　上場株式の適正価額（時価）よりも高額の譲渡代金を設定した場合，適正価額（時価）をはみ出る額の所得区分が問題となり得ます。

　譲渡所得に対する課税の趣旨は，資産の値上りによりその資産の所有者に帰属する増加益を所得として，その資産が所有者の支配を離れて他に移転するのを機会に，これを清算して課税することにあるとされています（最決昭和47・12・26民集26巻10号2083頁他）。このような譲渡所得の趣旨からすれば，「資産の譲渡……による所得」（所税33条1項）として課税される対象は当該資産の譲渡の「対価」たる性格を有する金額にかぎられ，譲渡する資産が上場株式であるときは，その譲渡価額がその資産の譲渡の「対価」たる性格を有しているかどうかは，① 当該上場株式の市場価格，② 当該取引の動機ないし目的，③ 当該取引における価格の決定の経緯，④ 当該価格の合理性などの諸点に照らして判断すべきものと解されています（東京高判平成26・5・19税資264号順号12473，東京地判平成25・9・27税資263号順号12298）。これによれば，①〜④等の諸点から資産の譲渡の「対価」たる性質を有していると認められる部分が譲渡所得，それ以外は一時所得か雑所得と区分されることになります。

　なお，低額譲渡については，個人から法人へ上場株式を時価の2分の1に満たない金額で譲渡した場合，無制限の資産の増加益の課税繰延べを防止するため，法令により，時価による譲渡があったものとみなされることになっています（所税59条，所税令169条）。

(2)　法人株主の上場株式の譲渡

　特定口座制度や少額投資非課税制度等は個人のための制度で，法人がこれを利用

することはできません。譲渡益は，法人税法上の益金として課税の対象となります（法税61条の2第1項，22条2項等）。

　法人株主が上場株式を低額譲渡する場合，適正価額と対価との差額部分の寄附金該当性が問題となり得ます。上場株式の適正価額については，市場価格（時価）が存在するため，市場価格が乱高下しているような特段の事情のないかぎり，これによることになります。適正価額と対価との差額部分については，「実質的に贈与又は無償の供与をした」（法税37条8項）といえるものであれば，寄附金として扱われます。その意義については，金銭その他の資産または経済的な利益を対価なく他に移転する場合であって，その行為について通常の経済取引として是認することができる合理的な理由が存在しないもの，と解されています（名古屋高金沢支判平成14・5・15税資252号順号9121）。したがって，適正価額と異なる低額の対価を設ける場合には，その差額について通常の経済取引として是認することができる合理的な理由を説明できなければ寄附金として扱われ，寄附金の損金算入限度額を超える部分は法人所得に加算されることになります。

ポイント

　譲渡所得は，譲渡の対価たる性質を有している金額にかぎられます。上場株式の譲渡の場合，市場価格が譲渡の対価たる性質を有している金額の基準となります。また，法人が上場株式を譲渡する場合，市場価格よりも低額で譲渡すると，その差額につき通常の経済取引として是認することができる合理的な理由を説明できなければ当該差額部分は寄附金と取り扱われることになります。　　　　　　　　　　（西中間　浩）

42 譲渡制限株式の譲渡

Question

　10 年前，私と友人 2 名が 100 万円ずつ出資して資本金 300 万円の株式会社を設立しました。最近になってメンバーの 1 人が持株を譲渡換金して事業から脱退したいといっています。残る 2 人で脱退者の株を引き受けたいのですが手続を教えてください。

会社法の理解

(1)　株式譲渡自由の原則とその例外としての譲渡制限株式

　原則として株式は自由に譲渡することができます（会社 127 条）。しかし，平成 29 年度の申告法人は約 269 万 4000 社（国税庁「会社標本調査」より）であるのに対し，上場会社数は 3706 社（2019（令和元）年末時点。日本取引所ホームページより）であり，上場会社割合は申告法人のわずか 0.14% にすぎません。わが国の会社の大半は広く大衆を株主としてはおらず，株式の流動性が乏しいのが実態です。

　会社法は，株式の内容として譲渡による取得が行われる場合に会社の承認を要する旨を定款で定めることを許容し，株主間の人的なつながりの強い株式会社はこれによりその人的関係を維持することができます。このような株式を譲渡制限株式といいます。1 種類のみ株式を発行する会社の場合，発行する株式を譲渡制限株式とすることもできますし（会社 107 条），種類株式発行会社の場合，発行する株式の一部を譲渡制限株式とすることもできます（会社 108 条）。発行する株式の内容は，登記事項です（会社 911 条 3 項 7 号）。会社の発行する株式が譲渡制限株式であるかは商業登記情報（全部履歴事項証明など）で確認できます。

(2)　譲渡制限株式の譲渡における会社の承認

　譲渡制限株式の譲渡には，会社による承認が必要です。その場合の会社の承認機関は定款に別段の定めがある場合を除き株主総会（取締役会設置会社にあっては，取締役会）の決議によらなければなりません（会社 139 条 1 項）。なお，定款の規定により，株主間譲渡，所定数以下の株式譲渡などについて上記の機関承認があったものとみなす扱いが可能です（会社 107 条 2 項 1 号ロ，108 条 2 項 4 号）。

　発行会社の承認なく行われた譲渡制限株式の譲渡については当事者間では有効ですが対発行会社との関係では効力が生じません（最判昭和 63・3・15 判時 1273 号 124 頁）。

(3)　譲 渡 手 続

　株券発行会社（会社214条）における株式の譲渡は，その株式に該当する株券を相手方に交付しなければ効力が発生しません（会社128条1項）。株券の占有が第三者に向けての対抗要件となります。会社との関係では，株主名簿の名義変更が必要です。他方で，株券を発行していない会社（株券不発行会社）の株式については保有株式の移転（譲渡）は意思表示のみで効力が生じます（民176条）が，対抗要件として株主名簿の名義書換が必要となります（会社121条）。

　しかしながら，すでに述べたように，譲渡制限株式の譲渡は会社の承認を得なければ完全に有効とはならないので，株主名簿の書換えは譲渡による取得が承認されなければ実行できません（会社134条）。譲渡制限株式を保有する株主は，売却先を確保したとしても，会社の承認がなければ，売却ができなくなってしまいます。しかし，投下資本の回収機会を株主には保障しなければならないことから，不承認の場合には，会社自身，あるいは会社が指定する買取人に買取りを請求することが認められます（会社138条1号，2号ハ）。

　それでは，譲渡制限株式の譲渡手続を，譲渡人が希望する譲渡先が承認されないときは会社が買取先を指定することの請求も同時に行っているケースについて手続の流れを確認してみましょう。

　①　譲渡当事者のいずれかが当該株式を発行する会社（発行元会社）に譲渡承認請求をします（会社136条〜138条）。

　②　発行元会社の機関承認の結果，請求内容に異議がなければ承認成立の旨を承認請求者へ通知します（会社139条2項）。

　③　発行元会社が①の請求内容を拒否した場合で，譲渡当事者が譲渡対象の株式の買取人の指定を求めていたときは，会社は取締役会決議・取締役会を設置しない会社では株主総会の決議（会社140条4項，5項）により買取人を指定し，その旨を承認請求者へ通知します（会社142条1項）。このとき，通知の日から1週間以内に，1株あたりの純資産の価額に譲渡対象株式数を乗じた金額を供託しなければなりません（会社142条3項）。

　④　③同様，会社拒否の場合，買取人指定に代えて発行会社は，株主総会特別決議（会社140条1項・2項，309条2項1号。ただし，譲渡等承認請求者は議決権行使ができません（会社140条3項））により，自身が譲渡対象株式を買い取ることができ，その旨は譲渡等承認請求者に通知されます（会社141条1項）。このときも，通知の日から1週間以内に純資産の価額に譲渡対象株式数を乗じた金額を供託しなければなりません（会社141条3項）。

　⑤　③・④の場合，買取価格は，指定買取人または発行会社と譲渡承認請求者との間の交渉により決定されますが（会社144条1項，7項），交渉がうまくいかず，③・④の通知から20日が経過した場合，指定買取人または会社と譲渡等承認請求者は，裁判所へ価格の「決定」を申し立てます（会社144条）。交渉が成立していないのに，この期間内に申立て

がないときは1株あたり純資産価額にもとづいた株価の計算が行われます（会社144条5項）。

(4)　みなし承認

上記(3)①の請求から2週間以内に会社が決議結果の通知をしなかった場合，または通知をしたが(3)③あるいは(3)④にある会社の買取りまたは買取人の指定の通知を会社が40日以内にしなかった場合（指定買取人が③の通知を10日以内に通知した場合を除きます）には，会社が(3)①の請求を承認したものとみなされます（会社145条）。いずれの期間制限も定款の規定により短縮のみ可能です（会社145条1号，2号）。

(5)　譲渡承認の撤回の時期

上記(3)における譲渡承認請求者が「会社不承認のときの買取先指定請求」を行っている場合，承認拒否をする会社は買取人を指定するか自己が買い取ることを承認請求者へ通知します。これが適法に成立すると譲渡人と譲受人の間で譲渡価格未定の状態のまま売買契約が成立します。以後，譲渡人は譲受人の承諾なしに承認請求を撤回できません（会社143条）。

税法の理解

(1)　譲渡価格の算定

第三者間の取引で株式の譲渡価格が問題になることはまずもってありません。

ところが同族会社のオーナー親族間で行われる同社株式の売買，あるいは親族でなくても取引上の優位的な立場を背景にした低廉な対価による売買のように，譲渡価格の決定が第三者的な関係で行われない非公開会社の株式譲渡では課税上の問題が生じることが多々あります。そこで，*会社法の理解*(3)⑤にあった株価の計算について裁判所が株価の算定に介入することとなった3種類のケースを紹介しましょう。

(2)　時価をめぐる裁判例

時価をめぐる裁判例としては以下のものがあります。

①　日刊新聞を発行する株式会社の従業員持株会の会員が行った譲渡（1株あたり1000円）を否定した上，持株会規則どおり，譲渡希望者における1964（昭和39）年以降の取得価格（旧商法額面：1株あたり100円）によると判決した事例（最判平成21・2・17判タ1294号76頁）。

②　株式譲受けにより当該会社の完全支配が可能となったケースで，設立後間もないため含み益がある資産はないものの成長力があり将来有望なベンチャー企業について純資産方式の採用を不相当とし収益還元方式によるべきとしたもの（東京高

決平成 20・4・4 判タ 1284 号 273 頁)。

　③　会社が自己を株式の先買権者に指定した場合で売主，買主双方の立場を斟酌し配当還元，純資産，収益還元の各三方式について 25%：25%：50% の割合による併用方式によるべきと判示したもの（札幌高決平成 17・4・26 判タ 1216 号 272 頁）。

　保有株式の法的な権能は当該株式の保有株数により配当の受領，保有値上り益の獲得といった投資目的，あるいは株主として経営に参画するケースなどさまざまです。こうした事実関係の相違によって裁判所は，流動性のない非公開会社の株式の評価における原則的な算定方式である純資産方式，そして例外的な方式である配当還元方式をはじめ，それぞれの事件における株式保有目的と当該会社での持分割合などの事実関係に従った評価をすべき旨，判示しています。

ポイント

　非公開会社の株式の譲渡には売買当事者の合意だけでなく発行会社の承認など所定の手続が必要です。取引相場がない非公開株式の譲渡価格は，原則として売買当事者が決めることになります。しかし，その価格が当該株式に対する国税庁の財産評価通達による評価額を下回ると課税問題化するおそれがあるので，注意が必要です。

（小泉　泰之）

★★ 43　株式の相続

Question

　株式会社Ｘ（Ｘ社）の株式を60％（6000株）保有するＡさんが亡くなりました。Ａさんの相続人は，配偶者Ｂさんと子どもＣさんとＤさんです。Ｘ社の残る株式40％（4000株）は，事業を承継する予定のＣさんが保有しています。

　①　遺産分割協議が終了するまで，Ａさんが保有していた株式の所有と議決権行使はどうなるのでしょう。

　②　遺産分割が終了するまでに当該株式に対して支払われる配当に対する課税はどうなるのでしょう。

　③　Ｃさんへの事業承継をスムーズに行うには会社はどうしたらいいのでしょう。

会社法の理解

(1)　株式の共同相続と議決権行使

　相続において相続人が複数人いるときには，当然分割の対象となる金銭債権債務以外の相続財産はその共有になります（民898条）。共有する相続財産は，遺産分割協議の対象となりますので，共有とされるのは遺産分割が終了するまでの間となります。株式は会社という社団の社員たる地位ですから，各相続人の相続分の比率に応じた「準共有」（民264条）となります。

　遺産分割協議が成立すると，株式の承継者となった相続人は，名義書換の手続を行い，単独で議決権の行使が可能になります。

　では，準共有状態の間，議決権はどのように行使されるのでしょうか。この点について，会社法では，株式が2人以上の者の準共有に属しているとき，共有者が当該株式について権利行使する者1人を定め，会社に対してその者の氏名または名称を通知しなければ株主権を行使することができません（会社106条）。この権利行使者が議決権を行使します。

　この権利行使者の指定は，準共有物の管理行為となりますので，共有者の持分の多数決によって決められます（民264条，252条）。そのため，持分の過半数を有する相続人（またはそのグループ）の意見によって権利行使者が決まります。もっとも，多数決は準共有者全員が多数決をすることに同意していることが必要でしょうから，準共有者の1人あたりの持分価格が単独で過半数を有する場合であっても，単独の準共有者のみの決定では，権利行使者の指定があったとは評価できないと解されます（指定の態様につき大

阪高判平成 20・11・28 判時 2037 号 137 頁，東京地決平成 17・11・11 金判 1245 号 38 頁参照）。

　権利行使者は，共同相続人の意思に拘束されず，自己の判断にもとづき議決権を行使できます（最判昭和 53・4・14 民集 32 巻 3 号 601 頁）。このとき，106 条本文は，民法 264 条ただし書の「特別の定め」に該当するとされています（最判平成 27・2・19 民集 69 巻 1 号 25 頁）。そのため，会社は，権利行使者による議決権行使であれば共有株主の意向を確認せずとも，画一的に有効として扱うという実務が形成されています。

　権利行使者の指定がない場合の議決権行使は，会社の同意があれば認められるとされます（会社 106 条ただし書）。そもそも権利行使者の指定は会社の便宜を考慮したものだからです。このときの議決権行使は，原則に戻り，管理行為として，準共有者の持分価格の過半数によって決定され，準共有者間の決定にもとづかない議決権行使は会社が同意しても適法となりません（前掲最判平成 27・2・19）。

　議決権以外の株主権については，最高裁判所も，準共有株式につき原則として権利行使者の指定がなければ，株主として行使できないと判断しています（たとえば株主総会決議不存在確認訴訟につき最判平成 2・12・4 民集 44 巻 9 号 1165 頁，合併無効の訴えにつき最判平成 3・2・19 判時 1389 号 140 頁。もっとも，これらは共有株式の権利行使者の指定なく単独の共有者が行使した株主総会議決権によって成立した決議やそれにもとづく合併の効力を争うものであり，例外的に単独の準共有者にも原告適格を肯定しています）。

(2)　中小企業の事業承継に対する配慮

　権利行使者は多数決で指定できますので，B さんと D さんが合意をすれば，その一方（D さん）を権利行使者に指定することができます。もっとも，多数決の実施は B さん C さん D さんが多数決に参加していることが前提ですので，B さん D さんは，C さんを多数決に参加させるように努力したことが必要とされます。D さんが指定されると，遺産分割が確定するまでは，D さんが A さんからの相続株式のすべてにつき議決権を行使できますので，C さんではなく，D さんが会社の経営権を握ることになります。

　仮にこのまま株式が相続されることになれば，C さんに事業承継させたいという A さんの意向に背く形で事業が承継されることになります。これは，本来，会社にとっては経営上好ましくない者が経営権を支配する状態といえます。このような場合に備えて，会社は相続その他の一般承継によって，その会社の譲渡制限株式を取得した者に対して，その株式を売り渡すことを請求することができる旨を定款に定めることができます（会社 174 条，**30**「相続人等に対する売渡しの請求」参照）。

　これ以外にも，中小企業における経営の承継の円滑化をはかることを目的として制定された「中小企業における経営の承継の円滑化に関する法律」（平成 20 年法律第 33 号）が，会社の旧代表者である被相続人について，その推定相続人のうちの 1 人が後継者である場合には，推定相続人全員の合意をもって，書面により，当該後継者が当該旧代表者からの贈与等により取得した株式等の全部または一部について，その価額を，遺留分を算定するための財産の価額に算入しないことを合意し，家庭裁判所の許可を受けた場

合には，上記合意にかかる株式等の価額を遺留分算定するための財産の価額に算入しないものとすると規定しています（中小承継4条1項1号，8条1項，9条1項）。これらの規定によれば，中小企業の事業承継がスムーズに行えるような配慮がなされており，そのような事業承継という事情は，民法906条の「遺産に属する物又は権利の種類及び性質」，「その他一切の事情」にあたると解され，これを考慮して遺産分割がされることになります（東京高決平成26・3・20判タ1410号113頁）。

　このようなことから，事業承継のために株式を相続する場合，その後継者に遺言や遺産分割を通じて株式を集中させることでスムーズな事業承継がはかられているといえます。

税法の理解

(1)　株式の相続税における評価

　株式を相続すると相続税課税を考えなければなりません。このとき，相続税の課税対象としてその株式がいくらと評価されるかが重要です。ただ，相続税では a) 上場株式，b) 気配相場等のある株式，c) 取引相場のない株式の3つに分けて評価します。株式の種類によって，実情が違うので，それぞれの評価基準が定められているためです。

a)　上場株式

　上場株式は，毎日，証券取引所で取引されている株式です。そのため，その株価もわかりやすく，課税時期（相続日あるいは贈与日）の① 終値，② 当月の終値の月平均額，③ 前月の終値の月平均額，④ 前々月の終値の月平均額，のうち，いずれか低い金額をもって相続税の評価額とします。株式は値動きが激しいため，課税時期（相続日あるいは贈与日）の終値でだけで決めてしまうことが，必ずしも合理的であると考えられないからです。ただし，負担付贈与で取得した上場株式は，課税時期の終値によって評価することになります（評基通169）。

b)　気配相場等のある株式

　気配相場等のある株式とは，「登録銘柄・店頭管理銘柄」，「公開途上にある株式」，「国税局長の指定する株式」の3種類のことです。「登録銘柄・店頭管理銘柄」は店頭公開株のことであり，評価方法は a) 上場株式とほぼ同じです。「公開途上にある株式」は公開価格で評価します。「国税局長の指定する株式」は，取引価格と類似凝視批准価額の平均と，課税時期の取引価格のいずれか低い方の価額で評価します（評基通174）。

c)　取引相場のない株式

　取引相場のない株式は，相続や贈与などで株式を取得した株主が，その株式を発

行した会社の経営支配力をもっている同族株主等か，それ以外の株主かの区分により，それぞれ原則的評価方式または特例的な評価方式の配当還元方式により評価します（評基通178，179）。

(2) 準共有状態での配当に対する課税

上記のように，相続財産について遺産分割が確定していない場合，その相続財産は各共同相続人の共有に属するものとされます。そして，その相続財産から生ずる所得は，各共同相続人にその相続分に応じて帰属するものとなります。したがって，遺産分割協議が調わないため，共同相続人のうちの特定の人がその配当を管理しているような場合であっても，遺産分割が確定するまでは，共同相続人がその法定相続分に応じて申告することになります。

なお，遺産分割協議が調い，分割が確定した場合であっても，その効果は未分割期間中の所得の帰属に影響を及ぼすものではありませんので，分割の確定を理由とする更正の請求または修正申告を行うことはできません。

(3) 事業承継

Cさんのように，事業承継をする場合には相続税法上の特例があります。たとえば，相続人等が，相続によって，経済産業大臣の認定を受ける非上場会社の株式等を被相続人である先代経営者から取得し，その会社を経営していく場合には，その後継者が納付すべき相続税のうち，その株式等にかかる課税価格の80％に対応する相続税の納税が猶予されるというものがあります。さらに，その後継者等が亡くなった場合には，納税が猶予されている相続税の全部または一部の納付は免除されることになっています。

ポイント

株式は遺産分割までは，準共有となり，議決権行使は権利行使者を指定して行います。準共有に属する間に生じた配当は遺産分割が確定するまでは法定相続分に応じて所得税が課されます。

また，事業承継については，遺産分割や遺言を通じて後継者に株式を集中させることが考えられます。その場合には，当該株式の課税価格80％に対応する相続税の納税が猶予されるなどの特例が整備されていますので，その要件等について留意が必要です。

（奥谷　健）

★ 44　従業員持株会

Question

① 従業員持株会とはどういった制度でしょう。
② 日本版 ESOP とはどういった制度でしょう。
③ それぞれの制度を利用した場合の課税関係はどうなるでしょう。

会社法の理解

(1) 従来型の従業員持株会

会社の従業員がその株式を取得して保有することを会社が推進する制度を，従業員持株制度といいます。従業員持株会は，民法にもとづいて設立された組合（民 667 条）で，上場企業などの従業員が自分の勤めている企業の株式（自社株）を定期的に購入し，中長期的な資産形成を支援する制度です。

一般に従業員持株会は，給与または賞与から購入代金を天引きし，持株会に参加する従業員一人一人の投資金額をとりまとめ，あらかじめ定めた日に株式を購入していきます。持株会への加入は任意で，すべての従業員が加入しなければならないものではありません。しかし，加入すると少ない金額で自社株を定期的に購入できたり，購入代金は給与や賞与から天引きされるので手間がかからなかったり，中長期的な視点で株式を通じた資産形成ができるといったメリットがあります。また，持株会に奨励金を支給する会社もあります。

奨励金を支給することで従業員の福利厚生制度の充実につながり，従業員の個人資産が会社の株式となることで会社の業績へのコミットメントが高まることを会社は期待しています。会社は従業員持株会が経営陣を支持する安定株主となることを多かれ少なかれ目的としています。しかし，従業員の福利厚生よりも安定株主の確保の目的が主目的となれば，持株会に参加する従業員に対する奨励金の支出が「株主権行使に関する利益供与」（会社 120 条）に該当し違法であるとされかねません。

これに対して，従業員にとって従業員持株会に参加することは，給料と資産形成の両方を勤務先に依存してしまうことになるといえます（もっともこの点がコミットメントの高まる要因ではあります）。そのため，会社の業績が悪化し株価が下がると，賞与が下がる上に保有資産である株価が値下がりし目減りするという悪循環に陥る危険性があります。また，譲渡に関しては持株会に通知する必要があり，売りたいときに株を売れないとか，退職時に持株会への譲渡が義務づけられる等，従業員持株会のデメリットも従業

員側にはあります。

　会社側のデメリットは，株主としての従業員との関係が悪化すると会社の運営に影響する危険性があるといえます。株式を公開しようとしたときには制約となる可能性も指摘できます。

(2)　信託型の従業員持株会（日本版 ESOP）

　従来型の従業員持株会は，従業員の拠出金を主な原資として株式を取得していきます。そのため，株式の保有割合はあまり大きなものになりません。そうすると，上記の従業員持株会のメリットが限定的なものになってしまいます。そこで，従業員持株会のメリットを生かすために新しい自社株保有のための枠組みが考えられました。これが日本版ESOPといわれるものです。

　従来型の従業員持株会では，株式を市場や会社から直接取得していたのに対して，この枠組みでは，会社を委託者として従業員持株会に参加しているなどの条件の下で従業員を受益者とする信託を設定します。この信託に金融機関からの借入れによって会社の株を購入させます。その後，従業員持株会はその株式を譲り受けます。

　この枠組みの中では，信託報酬や保証料等の信託費用の支払いや金融機関への借入金の返済には，従業員持株会からの株式売却益や株式に対する配当金を充てます。それが不足する場合には，信託財産の損失補てん準備金や信託費用準備金を取り崩して充てることになります。また，信託終了の前に，一定の条件を満たしている従業員に対して受益権を付与します。損失補てん準備金や信託費用準備金の残高を除く信託財産（金銭）を交付して信託は終了します。損失補てん準備金や信託費用準備金の残高は帰属権利者である会社に交付されます。

　このように，会社を委託者，従業員持株会の会員のうち信託終了前に一定条件を満たしている従業員を受益者とする信託を設定します。これにより，受益者となった従業員には金銭が交付されますので，従業員にとっては労働のインセンティブとなると考えられています。

税法の理解

(1)　従来型の従業員持株会の税務

　従業員持株会は，組合となる場合，いわゆるパススルー課税の対象となります。そのため，その株式等の財産は出資に応じて会員に直接帰属することになります。そして，会員は，その株式の持分を従業員持株会の理事長に信託すると評価されます。その結果，会員が委託者兼受益者，従業員持株会を受託者とする受益者等課税信託に該当することになります（所税13条1項，法税12条1項）。そのため，組合員である従業員が受け取る分配金は配当所得として課税されます（所税24条）。これに配当控除の適用が認められます（所税92条）。また，奨励金は従業員としての

地位にもとづくものですので，福利厚生の一環として給与所得（所税28条）として認識されます。

　また，人格のない社団等である場合，会員からの拠出金が従業員持株会への出資と評価されます。そのため，従業員持株会は，人格のない社団等として収益事業を行う場合には，法人税の納税義務者となります（法税4条1項）。そして，その取得した株式は持株会に帰属し，そこから得られる配当金も持株会に帰属することになるのです。そうすると，会員は出資に応じた人格のない社団等の持分を理事長に信託すると評価できます。そうであれば，会員にとっての配当金が，人格のない社団等の収益の分配となり，雑所得に該当します（所税35条，所基通35-1（7））。そうすると，配当控除の適用はありません。

　従業員持株会は，従来は上場会社のための制度で非上場会社にとっては無関係のものと考えられていました。その理由は，非上場会社においては，株式に流通性がなく，また，そもそも配当をしていない会社も多く，従業員にとって導入のメリットが少ないと考えられていたためです。しかし，非上場会社でも，従業員持株制度は相続税・事業承継対策として活用されています。たとえば，同族会社において経営者である父親が自社株式を所有している場合には，相続税の財産評価上は，原則的評価額（≒純資産価額）により評価されます。そこで，生前に父親の保有する株式の一部を従業員持株会に譲渡します。従業員持株会は同族関係者ではないので，配当還元価額で譲渡することができます。これにより，父親の自社株評価額が減少しますので，相続税の負担を減少させ，スムーズな事業承継ができます。

　他方で，従業員持株会によるデメリットもあります。それは，従業員持株会から経営者一族が株式を買い戻す場合，原則的な評価方法で買い戻さなければ贈与税の問題が生じる場合があるということです。

　たとえば，退職する従業員から自社株を買い取るときに，その評価額が問題になります。経営者一族が買い取る場合には，課税上の評価は財産評価基本通達による原則的評価方法とされていますので，評価額は非常に高くなります。もし，その評価額よりも低い価格で購入すると，従業員から贈与を受けたと評価され，贈与税がかかります。

　それに対して，会社が自己株式として買い取ると，原則として配当還元方式で評価されます。しかし，この評価額の50％を下回る金額で株式を購入すると，譲渡する（退職する）従業員には法人への低額譲渡としてみなし譲渡所得課税（所税59条1項2号，所税令169条）と，みなし配当課税（所税25条1項5号）が生じる可

能性があります。さらに，従業員持株会に残った株主については，その従業員（株主）からの低額での譲受けが会社への贈与と評価され，株式の評価額が高まることになり，みなし贈与課税が生じる危険もあります。つまり，みなし譲渡，みなし配当，みなし贈与のトリプル課税の危険があるのです。

(2) 信託型の従業員持株会（日本版 ESOP）の税務

日本版 ESOP では，信託終了時点で一定の条件を満たしている従業員が受益者となりますので，それまでは受益者がいないことになります。しかし，委託者である会社が，その信託の変更をする権限を有し，かつ，信託設定当初に損失補てん準備金や信託費用準備金を設定し，終了時にその残高が会社に交付されることを定めている場合には，会社をみなし受益者とする受益者等課税信託に該当することになります（法税12条1項・2項，法税令15条，法基通14-4-8）。

会社がみなし受益者になることで，会社が信託に対して自己株式を処分，または新株発行をする場合，信託が保有する株式は会社が保有しているものとみなされます。その結果，課税上は会社が自己株式を処分，または新株発行をしていないものとして扱います（法税12条1項，2項）。つまり，信託が保有する株式は会社が自己株式として引き続き保有しているものとみなされるのです。信託が市場から株式を購入した場合も，会社が取得したものとみなされます。その結果，信託が保有する株式に対して配当がなされても，同一法人内での資金移動にすぎないと評価され，配当はないものとみなされることになります。

また，会社が保有する自己株式と考えられることで，信託が保有する株式を従業員持株会に譲渡する場合，会社の自己株式を処分する取引として，資本等取引に該当します。その結果，損益が認識されません（法税2条16号，22条2項・5項，法税令8条1項1号）。

なお，従業員が受益者になると信託に関する権利にかかる金銭が給付されます。これは，従業員の労務・役務の対価として評価され，給与所得として認識されます。

ポイント

従業員持株会は，従業員の福利厚生など勤労インセンティブを高めるためや経営安定化のために，従業員が会社の株式を共同購入する制度です。そして，同族会社などでは自社株の評価額を下げることができるため，事業承継に活用されています。しかし，退職などに際して株式を買い戻す際にはその評価額によっては贈与税などの課税を生じさせるので注意が必要です。

　従業員持株会のメリットをさらに生かすために，最近では信託を活用した枠組み（日本版 ESOP）も導入されています。これによれば，信託が終了する直前までは受益者は会社とみなされることになり，配当や株式の処分等への課税が生じません。

（奥谷　健）

---

45 株主名簿上の株主——名義株・名義書換未了株

Question

①　先日，亡父の相続税の申告をしたところ税務調査が入り，私名義の非上場会社の株式の実質株主は亡父だが相続財産に含まれていないので申告漏れがあるから修正申告をするようにと指摘されました。株式の発行会社は，株主が全員同族の非上場会社です。私が出資金や譲渡代金を負担したことはなく，私が株主になった経緯は実はわかりません。問題の株式は相続財産に含まれるとすると，非上場会社の株式の評価額は財産評価基本通達に従うと高額になるので，相続税も跳ね上がります。しかし，非上場株式ですので譲渡して納税資金を捻出することは事実上不可能なので，相続税を払いきれません。どうすればよいでしょうか。

②　当社の株式を相続したと称する者から株主名簿の名義書換請求がありましたが，相続人だというのが本当かわかりません。どのように対応すればよいでしょうか。

会社法の理解

(1)　株主の名義人と実質株主が異なるのはどのような場合か

　本問のように株主の名義人と実質株主が異なってしまうケースとして，ⅰ）名義人とは別に出資金や株式譲渡代金の出捐者が存在する場合（以下「名義株」といいます。税務上の名義株（法基通3-1-1）にほぼ相当），ⅱ）株式の譲渡や相続等があったが名義書換がなされていない場合（以下「名義書換未了株式」といいます。税務上の名義書換失念株（法基通3-1-2）にほぼ相当）が考えられます。*Question* ①は名義株の事例，②は名義書換未了株式の事例です。

(2)　名義株（*Question* ①の場合）

a)　名義株が生じる場合

　実務上，名義株の典型例は，相続税対策として株式の名義を推定相続人名義にする例，親族間で譲渡をしたもの，譲渡契約書等を作っていなかったため税務当局等が譲渡の事実を認めず譲受人ではなく譲渡人名義だと認定されてしまう例です。

　その他，暴力団排除条例を制定して反社会的勢力関係者との契約を規制する自治体が増えていることから，公的機関・金融機関・不動産の賃貸人等が，契約の際に株主を明らかにする資料を求める例が増えています。そこで，反社会的勢力に属する株主を隠ぺいするために実質株主と異なる者を株主と偽装するケースが近時増えています。

　古い例ですが，平成2年商法改正以前では発起設立をする場合には検査役調査が必要だったことから，創業者が親族や知人の名義で株式を引き受けてもらい，形式だけ募集設立にすることが広く行われていたため名義株が生じることがありました。

　2016（平成28）年10月1日以降，登記すべき事項で ⓐ 株主全員の同意や ⓑ 株主総会決議を要する場合，株主リストの添付が必要になりました（商登則61条2項，3項）。ⓐ ではすべての株主の株主リストの添付が義務づけられ，ⓑ では発行済株式の総議決数に対する保有株式の議決件数の割合が上位10名の株主か，総議決権数に対する保有株式の割合上位の者から加算して総議決権数の3分の2を超える数となるまでの株主のリストの添付が必要になります。実質株主を表に出したくない事情がある場合に，名義株主を立てるケースが増えるかもしれません。

b）　名義株のケースで誰を株主として扱うか

　名義株事案では，株主が名義人か，出資金や株式譲渡代金を出捐した者かが問題になります。判例は，募集株式の発行にあたって，代表取締役が税金対策目的で従業員を名義株主にして募集株式の申込み・割当てを行わせたが，株券は代表取締役に発行されたところ，名義株主である従業員が代表取締役に株券の引渡しを求めたという事案で，名義人（判例の事案では従業員）ではなく，実質上の引受人（判例の事案では代表取締役）がその株主となると解するのが相当としました（実質説・最判昭和42・11・17民集21巻9号2448頁）。

　問題は「実質」をどのように判断するかです。通常は実質株主だと主張する者に株式の権利取得原因事実（引受けや譲渡等）が認められるかが問題になります。しかし，名義株事案は隠密に証拠を残さないようになされることが多く，権利取得原因事実を直接証拠から立証することが困難な場合があります。この場合は，実質株主が一定の時点で株式を所有していたかどうかを種々の間接事実から判断することになります（東京高判平成24・12・12判タ1391号276頁参照）。

　この判断にあたっては，実質的に出捐をした者が誰かを重視する裁判例が多いようです（東京地判昭和57・3・30判タ471号220頁等）。具体的な考慮要素については，誰が株式購入原資を出捐したか，誰が株式譲渡の意思決定を行い譲渡益を取得しているか，誰が配当金を取得しているのか等の諸要素と名義人と管理・運用者との関係等をも総合考慮すべきとした裁判例が参考になります（東京地判平成18・7・19税資256号順号10471）。

c）　株主総会の決議事項の効力について

　名義株の事案では，名義株主と実質株主と主張する者のいずれが株主かで争いになることがあります。たとえば，名義株主が名義を奇貨として実質株主側の役員等の解任決議（会社339条1項等）をし，これに対して実質株主者が，名義株主が議決に参加した株主総会決議の取消しや不存在の訴え（会社830条，831条）を提起するといった紛争が考えられます。この場合，実質株主だと主張する者が株主だと認められれば，株主総会決議の取消しや不存在の訴えの当事者適格が認められる可能性もあり（前掲東京高判平

成 24・12・12 は詳細な事実認定から原告が実質株主であることを否定し当事者適格を否認し
ていますが，事実認定次第で逆の結論もあり得ます），当該決議の効力に影響する可能性が
生じます。

d)　Question ① について

相続人は出資金や譲渡代金を負担していないので，株主名簿上相続人が名義になって
いたとしても問題の株式は相続財産に含まれると認定される可能性が高いといえます。

(3)　名義書換未了株式（Question ② の場合）

株式振替制度が行われている上場会社の株式（振替株式）の場合，譲渡等の処理は証
券保管振替機構および証券会社等に開設された口座で電子的に行われるので，*Question* ② のように株式の発行会社に直接名義書換請求がされることはありません。よって，
以下では上場会社以外の会社を前提に説明します。

a)　会社への対抗

上場会社以外の場合，株式を譲り受けたり相続した者は，株主名簿の名義書換をしな
ければ会社に対して権利行使できません（会社 130 条 1 項）。逆に，会社は，譲渡や相続
を知っていたとしても，名義書換がなされないかぎり，名簿上の株主を株主として扱え
ば足ります。

b)　名義書換の手続

株式を相続したとする者が，相続を証する書面（一般的には ⓐ 自らが相続人であること
を証する書面として被相続人の出生からの戸籍謄本，ⓑ 自らが当該株式を相続したことを証
する書面として遺言書，遺産分割協議書，調停調書，遺産分割審判書等）を会社に提出する
必要があります（相続税の申告，相続登記，預貯金や株式等の相続の際に添付を要求される
書面と同様と考えて構いません）。

この点は，株券発行会社以外については，相続等の一般承継により株式を取得した場
合に，一般承継を証する書面等を提出したときに単独で名義書換請求できるとされてい
ることから（会社 133 条 2 項，会社則 22 条 1 項 4 号）一般承継すなわち相続を証する書面
として ⓐ・ⓑ を提出する必要があることになります。株券発行会社については，当該
株式を相続した者が株券を占有していても，相続による権利取得については権利推定
（会社 131 条 1 項）が及ばないと解するのが通説なので（江頭憲治郎『株式会社法（第 7
版）』（有斐閣，2017 年）207〜208 頁），結局 ⓐ・ⓑ の書面により自分が当該株式を相続し
たことを立証する必要があることになります。

c)　名義書換の応否

会社が理由なく名義書換を拒絶した場合，名義書換請求者は名義書換なしに株主であ
ることを主張できます（最判昭和 41・7・28 民集 20 巻 6 号 1251 頁）。名義書換請求者が
ⓐ・ⓑ の書面を提出した場合に，名義書換を拒絶することは原則として不当拒絶にあた
ると考えてよいでしょう。

一方，会社が ⓐ・ⓑ の書面を確認せずに名義書換に応じ，後日名義書換請求者が株

式の相続人でないことが判明した場合は，無権利者であることを知らなかったことについて重過失があると認定されて，無権利者の権利行使に応じたことによる責任を負う可能性が高いといえます。

d)　株式について遺産分割協議が調わない場合

株式の共同相続人間で遺産分割協議が調わない場合は，株式は共同相続人が準共有することになり（民898条），株式の共有者は権利行使者を1人指定して会社に通知しなければ，原則として，株主として権利行使できません（会社106条本文）。

権利行使者は法定相続分の過半数の共同相続人の合意があれば指定することができます（最判平成9・1・28判タ936号212頁）。

権利行使者の指定がない場合，株式の各共同相続人は，特段の事情がないかぎり，株主総会の決議取消・無効・不存在確認訴訟等の原告適格を有しません。ただし，権利行使者が未定で議決権行使ができない株式が発行済株式の多数を占めている場合に，議決権が行使できる少数派の株主によって，多数派が議決権行使できたのであれば成立するはずがない役員選任決議や合併決議が成立した場合は，特段の事情が認められて，権利行使者として指定されていない株式の共同相続人に原告適格が認められることがあります。

権利行使者として通知されていない者による権利行使に，会社は同意することができます（会社106条ただし書）。しかし，この同意は会社のリスクで行うものなので，他の共有株主に損害が発生すれば，会社の責任は免れません。

e)　*Question*②について

名義書換請求者に@・ⓑの書面の提出を求め，これらの書類から名義書換請求者が株式の相続人と確認できれば請求に応じ，逆に書類の提出がない場合や書類から相続人と特定できない場合は名義書換に応じるべきではないことになります。名義書換に応じない場合，当該株式は被相続人の共同相続人の準共有として扱われることになります。

同族会社等で株主について相続が発生した場合で誰が相続するか明らかな場合は，いちいち@・ⓑのような書面の確認は行わないことも多いかと思いますが，相続人間で相続財産の帰属をめぐって紛争が生じた場合は，@・ⓑの書面の提出がない場合は名義書換に応じないようにしましょう（@・ⓑの書面自体は相続財産がある場合はどのみち必要になる書面ですので，相続人側が提出するのが困難だということはないはずです）。

┃税法の理解┃

⑴　名　義　株

会社法の概説書等で名義株という用語をみかけることはほとんどありませんが，税務では特に*Question*①のような事例においてしばしば問題になり，税務調査等で名義株の帰属が争点になることがあります。裁判例は実質を重視したもの，名

義を重視したものなどさまざまで，個々の事案に応じた解決をはかっているといえます。

(2)　実質が重視された裁判例

実質帰属者課税の原則からすれば，名義株については，実質株主が株主であることを前提に課税がなされるべきことになります。

実質帰属者課税の原則の帰結として，名義株主から実質株主に株式譲渡されたケースで，名義株主が譲渡人であるとしてなされた譲渡所得課税が取り消された裁判例があります。この裁判例で，課税庁は，実質株主と名義株主間で通謀虚偽表示があるが，第三者である課税庁にこれを主張できないので株式は名義株主に帰属すると主張しました。しかし，判決は，課税処分という公権力を行使する関係においては，課税庁に与えられた調査権限にもとづきあくまでも真実の権利関係に即して処分を行うべきことが要求され，私法上の通謀虚偽表示またはこれに準ずる法理に依拠するのは相当ではないとして課税庁の主張を斥けました（東京地判昭和55・11・6税資115号474頁）。

(3)　名義が重視された裁判例

一方，同族会社（法税2条10号）判定について，実質株主は，同族会社判定上の株主には含まれないとする一方で，実質株主が名義株主の名前で実質的に議決権を行使することができるような場合には，実質株主も同族判定上の株主と解するのが相当であるとした裁判例があります（東京高判昭和48・3・14高民集24巻3号47頁）。同様の問題は，支配関係（法税2条12号の7の5），完全支配関係（法税2条12号の7の6）の判定においても生じ，グループ法人税制，適格組織再編の適用に影響します。

(4)　重加算税

Question ①のように株式を他人名義にする工作をしたのが相続人ではなく被相続人等の場合でも，名義株であることを認識した上でこれを除外した相続税申告を行ったような場合に重加算税を課した例があります（前掲東京地判平成18・7・19）。

(5)　租税ほ脱犯

株式を他人名義で保有してこれに対する配当収入を所得税の確定申告に際し所得から除外した行為について，所得税法違反（所税238条1項）を認めた刑事事件もあります（横浜地判昭和50・2・27税資93号1707頁）。

(6)　*Question* ①の場合

中小企業は株主名簿がなく，法人税申告書別表二が事実上株主名簿の役割を果た

している例が珍しくありません。

　前述のように一定の登記の添付書面として株主リストが必要になりましたが，一定の場合別表二を株主リストとして利用できるので，特に同族経営の会社の場合，株主名簿を別途作成する必要性は一層乏しいといえます。

　そして，別表二を信頼して名義株を実質株主の相続財産から除外して相続税の申告を行ったところ，*Question* ①のように税務調査で名義株の指摘を受ける例がしばしばみられます。この場合，以下のような問題が生じます。

a)　名義株を相続財産に含めた場合

　相続税の追加納付や過少申告加算税課税（事案によっては重加算税）が生じます。

　この場合，非上場会社は，市場性がなく換金が困難ですが，相続税評価額が高額になることが多いので，納税資金に窮するおそれがあります。

b)　名義株主が株主であるとして相続財産に含めない場合

　所轄税務署長が名義株を相続財産に含める内容の更正をする可能性が高くなります。また，名義株主への名義の変更の時点で贈与があったものと扱われ（相基通9-9），遡及的に贈与税等が課税されるリスクがあります。

(7)　受取配当の益金不算入における名義株と名義書換失念株の扱い

　受取配当金の益金不算入とは，法人間の二重課税を排除する趣旨で，企業会計上は収益に計上される受取配当金を益金に算入しないという制度です（法税23条1項）。

　この制度の適用について，名義株の場合，配当金は，実質株主が所有する株主にかかるものとして受取配当金の益金不算入の対象になるのに対して（法基通3-1-1），名義書換失念株式の場合は対象にならない（法基通3-1-2）という扱いの差異があります。

ポイント ─────────────────────────────

　名義株が発覚した場合，名義株主から実質株主に戻した上で遡及的に実質株主が株主であったとすることが考えられます。しかし，以下のような問題が生じ得ます。

(1)　株主への課税

　この場合，①実質株主から名義株主への譲渡等（名義株の偽装行為），②名義株主から実質株主への譲渡等（解消行為）という2つの譲渡行為が認定されて，それぞれについて課税される危険があります。

　この点，実体法的には，実質株主から名義株主への譲渡は通謀虚偽表示なので効力は

なく課税の問題は生じないのではないかと疑問をもつ方がいるかもしれません。しかし，たとえば実質株主も名義株主も自然人で，名義移転の際に対価がないか時価より低い価格で譲渡した場合，通達ベースでは，名義の変更は原則として贈与として扱われます（相基通9-9）。そして後に名義変更等が解消したとしても，当初の名義移転を贈与と扱わないことにすることが認められる例は，通達上は限定的です（「名義変更等が行われた後にその取消し等があった場合の贈与税の取扱いについて」（昭和39・5・23直審（資）22・直資68）等）。よって，税務上，偽装行為が虚偽表示だと認められずに独立した取引と扱われ，その結果解消行為も独立した取引とみなされ，課税が生じる可能性があります。

(2)　株式発行会社の課税への影響

名義株主と異なる者が遡及的に株主だったと扱う場合，株式発行会社の過去の同族判定に変更が生じ，法人税に影響する可能性があります。

(3)　各種法令違反が発覚する危険

名義株を解消しようとすることは，過去に偽装行為があったことを認めることと表裏です。そしてこれらの偽装行為は各種法令に抵触する可能性があるので，解消の過程で過去の法令違反が次々と明るみに出て，会社の運営の障害となる可能性もあります。

（佐藤　千弥）

株主と会社との取引

★★ 46　低額譲渡事例

Question

　債務超過状態にあり多額の滞納国税もある株式会社Ａは，同社の取締役であり主要株主でもあるＢに対し，Ａが保有する他社株式を時価よりも著しく低い価額で譲渡しました。ＡやＢにおいて，どのような課税上の問題が生じるでしょうか。

会社法の理解

　会社の有する資産の譲渡は，取締役会設置会社（指名委員会等設置会社を除く）であれば，重要財産については取締役会決議（会社362条4項1号），そうでなければ代表取締役などの業務執行取締役の決定により実行できます（監査等委員会設置会社であれば一定の条件または定款の規定により重要財産の処分についても業務執行取締役が単独でできるようになります。会社399条の13第5項・6項）。もっとも，国内の株式会社の多くは中小企業であり，所有と経営は分離されておらず，役員が主たる株主を兼ねている例は多くみられます。Question にあるように，譲渡の相手方が取締役または株主である場合には，会社法上規制があります。

　Ａにおいても，ＢはＡの取締役の地位を有する一方，Ａの主たる株主という地位も有していることから，このような地位にあるＢに対しＡが保有する資産を低額で譲渡する取引については，会社法上，以下の問題点が生じることになります。

(1)　利益相反取引

　まず，Ａが取締役としてのＢに対し他社株式を低額譲渡したという観点でみた場合，この取引は，「取締役が自己又は第三者のために株式会社と取引をしようとするとき」にあたり，利益相反取引（会社356条1項2号）に該当します。

　この場合，他社株式の低額譲渡を受けるＢとしては，株主総会（Ａが取締役会設置会社である場合は，取締役会）において，当該取引につき重要な事項を開示しその承認を受ける必要があります（会社356条1項，365条1項）。Ａが取締役会設置会社の場合，Ｂは，当該取引の後，遅滞なく，当該取引についての重要事項を取締役会に報告しなければなりません（会社365条2項）。

　ＡＢ間の低額譲渡は，利益相反取引のうち直接取引とよばれる取引に該当しますが，利益相反取引の規制は，取締役が会社の利益の犠牲において自己の利益をはかることを防止する趣旨の規制です。そのため，承認のない取引については，会社は，取締役に対し，当該取引の無効主張をすることができると解されています。

⑵　**株主の権利行使に対する利益供与**

　次に，Aが主たる株主としてのBに対し他社株式を低額譲渡したという観点でみた場合，当該低額譲渡取引は，株主の権利行使に対する利益供与の禁止規定に抵触する可能性があります。

　すなわち，会社法 120 条 1 項は，「株式会社は，何人に対しても，……株主の権利の行使に関し，財産上の利益の供与……をしてはならない」と規定し，会社法 120 条 2 項は，「株式会社が特定の株主に対して無償で財産上の利益の供与をしたときは，当該株式会社は，株主の権利の行使に関し，財産上の利益の供与をしたものと推定する。株式会社が特定の株主に対して有償で財産上の利益の供与をした場合において，当該株式会社又はその子会社の受けた利益が当該財産上の利益に比して著しく少ないときも，同様とする」と規定しています。

　本件において，Aが保有する他社株式は，時価よりも著しく低い価額で譲渡されていますので，会社法 120 条 2 項により，Aは株主Bの権利の行使に関し，他社株式という財産上の利益を供与したと推定されることになります。

　そして，AのBに対する低額譲渡が会社法 120 条 1 項に違反する場合，Bは，Aに支払った対価と引換えに，Aに他社株式を返還する必要があります（会社 120 条 3 項）。

税法の理解

⑴　**低額譲渡と益金算入**

　法人税法 22 条 2 項は，益金に算入すべき金額を「資産の販売，有償又は無償による資産の譲渡又は役務の提供，無償による資産の譲受けその他の取引で資本等取引以外のもの」と規定していますので，低額譲渡などの低価取引を対象としていないようにもみえます。しかし，最高裁（最判平成 7・12・19 民集 49 巻 10 号 3121 頁）は譲渡時における適正な価額より低い対価をもってする資産の低額譲渡を有償譲渡とした上で，「たまたま現実に収受した対価がそのうちの一部のみであるからといって適正な価額との差額部分の収益が認識され得ないものとすれば，……無償譲渡の場合との間の公平を欠くことになる」として「資産の低額譲渡が行われた場合には，譲渡時における当該資産の適正な価額をもって法人税法 22 条 2 項にいう資産の譲渡に係る収益の額に当たると解するのが相当である」と判示しました。

　また，平成 30 年度税制改正において法人税法 22 条の 2 が新設され，同条 4 項には「内国法人の各事業年度の資産の販売等に係る収益の額として第 1 項又は第 2 項の規定により当該事業年度の所得の金額の計算上益金の額に算入する金額は，別段の定め（前条第 4 項を除く。）があるものを除き，その販売若しくは譲渡をした資産の引渡しの時における価額又はその提供をした役務につき通常得べき対価の額に

相当する金額とする」との規定がおかれました。これにより，内国法人が資産の販売等をした場合に計上すべき益金の額は，時価相当額であることが明確にされました。

　本件において，Ａは，Ｂからは，他社株式の対価として低額の対価しか収受していないのですが，上記判例および法人税法22条の2第4項によれば，Ａは，他社株式を適正に評価した時価に相当する額を益金に計上すべきこととなります。その上で，時価に相当する額と実際に収受した対価の差額に関しては，寄附金（法税37条）またはＢに対する役員賞与（法税34条）として処理することになります。

(2)　第2次納税義務

　本件のＡは，債務超過状態であり，すでに滞納国税があるにもかかわらず，他社株式を適正な価額で譲渡せず，Ｂに対し低額で譲渡をしています。その結果，Ｂとしては，適正な価額との差額分の利益を受けたといえる一方，Ａは，当該差額分の財産が逸失した状況となりました。

　本件のように滞納国税がある場合において，滞納者の財産を逸失させる行為がされるとなると，滞納国税の徴収が困難となることから，国税徴収法は，無償または著しく低い額の対価により滞納者の財産の譲渡を受けた者は，これらの譲渡により受けた利益が現存する限度において，滞納国税についての第2次納税義務を負う旨を規定しています（税徴39条。なお，譲渡を受けた者が親族その他の特殊関係者である場合は，現存利益ではなく，受けた利益の限度で第2次納税義務を負います）。

　第2次納税義務者に対しては，国税徴収法32条1項にもとづく納付通知書により，徴収額や納付期限等が告知されます。そのため，Ｂが第2次納税義務者であるとされた場合，Ｂに対し，納付通知書が送付されますが，この場合，Ｂは，当該納付通知書にもとづく第2次納税義務告知処分の取消訴訟において，Ａの滞納税額にかかる納税義務を争うことはできるでしょうか。

　この点について，最判昭和50・8・27（民集29巻7号1226頁）は，第2次納税義務の納付告知は主たる課税処分により確定した税額の徴収手続上の一処分であり，第2次納税義務者は主たる納税義務者と同様の立場に立つなどとして，第2次納税義務者は，主たる納税義務を争うことはできないと判示しました。その後，第2次納税義務者が主たる納税義務者の課税処分の取消しを求めた事例において，最高裁（最判平成18・1・19民集60巻1号65頁）は，「第二次納税義務者は，主たる課税処分により自己の権利若しくは法律上保護された利益を侵害され又は必然的に侵害されるおそれがあり，その取消しによってこれを回復すべき法律上の利益を有する」

として，取消しを求める利益があることを認めました。そして，この場合の不服申立の起算日については，第2次納税義務者が納付告知を受けた日の翌日であると判示しました。

したがって，Bは，不服申立期限内にAの滞納国税の納税義務につき不服を申し立てることにより，自らの納税義務を争うことができることになります。

ポイント

資産の低額譲渡は会社法上の規制が問題となるほか，法人税法上も，損金不算入額に相当する額に課税がされるなどの問題が生じます。また，法人に滞納税額がある場合は，第2次納税義務が発生する場合もありますので，注意が必要です。

（濱　和哲）

★ 47　株主権行使に関する利益供与

Question

　Ａ会社は，株主であるＢから，「私に1000万円支払えば，株主総会で新しい事業計画に賛成する」といわれ，Ｂに対し1000万円を支払いました。
　この場合のＡとＢの課税関係はどうなりますか。

会社法の理解

(1)　株主権行使に関する利益供与の概要

　会社法120条1項は，「株式会社は，何人に対しても，株主の権利，当該株式会社に係る適格旧株主……の権利又は当該株式会社の最終完全親会社等……の株主の権利の行使に関し，財産上の利益の供与……をしてはならない。」と定めています。

　この規定は，もともとは総会屋対策のために規定された条文です。しかし，この規定はそもそも，会社財産の浪費を防止するとともに会社の健全な運営を担保する趣旨の規定と理解され，総会屋事例以外にも経営陣が株主の権利行使を歪める目的で会社の金銭を支出することを対象としています（最判平成18・4・10民集60巻4号1273頁，東京地判平成19・12・6判タ1258号69頁など）。

　利益の供与は「株式会社」またはその子会社の計算において実行されるものとされ，最終的に利益供与の経済的効果が会社またはその子会社に帰属するかで判断されます。取締役が自己の資金で支払うような場合にはこの規定に抵触しません。

　「何人に対しても」と規定しているため，利益の供与先は株主にかぎられません。

　「財産上の利益の供与」には，すべての経済的利益の供与が含まれ，金銭・役務の提供，信用の供与，債務の免除などがあたります。

　「株主の権利の行使に関し」について，株主の権利の行使だけではなく，不行使も含まれますし，その利益の供与が結果として株主の権利行使に影響しなくとも，供与した会社の側で影響をさせようとした意図があれば要件は充足されます。また，裁判例では，「株主の権利の行使に関して行われる財産上の利益の供与は，原則としてすべて禁止されるのであるが，上記の趣旨に照らし，当該利益が，株主の権利行使に影響を及ぼすおそれのない正当な目的に基づき供与される場合であって，かつ，個々の株主に供与される額が社会通念上許容される範囲のものであり，株主全体に供与される総額も会社の財産的基礎に影響を及ぼすものでないときには，例外的に違法性を有しないものとして許容される場合があると解すべきである」とされたものの，結論としては500円のクオカ

ードの贈呈が利益供与にあたるとされました（前掲東京地判平成 19・12・6）。なお，120
条 2 項は，株式会社が特定の株主に無償で「財産上の利益の供与」がなされた場合，ま
たは有償でも会社の得た利益が株主の得た利益よりも著しく小さい場合には，株主の権
利の行使に関し財産上の利益を供与したものと推定しています。

⑵　利益供与を受けた者・関与取締役の責任

　株主の権利行使に関し会社から財産上の利益を受けた株主は，その利益を当該会社
（子会社から供与を受けた場合には当該子会社）に返還する義務を負います。条文上，「返
還」とされていることからわかるように，利益供与が会社法に反するため無効となり，
不当利得の返還請求権が発生することを前提にした規定であり，不法原因給付の例外を
定めるものと理解されます（酒巻俊雄＝龍田節編集代表・上村達男ほか編『逐条解説会社法
第 2 巻』〈中央経済社，2008 年〉180〜181 頁参照）。また，利益を供与することに関与した
取締役も供与した利益に相当する額を会社に支払う（子会社から利益供与がなされた場合
でも自身が取締役を務める会社に支払う）責任を負います（会社 120 条 4 項）。この取締役
の責任は，任務懈怠責任（会社 423 条）の特則とされ，現実の損害発生とは無関係に供
与した利益額については損害が発生したものとみなし，任務懈怠の立証責任の転換（供
与した取締役については無過失責任）とする機能を有します（相澤哲ほか編著『論点解説
新・会社法』〈商事法務，2006 年〉128〜129 頁）。

　受益者の利益返還義務（会社 120 条 3 項）と利益供与に関与した取締役の支払義務（会
社 120 条 4 項）との関係をどう理解するかは，この規制が導入された昭和 56 年商法改正
時より議論が分かれていました。一方では，① 両者は連帯の関係にあり，取締役の責任
は二次的なものであり，取締役が会社に支払をなした場合は，受益者に求償できると理
解する見解があります。他方で，② 受益者の利益返還義務と関与した取締役の責任とは
無関係であり，両者は連帯の関係にはなく，求償は発生しない（会社が二重に支払を受け
る）と理解する見解もあります。

　会社法の制定にあたって，120 条 3 項と 120 条 4 項とは連帯の関係にない（会社 120
条 4 項の連帯は，関与した取締役の間でのみ働きます）として，会社法の立案担当者は，
②の見解が会社法では採用されたと説明しています（相澤ほか編・前掲 130 頁）。

　また，違反した者には罰則が用意されています（会社 970 条 1 項）。

税法の理解

　利益供与に関する特別な税法上の処理はありません。違法な利益供与であっても，
その経済的成果を納税者が管理支配しているかぎりは，供与がなされたことを前提
とした課税がなされます（個人が収受した利息制限法違反の利息についてこのような
考え方を述べた判例として，最判昭和 46・11・9 民集 25 巻 8 号 1120 頁参照）。

　具体的には，供与を受けた者が個人の場合には利益額が収入金額となり（所税 36

条), 法人の場合には利益相当額が益金となります (法税22条2項)。供与をした法人は, 供与した利益相当額が寄附金となるので (法税37条7項), 損金算入限度額を超えた部分が損金不算入となります。

その後, 利益供与行為が否定され供与された利益が返還された場合, 利益を受けたのが個人であれば, その利益を返還した日から2か月以内に更正の請求を行うことができます (所税152条, 所税令274条)。利益を受けたのが法人であれば, その法人は返金額を損金の額に算入します。法人税の場合, 利益の返還など, 後年生じた事象による更正の請求は基本的にできないとされています (解除権の行使による契約の解除に関する, 横浜地判昭和60・7・3行集36巻7・8号1081頁)。

また, 供与を行った法人は, 返還を受けた利益相当額を益金の額に算入すべきと考えられます。これは, 企業会計上, その利益相当額が特別利益に計上されると考えられるためです。供与をした際に, 供与した利益相当額が寄附金として損金に算入されたか否かは関係ありません。

ポイント

裁判所は, 利益供与にあたるか否かという点に関し, 会社財産の浪費防止および会社の健全な運営の観点から, 各要件を実質的に検討した上, 結果的に広く規制する傾向にあります。

(山本悟＝藤間大順)

V

役員＝会社間の関係

1　取　　　引

48　競業取引

Question ─────────

　私は，スマートフォン向けゲームアプリの製作会社であるA社（取締役会設置会社）の取締役ですが，A社が以前は行っており現在は休止しているブログ運営事業を個人的に営もうと考えています。会社法または税法上の問題点を教えてください。

会社法の理解 ──────────

(1)　競業取引の概要

　取締役は一般に会社の内部事情に精通しているため，会社と競合する分野での取引を自由に認めると，会社の利益を犠牲にして自己または第三者の利益をはかるおそれがありますので，365条1項・356条1項1号は，取締役が自己または第三者のために会社の事業の部類に属する取引をしようとするときは，重要な事実を開示した上で取締役会（非取締役会設置会社においては株主総会。会社356条1項）の承認を受けなければならないと規定しています（競業避止義務）。

　会社の事業の部類に属する取引とは，会社の目的に記載されている事業に関する取引のうち，会社が実際に行っている取引と目的物（商品・役務の種類）および市場（地域・流通段階等）が競合する取引であるといわれています（江頭憲治郎『株式会社法（第7版）』（有斐閣，2017年）439頁）。会社が現に行っている事業は当然として，会社の目的に記載されていなくとも準備中の事業や一時的に休止している事業も含まれるとされています（酒巻俊雄＝龍田節編集代表・上村達男ほか編『逐条解説会社法　第4巻』（中央経済社，2008年）428頁）。また，会社が進出を検討して市場調査等を行っている地域における同一商品の販売も競合する取引に該当すると考えられています（東京地判昭和56・3・26判時1015号27頁）。なお，事業として行う取引ではなく，事業のために行う取引（たとえば，販売店舗の賃貸）などは，事業の部類に属する取引に該当しません。

(2)　競業取引による会社の損害

　Question では，ブログ運営事業は，A社において休止しているだけですから，「会社の事業の部類に属する取引」に該当するといえ，相談者の取締役は，事前に取締役会の承認を得る必要があります。

　取締役の競業取引により会社に損害が生じれば，取締役会の承認の有無とは無関係に，当該取締役はその損害を賠償しなければなりません（会社423条1項）。競業取引によって会社に損害が生じたことを立証するのは困難ですが，会社の承認を得ないまま競業取引を行っていた場合には，その取引によって当該取締役または第三者が得た利益を会社の損害と推定することとされています（会社423条2項）。

　なお，会社法制定前は，会社の承認のない競業取引を会社の取引とみなすことができる内容（介入権）の規定がありましたが，経済的利益が帰属するのみであれば損害賠償の請求と変わらないことから，会社法制定に際して削除されました。

税法の理解

　取締役が会社の承認を得ずに競業取引を行った場合には，上記のとおり，会社から取締役に対する損害賠償請求権が発生しますので，当該損害賠償請求権の金額については，会社の法人税の計算上，益金に算入すべきと考えられます。この点については，**60**「役員による背任・横領裏金」を参照してください。

ポイント

　Question では，相談者の方は，取締役会の承認を得た上で取引を行う必要があります。その場合には税務上特段の問題は生じません。

（藤井　宣行）

★ 49 利益相反取引

Question

　A 社（取締役会設置会社）の代表取締役 B が，A 社から不動産を購入するにあたって，会社法上および税法上の問題点を教えてください。

会社法の理解

(1) 利益相反取引の概要

　会社と取締役との間の直接取引を自由に認めると，取締役が会社の利益を犠牲にして自己または第三者の利益をはかるおそれがあり，自己契約・双方代理（民 108 条 1 項）と同様の問題を生じさせますので，365 条 1 項・356 条 1 項 2 号は，取締役が自己または第三者のために会社と取引をしようとするときは，重要な事実を開示した上で取締役会の承認を受けなければならないと規定しています（非取締役会設置会社においては株主総会の承認が必要です。会社 356 条 1 項）。具体的には，取締役が会社から金銭の貸付けを受ける場合や Question のような会社所有不動産の取得，会社が取締役に対する債権を免除する場合などが挙げられます。

　会社と取締役との間の直接的な取引ではなく，取締役が第三者から借入れをしている場合に，会社が当該第三者との間で連帯保証契約を締結するといった間接的な取引についても，取締役と会社の利益が相反し，自己契約・双方代理と同様の規制に服させるべきで（民 108 条 2 項参照），会社の利益を保護する必要性があることから，同様の規制がおかれています（会社 356 条 1 項 3 号，365 条）。

(2) 利益相反取引の効果

　上記の規制に違反して取締役会の承認なく行われた取引の効果については，直接取引では，当事者間では絶対的無効とされますが，第三者（たとえば不動産の転得者）との間では，第三者が悪意である場合にのみ，会社が無効を主張できるとされます（相対的無効）。間接取引の場合も，保証契約などを会社と締結した相手方が，悪意の場合にのみ会社は無効主張ができるとされています（相対的無効）。この場合の悪意とは，① 当該取引が利益相反取引に該当すること，および② 株主総会または取締役会の承認を受けていないことを当該第三者が知っていることを指します（最判昭和 46・10・13 民集 25 巻 7 号 900 頁，最判昭和 48・12・11 民集 27 巻 11 号 1529 頁）。

税法の理解

(1)　直接取引事例

　上記の利益相反取引に該当する取引であったとしても，当該取引が適正な対価で行われていれば，通常の課税関係は別として，利益相反取引であることを理由とした特別な課税関係は生じません。

　利益相反取引によって，実際に，取締役に特別な経済的利益が提供された場合には，当該提供された経済的利益に応じた課税がなされることになります。

　具体例として，会社が，その所有不動産を取締役に売却する場合に，当該不動産の時価が8000万円であるにもかかわらず，5000万円で売却したケースについて説明します。まず，この売買契約は，会社と取締役との間での売買契約という取引ですから，会社法上の利益相反取引に該当し，取締役会（または株主総会）での承認等の手続が必要となります。税務面においては，時価8000万円と5000万円の差額である3000万円という経済的価値が，会社から取締役に提供されていると評価されます（詳しくは，**46**「低額譲渡事例」を参照）。その結果，取締役は，当該3000万円について給与所得として課税されることになります。他方，会社においては，当該3000万円を損金に算入することはできません（法税34条4項・1項，法基通9-2-9 (2)）。

(2)　間接取引事例

　次に，取締役が借入れをするにあたり会社が連帯保証をする場合は，連帯保証契約は会社と債権者との間で締結されますので，会社と取締役との直接の取引ではないものの，当該取引も間接取引として会社法上の利益相反行為に該当することは上記のとおりです。税務面においてはどうでしょうか。連帯保証契約を締結しただけでは，特に経済的利益が提供されていないようにも考えられます。

　しかしながら，一般に，他人の債務を保証するということは，保証人にとっては，主たる債務者による履行が滞った際に債権者から残債務について請求されるリスクを負担することになります。保証会社等が債務者の保証人となる場合には，このようなリスクを負担することの対価として保証料が必要となります。したがって，取締役の借入れについて会社が連帯保証する場合に，取締役が会社に対して保証料を支払わない内容の契約（または通常の保証料の金額よりも低額の保証料とする契約）になっていた場合には，保証料相当額（通常の保証料の金額と実際の保証料の金額との差額）について，会社から取締役に経済的利益が提供されていると評価することができます。そのため，この場合にも，当該保証料相当額（通常の保証料の金額と

実際の保証料の金額との差額）について，取締役は給与所得として課税され，会社は法人税の損金に算入することができないこととなります（法税34条4項・1項，法基通9-2-9（8））。

ポイント

上記では，不動産の低額譲渡および会社による連帯保証のケースを紹介しましたが，他にも，会社による取締役への贈与や債務免除のように，会社から取締役に経済的価値が流入すると考えられる行為については，上記の規制対象となることがあり得ますので，ご注意ください。

（藤井　宣行）

2　役員報酬

★ **50**　　会社法上の役員と税法上の役員

Question

会社法上の役員と税務上の役員の範囲は異なるのですか。また，使用人兼務役員は，それぞれにいう役員に含まれるのでしょうか。

会社法の理解

(1)　会社法上の役員

329条1項では，役員の範囲について，取締役，会計参与および監査役をいうとされています。もっとも，指名委員会等設置会社における執行役についても，その役割面における（指名委員会等設置会社ではない会社における）取締役との類似性から，いわゆる役員に含めて考えるのが一般的です（会社則2条3項3号でも「役員」に執行役を含めています）。

なお，実務では，執行役員というポストがみられますが，執行役員は法律上の制度ではなく（当然ながら会社法上の機関でも役員でもありません），重要な使用人に対して与えられる地位（従業員の最上位層）であることが多いといわれています。

(2)　取締役の使用人・他の役員との兼務

使用人との兼務について，会社法上，取締役は，基本的に使用人との兼務が認められていますが，会社の機関設計によっては，兼務が認められない類型があります。監査等委員会設置会社における監査等委員である取締役は兼務が禁止されています（会社331条3項）。これは監査等委員を務める取締役は業務執行から独立していることが求められるからです。指名委員会等設置会社においては，業務執行からの独立性を確保するため，すべての取締役が使用人と兼務することは認められていません（会社331条4項）。

(3)　会計参与・監査役の使用人・他の役員との兼務

会計参与および監査役は，会社法上，取締役との兼任は認められず，使用人との兼務も認められていません（会社333条3項，335条2項）。会計参与と監査役の兼任も認められていません（会社335条2項）。

(4)　執行役の使用人・他の役員との兼務

執行役については，会社法上，特に使用人との兼務を禁止する条項がおかれておらず，

兼務が認められています。執行役が取締役を兼任することも，取締役会が業務執行の情報を確保するのに有益であることから認められています（会社 402 条 6 項）。なお，指名委員会等設置会社の取締役は使用人を兼任することが認められていませんから，取締役，執行役および使用人の 3 つを兼ねることは認められません。他方，執行役が会計参与を兼任することは認められず（会社 333 条 3 項 1 号），監査委員を兼ねることも認められていません（会社 400 条 4 項）。

税法の理解

(1) 法人税法上の役員

　法人税法上，会社から役員に対して支払われる報酬等の給与は，そのすべてが会社の損金に算入できるわけではなく，一定の要件を満たしたものについてのみ損金に算入することができるのですが（詳細は **51**「会社法上の役員報酬と税法上の役員給与」〜**55**「業績連動型報酬」を参照），法人税法上の役員は，下記の 3 種類にグルーピングすることができます。このうち，下記① が本来的に役員であることに対し，② および③ は役員としての地位を有していない（または役員と使用人の地位を併有している）ことから，一般に，② および③ を「みなし役員」といいます。

　① 法人の取締役，執行役，会計参与，監査役，理事，監事および清算人（法税 2 条 15 号）

　② 法人の使用人（職制上使用人としての地位のみを有する者にかぎります）以外の者でその法人の経営に従事している者（法税 2 条 15 号，法税令 7 条 1 号）

　③ 同族会社の使用人で一定持株要件を満たしており，その会社の経営に従事している者（法税 2 条 15 号，法税令 7 条 2 号）

　上記② の「職制上使用人としての地位のみを有する者」とは，支店長，工場長，営業所長，支配人，主任等法人の機構上定められている使用人たる職務上の地位をいうものとされています（法基通 9-2-5）。したがって，営業所長等の使用人としての地位しか有していない場合には，税法上の役員に該当しないことになります。

　上記② および③ では，「経営に従事している者」については，相談役，顧問その他これらに類する者でその法人内における地位，その行う職務等からみて他の役員と同様に実質的に法人の経営に従事していると認められるものが含まれるとされています（法基通 9-2-1）。具体的には，その会社の規模・組織運営状況等によって異なるでしょうが，重要な案件に関する意思決定への参加の程度や意思決定において果たしている役割等から総合的に判断することになると思われます。

(2)　使用人兼務役員の報酬・給与

　法人税法上，使用人兼務役員については，「使用人としての職務を有する役員」として定義されており，「役員のうち，部長，課長その他法人の使用人としての職制上の地位を有し，かつ，常時使用人としての職務に従事するもの」とされています（法税34条6項）。もっとも，下記の者は使用人兼務役員に含まれません（法税令71条1項）。

　①　社長，理事長

　②　代表取締役，代表執行役，代表理事および清算人

　③　副社長，専務，常務その他これらに準ずる職制上の地位を有する役員

　④　合名会社，合資会社および合同会社の業務を執行する社員

　⑤　取締役（指名委員会等設置会社の取締役および監査等委員である取締役にかぎります），会計参与および監査役ならびに監事

　⑥　前各号に掲げるもののほか，同族会社の役員のうち一定の持株要件を満たしている者

　使用人兼務役員に対する給与は，使用人としての職務に対する給与部分について，その金額が適正であれば，通常の使用人に対する給与と同様，会社の損金に算入することができます（法税34条1項かっこ書）。

ポイント

　上記のように，会社法上の役員と法人税法上の役員の範囲は異なりますので，その選任や報酬決定の際には注意が必要です。

（藤井　宣行）

51 会社法上の役員報酬と税法上の役員給与

Question

　株主総会等で決議を受けた役員報酬であるならば，法人税法上も役員給与として損金の額に算入されますか。

会社法の理解

(1)　株主総会等における役員報酬等の決議

　会社法においては，株式会社の役員は取締役，監査役，会計参与であり，株主総会の決議によって選任されます（会社329条）。株式会社と役員との関係は委任に関する規定に従うものとしています（会社330条）。委任にあっては，受任者は特約がないかぎり報酬を請求することができず（民648条1項），会社にあって支払報酬を決定するのはお手盛り防止の観点から，会社の代表者以外の会社の機関が支払報酬について決定するとされます。

　指名委員会等設置会社を除く株式会社にあっては，取締役の報酬，賞与その他の職務執行の対価として株式会社から受ける財産上の利益（これらを「報酬等」といいます）について次に掲げる事項は，定款に定めていないときは株主総会の決議によって定めます（会社361条）。この点は会計参与，監査役についても同様です（会社379条，387条）が，会計参与・監査役の取締役からの独立性を担保するために，取締役とは別に株主総会決議が必要です。

① 報酬等のうち額が確定しているものについては，その額
② 報酬等のうち額が確定していないものについては，その具体的な算定方法
③ 報酬等のうち株式会社の募集株式については，その募集株式の数の上限等
④ 報酬等のうち株式会社の募集新株予約権については，その募集新株予約権の数の上限等
⑤ 報酬等のうち次のイまたはロに掲げるものと引換えにする払込みに充てるための金銭については，次のイまたはロに定める事項
　イ　株式会社の募集株式…取締役が引き受ける募集株式の数の上限等
　ロ　株式会社の募集新株予約権…取締役が引き受ける募集新株予約権の数の上限等
⑥ 報酬等のうち金銭でないもの（株式会社の募集株式および募集新株予約権を除く）については，その具体的な内容
上記①～⑥の各事項を定め，またはこれを改定する議案を株主総会に提出した取締

役は，株主総会においてこの事項を相当とする理由を説明しなければなりません。この場合には，取締役の報酬金額を個々の取締役ごとに決議する必要はなく，株主総会では取締役，監査役，会計参与別にその支払総額を定め，各取締役の個々の報酬等は取締役会における協議，代表取締役による決定に委ねることができます。ただし，監査役会設置会社（公開会社であり，かつ，大会社であって，金融商品取引法24条1項により有価証券報告書を内閣総理大臣に提出しなければならないもの）および監査等委員会設置会社の取締役会は，定款または株主総会の決議による上記①〜⑥に掲げる定めがある場合には，その定めにもとづく取締役の個人別の報酬等の内容についての決定に関する方針に関する事項を決定しなければなりません（会社361条7項）。監査役または会計参与が2人以上いる場合において，各監査役または各会計参与の報酬について株主総会の決議がないときは，株主総会で決議された総額の範囲内において監査役または会計参与の協議によって定めるものとされています（会社379条2項，387条2項）。

　他方，指名委員会等設置会社にあっては，会社の業務執行は取締役ではなく（会社415条），執行役が行います（会社418条）。執行役と会社との関係は委任とされ（会社402条3項），執行役は，監査役設置会社の取締役と等しい立場であることから，役員と同等の立場にあるといえます（会社則2条3項4号は，会社法施行規則における「役員」の範囲に執行役も含めます）。指名委員会等設置会社では，取締役3人以上（そのうちの過半数が社外取締役（会社400条1項，3項））で組織する報酬委員会が執行役等（取締役，執行役および会計参与（会社404条2項1号））の個人別の報酬等の内容を決定します（会社404条3項）。

　指名委員会等設置会社のみならず，すべての公開会社について，報酬等の決定方針を定めた場合には，当該決定方針を事業報告書に記載することが求められるようになります。

(2)　役員賞与にかかる平成17年会社法改正の内容

　取締役に支払われる賞与は報酬に含まれるべきであるが，古くから日本では慣行として賞与は利益処分として支払われ，利益処分として支払われる賞与については取締役の報酬としての株主総会決議は不要とされてきました（平成17年改正前商法269条1項，281条1項4号）。平成17年会社法改正の下では，役員に対する賞与は，役員の職務執行の対価に含まれることを明確にしました（会社361条）。この会社法の改正を受けて会計基準においても役員賞与について費用計上を求めることになりました（企業会計基準第4号「役員賞与に関する会計基準」）。この会社法の改正は，法人税の役員給与税制に大きな影響を与え，平成18年度役員給与税制の全面的見直しにつながりました。

税法の理解

(1)　役員給与税制の全面的改正

　平成17年会社法改正，それを受けた会計基準の改正は，役員賞与は利益処分に

より支払われるという慣行を理由として役員賞与を損金不算入とした取扱いおよびその取扱いを中心とした法人税法の役員給与税制に大きな影響を与えました。役員賞与の損金不算入および従来の役員給与税制は，その取扱いの重要な論拠がなくなってしまったため，平成18年度税制改正で全面的に見直されることになりました。

その結果，法人税法において損金の額に算入される役員給与の額は，退職給与で業績連動給与に該当しないもの，使用人兼務役員の使用人分給与を除き，次のものに限定されました（法税34条1項）。

①定期同額給与，②事前確定届出給与，③特定の業績連動給与

ここでは役員報酬がテーマなので①定期同額給与について説明します（②については**53**「役員賞与」，③については**55**「業績連動型報酬」参照）。

(2)　定期同額給与

定期同額給与とは，「その支給時期が一月以下の一定の期間ごとである給与（「定期給与」という。）で当該事業年度の各支給時期における支給額が同額であるもの」をいいます（法税34条1項1号）。

なお，定期同額給与の範囲には，税および社会保険料の源泉徴収等の後の金額が同額である定期給与が含まれます（2017（平成29）年4月1日以降支給分から）。

(3)　定期同額給与に認められる改定事由

定期同額給与については同一事業年度中に支給額の改定が行われた場合には，原則として，その改定額部分については定期同額給与に該当しないことになるので，損金の額に算入されません。ただし，次に掲げる事由による改定の場合にかぎって期中の金額改定が認められ，その改定前の期間と改定後の期間においてそれぞれ同額の定期給与が支給されている場合は損金の額に算入されます（法税令69条1項）。

①　通常改定事由による改定

その事業年度開始の日の属する会計期間開始の日から3月（確定申告書の提出期限の延長の特例（法税75条の2第1項）の指定を受けている法人にあっては，その指定に係る月数＋2を加えた月数）を経過する日までにされた定期給与の改定。なお，継続して毎年所定の時期にされる定期給与の額の改定が3月を経過する日より後にされることについて特別の事情があるものも，通常の，改定事由による改定に含まれます。

②　臨時改定事由による改定

役員の職制上の地位の変更，職務の内容の重大な変更その他これらに類するやむをえない事情によりされた定期給与の改定。この場合の「その他これらに類するや

むを得ない事情」については，「3月経過日等までに予測しがたい偶発的な事情等によるもので，利益調整等の恣意性があるとは必ずしもいえないもの」としています（青木孝徳ほか『改正税法のすべて（平成19年度）』（大蔵財務協会，2007年）331頁）。

③　業績悪化改定事由による改定

法人の経営の状況が著しく悪化したことその他これに類する理由によりされた定期給与の改定。「株主などの第三者である利害関係者との関係上，役員給与の額を減額せざるを得ない事情が生じた」場合や「役員給与の減額などの経営改善策を講じなければ，客観的な状況から今後著しく悪化することが不可避と認められる」場合も業績悪化改定事由に含まれると例示されています（国税庁「役員給与に関するQ＆A（2008年12月，2012年4月改訂）」，Q1，Q1-2）。

⑷　**経済的利益と定期同額給与**

定期同額給与には，金銭による支給だけでなく経済的利益の供与の場合も含まれます。継続的に供与される経済的利益のうち，その供与される利益の額が毎月概ね一定であるものがそれに該当します（法税令69条1項2号）。通常賃料に比較し低額の役員社宅家賃，役員に対する低額利率による融資などによる経済的利益の供与等が該当します。

⑸　**過大役員給与**

役員に対する定期同額給与の額が不相当に高額な場合は，その不相当に高額部分の金額は損金の額に算入されません（法税34条2項）。この場合の不相当に高額部分の金額とは，次のいずれか多い金額です（法税令70条1号）。

①　実質基準の額

その役員の職務の内容，法人の収益および使用人に対する給与の支給状況，類似法人の役員給与の支給状況等に照らし，その役員の職務に対する対価として相当である金額を超過する部分の金額。

②　形式基準の額

役員に支給した給与の額が，定款または株主総会等の決議により定めた限度額等を超過する場合のその超過する部分の金額。なお，定款等により役員に対して支給することができるその法人の株式または新株予約権の上限数を定めている法人についての限度額は，その定められた上限数に支給時等における価額を乗じた金額とされます。

以上のような平成18年度税制改正以後の役員給与税制からすると，会社法上，

株主総会等で適法に決議された役員報酬（定期給与）であっても，法人税法上の定期同額給与の要件に該当しなければ，その該当しない部分の金額は，法人税法上は損金の額に算入されないことになります。

ポイント

　平成18年度税制改正後の役員給与税制は，損金算入できる役員給与を限定し，特に定期同額給与については，支給金額の改定事由を厳格に定めています。したがって，改定に関する要件の確認および株主総会，取締役会等の議事録，その他の関係書類の整備が重要です。

（藤曲　武美）

Question

　父が代表取締役を務める会社に取締役として入社し，営業部部長として従業員を兼務することになりました。支払われる給与の課税関係はどのようになりますか。

会社法の理解

(1)　使用人兼務取締役とは

　使用人（従業員）は，多くの場合，会社と雇用契約等の労働契約を結び，労務の対価として給与の支払を受けます。他方，会社法上の役員（取締役，会計参与，監査役。会社329条）と会社との法律関係は，委任契約であると解されており（会社330条），特約がないかぎり報酬請求権は発生しません（民648条）が，職務の対価として定款もしくは株主総会決議によって定められた報酬を受け取ります（会社361条）。このように，使用人と役員は，ともに会社のために働いてその対価を受け取っているわけですが，その法的地位はまったく異なっています。

　後述の税法上の取扱いが影響していますが，会社には，使用人と取締役とを兼務している人がいます。このような人のことを，使用人兼務取締役といいます。取締役会設置会社では，取締役には，原則として業務執行権限が認められず，代表取締役などの業務執行取締役のみが業務執行を行います（会社363条，2条15号イかっこ書）。使用人兼務取締役は，代表取締役の指揮・命令の下，その業務執行権限の一部を委任され，従業員として行使します（その他の業務執行取締役。会社2条15号イかっこ書）。「取締役営業部長」などといった肩書をもっている人がこれにあたります。

(2)　使用人兼務取締役が受け取る報酬

　使用人兼務取締役が会社から受け取る給与・報酬については，取締役の職務の対価として受け取る部分と，使用人の労務の対価として受け取る部分とに分けて考えることができます。このうち，取締役の職務の対価部分については，会社法は，いわゆるお手盛り防止のため，定款に規定するか，もしくは，株主総会決議によって決めることを定めています（会社361条1項）。使用人の労務の対価部分は，最高裁判決によれば，取締役の報酬額には使用人兼務取締役の使用人分給与は含まれない旨を明示して取締役全員の報酬総額を改定する株主総会決議がされた場合において，少なくとも使用人として受ける給与の体系が明確に確立されており，かつ，使用人として受ける給与が同体系によって支給されているかぎり，同株主総会決議は旧商法269条（会社361条1項）に違反せず，

同条の脱法行為にもあたらないとしています（最判昭和 60・3・26 判タ 557 号 124 頁）。

　なお，指名委員会等設置会社における執行役も使用人を兼務することができますが，使用人として受け取る報酬等の内容についても，報酬委員会が決定するとされています（会社 404 条 3 項後段）。

⑶ 取締役の使用人兼務の状況

　法人税法は，「使用人兼務役員」という概念を用いて，使用人兼務取締役が会社から受け取る給与・報酬のうち，使用人の労務の対価として受け取る部分については，役員給与の損金不算入規定の適用除外としています。この使用人兼務役員とされる者については，後述するとおり細かい要件があります。

　これに対して，会社法は，使用人兼務取締役について，指名委員会等設置会社を除いて，特に制限を設けていません（指名委員会等設置会社の取締役は，そもそも使用人を兼務することができません。会社 331 条 4 項）。

　実務においては，監査役設置会社および監査等委員会設置会社では代表取締役を頂点とする業務執行の階層性を形成するために，使用人兼務取締役の制度がよく用いられます。そのため，業務分野ごとに担当を決めるような場合を除いて，取締役会が選定する会社法 363 条 1 項 2 号の業務執行取締役の制度は，ほとんど利用されていません。

＿税法の理解＿

⑴ 使用人兼務役員とは

　法人税法 34 条 1 項および 6 項は，「役員（社長，理事長その他政令で定めるものを除く。）のうち，部長，課長その他法人の使用人としての職制上の地位を有し，かつ，常時使用人としての職務に従事するもの」を「使用人としての職務を有する役員」（使用人兼務役員）として，使用人の労務の対価として受け取る給与については，役員給与の損金不算入規定の適用除外とすることを定めています。

　ここでいう「部長，課長その他法人の使用人としての職制上の地位」とは，「支店長，工場長，営業所長，支配人，主任等法人の機構上定められている使用人たる職務上の地位」をいい，総務担当，経理担当のように「法人の特定の部門の職務を統括しているもの」はこれにあたりません（法基通 9-2-5）。また，事業内容が単純で使用人が少数であるなどの事情により，法人が使用人について特に機構としてその職務上の地位を定めていない場合，「当該法人の役員で，常時従事している職務が他の使用人の職務の内容と同質であると認められるもの」については，使用人兼務役員として取り扱うことができるものとされています（法基通 9-2-6）。

⑵ 使用人兼務役員となることができない者（除外要件）

　法人税法施行令 71 条 1 項は，法人税法 34 条 6 項が除外している「政令で定める

もの」（使用人兼務役員とされない者）を，以下のとおり定めています。

① 代表取締役，代表執行役，代表理事および清算人

② 副社長，専務，常務その他これらに準ずる職制上の地位を有する役員

③ 合名会社，合資会社および合同会社の業務を執行する社員

④ 取締役（指名委員会等設置会社の取締役および監査等委員である取締役にかぎる），会計参与および監査役ならびに監事

⑤ 同族会社の役員のうち次に掲げる要件のすべてを満たしている者

　　ⓐ　その会社の株主グループをその所有割合の大きいものから順に並べた場合に，当該役員が次のいずれかの株主グループに属していること。

　　　　㋐　所有割合が 50％ を超える第 1 順位の株主グループ

　　　　㋑　第 1 順位と第 2 順位の株主グループの所有割合を合計してはじめて 50％ を超える場合のこれらの株主グループ

　　　　㋒　第 1 順位から第 3 順位の株主グループの所有割合を合計してはじめて 50％ を超える場合のこれらの株主グループ

　　ⓑ　当該役員の属する株主グループの所有割合が 10％ を超えていること。

　　ⓒ　当該役員（その配偶者およびこれらの者の所有割合が 50％ を超える場合におけるほかの会社を含みます）の所有割合の合計が 5％ を超えていること。

Question では，これらの除外要件に該当していなければ，会社が支払う給与・報酬のうち使用人給与部分については，損金不算入規定の適用除外となります。受け取る側については，取締役の対価部分と使用人の対価部分とを特に区別することなく，給与所得課税がなされます。

なお，特許業務法人がその社員に支給した給与のうち歩合給の部分につき，「特許業務法人の社員は，法人の経営に従事していると一般的・類型的に評価し得るもの」として「役員」に該当するとした上で，同社員は「特許業務法人の経営に係る業務を含む業務の執行をする権利を有し，定款又は総社員の同意によって代表社員が定められた場合であっても，代表権以外の業務を執行する権利を有する」ことや「業務を執行する役員と特許業務法人との関係には民法の委任に関する規定が準用され」ることを理由に，「弁理士である役員が従事する具体的な職務の中に使用人である弁理士が行う職務と同種の職務が含まれている場合であっても，それは使用人としての立場で従事するものではないと一般的・類型的に評価し得る」として，同社員は使用人兼務役員には該当せず，歩合給部分は損金に算入できないとした裁判例があります（東京地判平成 29・1・18 税資 267 号順号 12956，東京高判平成 29・

8・28 税資 267 号順号 13042)。弁護士法や税理士法にも，法人社員の業務執行権限について，弁護士法とほぼ同様の規定がおかれているため（弁護士法 30 条の 12，税理士法 48 条の 11），弁護士法人および税理士法人の社員も，税務上は同様に取り扱われるものと考えられます。

ポイント

　法人税法の使用人兼務役員は，会社法のそれとは違って，その範囲が限定されていますので，注意が必要です。

（山崎　笑）

★ 53　役 員 賞 与

Question

会社の今期決算において過去最高の利益が出たため，従業員に対して臨時のボーナスを支給したほか，取締役に対してもボーナスを支給しました。この役員に対して支払ったボーナスを損金に算入することができますか。

会社法の理解

(1)　会社法制定前の役員賞与についての考え方

平成 17 年改正前商法は，269 条において，「取締役ガ受クベキ報酬」については，定款もしくは株主総会決議によってこれを定めるとしていました。同条の規定している報酬とは，取締役の職務の対価（月額俸給）であり，多くの場合は，従業員に対する給与と同様に，定期的に支給されるものを指しているとされていました。

他方，会社から取締役に対して支給される金員（経済的利益）としては，定期的に支払われる上記報酬とは別に，会社に利益が出た場合などに臨時に支給される賞与もあります（さらに，退職金もありますが，これについては 54「退職慰労金」の項目で解説します）。いわゆるボーナスです。この賞与は，従業員だけでなく役員に対して支給されることもありますが，このような場合の役員賞与の法的性質については，職務執行の対価ではなく，各決算期において利益が出た場合に，同利益に貢献した取締役の功労を労うためのものであって，利益処分の一種であると解されていました。

そして，取締役の報酬を株主総会決議によって決めるのは，取締役によるお手盛りの防止といういわば政策的理由によるものであるのに対して，取締役の賞与については，平成 17 年改正前商法 281 条 1 項 4 号および 283 条が会社の利益処分案について株主総会の承認を得なければならないとしていることから，当然に株主総会決議が必要であるのだと考えられていたのです。

(2)　会社法制定後の役員賞与についての考え方

2005（平成 17）年に制定された会社法では，361 条で「取締役の報酬等」という規定が設けられ，取締役に対する「報酬，賞与その他の職務執行の対価として株式会社から受ける財産上の利益」については，すべて，定款もしくは株主総会決議にもとづき，その金額や算定方法を定めると規定されました。つまり，取締役に対する賞与も，報酬と同様に取締役の職務執行の対価に含まれるとされ，「取締役の報酬等」として統合され，会社の利益処分として賞与を支給することはできなくなりました。また，指名委員会等

設置会社では，社外取締役が過半数を占める報酬委員会において個人別報酬の額が決定され，報酬委員会が定める報酬の決定方針が開示されることから，お手盛りの危険がないとして定款・株主総会決議で決定する必要はありません。

　指名委員会等設置会社を除く株式会社においては，賞与については，独自（賞与のみ）の報酬決議をするのではなく，月額俸給の総額規制の枠（上限）に含ませる方法で，月額俸給についての株主総会決議の中に組み込まれている場合が多い状況があります。もっとも，令和元年の会社法改正により監査等委員会設置会社および有価証券報告書を提出する監査役会設置会社では，報酬の決定方針の決定が求められ（会社 361 条 7 項），事業報告において方針の開示が義務付けられますから（会社則 121 条改正予定），賞与部分と月額報酬部分は区分して決定するべきでしょう。

　なお，近時は，取締役の報酬につき，会社の業績に連動しない固定給的なものの比率が大きくなることは，株主利益に取締役のインセンティブが合致していないと評価されます。これを受けて，上場企業において事後的な給付となる賞与を給付するのではなく，会社の業績に連動して報酬額が変動する業績連動型報酬が採用されることも多くなりました。

税法の理解

(1)　会社法制定前の役員賞与の損金不算入

　会社法が制定される前の法人税法においては，会社から役員に対して支給される給与について，定期に支給される報酬と臨時的に支給される賞与とに分けて考え，報酬は原則として損金算入できるが，賞与は原則として損金算入できないとされていました。これは，法人税法は，会計上の費用を損金のベースとしているところ，前述したように，平成 17 年改正前商法においては，賞与は利益処分の一種と解されていたため，賞与は会計上の費用にはあたらないと考えられていたからです。

(2)　会社法制定後の役員賞与の損金算入

　会社法の制定により，役員賞与も取締役の職務執行の対価として一本化されましたので，従前のように，報酬か賞与かで損金算入の可否を判断することはできなくなりました。

　そこで，新たに，「役員給与」という概念が設けられました。法人税法 34 条は，役員給与について，原則として損金不算入とした上で，同条 1 項 1 号～3 号に定める類型に該当する場合にかぎって，損金に算入できるものとしました。なお，この役員給与には，債務の免除による利益その他の経済的な利益も含まれます（法税 34 条 4 項）。

　役員賞与についても，これら類型に該当するかどうかで，損金算入の可否が決ま

ります。

① 定期同額給与

その支給時期が1か月以下の一定の期間ごとである給与で，当該事業年度の各支給時期における支給額が同額であるもの。

② 事前確定届出給与

当該役員の職務につき，所定の時期に確定した額の金銭または確定した数の株式もしくは新株予約権もしくは確定した額の金銭債権にかかる特定譲渡制限付株式もしくは特定新株予約権を交付する旨の定めにもとづいて支給する給与で，定期同額給与および業績連動給与のいずれにも該当しないもの。なお，非同族会社が定期給与を支給しない役員に対して支給する給与以外の給与で金銭によるものについては，政令で定める手続によって納税地の所轄税務署長にその定めに関する届出をしておく必要があります。中小企業における役員賞与を損金算入する際には，この事前確定届出給与の類型が用いられます。また，平成29年度税制改正により，株式または新株予約権の支給も事前確定届出給与に含まれることになったため，対象期間経過後に確定数の株式を交付する，いわゆるリストリクテッド・ストック・ユニット（RSU）が，損金算入の対象に含まれることになりました。

③ 業績連動給与

同族会社に該当しない会社が，その業務執行役員に対して支給する給与で，会社の業績や利益額に連動して金額が変動するもの。ただし，法人税法および法人税法施行令が定める厳しい要件をクリアしている必要があります（業績連動給与の詳細については，**55**「業績連動型報酬」を参照してください）。

したがって，冒頭の *Question* でも，これら損金算入の要件を満たしていれば，役員に対して支払ったボーナスを損金に算入することができます。

なお，役員給与であっても，法人が，事実を隠ぺいし，または仮装して経理をすることによりその役員に対して支給する給与の額は，損金の額に算入されません（法税34条3項）。また，①役員給与のうち，その役員の職務の内容，その会社の収益および使用人に対する給与の支給状況，その会社と同種同規模の事業を営む会社の役員に対する報酬などからみて過大と認められる部分や，②定款の規定または株主総会の決議により報酬の支給限度を定めている会社が，その支給限度を超えて支給した場合のその超える部分については，損金には算入されません（法税34条2項，法税令70条1号）。

また，法人から役員に対して役員給与を支払う場合，受け取る役員にとっては給

与所得（所税28条1項）に該当しますので，所得税法183条1項により，源泉徴収
をする必要があります。

> ### ポイント
>
> 　役員に対して支払われる賞与については，会社法の制定前と後でその取扱いが大きく
> 異なっています。さらに，賞与を損金に算入するためには，一定の要件を満たす必要が
> ありますので注意が必要です。

（山崎　笑）

★★★ 54　退職慰労金

Question

　会社の経営状態が悪化したため，役員退職慰労金制度を廃止することにして，役員に対して退職慰労金の打切支給をする旨の株主総会決議を行いました。この退職慰労金に対する課税関係はどうなりますか。

会社法の理解

(1)　役員への退職慰労金

　多くの会社では，従業員・役員に対して退職慰労金を支給する制度を設けています。従業員に対する退職慰労金は，就業規則や賃金の定めと同様に，労働基準法等の労働特別法に違反しない範囲で，労働契約の内容として自由に定めることができます。他方，役員に対する退職慰労金は，退任した役員に対して支払われるものですが，在職中の職務執行の対価の後払いの性質を有していますので，361条1項の「取締役の報酬等」に該当し，定款もしくは株主総会決議によって，その金額を定めなければなりません。

　取締役の月額報酬を定める株主総会決議においては，総額（最高限度額）を明示した上で，具体的な支給金額や支給方法等については取締役会や取締役に一任する旨の決議がなされる場合が多いですが，退職慰労金を定める株主総会決議においては，総額（最高限度額）の明示はせずに，具体的な支給金額や支給方法等については取締役会や取締役に一任する旨の決議がなされることが多くあります。これは，年度によっては退任取締役が1人しかいない場合もあり，そのような場合に金額を明示した決議をすると，必然的に個人への支給額が明らかになってしまうためです。このような決議が，361条1項に反しないか問題となりますが，判例は，無条件に一任することは許されないとしつつ，「会社の業績はもちろん，退職役員の勤続年数，担当業務，功績の軽重等から割り出した一定の基準」に従うべき趣旨である決議や，「明示的もしくは黙示的に，その支給に関する基準を示し，具体的な金額，支払期日，支払方法などは右基準によって定めるべきものとして，その決定を取締役会に任せる」決議については，株主総会において一定の金額の枠を決定するものであり，有効であるとしています（最判昭和39・12・11民集18巻10号2143頁，最判昭和48・11・26判時722号94頁等）。このような取締役会や取締役に退職慰労金についての一定の裁量を与える決議を行う場合，書面投票制度を利用する会社においては，株主に交付する株主総会参考書類に，具体的な支給金額等についての一定の基準を記載しておくか，同基準を会社に備置開示等しておく必要がありま

す（会社則82条2項。書面投票制度を採用しない会社でも，支給基準を株主が推認し得る状況であることが必要です。また，責任免除を受けた役員等に対し退職慰労金を与える議案を提出する場合について，会社則84条の2も参照）。

(2) 退職慰労金制度の廃止にともなう打切支給

近年，上場企業において，役員への退職慰労金制度を廃止する会社が増えてきています。これは，株式持合いが崩れ，機関投資家等のいわゆる「物言う株主」が増えたことで，会社の業績と連動した報酬の支給が望ましいとして，報酬が後払いとなり，年功に応じる功労金としての性格を有する退職慰労金には否定的な評価がなされるようになったからです。受託者を規律するスチュワードシップコードを採用する投資家・信託銀行にあっては，議決権行使の方針として，会社の業績が悪化したときや不祥事があったときには退職慰労金の贈呈につき肯定的な判断をしないという議決権行使方針を明示するようになりました。このため，退職慰労金を業績連動型報酬やストックオプションに振り替える会社も増えています（**55**「業績連動型報酬」，**56**「新株予約権を用いる報酬（ストックオプション）」を参照）。

退職慰労金制度を廃止する場合，すでに役員として在任していた期間に対応する退職慰労金想定額（制度廃止時に退職したものと仮定して計算した退職慰労金額）を，打切支給する会社が多いようです。これは，当初の説明と異なる退職慰労金額を支給することが，退職取締役の期待権を侵害する不法行為となる可能性があるためです。この場合，退職慰労金の打切支給の決議案を株主総会に提出することになります。その際には，打切支給額の計算の基準となる階級や標準報酬額を明らかにしておくとともに，具体的な支給時期についても定めておく必要があります。その他，決議後に，役員の不祥事が発覚した場合の対応などについて定めておく場合もあるようです。

なお，すでに株主総会決議で支給が決定されている場合（退職金を年金として支出するなどの場合）は，民法648条の報酬の特約が成立していますので，再度の株主総会決議を行ったとしても，退職取締役の同意がないかぎり，これを一方的に廃止することはできません（最判平成22・3・16判タ1323号114頁）。

税法の理解

(1) 退職慰労金に対する課税

退職慰労金の支給を受けた役員は，同支給を退職所得として申告することができるでしょうか。最高裁は，退職所得に該当するための要件として，① 退職すなわち勤務関係の終了という事実によってはじめて支給されること，② 従来の継続的な勤務に対する報償ないしその間の労務の対価の一部の後払いの性質を有すること，③ 一時金として支払われること，の3要件を満たす必要があるとしています（最判昭和58・9・9民集37巻7号962頁）。退職所得に該当しない場合は，給与所得，一

時所得，もしくは雑所得として申告することになります。

　なお，①の要件については，実際に会社を退職していなくとも，役員としての地位や職務の内容の大きな変化や，分掌変更による給与の激減など，実質的に退職したと同様の事情があったと認められる場合も含まれます（法基通9-2-32）。

　退職慰労金の支給を行った会社は，同退職慰労金を損金に算入できるかが問題となります。法人税法34条1項柱書かっこ書は，損金不算入となる役員給与から業績連動給与に該当しない退職給与（この退職給与とは，所得税法の退職所得と同義であると解されています）を除いており，退職給与で業績連動給与に該当しないものの損金算入を原則として認めていますが，同条2項により，「不相当に高額な部分の金額」については，損金不算入となります。不相当に高額かどうかは，当該役員が当該会社の業務に従事した期間，退職の事情，当該会社と同種の事業を営む法人でその事業規模が類似するものの役員に対する退職給与の支給の状況等に照らして決められます（法税令70条2号）。

(2)　打切支給された退職慰労金に対する課税

　では，冒頭の*Question*のように，退職慰労金が打切支給された場合の課税関係はどうなるのでしょうか。

　まず，支給を受けた役員は，同支給を退職所得として申告できるのでしょうか。打切支給の場合には，上記の退職所得の3要件のうち，その支給時期との関係で，特に①の要件が問題になります。取締役の在任期間中に打切支給の決議が行われたが，実際の支給は役員の退任時に行われた場合は①の要件を満たしますが，決議後すぐの在任期間中に支給が行われた場合は，①の要件を満たさないことになるからです。

　次に，支給を行う会社においては，損金への計上ができるのか，できるとすればその時期はいつかが問題となります。取締役の在任期間中に打切支給の決議が行われ，実際の支給も在任期間中になされた場合，上記のとおり退職所得の要件を満たさず，法人税法34条1項柱書かっこ書の退職給与にも該当しないことになりますので，原則として損金算入は認められません。では，在任期間中に株主総会決議が行われたが，実際の支給は当該役員の退任時とされた場合はどうでしょうか。この場合，退職慰労金の債務が確定するのは，決議が行われた事業年度ではなく，実際に支払が行われた事業年度であると考えられますので，実際に退職した事業年度での損金算入が可能であると考えられます。

ポイント

　役員に対する退職慰労金は，その支給方法や支給時期によって，所得分類や損金算入の可否が大きく変わってくることになりますので，株主総会に決議案を提出する際には，課税問題も含めて内容を検討する必要があります。

（山崎　笑）

55 業績連動型報酬

Question

　役員の士気を高めるために，固定金額の報酬のほかに，会社の業績に連動して金額が変動する報酬（前事業年度の営業利益の数％相当額）を上積みして支給する仕組みを導入しようと考えています。税務上，何か気をつけることはありますか。

会社法の理解

(1)　役員報酬の定め

　指名委員会等設置会社を除く，会社法上の役員（取締役，会計参与，監査役。会社329条）の報酬については，定款もしくは株主総会決議によって定めます（会社361条1項）。

　各取締役の具体的な報酬額や支払方法にいたるまで報酬に関するすべての事項をあらかじめ定款もしくは株主総会決議で定めておく場合もありますが，実務では，定款もしくは株主総会決議においては，全取締役に対する報酬の総額（最高限度額）のみを定めた上で，各取締役への具体的な支給額・時期・方法については，取締役会もしくは取締役に一任する方法が多くの場合とられています。上限額を設定するのは，月額俸給部分であることが多いですが，それに賞与に相当する部分も含めて，上限額を設定することもあります。

　これは，報酬の最高限度額さえ決めておけば，取締役によるお手盛りの弊害を防止することができると考えられているためです。上限額に変更がないのであれば，毎期改めて報酬決議をする必要はありません。なお，監査等委員会設置会社および有価証券報告書を提出する監査役会設置会社（公開会社でありかつ大会社であるものにかぎります）の場合には，令和元年改正により，株主総会において定められた上限の中での個々の報酬の決定方針について取締役会で決定しなければならないとされました（会社361条7項。監査等委員会設置会社ではその決定を取締役に委任することは認められていません（会社399条の13第5項7号））。経営者のお手盛り防止から一歩進め，株主による監督の要請を考慮したためです。また，指名委員会等設置会社を除く会社では，報酬が相当である理由を株主総会で説明しなければならないとされました（会社361条4項）。

　指名委員会等設置会社では，取締役・執行役の報酬は，報酬委員会が決定しますので（使用人としての報酬部分も決定します。会社404条3項），株主総会でなされることはありません。報酬委員の過半数が社外取締役であることから，お手盛りの危険性が低いことが理由であり，報酬委員会は，個人別の報酬にかかる決定の方針を定め（会社409条

1項），事業報告に記載し（会社則121条6号），株主に開示します。

(2)　業績連動型報酬の定め

　報酬金額の定め方については，年額や月額での固定金額の枠を決めておく方法のほかに，営業利益等の金額に連動して変動する金額の枠を決めておく方法もあります。指名委員会等設置会社を除く会社において，固定枠に加えて変動枠もあわせて株主総会で報酬決議をするのであれば，具体的には，以下のような決議をします。

　「報酬額を，固定枠として月額〇〇〇万円以内，変動枠として前営業年度の当期利益の〇％以内の月額換算額（上限を〇〇万円とし，下限を0円とする）の合計額とする」。

　このような会社の業績や利益額に連動して金額が変動する報酬のことを，業績（利益）連動型報酬といいます。変動枠を設けておくと，会社の業績が向上すれば，直接に役員の報酬額も上昇するわけですから，役員としては，会社の業務執行を行う上での強いインセンティブとなります。また，取締役をはじめとする役員は，会社の業務執行の対価としての報酬を受領しているわけですから，業務執行の結果である業績と報酬額とが連動することは，合理的な役員報酬のあり方であるともいえます。

　なお，このような業績連動型報酬は，会社法上は，361条1項2号の「報酬等のうち額が確定していないもの」に該当し，固定報酬に関する同項1号とは別個の決議が必要であり，具体的な算定方法を明示して株主総会の決議で決定しなければなりません。もっとも，賞与と同じように月額報酬とあわせて上限額を設定し，その枠内での個人別報酬の決定方法が固定枠と変動枠とに分類されているとして，固定枠と変動枠とを合算した上限額を1つの株主総会報酬決議とすることも可能です（監査等委員会設置会社および有価証券報告書を提出する監査役会設置会社（公開会社でかつ大会社であるものにかぎります）の場合には，取締役会で定める決定方針としてその比率を決定しておくことが求められます。ただし，変動枠分の報酬が跳ね上り，株主総会で決定した上限を超える可能性があることからすれば，別途の決議をした方が望ましいと思われます。また，上限額を変更しないかぎりは，新たな株主総会決議は不要です）。

税法の理解

(1)　業績連動型報酬の損金算入の可否

　旧法人税法において，業績連動型報酬は，およそ損金算入が認められる余地がないものと考えられてきました。すなわち，法人の利益に連動する方法によって役員給与の額を事後的に定めてこれを損金に算入することを認めれば，利益が出ても同利益に連動して増加する役員給与を損金に算入することで，法人税の課税所得額を恣意的に減少させることができてしまうと考えられていたのです。

　しかし，前述したように，業績連動型報酬制度を設けることは役員と会社の双方にとってメリットがあり，職務執行の対価の算定方法としても合理性があります。

そこで，会社法制定後の法人税法においては，支給時期や支給額に対する恣意性を排除するための一定の要件をクリアすれば，業績連動型報酬（法人税法における名称は「業績連動給与」）についても損金に算入できることとなりました（法税34条1項3号）。

なお，平成29年度の税制改正により，損金算入できる業績連動給与の範囲に，株式または新株予約権による給与が新たに追加されました（法税34条1項3号イ柱書）。

(2)　業績連動型報酬の損金算入の要件

役員に対する業績連動給与を損金に算入するための要件は，以下に記載のとおりです。なお，業績連動給与に該当する退職給与は原則損金不算入ですが（法税34条1項柱書かっこ書），以下の要件を満たせば損金算入できます。

①　非同族会社であるか同族会社の場合は非同族会社との間に完全支配関係があること（法税34条1項3号柱書かっこ書）。

②　支給を受ける役員が業務執行役員であること（法税34条1項3号柱書）。

ここでいう「業務執行役員」とは，取締役会設置会社における代表取締役および取締役会の決議によって業務を執行する取締役として選任された者，指名委員会等設置会社における執行役および，これら役員に準ずる役員を指しており（法税令69条9項），取締役会設置会社における代表取締役以外の取締役のうち業務を執行する取締役として選定されていない者，社外取締役，監査役および会計参与は，これに含まれません（法基通9-2-17）。

③　業務執行役員全員に対して，損金算入するためのすべての要件を満たした業績連動給与が支給されていること（法税34条1項3号柱書）。

④　報酬の算定方法が，有価証券報告書に記載された当該事業年度の利益に関する指標を基礎とした客観的なものであること（法税34条1項3号イ柱書）。

この要件によって，有価証券報告書の提出義務のない非公開会社は，事実上，業績連動給与を損金に算入することはできないことになります。

⑤　支給される業績連動給与が，金銭の場合は確定額を，株式または新株予約権の場合は確定した数を，それぞれ限度としているものであること（法税34条1項3号イ(1)）。

金銭の場合の「確定額」とは，その支給額の上限が具体的な金額をもって定められていることをいい，「経常利益の○○％に相当する金額を限度として支給する」という定め方は，これにはあたりません（法基通9-2-18）。

⑥　すべての業務執行役員に対して支給する業績連動給与の算定方法が同じものであること（法税34条1項3号イ(1)）。

⑦　業績連動給与の算定方法が，職務執行期間開始日の属する会計期間開始の日から3か月を経過する日までに決定されていること（法税34条1項3号イ(2)，法税令69条13項）。

⑧　業績連動給与の算定方法が，株主総会決議，報酬諮問委員会に対する諮問その他の手続を経た取締役会の決議等の適正な手続を経て決定されていること（法税34条1項3号イ(2)，法税令69条16項）。

⑨　業績連動給与の算定方法が，⑦の報酬の決定または手続の終了の日以後遅滞なく，有価証券報告書に記載され，かつ開示されていること（法税34条1項3号イ(3)）。

ここでいう客観的な算定方法の内容の開示とは，業務執行役員のすべてについて，当該業務執行役員ごとに，その業績連動給与の算定の基礎となる利益に関する指標，支給の限度としている確定額，客観的な算定方法の内容を開示することをいいます（法基通9-2-19）。

⑩　金銭による給与の場合は業績連動指標が確定した日の翌日から1か月以内，特定新株予約権で無償で取得されまたは消滅する新株予約権の数が役務提供期間以外の事由により変動するものの場合は，法税令69条16項または17項の手続終了の日の翌日から1か月以内，株式または新株予約権による給与の場合は当該確定した日の翌日から2か月以内，にそれぞれ交付され，または交付される見込みであること（法税令69条19項1号）。

このうち，金銭での支給の場合（法税令69条19項1号イ(1)）における「業績連動指標の数値が確定した」日とは，定時株主総会において計算書類の承認を受けた日をいいます（法基通9-2-20）。

⑪　損金経理をしていること（法税令69条19項2号）。

ポイント

業績連動給与を損金算入するためには，厳しい要件をクリアする必要があります。支給を決定する前に，慎重な検討が必要です。

（山崎　笑）

★ **56** 新株予約権を用いる報酬（ストックオプション）

Question

　当社は上場企業ですが取締役および従業員のモチベーションアップのためにストックオプションの発行を検討しています。ストックオプションを発行した場合の課税関係について教えてください。

会社法の理解

(1)　ストックオプションとは

　ストックオプションとは，業績達成意欲向上のために自社の取締役や従業員（以下「取締役等」）に与える新株予約権をいいます。ストックオプションの付与を受けた者は，あらかじめ募集事項に定めた条件に従って将来の一定期間に渡り，自身の会社の株式の交付を受ける権利を有します。そしてストックオプションの権利行使により行使価格に相当する金銭を会社に払い込み，取得した株式を売却することでキャピタルゲインを得ることができます。

(2)　会社の手続

　ストックオプション発行の手続は募集新株予約権の発行と同じです（**23**「新株予約権付社債」を参照）。募集新株予約権の発行にあっては，新株予約権の引受けに際して払込みをすることが要求されず，新株予約権を行使するときまでに募集新株予約権にかかる払込みをすればよいとされます（会社246条3項）。また，新株予約権者は金銭の払込みに代えて会社に対する債権をもって相殺することができることとされました（会社246条2項）。これにより取締役等が会社に労務提供をすることで取得した報酬債権をもって新株予約権の対価と相殺するという法的構成に整理された結果，金銭の払込みを要しない場合でも有利発行には該当しないこととされました（会社238条3項）。

　付与対象者が取締役の場合にはストックオプションも取締役の報酬規制の対象になります。取締役の報酬については，会社法361条1項において「報酬等のうち額が確定しているものについては，その額」，「報酬等のうち額が確定していないものについては，その具体的な算定方法」，「報酬等のうち金銭でないものについては，その具体的な内容」を株主総会決議によって定めることとされています。このため，ストックオプションの発行方法には，その評価額に相当する報酬の支給決議をし，その報酬債権との相殺により発行する方法とストックオプションそのものを非金銭報酬として発行する方法の2通りがあり，前者の場合には「額」を後者の場合には「内容」の決議が必要でした。

しかしながら「額」が決定される場合にはストックオプションの内容が株主には示されないまま株主総会決議をしなければならなくなり，後者の場合とのアンバランスが問題となりました。このため令和元年会社法改正においては，「額」を決定する場合にも，募集新株予約権の数の上限などを開示させることになりました（会社361条1項5号ロ）。また，報酬として上場会社が交付する新株予約権の発行においては，従来必要とされていた「権利行使価格またはその算定方法」を定める必要はないものとされ，これにより権利行使価格ゼロのストックオプションの発行が可能となります（会社236条3項）。株主総会の報酬決議（会社361条）があれば，公開会社では取締役会決議によりストックオプションの発行は可能となります（会社240条1項）。

　ストックオプションの価値算定が困難な非上場の公開会社においては，そもそもストックオプションとして付与する新株予約権の価値が判明せず，有利発行決議を要する可能性があることから，実務上は株主総会の特別決議を経ておく必要があります（会社240条1項，238条2項・3項，309条2項6号）。公開会社でない株式会社にあっては，ストックオプションの発行には常に，株主総会の特別決議が必要です（会社238条2項，309条2項6号）。

税法の理解

(1)　取締役等の課税関係

a)　課税関係の概要

　ストックオプションとして新株予約権を取得した取締役等は，ストックオプション取得時には課税されず，権利行使時に行使時の株価と権利行使価額との差額について給与課税され，その後株式を売却したときにその売却益に対して株式譲渡益課税を受けるのが原則的な課税関係となります（**23**「新株予約権付社債」を参照してください）。しかし，この原則的な取扱いでは，株式を売却していない権利行使時に課税されるため納税資金の確保が難しく，また給与課税となることで株式譲渡益課税に比べて税負担が大きくなります。そこでインセンティブプランとしての制度設計を税制面からも後押しするために，取締役等に付与されるストックオプションのうち下記 b) の要件を満たすもの（税制適格ストックオプション）については，権利行使時には課税を行わず，株式売却時に売却価額と権利行使価額との差額全額が株式売却益課税の対象とされます。これにより，ストックオプションの付与を受けた取締役等は，株式を売却して資金化してから利益の20%（所得税15%（復興特別所得税を除きます），住民税5%）の税金を支払えば済むこととなります。

b)　税制適格要件（租特29条の2）

　税制適格要件は**図表56**の1〜7になります。このうち3〜7の要件は新株予約権

にかかる契約書で定められている必要があり，結果的にこれらの要件を満たしていても契約書に定めがなければ税制適格とはなりません。また，付与対象者には監査役は含まれませんので，監査役に付与するストックオプションは税制適格ストックオプションには該当しません。

図表 56-1　税制適格要件

税制適格ストックオプション	
1.　付与対象者	自社または 50% 超の株式を保有する関係会社の取締役，執行役または使用人（その相続人を含む） ※ただし一定の大口株主に該当する者を除く
2.　権利行使価額	1 株あたり権利行使価額が契約締結時の 1 株あたり価額（時価）以上であること
3.　新株予約権の発行価額	無償
4.　権利行使期間	付与決議の日から 2 年経過後 10 年以内
5.　年間権利行使限度額	年間 1200 万円以下
6.　譲渡制限	譲渡禁止
7.　その他の税制適格要件	①　新株予約権の行使が会社法に反しない付与決議の下で行われるもの
	②　権利行使により取得した株式は，一定の方法によって株式の取得後直ちに付与会社を通じて証券会社などに保管の委託などがなされること
	③　権利者が新株予約権の付与決議日において大口株主およびその特別利害関係者に該当しないことを誓約し，かつ，新株予約権行使日の属する年における新株予約権行使の有無について記載した書面を会社に提出すること

(2)　発行会社の課税関係

a)　源泉徴収手続

　ストックオプション（税制適格ストックオプションを除く）の権利行使があった場合には，行使時の株価と権利行使価額との差額が給与所得として課税されますので，発行会社において源泉徴収の手続が必要になります。通常の給与にかかる源泉徴収と異なり，ストックオプションの権利行使においては天引きする元となる支給額がありませんので，実務的には権利行使者が源泉徴収税額を会社に振り込む等の対応が必要になります。権利行使者は行使時点では株式を取得したにすぎないため，当該源泉徴収税額の捻出のために取得した株式の一部売却なども検討する必要があります。

b) 法人税の処理

　ストックオプションを発行した場合には，その付与時にストックオプションの公正価値を評価して，その評価額を付与対象者の対象勤務期間を基礎とする合理的な期間にわたって，会計上「株式報酬費用（人件費：損益計算書)」／「新株予約権（純資産の部)」として計上します。この株式報酬費用は，ストックオプションの発行時には税務上損金の額に算入されず，その後，当該ストックオプションの権利行使が行われ権利行使者が給与課税されるとき（給与等課税事由が生じたとき）に損金の額に算入されることになります（法税 54 条の 2)。この場合の損金の額に算入される金額は，その新株予約権の発行が正常な取引条件で行われた場合には，その新株予約権の発行時の価額とされており，実務的には会計上費用計上した株式報酬費用の金額をもって損金算入額とされます。したがって，ストックオプション発行時に税務上加算・留保処理をした株式報酬費用の金額を，権利行使時に減算処理することで損金の額に算入することになります（法税令 111 条の 3 第 3 項)。

　ただし，そのストックオプションの付与決議が平成 29 年 10 月 1 日以後で，付与対象者が取締役などの役員である場合には，別途，役員給与の損金算入要件の検討が必要になります。この場合，役員給与の損金算入要件である「事前確定届出給与」「業績連動給与」のいずれかを満たす場合にかぎり損金に算入されることになります（法税 34 条)。

　なお，税制適格ストックオプションの発行にともなって人件費に計上された「株式報酬費用」は，発行会社において「給与等課税事由」が生じないため損金の額に算入されません（法税 54 条の 2 第 2 項)。

ポイント

　ストックオプションの課税関係は，税制適格ストックオプションか否かおよび付与対象者が役員か従業員かにより異なります。とくに役員報酬としてストックオプションを発行する場合には役員給与の損金算入要件を満たすかどうかの慎重な検討が必要になります。

（杉山　康弘)

57 株式報酬

Question

　当社は上場企業です。このたび当社取締役への譲渡制限付株式報酬制度の導入を検討しています。この譲渡制限付株式報酬についての課税関係について教えてください。

会社法の理解

(1) 譲渡制限付株式報酬制度とは

　成長戦略の一環としてコーポレートガバナンス・コードが策定されて以降，企業の持続的な成長と中長期的な企業価値向上へのインセンティブとして役員報酬制度が機能するように，中長期的な業績と連動する報酬の割合を増やしたり，現金報酬に加えて自社株式で報酬を支給する株式報酬制度を導入する企業が増えています。譲渡制限付株式報酬制度とは，一定年数の継続勤務期間の譲渡制限を付した自社株式を役員報酬として交付するもので，いくつかある株式報酬制度の中で近年もっとも利用が多いものです。ベンチャー企業から大手企業まで企業規模を問わず導入事例が急増しています。

(2) 会社の手続

　譲渡制限付株式の発行手続は，一般的には，普通株式を役員へ発行し，一定期間の譲渡制限などの諸条件は別途発行会社と対象者との間で個別に契約を締結することで行います。

　譲渡制限付株式の発行手続は募集株式の発行と同じです（14「募集株式の発行」を参照）。株式発行にあたって決める募集事項の中では，「株式の払込金額又はその算定方法」を定めなければならないとされており，また金銭以外の財産を出資する場合にはその価額を定めなければならないとされていますので，無償での株式発行や労務出資は認められないものと解されています。この点，譲渡制限付株式としての募集株式の発行においては取締役が金銭報酬債権を現物出資するという構成をとることで取締役への株式報酬の付与が可能となります（会社199条1項2号・3号）。したがって，まずは取締役報酬についての株主総会決議を得たうえで，その金銭報酬債権の現物出資という手続で譲渡制限付株式が発行されることになります（会社361条）。令和元年会社法改正により，譲渡制限付株式の発行に際しての払込金に充てる目的で金銭を報酬とする場合には，当該株式の数の上限などを株主総会で決定することが必要となります（会社361条1項5号イ）。もっとも，上場会社に限って，報酬として交付される予定の募集株式の発行に

おいては，従来必要とされていた「払込金額又はその算定方法」「払込期日」を定める必要はないものとされ，これにより払込みを要しない募集株式の発行が認められることになりますので（会社202条の2），これまでの金銭報酬債権の現物出資という構成をとる必要がなくなりました。この場合，報酬として発行する募集株式の数の上限などを報酬決議として株主総会で決定します（会社361条1項3号）。上場会社以外は濫用の危険があるため，金銭報酬債権の現物出資という構成のみでしか株式報酬の付与はできません。

税法の理解

募集株式の発行にともなう通常の課税関係については **14**「募集株式の発行」を参照してください。

(1) 取締役の課税関係

株式の交付を受けた取締役について株式交付時点では課税関係は生じません。これは譲渡制限付株式はある一定の継続勤務期間を経過してはじめて譲渡可能となるものであり，株式交付時点ではまだ譲渡できるかどうか未確定であるからです（所税令84条1項，法税54条1項，法税令111条の2）。その後，一定の継続勤務の要件を満たして譲渡制限が解除されたときに，その解除された日における株式の時価により給与所得として課税されます（所税令84条1項，所基通23～35共-5の3）。

譲渡制限が解除された株式を売却した場合には，売却価額と上記の譲渡が解除された日における株式時価との差額について株式売却益課税の対象とされ，売却益に対して20％（所得税15％（復興特別所得税を除きます），住民税5％）の税金を支払います。

(2) 発行会社の課税関係

a) 源泉徴収手続

譲渡制限付株式の譲渡制限が解除された場合には，解除日の株式の時価×株式数により計算した金額が給与所得として課税されますので，発行会社において源泉徴収の手続が必要になります。通常の給与にかかる源泉徴収と異なり，譲渡制限解除にともなう源泉徴収においては天引きする元となる支給額がありませんので，実務的には取締役が源泉徴収税額を会社に振り込む等の対応が必要になります。株式報酬制度の設計にあたっては，株式と源泉徴収税額に充てるための現金をセットで支給するなど，源泉徴収税額の捻出方法も事前に検討しておく必要があります。

b)　法人税の処理

　譲渡制限付株式を発行した場合には，その発行時にその交付した株式の時価を対象者の対象勤務期間を基礎とする合理的な期間にわたって，会計上「株式報酬費用（人件費：損益計算書）」／「資本金等（純資産の部）」として計上します。この株式報酬費用は，株式の発行時には税務上損金の額に算入されず，その後，譲渡制限が解除され対象者が給与課税されるとき（給与等課税額が生ずることが確定した日）に損金の額に算入されることになります（法税54条）。この場合の損金に算入される金額は，その株式の発行が正常な取引条件で行われた場合には，その発行時の価額とされており，実務的には会計上費用計上した株式報酬費用の金額をもって損金算入額とされます。したがって，株式発行時に税務上加算・留保処理をした株式報酬費用の金額を，給与等課税額が生ずることが確定した日の属する事業年度に減算処理することで損金の額に算入することになります（法税令111条の2第4項）。

　なお，株式交付の対象者が取締役などの役員である場合には，別途，役員給与の損金算入要件を満たすかどうかの検討が必要になります。この場合，役員給与の損金算入要件である「事前確定届出給与」「業績連動給与」のいずれかを満たす場合にかぎり損金に算入されることになります（法税34条）。

　ポイント ─────────────────────────────

　役員への譲渡制限付株式の発行があった場合には，譲渡制限が解除されることが確定してはじめて課税関係が生じます。また，役員給与の損金算入要件を満たすかどうかの慎重な検討が必要になります。

（杉山　康弘）

★ 58　社外役員と報酬

Question

社外役員の受け取る報酬について，税法上，どのような手当てがされているのでしょうか。

会社法の理解

(1)　社外役員とは

社外役員とは，社外取締役と社外監査役の総称です（会社則2条3項5号）。社外役員は，それぞれの知見や専門性を背景に，大局的，長期的，専門的な視点で企業経営における方向性を示したり，また，独立した立場から企業経営を実効的に監督したりすることができ，業務執行取締役と会社との利害が対立する場面でも独立・中立な判断ができるので，会社法上，その役割が期待されており，一定の範囲の会社組織においては，その選任が義務づけられています。

(2)　社外監査役とは

社外監査役とは，株式会社の監査役であって，次の①〜⑤のいずれにも該当する者をいいます（会社2条16号）。

①　就任前10年間，当該株式会社（以下，子会社も含みます）取締役・会計参与・執行役・支配人・その他の使用人ではなかったこと。

②　就任前10年内に当該株式会社の監査役に就任したことがある者については，その就任前10年間当該株式会社の取締役・会計参与・執行役・支配人・その他の使用人ではなかったこと。

③　当該株式会社の経営を支配している者（自然人である親会社等）ではないこと。親会社の取締役・会計参与・執行役・支配人・その他の使用人ではないこと。

④　兄弟会社（親会社等の子会社等）の業務執行取締役等（会社2条15号イ）でないこと。

⑤　当該株式会社の取締役・支配人その他の使用人または親会社等の近親者（配偶者または2親等内の親族）ではないこと。

(3)　社外監査役が義務づけられる会社

監査役会設置会社（会社2条10号）の監査役は3人以上である必要があり，その半数以上が社外監査役でなければなりません（会社335条3項）。

⑷　**社外取締役とは**

社外取締役とは，株式会社の取締役であって，次の①〜⑤のいずれにも該当する者をいいます（会社 2 条 15 号）。

①　株式会社（以下，子会社も含みます）の業務執行取締役等（会社 2 条 15 号イ）ではなく，就任前 10 年間，業務執行取締役等ではなかったこと。

②　就任前 10 年内に当該株式会社の取締役・会計参与・監査役（業務執行取締役等であった者は除きます）に就任したことがある者については，その就任前 10 年間当該株式会社の業務執行取締役等ではなかったこと。

③　当該株式会社の経営を支配している者（自然人である親会社等）ではないこと。親会社の取締役等ではないこと。

④　兄弟会社（親会社等の子会社等）の業務執行取締役等でないこと。

⑤　当該株式会社の取締役・支配人その他の使用人または親会社等の近親者（配偶者，2 親等内の親族）ではないこと。

⑸　**社外取締役が義務づけられる会社**

a)　**特別取締役制度を採用する会社**

6 人以上の取締役のいる監査役設置会社（監査役会設置会社を含みます）または監査等委員会設置会社にあっては，一定の重要な業務執行の決定をあらかじめ選定された 3 名以上の取締役（特別取締役）のみによって構成された取締役会で決議し得る旨を取締役会決議で定める場合，取締役のうち 1 名以上が社外取締役である必要があります（会社 373 条 1 項 2 号）。特別取締役が設置できる監査等委員会設置会社は，取締役の過半数が社外取締役でない会社か，重要な業務執行の決定の全部または一部を取締役に委任できる旨を定款で定めていない会社です（会社 373 条 1 項）。

b)　**指名委員会等設置会社**

指名委員会等設置会社（会社法下の旧名は委員会設置会社であり，平成 14 年商法改正で導入され会社法が制定されるまでは委員会等設置会社とよばれていました）とは，3 名以上の取締役で構成される指名委員会，監査委員会，報酬委員会の 3 委員会を設置する会社であり（会社 326 条 2 項，2 条 12 号），業務執行は執行役が行うことになります（取締役は執行役を兼任することができます（会社 402 条 6 項）が，取締役としては業務を執行することができません（会社 415 条））。各委員会の執行役・社内取締役からの独立性を高めるため，過半数が社外取締役である必要があります（会社 400 条 3 項）。

なお，監査委員に加えて，監査役を設置することはできません（会社 327 条 4 項）。

c)　**監査役会設置会社**

2014（平成 26）年の会社法改正において，監査役会設置会社（会社 2 条 10 号）に社外取締役の選任を義務づけるべきか検討されましたが，最終的に義務づけは見送られました。

上記選任を義務づけた場合，監査役会設置会社（監査役会は半数以上の社外監査役が必

要）において選任を義務づけられる社外役員の数が，指名委員会等設置会社において選任を義務づける社外役員の数と比較して多くなるという問題があり，一部の会社に対してだけ規制強化をすることになるため，社外取締役選任の義務づけは見送られることになったのです。

　もっとも，社外取締役の重要性から，一定の要件を満たす監査役会設置会社は，社外取締役をおくことが相当でない理由を定時株主総会で説明すべきと規定されていました（平成26年改正後令和元年改正前会社327条の2）。

　この点，東京証券取引所は，1名以上の独立役員（一般株主と利益相反が生じるおそれのない社外取締役または社外監査役）の選任を義務づけ（東京証券取引所有価証券上場規程436条の2），さらに，東証1部・2部上場の企業に，遵守するか遵守しない場合には理由の開示を義務づけるコーポレートガバナンス・コードの原則4-8においては，独立社外取締役（一般株主と利益相反が生じるおそれのない社外取締役）を2名以上選任すべきとしています。このため，多くの上場企業が社外取締役を選任し，社外監査役との重複感から，監査等委員会設置会社に移行するものも見られました。

　この状況を前提として，2019（令和元）年会社法改正により，公開会社でかつ大会社である監査役会設置会社で，上場するものについては，社外取締役の設置を強制することになりました（会社327条の2）。

d)　監査等委員会設置会社

　2014（平成26）年の会社法改正により，監査等委員会設置会社という制度が導入されました（会社2条11号の2）。

　監査役会設置会社において社外取締役選任の義務づけは見送られましたが，取締役会において議決権を有する社外役員をおくことは望ましいことから，監査役会設置会社の監査役を取締役会に取り込む制度が提案され，監査等委員会制度が導入されることになったのです。

　監査等委員会制度では，3名以上の取締役で構成される監査等委員会を設置する必要があり，その過半数が社外取締役でなくてはなりません（会社331条6項）。すなわち，従前の監査役が監査委員として，取締役会において，意見を述べるのみならず議決権をもつというイメージです。また，取締役会には出席する義務はあるが議決権を有さない監査役と異なり，監査等委員は，取締役会での議決権を行使し得るので，当然に経営の妥当性・効率性についても監督を行う主体となります。この点を考慮し，株主総会において，監査等委員以外の取締役の選任もしくは解任または辞任（会社342条の2第4項）や，監査等委員以外の取締役の報酬決定（会社361条6項）について意見陳述権が認められています。

　監査等委員という名称には，「監査」以外に，取締役の選任や報酬についても一定の監督活動をすることの期待が込められています。この点をふまえ，取締役の過半数が社外取締役であれば当然に（会社399条の13第5項），そうでない場合には定款の定めにより（同条6項），重要な業務執行の決定を取締役に委任することができます。

なお，監査等委員に加えて，監査役を設置することはできません（会社 327 条 4 項）。

e) 社外役員の義務，責任

社外役員も会社役員である以上，取締役，監査役としての義務，責任を負担し（会社 330 条，355 条），任務懈怠があった場合には，会社に対し，損害賠償責任を負担します（会社 423 条）。

この点，定款で定めることにより，会社との間で責任限定契約を締結することが可能となり，同契約を締結することでその責任を軽減，免除することができます（会社 427 条。非業務執行取締役・監査役が対象です）。

f) 社外役員の報酬

社外役員は，他の役員同様，会社と委任契約にあり（会社 330 条），その報酬は，委任契約にもとづく報酬という位置づけになります。役員報酬は，名目を問わず，職務執行の対価として株式会社から受け取る財産上の利益を含みます（会社 361 条 1 項）。

役員報酬は，定款あるいは株主総会決議で決定する必要がありますが（会社 361 条 1 項，387 条 1 項），実務上，取締役の報酬総額の上限を株主総会で決議し，以降の会計年度においては，代表取締役が，当該限度額内において各取締役の報酬額を決定していくことが多いです。

なお，監査等委員（取締役）の報酬は，その他の取締役と区別して定めなければなりません（会社 361 条 2 項）。また，監査役の報酬も取締役の報酬とは別に定款，あるいは株主総会の決議で定めなければなりません（会社 387 条 1 項）。指名委員会等設置会社では独立した報酬委員会が報酬を決定しますので（会社 404 条 3 項），このような配慮はなされていません。

税法の理解

(1) 役員の報酬

平成 18 年度税制改正前の法人税法 34 条 3 項は，「〔役員〕報酬とは，役員に対する給与（債務の免除による利益その他の経済的な利益を含む。）のうち，……賞与及び退職給与以外のものをいう。」と規定していましたが，現行の法人税法は，そのような区別をせず，定期同額給与，事前確定届出給与，業績連動給与のいずれにも該当しない「役員に対する給与」を損金不算入としています（法税 34 条 1 項）。また，「役員に対する給与」が不相当に高額な場合にも損金不算入としています（法税 34 条 2 項）。

そして，社外役員も会社法の規定する会社役員である以上，社外役員の報酬の税務上の取扱いは，原則，通常の役員報酬と同様に考えます。

すなわち，社外役員の役員報酬は，原則損金に算入されませんが，定期同額給与，

事前確定届出給与，業績連動給与に該当すれば，損金算入が可能となります（法税34条1項）。もっとも，不相当に高額の場合は損金算入できません（法税34条2項）。

(2) 社外役員の例外

社外取締役，社外監査役は，業務を執行しないので，業務執行のインセンティブである業績連動給与の支給を受けることはできません（支給しても損金算入できないという意味です。法税34条1項3号，法税令69条9項，法基通9-2-17）。

ポイント

今後，社外役員（特に社外取締役）を活用する会社は増えていくものと見込まれます。税法上，業務執行役員同様，報酬の支給には注意が必要です。

（馬渕　泰至）

3　取締役の責任

役員の任務懈怠による損害賠償

Question

　①　従業員が会社の資金を横領していて，取締役がこれを知っていながら黙認していたことが発覚しました。

　②　役員が経営判断を誤り，その結果，会社に多額の損害を与えました。

　上記のような場合において，税務処理で気をつけることはありますか。

会社法の理解

⑴　**役員の任務懈怠による損害賠償責任**

　取締役，会計参与，監査役，執行役または会計監査人が，会社に対する任務を怠った場合，同役員は，会社に対して，生じた損害を賠償する責任を負います（会社423条1項）。

　取締役，会計参与，監査役，執行役または会計監査人と会社との法律関係は，委任契約であると解されています（会社330条，402条3項）。したがって，これら役員は，会社に対して，善管注意義務（民644条）・忠実義務（会社355条）を負っています。なお，判例は，忠実義務は，善管注意義務と別個の義務ではないと判示しています（最大判昭和45・6・24民集24巻6号625頁）。423条1項の任務懈怠行為とは，職務の遂行においてこれらの義務を尽くしていないことを指します。

　なお，ここでいう賠償すべき損害とは，役員の任務懈怠行為との間に相当因果関係がある損害をいいます。

⑵　**任務懈怠の具体的内容**

　役員のうち，任務懈怠責任を問われることが多いのは取締役です。取締役の任務懈怠の内容として多く問題となるのは，以下のような場合です。

a)　業務執行上の忠実義務・善管注意義務違反行為

　取締役の職務は会社の業務執行ですが，その判断過程において，十分な情報収集や検討を行わずに判断をした，あるいは，合理的根拠を欠く判断をしたような場合，当該取締役は善管注意義務違反の責任を問われることになります。ただし，会社の業務執行においては不確定な判断要素も多く，専門的な知識も必要ですし，会社の業績を上げるた

め，ときに冒険とも思える判断をすべき場面もあります。会社に損害を発生させたという結果からみれば，判断が不合理にみえてしまう場合もあります。そのため，取締役が善管注意義務に違反したかどうかを，事後的な情報によって評価することは不相当であり，取締役には経営判断について一定の裁量があることを前提に，判断時の具体的状況下において，判断に際しての情報収集に当該取締役に著しい不注意がなかったか，判断の過程内容が著しく不合理でないかという点が，その能力・専門性などに照らして評価されなければいけません（経営判断の原則）。

　また，業務執行において，取締役は会社としての行為をしますので，会社を名宛人とする法令を遵守することが要求されています。ここでいう法令とは，会社法関連法令のみならず，刑法や独占禁止法等を含むすべての法令を指すと解されていますので，取締役が刑事事件を起こして会社の社会的信用を低下させたような場合も，会社に対して損害賠償責任を負うことになります。

b) 他の取締役・従業員に対する監視・監督義務違反行為

　取締役には，取締役会の構成員として，取締役の業務執行の監督権限を機能させるため，他の取締役の任務懈怠行為を監視する義務があり，業務執行において従業員を使用する場合には，従業員を監督する義務が業務執行上求められます。この義務を怠った取締役は，会社に直接損害を与えた取締役や従業員とは別に，会社に対して損害賠償責任を負います。この場合，両責任は，不真正連帯債務の関係になると考えられます（会社430条）。

　なお，一定規模の会社の代表取締役・取締役は，自身で直接従業員を監督できないことから，業務執行の一環として，会社の損害発生を防止するための内部統制システムを整備する義務も負っています。

税法の理解

(1) 従業員に対する損害賠償請求権の益金計上時期

　Question ①のように，従業員が会社の資金を横領していた場合，会社は，当該従業員に対して損害賠償請求権を取得することになります。では，同損害賠償請求権について，会社は，いつの時期に益金に算入すればよいのでしょうか。

　この点について，東京高裁（東京高判平成21・2・18税資259号順号11144）は，従業員への損害賠償債権の益金への計上時期については，権利確定主義にもとづき，「通常，損失が発生した時には損害賠償請求権も発生，確定しているから，これらを同時に損金と益金とに計上するのが原則であると考えられる（不法行為による損失の発生と損害賠償請求権の発生，確定はいわば表裏の関係にあるといえるのである。）。」としつつ，「不法行為による損害賠償請求権については，たとえば加害者を

知ることが困難であるとか，権利内容を把握することが困難なため，直ちには権利行使（権利の実現）を期待することができないような場合があり得るところである。このような場合には，権利（損害賠償請求権）が法的には発生しているといえるが，いまだ権利実現の可能性を客観的に認識することができるとはいえないといえるから，当該事業年度の益金に計上すべきであるとはいえないというべきである。」としています。その上で，「ただし，この判断は，税負担の公平や法的安定性の観点からして客観的にされるべきものであるから，通常人を基準にして，権利（損害賠償請求権）の存在・内容等を把握し得ず，権利行使が期待できないといえるような客観的状況にあったかどうかという観点から判断していくべきである。不法行為が行われた時点が属する事業年度当時ないし納税申告時に納税者がどういう認識でいたか（納税者の主観）は問題とすべきでない。」として，通常人を基準にして判断をすることを明らかにしています。

　したがって，*Question* ① の場合においても，会社（代表取締役）ではなく，通常人を基準にして，従業員による横領行為の存在およびその内容（損害額）を把握することができた時期はいつかということを判断すべきということになります。

(2)　従業員の横領を黙認した取締役の任務懈怠責任

　Question ① のように，取締役が従業員の横領行為を知っていたのにこれを黙認していた場合，当該取締役は，従業員に対する監督義務違反行為もしくは会社に対する業務執行上の善管注意義務違反行為があったとして，会社に対して損害賠償責任を負うことになります。この取締役の損害賠償債務は，従業員の損害賠償債務とは不真正連帯債務の関係になりますので，従業員に対する損害賠償請求権をすでに益金に計上している場合には，別途，益金に計上する必要はありません。

　なお，役員に対する損害賠償請求権の益金への計上時期については，**60**「役員による背任・横領裏金」を参照してください。

(3)　経営判断を誤った取締役の任務懈怠責任

　Question ② のように，取締役が経営判断を誤り，その結果，会社に損害を与えた場合，会社は，当該取締役に対して，会社法 423 条 1 項にもとづき，損害賠償請求権を取得します。

　この損害賠償請求権は，取締役の債務不履行責任にもとづく損害賠償請求権ですので，会社から取締役に対する具体的請求がなされることで履行期が到来します。したがって，会社から取締役に対する具体的請求がなされた時点で，益金に計上することになります。

ポイント ────────────────────────────────────

　役員の任務懈怠による損害賠償請求を行う場合，損害の損金への算入および損害賠償請求権の益金への算入について，その算入時期に注意をする必要があります。

（山崎　笑）

60　役員による背任・横領裏金

Question

　当社は，ビル総合清掃業務および建物等の警備保安業務等を営んでおりますが，今般，税務調査が行われ，過去５年間における架空外注費の損金計上が判明しました。社内で調査した結果，この架空外注費の支払は，いったん外注先であるＡ社に振り込まれた後，Ａ社から当社の経理担当取締役であったＢ名義の口座に振り込まれており，取締役ＢがＡ社とはかって，会社の金銭を横領していたことがわかりました。会社でとるべき対応を教えてください。また，税務上何か問題は生じますか。

会社法の理解

(1)　役員の背任・横領・裏金

　Ｂの行為は，取締役の忠実義務違反に該当することになります。

　「忠実義務」とは，会社の利益を犠牲にして自己または第三の利得をはかってはならないという義務で，会社法355条および330条・民法644条より導かれる取締役の会社に対する義務です。

　取締役がその忠実義務に反した行為をしたことで会社へ損害を与えた場合は，その取締役は，会社に対して「損害賠償責任」を負うこととなります（会社423条1項）。「損害賠償責任」は，債務不履行責任にあたりますが，債務の履行について期限を定められていませんので，履行の請求を受けたときから遅滞の責任を負うことになります（民412条3項）。

　また，Ｂの行為は，刑法上業務上横領罪（刑253条），特別背任罪（会社960条）に該当する可能性があります。

(2)　会社の手続

　会社が取締役の責任を追及する訴えを提起する場合には，会社の類型により，次に掲げる者が会社を代表するものになります。

　①　監査役設置会社　監査役（会社386条1項1号）

　②　非取締役会設置会社である場合，取締役会設置会社で会計参与設置会社である場合で監査役を設置しない場合，取締役会設置会社におかれる監査役の職務が定款で会計監査に限定している場合

　代表取締役（会社349条4項）または株主総会・取締役会がその訴えについて会社を

代表する者と定めるもの（会社353条，364条）。

　③　監査等委員会設置会社

　　ⓐ　監査等委員が当該訴えにかかる訴訟の当事者である場合

　取締役会が定める者（株主総会が当該訴えについて監査等委員会設置会社を代表する者を定めた場合にあっては，その者）

　　ⓑ　前号に掲げる場合以外の場合

　監査等委員会が選定する監査等委員（会社386条）

　④　指名委員会等設置会社

　　ⓐ　監査委員が当該訴えにかかる訴訟の当事者である場合取締役会が定める者（株主総会が当該訴えについて指名委員会等設置会社を代表する者を定めた場合にあっては，その者）

　　ⓑ　前号に掲げる場合以外の場合

　監査委員会が選定する監査委員（会社408条）

　もし，会社がこうした責任追及を行わないときは，株主が横領した取締役に対し，会社のために責任追及訴訟を提起することができます（会社847条）。

(3) 責任追及訴訟がなされなかった場合

　(2)で掲げた責任追及訴訟を提起できる者が，誰も追及しなかった場合であっても，取締役の責任が自動的に免除されるわけではありません。時効が到来すれば消滅しますが，責任が法的に免除されるためには，原則としてすべての株主の同意が必要です（会社424条）。しかし，この原則は，株主代表訴訟などで高額な損害賠償が請求されるなどのリスクがあり，経営を萎縮させる可能性があるため，株主総会等で一定の範囲で責任を軽減する方法が定められています（**59**「役員の任務懈怠による損害賠償」，**63**「責任限定契約・D&O保険」）。責任免除が株主総会で決定される場合などは，責任額に相当する退職慰労金等の財産上の利益を与えることも考えられますので，361条の報酬決議だけでなく，株主総会の承認が必要となります（会社425条4項，426条8項，427条5項。すでに退職した元取締役に対する責任免除も決議対象となります）。このとき，書面投票を行う会社では，株主総会参考書類にその具体的な金額を記載することが必要とされます（会社則84条の2）。通常の退職慰労金贈呈決議では具体的な額が開示されないことが多いので（**54**「退職慰労金」を参照），具体的な金額を開示させることに意義があります。

税法の理解

(1) 損害賠償請求権の収益計上時期

　取締役が背任・横領行為によって会社に損害を与えた場合には，会社は，その取締役に対して損害賠償請求権を取得することになり，法人税法22条2項の規定により益金の額に算入しますが，その計上時期については，次の2説があります。

a) 同時両建説

背任・横領行為による損失の発生と同時にその行為者に対する損害賠償請求権を取得するので，損失と収益を同時に計上すべきとする考え方。民法の「不法行為」（民709条）の法的基準を重視するものです。

b) 異時両建説

損失はその発生時点で計上し，損害賠償請求権は損失と切り離してその支払が確定した事業年度で計上する考え方。損害賠償請求権は，その金額自体に争いが多く，また当事者間の合意や裁判によってはじめて確定する，という経済的実態を重視したものです。

(2)　代表取締役の横領

損害賠償請求権の収益計上時期について，法人税基本通達2-1-43は，「他の者」から受ける損害賠償金について，法人がその損害賠償金の額について実際に支払を受けた日の属する事業年度の益金の額に算入している場合には，これを認めるとする取扱いを定めています。しかしこの「他の者」には，原則として法人の役員または使用人は含まれないものとされています（佐藤友一郎編著『法人税基本通達逐条解説（9訂版）』（税務研究会出版局，2019年）257頁）。

したがって，法人の役員または使用人が横領等により会社に損害を与えた場合には，原則的な収益計上の取扱いである，「権利が確定した日」になります。特に，代表取締役の場合は，会社を代表しているので，横領を行った時点で，損害賠償請求権を益金として計上することになります。この場合において，他の取締役が代表取締役の行為を黙認し，損害賠償の請求も行わないときには，法人が代表取締役に対して横領相当額の役員賞与を支払ったと認定される可能性があります。その場合には，その役員賞与に対する源泉徴収義務も生じることになります。

会社法においては，上記*会社法の理解*(3)に掲げた手続を行わないかぎり，取締役の責任が免除されることはありません。また，損害額を取締役に対する賞与とするためには，株主総会の報酬決議（会社361条）が必要とされています。

しかし，税務の現場においては，取締役や株主が同族関係者である場合が多いことから，同族関係者は責任追及しないだろうという推認の下に役員賞与と認定されているケースが多く見受けられます。

(3)　代表権のない取締役の横領

代表権のない取締役の行った横領については，代表取締役とは異なり，直ちに損害賠償請求権の計上をするとはかぎらず，個別の事案ごとに判断することになりま

すが，その判断基準を「通常人」に求めた判例がありますので，参考になるでしょう（**59**「役員の任務懈怠による損害賠償」参照）。

⑷　**裏金の取扱い**

Question の B の口座に入金した金員が，会社の裏金であった場合には，架空外注費の損金性は否認されますが，損害賠償請求権は計上する必要はありません。また，その裏金をすでに費消し，かつその相手先を相当の理由なく帳簿に記載していない場合には，法人税法上の使途秘匿金課税の対象になります（租特62条）。

　ポイント ─────────────────────────────

　役員の背任・横領行為により生じた損害にかかる損害賠償請求権は，法人の収益を構成しますが，その計上時期については，その実態に応じて判断する必要があります。

（木島　裕子）

★★ 61　株主代表訴訟

Question

　会社の取締役を務めていますが，株主から代表訴訟を提起されました。その後，勝訴の判決が確定し，負担した弁護士費用等については会社から補てんしてもらいました。この弁護士費用等についての課税関係はどうなりますか。

会社法の理解

(1)　株主代表訴訟の意義

　取締役が会社に対して損害を与え，会社がその責任を追及する訴訟を提起する場合，取締役に会社を代表して訴訟を遂行する権限を委ねることはできません。取締役が1人しかいない会社では，原告と被告を兼ねることができないのは当然ですが，取締役が複数いる会社でも，馴れ合い訴訟になる危険があるからです。

　そこで，会社法は，会社が取締役の責任追及をする訴訟を提起する場合には，①監査役設置会社では監査役（会社386条1項1号）が，②業務監査機関のない会社（監査役をおかない取締役会設置会社や監査役をおかない非取締役会設置会社）では，代表取締役（会社349条4項），もしくは，株主総会・取締役会が当該訴えにつき会社を代表すると定める者（会社353条，364条）が，③監査等委員会設置会社では監査等委員（会社399条の7）が，④指名委員会等設置会社では監査委員（会社408条）が，取締役に代わって会社を代表するとしています。

　ただ，このような制度を前提にしても，取締役と他の役員との間に慣れ合いの関係があり，結果，会社が取締役の責任追及におよび腰になってしまうことも考えられます。このことは，取締役以外の役員の責任追及をする場合も同様です。そこで，会社法は，株主が会社を代表して，直接役員に対して会社に対する責任を追及する訴訟を提起できる，株主代表訴訟という制度をおいています（会社847条）。

(2)　株主代表訴訟の手続

　株主代表訴訟は，法定訴訟担当の一種です。通常，民事訴訟においては，争いとなっている法律関係の当事者しか訴訟を提起できませんが，法定訴訟担当を認められている第三者は，法律の定めにもとづいて，当事者でなくとも訴訟を提起し遂行することができます。株主代表訴訟の場合，代表訴訟を提起し訴訟を遂行するのは株主ですが，判決の効力は，本来の当事者である会社に帰属します（民訴115条1項2号）。

　株主代表訴訟を提起できる株主については，非公開会社では特に要件は定められてい

ませんが，公開会社では 6 か月以上前から引き続き株式を保有する株主にかぎられています（会社 847 条 1 項，2 項）。これは，濫訴を防止するためです。

　株主は，まず，会社に対して，役員（取締役，会計参与，監査役，執行役，会計監査人）の責任を追及する訴えを提起するよう請求します（会社 847 条 1 項）。そして，請求を受けた会社が，その請求の日から 60 日以内に訴えを提起しない場合，株主は，会社のために訴訟を提起することができます（会社 847 条 3 項）。

　代表訴訟を起こされた役員は，裁判所に対して，同訴訟が株主の「悪意による」ものであることを疎明して，原告株主に対し相当の担保を立てることを命じるよう請求することができます（会社 847 条の 4 第 2 項，3 項）。ここでいう「悪意による」とは，①原告株主が代表訴訟を手段として不法不当な利益を得ようとする場合，または，②原告株主の請求に理由がなく，かつ，そのことを知りながら訴えを提起した場合をいうと解されています。これは，847 条 1 項ただし書が「当該株主若しくは第三者の不正な利益をはかり又は当該株式会社に損害を加えることを目的とする場合」には，代表訴訟を提起できないと定めていることを受けて，役員に対する不当訴訟や濫訴を防止するための制度です。原告株主が裁判所の定めた担保を立てなかった場合，訴えは却下されます。

　なお，株主代表訴訟は，「財産権上の請求でない請求に係る訴え」（民訴費 4 条 2 項）とみなされるため（会社 847 条の 4 第 1 項），訴額は一律 160 万円として扱われます。

(3)　株主代表訴訟の結果

　株主代表訴訟の判決の効力は，勝訴・敗訴にかかわらず，会社に直接帰属します。敗訴した場合であっても，株主は，悪意（会社 847 条の 4 第 2 項と同義）があった場合を除き，会社に対して損害賠償責任を負いません（会社 852 条 2 項）。

　株主代表訴訟では，和解をすることもできます。この場合，裁判所は，会社が訴訟参加しておらず，訴訟の当事者となっていないときは，あらかじめ会社に対して和解の内容を通知し，異議がある場合は 2 週間以内に述べるよう催告する手続をとらなければなりません（会社 850 条 2 項）。この催告手続を経て会社が異議を述べない場合には，会社が和解することを承認したものとみなされ（会社 850 条 3 項），和解の効力は，判決と同様，直接会社に及びます（会社 850 条 1 項ただし書）。会社が和解当事者として参加すれば，和解の効力は会社に及びます。

　株主が勝訴した場合，株主は，訴訟に関し支出した費用（訴訟費用を除きます）と弁護士報酬との相当と認められる額の支払を会社に請求することができます（会社 852 条 1 項）。逆に役員が勝訴した場合，株主は悪意があったときにかぎり，会社が被った損害を会社に賠償する責任が発生します（同条 2 項）。

税法の理解

(1)　株主代表訴訟における被告側の費用負担（原告敗訴の場合等）

　株主代表訴訟において役員が負担した争訟費用を会社が補てんした場合，同補て

ん額は，役員に対する給与等として課税されるのでしょうか。

　この点については，役員が敗訴した場合を除いて，給与等として課税しなくても
よいと解されています。なぜなら，役員が勝訴した場合，同役員の職務遂行に問題
がなかったことが裁判上確定したわけですから，要した訴訟費用は，会社経営を守
る費用あるいは正当に職務を遂行している役員を守るために会社が支出すべき費用
であると考えられるからです。したがって，冒頭の事例のように役員が勝訴した場
合，会社法330条・民法650条3項に基づき，役員は会社に補償を請求することが
でき，さらに，会社と補償契約（会社430条の2）に基づき「通常要する費用」の
補償を請求することもできます。会社は，補てんした訴訟費用全額を損金に算入で
き，役員に対する課税も行われません（**65**「会社の補償」を参照）。

　なお，和解で訴訟が終了した場合は，通常は，和解条項の中で訴訟費用の負担に
ついても合意するため，その合意に従って処理をすることになるでしょう。

(2)　株主代表訴訟における被告側の費用負担（原告勝訴の場合）

　逆に，役員が敗訴した場合は，同役員の職務遂行に問題があり会社に損害を与え
たことが裁判上確定したわけですから，その訴訟費用を会社が負担することに合理
的根拠は見いだせません。

　対会社責任が認容された以上，故意過失は存在するため，会社法330条・民法
650条3項に基づく補償請求はできません。もっとも，会社法上の補償契約により
補償することはできなくはなく，図利加害目的がない限り，補償が行われたとして
も，事後的に補償を受けた役員は返還が義務づけられません（会社430条の2第3
項）。この点は，令和元年会社法改正が補償が認められる範囲を拡張したものです
が，会社法上の責任の抑止力を弱めかねず，補償契約が公序良俗に反しないように
当事者でアレンジをする必要があり，当事者の創意工夫が求められます（**65**「会
社の補償」を参照）。また，税務において原告敗訴の場合と同様に処理されるかは注
意が必要です。いずれにせよ，役員が敗訴し，会社が訴訟費用等につき役員に補償
をした場合，補償契約に基づかないときや補償契約が無効とされたときには，敗訴
役員に対して会社が訴訟費用を補てんしたことは同役員に対する賞与とされ，損金
にも算入できません（また，源泉徴収の対象になります）。仮に，そのようなときに
敗訴役員の訴訟費用を会社が負担すれば，同負担を決定した取締役は，会社に対す
る忠実義務違反行為があったとして責任追及されることも考えられます。

ポイント

代表訴訟の被告側の争訟費用については，会社が負担することが適切でない場合もあります。新たな役員の責任追及原因にもなりかねませんので，注意が必要です。

（山崎　笑）

62　責任免除・和解

Question

　役員が会社に対して損害賠償責任を負っている場合に，これを免除してもらうことは可能ですか。可能である場合は，どのような手続が必要でしょうか。

会社法の理解

(1)　役員の責任の免除

　取締役，会計参与，監査役，執行役または会計監査人は，会社に対して善管注意義務・忠実義務を負っており，同義務に違反した場合には，会社に生じた損害を賠償する責任を負います（①任務懈怠責任。会社423条1項）。

　他に，役員が会社に対して損害賠償責任を負う場面としては，②株主権の行使に関して会社が財産上の利益を供与することに関与した場合の取締役（会社120条4項），③剰余金の配当に関して分配可能額を超える金銭等を交付し（会社462条），または，剰余金の配当を行った事業年度に欠損が生じた場合の業務執行者（会社465条），④募集株式発行・新株予約権行使の際の現物出資財産に価額不足があった場合の取締役（会社213条の3）などがあります。

　これら役員の会社に対する責任については，総株主の同意があれば，事後的にその全部または一部を免除することが可能です（会社120条5項，424条，462条3項ただし書，465条2項等。ただし，会社462条の責任のうち分配可能額を超える部分は免除できません（会社462条3項本文）。会社213条の3の責任については，会社法上免除に関する規定がなく，免除に総株主の同意が必要とされるかは理解が分かれます）。

(2)　取締役の責任の一部免除

　社外取締役の導入を促進し，業務執行と監督を分離しようということが会社法上求められますが（**58**「社外役員と報酬」を参照），社外取締役は業務執行をできず，必ずしも会社の業務全般に関する情報を有していないため，取締役の責任（監視義務や監督義務違反の責任）の重さゆえに，就任する人材の確保を困難にさせるという問題を発生させます。そこで，会社法は，上記責任のうち①任務懈怠責任については，原則として，総株主の同意を要求しますが，例外的に以下の場合に，取締役の責任の一部を免除することを認めています。といっても，後述する損金算入の問題もありますので，役員の責任の一部免除は，簡単に認められるわけではありません。

a）株主総会の特別決議

　取締役が職務を行うにつき善意でかつ重大な過失がないときは，株主総会の特別決議（会社309条2項8号）によって，賠償責任額から最低責任限度額（会社425条1項，会社則113条，114条が定める方法により計算される金額）を控除した額を限度として，取締役の責任を免除することができます。この株主総会では，取締役は，425条2項が定める事項（責任の原因となった事実および賠償の責任を負う額，免除することができる額の限度およびその算定の根拠，責任を免除すべき理由および免除額）を株主に開示しなければならず，会社が議案を提出する場合には各監査役等の同意が必要です（会社425条3項）。

b）定款の定めにもとづく取締役会（取締役）の決定

　2人以上の取締役がいる監査役設置会社では，取締役が職務を行うにつき善意でかつ重大な過失がない場合に，責任の原因となった事実の内容，取締役の職務の執行の状況その他の事情を勘案して特に必要と認めるときは，取締役会決議（非取締役会設置会社では取締役の過半数の同意）によって，取締役の責任の一部を免除することができる旨を，定款で定めることができます（会社426条1項）。この定款変更議案を株主総会に提出する場合や，定款規定にもとづき取締役会決議により免除する場合には，各監査役等の同意が必要です（会社426条2項，425条3項）。

　これは，a）とは異なり，あらかじめ取締役の責任の一部を免除する定めを定款においておくものです。免除できる金額は，a）と同様です。

c）責任限定契約（会社427条1項）

　業務執行取締役等（会社2条15号イ）以外の取締役については，その職務を行うにつき善意でかつ重大な過失がないときは，定款で定めた額の範囲内であらかじめ株式会社が定めた額と最低責任限度額とのいずれか高い額を，賠償責任額の限度とする旨の契約を会社と締結することができる旨を定款で定めておくことができます（責任限定契約についての詳細は，**63**「責任限定契約・D&O保険」を参照してください）。

（3）訴訟上の和解

　(1)の役員の責任免除に関する制限は，会社が当事者として訴訟上の和解をする場合および当事者でなくとも会社の承認がある場合には適用がありません（会社850条4項）。訴訟上の和解であれば，総株主の同意がなくとも，上記①～④の役員の責任（会社850条4項）の全部または一部を免除することができます。これは，株主代表訴訟においても同様です（株主代表訴訟の詳細な手続については，**61**「株主代表訴訟」を参照してください）。なぜなら，責任追及訴訟については，訴訟係属についての株主への通知・公告がなされ（会社849条5項，6項），株主に訴訟参加（会社849条1項）の機会が保証されているため，責任免除に総株主の同意を要求することに匹敵する環境が存在するからです。

　なお，原告と被告取締役とが共謀して，訴訟の目的である会社の権利を害する目的の訴訟上の和解が行われたときは，再審事由にあたる瑕疵（会社853条1項）があるものとして，和解自体が無効になります。

　また，責任追及の原因が，剰余金の配当に関する分配規制（会社461条）違反である場合には，分配可能額を超える部分についてまで和解による役員の責任免除をすることはできません（会社462条，850条4項かっこ書）。

税法の理解

(1)　貸倒損失に該当する場合

　役員の行為によって会社が損害を被った場合，その損害（損失）が損金に算入される一方で，同額の損害賠償請求権が益金に算入されます。その後に会社が役員の責任（債務）を免除した場合，同免除額については，貸倒損失に該当する場合にのみ損金に算入することができます。貸倒損失に該当するための要件は，以下のとおりです（法基通9-6-1～3）。

①　民事再生手続の再生計画認可決定，会社更生手続の更生計画認可決定，特別清算手続の協定の認可決定および合理的な基準により債務者の負債整理を定めているもの，もしくは，第三者のあっせんによる当事者間の協議による私的整理手続における協議決定により切り捨てられることになった金額

②　債務者の債務超過の状態が相当期間継続し，貸金等の弁済を受けることができないと認められる場合に債務者に対し書面で通知した債務免除額

③　債務者の資産状況，支払能力等からみてその全額が回収できないことが明らかになった場合（ただし，担保物があるときは，その担保物を処分した後）

④　債務者との取引を停止したとき以後1年以上経過した場合，もしくは，同一地域の債務者について有する当該売掛債権の総額がその取立てのために要する旅費その他の費用に満たない場合における債権額

(2)　貸倒損失に該当しない場合

　貸倒損失に該当しない免除額は，同役員に対する給与等となり，損金算入制限規定（法税34条）の適用を受けます。また，源泉徴収の対象になります。

ポイント

　役員の責任免除には，原則として総株主の同意が必要ですが，一部免除については例外があります。ただし，合理的理由のない一部免除は損金算入できませんので，注意が必要です。

（山崎　笑）

63　責任限定契約・D&O 保険

Question

　責任限定契約と D&O 保険はどのような制度ですか。また，D&O 保険についての課税実務の取扱いに変更があったと聞いたのですが，どのように変更されたのでしょうか。

会社法の理解

(1)　役員等の責任とその軽減

　近時，株主代表訴訟等で役員の責任を追及する事例が増加傾向にあり，また，役員に対して数十億円以上の巨額の損害賠償金の支払を命じる裁判例も出てきています（役員の責任について，詳しくは **59**「役員の任務懈怠による損害賠償」や **61**「株主代表訴訟」を参照してください）。

　他方で，社外取締役の積極的な活用が求められるなど，会社が役員の候補者を確保するニーズも高まっていますが，巨額の損害賠償責任を追及されるリスクを放置したままでは，役員の候補者を萎縮させてしまい，会社が役員の候補者を確保できない事態が生じかねません。役員の損害賠償リスクを低減する制度は複数存在しますが，ここでは，そのうちの責任限定契約と D&O 保険について説明します。

(2)　責任限定契約

　会社は，取締役（業務執行取締役等（会社 2 条 15 号イ）を除きます。なぜなら，取締役と監査役に関して，従来は，責任限定契約を締結できるのは，社外取締役と社外監査役に限定されていましたが，2014（平成 26）年の会社法改正で，責任限定契約が締結できる対象が拡大されました。これは，①同改正で社外取締役および社外監査役の定義が厳格化されたことにともない（**58**「社外役員と報酬」参照），責任限定契約を締結できる対象も狭くなってしまうこと，および，②業務執行に関与しない者については，会社に損害を与える要因を直接的にコントロールすることが相対的に困難であることから，責任限定を認めることにも一定の合理性があると考えられることなどが理由とされているからです），会計参与，監査役，または会計監査人（以下「非業務執行取締役等」（会社 427 条 1 項）といいます）との間で，定款の定めにもとづき契約を締結することによって，損害賠償責任の限度額を定めることができ（会社 427 条 1 項），これを責任限定契約といいます。

　なお，責任限定契約の対象は 423 条 1 項にもとづく会社に対する責任のみですし，非業務執行取締役等に重過失がある場合には責任限定契約は適用されません。また，無限

定に責任を軽減できるわけではなく，定款で定めた額の範囲内であらかじめ会社が定め
た額と法定の最低責任限度額（会社 425 条 1 項）のいずれか高い額が限度となります。

　責任限定契約を締結した非業務執行取締役等が，当該会社の業務執行取締役等に就任
した場合には，当該契約は，将来に向かって失効します（会社 427 条 2 項）。

(3)　D&O 保険

　責任限定契約は会社法上の制度ですが，会社法上の制度ではなく，保険会社が販売す
る保険商品で，取締役，執行役および監査役等（以下「役員等」といいます）が会社の役
員としての業務について行った行為に基因して損害賠償請求を受けた場合に，当該取締
役等の損害のてん補を目的とするものとして，いわゆる D&O 保険（D&O は Directors
and Officers の略。会社役員賠償責任保険ともいいます）があります。

　D&O 保険は，一般に，会社が保険契約者となり，役員等が被保険者となるものあり，
同保険によっててん補される対象は，役員等がその業務として行った行為に基因して法
律上負担する損害賠償金と争訟費用（弁護士費用等）です。従来は，普通保険約款では，
そのうち，役員等が会社以外の第三者に対して負担する損害賠償金およびその争訟費用，
ならびに株主代表訴訟に対して役員等が勝訴した場合の争訟費用をてん補し，役員等が，
株主代表訴訟や会社が役員等に対し独自に提起した損害賠償請求訴訟（以下「会社訴訟」
といいます）に敗訴した場合の損害賠償金および争訟費用は，株主代表訴訟担保特約
（以下「特約」といいます）によっててん補するものが一般的でした。もっとも，近時は，
会社訴訟についても普通保険約款においててん補の対象とする保険商品も発売されてい
るようです。

　D&O 保険では，保険会社と会社との間で決めた支払限度額があり，また，損害賠償
責任が，役員等が法令違反を認識しながら（認識していたと判断できる合理的な理由があ
る場合を含みます）行った行為に基因する場合には免責となる（保険金が支払われない）
等のさまざまな免責条項が規定されています。

　D&O 保険に関しては会社法上の規律がなされていませんでしたが，制度のより一層
の拡充をはかるとともに，役員等の損害賠償責任をてん補する保険契約の保険料を会社
が負担する利益相反性をクリアするための手続を明確化すべく，令和元年会社法改正に
より，D&O 保険の締結にあたっては取締役会（非取締役会設置会社では株主総会）の決
議によって内容を決定しなければならないとし（会社 430 条の 3 第 1 項），利益相反取引
規制との重複的な適用がないことを明示しています（同条 2 項）。

　株式会社の事業報告には，当該株式会社の役員等賠償責任保険契約に関する事項につ
いて記載をし，株主に対して情報を提供するとされています。

税法の理解

(1)　責任限定契約

　役員等の任務懈怠にもとづく損害賠償責任を会社が免除する場合（会社 424 条等）

と異なり，責任限定契約が締結されている場合は，そもそも，限度額の範囲内でした役員等の損害賠償債務が発生しないと考えられますので，限度額と責任限定契約がなかった場合に役員等が負担したであろう損害賠償額との差額についても，免除益等の課税問題は生じないと考えられます。

(2)　D&O 保険

D&O 保険のうち，普通保険約款部分については，一般に，保険契約者である会社が保険料を負担しています。この点，役員等が第三者に対して負担する賠償責任をてん補するため会社が保険料を負担することから，会社から役員等に経済的利益が流入しているようにも思えます。しかしながら，役員等は会社のために業務を遂行しており，会社はそれによって利益を得ていることから，業務遂行の過程で第三者に損害を及ぼした場合に会社が当該損害を負担すべきという報償責任の原理があります。D&O 保険の普通保険約款部分の保険料についても，これと同様の考え方から，会社が保険料を負担しても，役員等に課税関係は生じないとされています（個別通達「会社役員賠償責任保険の保険料の税務上の取扱いについて」参照）。

他方，D&O 保険の特約部分の保険料については，これを会社が負担することは利益相反の問題があると考えられていたことから，役員等が個人で負担すべきものとされていました。そして，特約部分の保険料を会社が負担した場合は，本来は役員等が個人負担すべき保険料を会社が負担することになり，経済的価値の移転が生じるものとして，役員等に所得税（給与所得）が課税される取扱いになっていました（同通達参照）。

しかし，2015（平成 27）年 7 月 24 日に発表された経済産業省の「コーポレート・ガバナンス・システムの在り方に関する研究会」報告書では，取締役会決議等を履践することにより，特約部分の保険料を会社が負担することも問題がないものとされました。この解釈変更を受けて，国税庁は，経済産業省からの照会に対する回答という形式で，会社が取締役会決議等の利益相反を解消するための所定の手続を履践した場合には，特約部分の保険料を会社が負担したとしても，役員等に対する所得税の課税問題は生じないことを発表しました（「新たな会社役員賠償責任保険の保険料の税務上の取扱いについて（情報）」）。なお，当該発表は，役員等の株主代表訴訟敗訴時についてのみ言及しているように読めますが，その趣旨からすれば，会社が役員等に対し独自に提起した損害賠償請求訴訟において役員等が敗訴した場合においても，同様の取扱いが妥当するものと考えられます。

令和元年会社法改正以降も D&O 保険に関する取扱いは維持されています。

ポイント

　D&O 保険については令和元年会社法の改正によって手続規定が設けられ，取締役会設置会社では取締役会決議が必要です。取締役会決議にもとづく場合は保険料を会社が負担したとしても役員等に対する所得税の課税問題は生じないという税務上の取扱いは維持されています。

（藤井　宣行）

★★ 64　取締役の第三者責任

Question

　会社の取締役が，会社の業務執行に関して第三者から損害賠償請求されることがあると聞きましたが，どのような場合に損害賠償責任を負うのでしょうか。

会社法の理解

(1) 役員の第三者に対する任務懈怠責任

　役員が会社の業務執行に関して責任を負うのは，会社に対してだけではありません。会社の取引先等の第三者からも，損害賠償請求を受ける場合があります。

　429条1項は，取締役，会計参与，監査役，執行役または会計監査人がその職務を行うについて悪意または重大な過失があったときは，同役員は，これによって第三者に生じた損害を賠償する責任を負うと定めています。

　役員が会社に対して負う責任は，会社との間の委任契約にもとづく責任ですが，役員と会社の取引先等の第三者との間には直接の契約関係がないのが通常ですから，この第三者に対する責任は契約責任ではありません。判例は，同責任の性質について会社が経済社会内で大きな影響力を有していることを考慮した特別の法定責任であると解しています（最判昭和44・11・26民集23巻11号2150頁）。取締役は，任務懈怠と相当因果関係があるかぎり，第三者の損害を賠償すべき義務を負います。429条1項の「悪意・重過失」は，取締役の会社に対する任務懈怠についてあれば足りるとされており，第三者への加害についての故意・過失を主張立証する必要はないとされています。

(2) 損害の範囲

　講学上，役員が第三者に与える損害については，直接損害と間接損害があるとされてきました。直接損害とは，役員の悪意・重過失ある任務懈怠行為によって，直接第三者が損害を被った（会社には損害は生じていない）場合をいいます。会社に支払能力がないことを知りながら役員が買掛取引を行い，結果，取引相手方が支払を受けることができなくなった場合等がこれにあたります。この直接損害については，取締役の第三者に対する不法行為責任（民709条）と競合します。ただ，不法行為責任は，第三者に対する権利侵害行為についての故意・過失を要件としているのに対し，会社法上の第三者責任は，あくまで会社に対する任務懈怠行為についての悪意・重過失が要件となっている点で異なります。第三者に対する積極的な虚言や加害意思が存在しているような場合は，不法行為責任と構成する方がなじみがよいものと考えられます。

　なお，直接損害が発生する場合には，350条または民法715条がありますので，会社も責任を負担することになり，両者は不真正連帯の関係になります（この場合も，補償の可能性があります）。

　また，近時の事例としては，内部統制義務違反と因果関係を肯定して，取締役の第三者責任を肯定している下級審裁判例もあります（東京地判平成21・2・4判時2033号3頁等）。

　他方，間接損害とは，取締役の悪意・重過失ある任務懈怠行為によって，まず会社が損害を被り，その結果，第三者にも損害が生じた場合をいいます。役員の放漫経営によって会社の業績が悪化し倒産状態となってしまったため，会社の債権者も支払を受けられなくなったような場合がその典型です。

(3)　責任を負う役員の範囲

　裁判例では，会社（代表取締役）との特約により一切の職務を遂行しない取締役（名目的取締役）や，株主総会における選任手続を経ていないにもかかわらず（または退任をして欠員が補充され，取締役としての権利義務者ともならない場合にかかわらず），一定の範囲で，取締役として第三者責任を負うことが認められることがあります。取締役でないが取締役の職務を行っている者（事実上の取締役）についても，第三者に対する責任が認められている場合があります。名目的取締役については，代表取締役の業務執行を何ら監督しなかった点が重過失による任務懈怠であるとされる場合（最判昭和55・3・18判タ420号87頁）が多く，取締役でない者に429条1項責任が認められる場合としては，事実上取締役として会社を主宰していたことを理由に責任が認められている場合（東京地判平成2・9・3判時1376号110頁等，会社429条類推）か，不実の登記の出現に加功したことを理由に責任が認められている場合（最判昭和47・6・15民集26巻5号984頁，最判昭和62・4・16判タ646号104頁。会社908条2項類推，429条）があります。

　ただし，最近では，名目的取締役について，報酬を一切受領していないことや，経営に対する影響力がまったくなかったことなどを理由に，その任務懈怠責任を否定する裁判例も増えています（東京地判平成3・2・27判タ767号231頁等）。会社に対する任務懈怠責任と同様，当該役員の能力や専門性，実際に行っていた業務の内容や受けていた報酬等の事情に照らして，判断時の具体的状況下において，当該取締役に悪意・重過失がなかったかという点（前掲東京地判平成3・2・27など）や第三者の損害と任務懈怠との因果関係がない点（東京地判平成6・7・25判時1509号31頁など）が評価されるのです。

税法の理解

　役員が，第三者に対して，任務懈怠もしくは不法行為を原因として損害賠償金を支払った場合，役員に対する課税関係はどうなるのでしょうか。

　所得税法は，不動産所得や事業所得等については，一部を除いて損害賠償金を必要経費に算入できる旨の規定を設けています（所税45条1項8号）。しかし，役員

報酬は，多くの場合，給与所得として処理されているところ，給与所得には必要経費控除の制度がありません。そのため，役員が損害賠償金を支払っても，これを必要経費として自身の給与所得の収入金額から差し引くことはできません。

　役員が，会社から損害賠償額の補てんなどを受けた場合については，本書の **65**「会社の補償」を参照してください。

ポイント

　役員は，会社の業務執行に関して，会社以外の第三者にも損害賠償責任を負うことがあります。この場合に役員が支払った損害賠償金は，役員の必要経費には算入されませんので，注意が必要です。

（山崎　笑）

★★ 65　会社の補償

Question

　会社の役員が，自身のした会社の業務執行に関し，会社または第三者に損害を与えたとして損害賠償請求訴訟を提起され，敗訴したため，賠償金を支払いました。会社への損害賠償については会社にてん補を要求できるでしょうか。また，第三者への賠償金相当額について会社から補償を受けましたが，税務処理はどうなりますか。

会社法の理解

　会社の役員が，会社の業務執行に関して，会社や会社の取引先等の第三者から損害賠償請求を受ける場合があることについては，本書の **59**「役員の任務懈怠による損害賠償」，**64**「取締役の第三者責任」で述べたとおりです。

　役員の損害賠償責任が認められた場合，役員は自身が賠償した損害賠償額や争訟費用の補償（肩代わり）を求めることは可能でしょうか。

(1)　私法上の原則

　役員と会社との間の法律関係には委任に関する規定が適用されますが，委任契約の受任者は，「委任事務を処理するのに必要と認められる費用」を支出した場合は，同費用を委任者に請求できます（費用償還請求権。民 650 条 1 項）。もっとも損害賠償請求に対する応訴が役員の職務（委任事務）の執行とはいいがたく，支払った争訟費用や損害賠償金がこの請求権の対象となるかは，疑問でした。

　他方で，民法 650 条 3 項は「委任事務を処理するため自己に過失なく損害を受けたとき」に委任者に対する損害賠償請求を認めています。役員が会社の職務の執行に関して第三者（行政庁を含みます）や会社から訴訟を提起され，それに応訴して支出した費用や結果として損害賠償を行った場合の賠償額は，職務執行に起因して発生した損害と評価できる面があり，民法 650 条 3 項にもとづいてその賠償を会社に求めることができると理解されていました。役員が訴訟で勝訴した場合，役員が損害賠償額を負担することはありませんが争訟費用は負担していますので当該争訟費用の支出分を損害として会社に賠償を求めることができると理解されました。しかし，逆に敗訴した場合には役員に過失があったものと考えられますから，過失のある役員からの民法 650 条 3 項による賠償請求は認められていませんでした。

(2)　令和元年会社法改正による整備

　令和元年会社法改正は，民法650条3項は任意規定であり，会社法の秩序に反しなければ，過失がある場合にも職務執行に起因して被った損害の賠償も認めることを当事者は合意できるという理解を前提に，会社法秩序に反しない形で役員が会社に対して補償を請求しうる制度を整備しました。会社の補償は，会社と役員等（取締役，会計参与，監査役，執行役または会計監査人。会社423条1項）との補償契約にもとづき，①役員等が職務の執行に関し法令の規定に違反したと疑われ，または職務執行に関し責任の追及にかかる請求を受けたことに対処するために支出する費用の全部または一部を当該株式会社が補償すること（以下「費用補償」とします），および②その職務の執行に関し，第三者に生じた損害を賠償する責任を負う場合に損害賠償または和解にもとづく金銭支払いによる当該役員等の支出を損失と捉え，その損失を会社が補償すること（以下「損失補償」とします）を指します（会社430条の2第1項）。補償契約の締結には利益相反取引（自己取引）規制（**49**「利益相反取引」を参照）が適用されませんが（会社430条の2第6項。なお7項では民法108条の適用除外も定めます），それと同様の強度のある規制を加えるとして，取締役会設置会社では取締役会決議（非取締役会設置会社は株主総会決議）で補償契約の内容を決定するとしました。また，監査等委員会設置会社でも補償契約の内容の決定を取締役に委任することかできず（会社399条の13第5項12号），指名委員会等設置会社でもこの決定を執行役に委任することはできません（会社416条4項14号）。

　株式会社が役員等と締結している補償契約に関する事項は，事業報告に記載しなければなりません。

(3)　費 用 補 償

　令和元年会社法改正により導入された会社の補償制度は，民法650条3項にもとづく損害賠償請求を否定するものではありませんが，会社法の規制に反しないように調整された制度であり，この制度にもとづいて補償を行うべきでしょう。

　費用補償は，役員等が現実に支払ったこれらの費用の全額を会社が補償するわけではなく，そのうちの「通常要する費用の額を超える部分」（会社430条の2第2項1号）は除外されていますが，役員等に対する訴訟や行政手続が継続中に，当該役員等が会社に対して補償請求することが可能とされています。もっとも，役員等が不当な目的をもって職務を執行していたような悪質な場合であっても株式会社の費用で防御費用が賄われることになり，役員等の職務の適正性を害しかねません。そこで，費用の補償後，当該役員等が自己もしくは第三者の不正な利益を図り，または当該株式会社に損害を加える目的で会社法430条の2第1項1号の職務を執行したことを株式会社が知ったときは，当該役員等に対し，補償した金額に相当する金銭を返還することを請求することができるとされました（会社430条の2第3項）。

　株主代表訴訟だけでなく，会社自身が会社法上の責任を追及する場合も補償の対象とするなど広い範囲で会社が補償できるとされていますが，その適正化は会社が締結する

補償契約ではかるとされていますので，補償契約の内容について創意工夫が求められています。

(4) 損失補償

損失補償については，役員等の会社に対する会社法上の責任に関する免除規定（**62**「責任免除・和解」を参照）との抵触が生じかねないことを考慮して，第三者に対する損害賠償責任に会社の補償の対象が限定されています。もっとも，役員等が職務執行に関して第三者に対する責任を負担する場合には，会社法350条または民法715条などにより会社も損害賠償責任を負担し，役員等と会社とが不真正連帯により責任を負うことが想定されます。この場合も会社法上の責任免除規定との抵触を考慮して，会社が第三者に損害を賠償するとすれば，当該（損害賠償責任を負い賠償をした）役員等が会社に対し会社法423条責任を負うことになるときには，その責任額に相当する部分は補償できないとされました（会社430条の2第2項2号）。また，役員等がその職務を行うにつき悪意または重大な過失があったことにより第三者に責任を負う場合も補償の対象とされていません（会社430条の2第2項3号）。

税法の理解

会社が，役員が第三者に支払った損害賠償金や争訟費用を補償した場合，同補償額を会社の損金の額に算入することができるかどうかは，その損害賠償金の性質によって結論が異なります。なお，下記に挙げる通達は損害賠償金に関するものですが，争訟費用も，これに準じて考えることができます。

(1) 損金に算入できる場合

その損害賠償金の対象となった行為等が会社の業務の遂行に関連するものであり，かつ，役員の故意または重過失にもとづかないものである場合には，損害賠償金を補償した会社は，その支出した損害賠償金の額を会社の給与以外の損金の額に算入することができます（法基通9-7-16 (1)）。この場合，補償を受けた役員には，経済的利益がないものとされ，所得税の課税は行われません（所基通36-33 (1)，所税36条1項）。これは，役員給与は所得税法上給与所得に分類されますが，給与所得には必要経費控除の制度がなく，役員は自ら支出した損害賠償金を必要経費に算入することができないこととのバランスをはかった取扱いであると考えられます。

この法人税基本通達は，役員に故意または重過失がないことを要件としていますので，令和元年会社法改正により成立した会社の補償制度の範囲であれば，損金の額に算入できると思われます。

⑵　損金に算入できない場合

　これに対して，その損害賠償金の対象となった行為等が，会社の業務の遂行に関連するものであるが，役員の故意または重過失にもとづくものである場合，または，会社の業務の遂行に関連しないものである場合には，会社が補償した損害賠償金に相当する金額は，当該役員に対する債権となり（法基通9-7-16 ⑵），債務免除された場合に役員が受ける経済的利益は給与等となります（所基通36-33 ⑵）。ただし，当該役員の支払能力等からみて求償できない事情にあるため，その全部または一部に相当する金額を貸倒れとして損金経理をする，あるいは，損害賠償金相当額を債権として計上しないで損金の額に算入することも認められています。もっとも，貸倒れ等とした金額のうち，その役員の支払能力等からみて回収が確実であると認められる部分の金額については，当該役員に対する給与となりますので，注意が必要です（法基通9-7-17）。

　なお，このような損金の額に算入できない場合は，そもそも令和元年会社法改正により成立した会社の補償制度の対象外であり（会社430条の2第2項3号），その実施が公序良俗に反せず有効とされるかは個々に判断されることになります。

ポイント

　会社が，役員が第三者に支払った損害賠償金を補償する場合，事前に補償契約を締結することが原則として必要であり，その内容の調整が課題になります。また，会社法上の会社の補償制度に該当しない場合は，個別に有効性が評価され，税法上は損金の額に算入されない可能性があり注意が必要です。役員が会社に支払った損害賠償金は補償することはできず，責任減免手続によります。

（山崎　笑〔第2版　山田泰弘＝安井栄二〕）

★ 66　粉飾決算にかかる責任

Question

　株式会社である当社は，過去に循環取引による架空売上の計上や損失の飛ばしといった粉飾決算を行っていましたが，このたび，そのことが露見してしまいました。当社の役員や会計監査人はいかなる責任を負うことになりますか。また，粉飾決算により過去に過大納付した法人税はどのように取り戻せばよいでしょうか。

会社法の理解

(1)　粉飾決算と会社法上の責任

　虚偽を含む計算書類が作成される場合，その原因は意図的な不正と意図せざる誤謬に大別できますが，一般に，粉飾決算とは，利益の水増しを意図した不正な決算操作とその結果作成・開示された計算書類における虚偽記載を指します。

　過去の粉飾決算が発覚した場合，基本的には，当該粉飾決算による影響を，前期損益修正損益を計上する方法か，または企業会計基準第24号「会計方針の開示，会計上の変更及び誤謬の訂正に関する会計基準」（改正2020年3月31日，企業会計基準委員会）を適用した会計処理を行う方法により，当期の計算書類に表示することになります（会社計算88条2項・3項，98条1項6号，102条の5）。ただし，当該粉飾決算の影響が過去の計算書類の確定を妨げるほどに重要であれば，その確定手続のやり直しが必要になる可能性があります。また，粉飾決算に関連して，以下のとおり，役員や会計監査人に一定の責任が課されます。

(2)　取締役・執行役・監査役の責任

　粉飾決算がある場合，後述のように，税の過払い分について更正手続が可能ですが，更正の期間（税通70条1項・2項，租特66条の4第27項）を経過した年度分の取戻しは不能となるなど会社にも損害が生じ得ます。この場合，取締役，執行役および監査役には，任務懈怠にもとづく会社に対する損害賠償責任が課され（会社423条1項），100万円以下の過料が科されます（会社976条7号）。また，その職務を行うについて悪意または重過失があったときは，第三者に対する損害賠償責任が課され（会社429条1項），特に計算書類の虚偽表示については，重要な不実記載によって投資判断等が歪められたことにより損害を被った投資家等に対しては，相当の注意を怠らなかったことを証明しないかぎり，賠償しなければならないとされます（会社429条2項1号ロ。監査役の監査報

告について会社429条2項3号）。

　さらに，粉飾決算により分配可能額が過大となり，実際の分配可能額を超えて配当がなされていたような場合には，違法配当に関する責任も問題となります（**28**「違法配当（剰余金分配規制違反）」を参照）。

(3)　会計参与・会計監査人の責任

　税理士や公認会計士が就任する可能性がある会計参与や会計監査人にも責任が課されます。すなわち，会計参与には，会社に対する損害賠償責任（会社423条1項），100万円以下の過料（会社976条7号），第三者に対する損害賠償責任（会社429条1項，2項2号），違法配当の場合の5年以下の懲役もしくは500万円以下の罰金またはこれの併科（会社963条5項2号）が科されますし，会計監査人にも，会社に対する損害賠償責任（会社423条1項），100万円以下の過料（会社976条7号），第三者に対する損害賠償責任（会社429条1項，2項4号）が課されます。

(4)　金融商品取引法上の役員の責任

　会社が金融商品取引法にもとづき開示書類を提出している場合には，会社だけでなく，役員も同法にもとづく責任を負います。たとえば，粉飾決算により虚偽記載のある有価証券報告書を提出した場合には，役員に対して，課徴金が科され（金商172条の4），懲役もしくは罰金またはこれを併科され（金商197条，207条），第三者に対する損害賠償責任が課されます（金商21条の2，22条，24条の4，25条）。

税法の理解

(1)　粉飾決算と仮装経理

　会社が粉飾決算を行うと，通常は，当該事業年度の確定決算上の利益が過大計上される結果，課税所得も過大に計算され，過大な法人税額を納付することになります。それでは，過去の粉飾決算が判明した場合，どのような形で，過去の所得・税額は更正・還付されるのでしょうか。この点について，法人税法は仮装経理に関する後述のような特例を設けています。

　なお，仮装経理と粉飾決算の意味内容は異なることに注意が必要です。仮装経理とは，事実を仮装して経理することですが（法税129条1項），これには粉飾決算に該当する経理処理であっても法人税法に違反しない経理処理は含まれません。たとえば，減価償却費の過少計上は粉飾決算に該当し得ますが，法人税法には違反しませんから，仮装経理には該当しないことになります。

(2)　更正に関する特例

　法人税法は，更正について原則的な取扱い（税通24条）の特例を定めています。すなわち，税務署長は，内国法人が，過去の仮装経理にもとづく過大申告について，

当該仮装経理の事実にかかる修正の経理をし，かつ，当該修正の経理をした事業年度の確定申告書を提出するまでの間，減額更正をしなくてよいとされています（法税129条1項）。

　修正の経理とは，過去の仮装経理に対する修正額を，当該事業年度の確定決算において，損益計算書の特別損益の項目に前期損益修正損として計上することと解されています（大阪地判平成元・6・29行集40巻6号778頁）。

　なお，前述の企業会計基準24号の適用を受ける会社では，仮装経理の修正は，前期損益修正損の計上ではなく，当期首の利益剰余金の金額を修正する方法か，重要性が乏しい場合と判断される場合には修正額を損益計算書の営業損益または営業外損益に計上する方法により行われることになりますが（企業会計基準24号21項，65項），このような経理処理も修正の経理に該当すると解されています（国税庁法人課税課審理室調査課「法人が『会計上の変更及び誤謬の訂正に関する会計基準』を適用した場合の税務処理について（情報）」（2011年10月20日）問8）。

　また，修正の経理をした確定決算にもとづく確定申告書を提出するにあたっては，仮装経理の修正内容について確定申告書に添付する損益計算書等に記載するか，または別途記載した書類を確定申告書に添付することが求められます（法税74条3項，法税則35条2号ロ）。

(3) 更正にともなう税額還付の特例

　法人税法は，還付についても原則的な取扱い（税通56条）の特例を定めています。すなわち，過去の仮装経理にもとづく過大申告について税務署長が更正したときでも，過去の過大納付税額は原則として直ちに還付されず，更正の日の属する事業年度以降5年以内に開始する各事業年度の法人税額から順次控除されることになります（法税70条，135条1項・3項）。ただし，更正の日の属する事業年度開始の日前1年以内に開始する各事業年度の法人税額で更正の日の前日までに確定している税額は還付されますし（法税135条2項），5年を経過しても過大納付税額が控除しきれなかった場合，残余財産が確定した場合，合併や破産手続開始決定により解散した場合，更正手続開始決定等があった場合にも，未控除の税額は還付されます（法税135条3項・4項・7項，法税令175条2項）。

(4) そ の 他

　取締役の責任と税務の関係については，**59**「役員の任務懈怠による損害賠償」および**64**「取締役の第三者責任」を参照してください。

ポイント

　過去の粉飾決算が判明した場合，過去の所得の更正を受けるには修正の経理を行った上で確定申告書を提出することが必要です。

（峯岸　秀幸）

Ⅵ

業務執行に
関する
税務処理

67 取締役会決議なき重要財産処分

Question

　古くからの取引先である A 社の社長 B から，今般，A 社が保有している土地を売却したいとの依頼を受けました。当社としては，提示された土地は立地条件もよく，できれば購入したいと考えていますが，何か気をつけることはあるでしょうか。また，税務上の問題は生じますか。

会社法の理解

(1) 重要財産処分の効力

　その購入依頼を受けた土地が，A 社にとって重要な財産であるかどうかによって，対応が異なってきます。

　監査役設置会社および監査等委員会設置会社（一部の例外があります）では，重要な財産の処分や譲受けについては，取締役会の決議事項とされており，取締役会は事項の決定を代表取締役に委任することはできません（会社 362 条 4 項 1 号）。なお，監査等委員会設置会社における例外とは，社外取締役が取締役の過半数を占める場合は自動的に，重要財産処分などの業務執行上の意思決定権限を業務執行取締役に委任することが認められ，そうでない場合でも，取締役会決議により重要な業務執行の決定の全部または一部を委任することができる旨を定款で定めることが認められていることです（会社 399条の 13 第 5 項，6 項）。監査等委員である取締役が適法性監査に留まらず妥当性監査もし得ることから，業務執行と監督とを分離するモニタリングモデルの導入ができるとされています。

　これらの会社で重要な業務執行の決定が取締役会決議事項とされるのは，取締役全員の協議により適切な意思決定がなされることおよび取締役相互の牽制作用を期待するためとされています。したがって，代表取締役は取締役会の決議がなければ重要な財産の処分や譲受けをすることができないことになります。重要な財産の処分について取締役会の決議なしでなされた代表取締役の行為の効力については，民法 93 条のただし書「ただし，相手方が表意者の真意を知り，または知ることができたときは，その意思表示は，無効とする」により判断されることになります。判例においても，その行為は原則として有効であって，取引の相手方が取締役会の決議がないことを知りまたは知ることができた場合にかぎって無効であるとしています（最決昭和 40・9・22 民集 19 巻 6 号 1656 頁）。

(2)　重要財産の定義

「重要な財産の処分」に該当するか否かは，① その財産の価額，② その会社の総資産に占める割合，③ その財産の保有目的，④ 処分行為の態様，⑤ 会社における従来の取扱い等の事情を総合的に考慮して判断すべきものであるとされています（最判平成6・1・20民集48巻1号1頁）。

この最高裁の判例は代表取締役による別会社A社へのA社株式の譲渡の事例ですが，この株式の帳簿価額が7800万円であり，原告会社の総資産の約1.6%にあたること，売却された株式がA社発行株式の7.56%にあたり，A社は原告の発行済株式の17.86%を有しているなどの事情から，この株式の譲渡は原告とA社との関係に影響を与えA社にとって相当な重要性を有するといえること等の事情を総合的に考慮して，この株式の譲渡が「重要な財産の処分」に該当するとしました。

この判例の影響もあり，総資産のうち一定割合以上のものを「重要」と定めている場合が多いですが，一律に割合だけで決めることも実態にそぐわない場合もあるので，総合的な判断が必要です。前述の最高裁の判断基準に「会社における従来の取扱い等の事情」が含まれているので，会社内で一定の基準を設け，それに従った運用をしておけば，係争になった場合にも尊重される可能性が高いです。

(3)　特別取締役

(1)の例外的な規定として，監査役設置会社または監査等委員会設置会社で，取締役の人数が6人以上，かつ，1人以上の社外取締役がいる場合には，取締役会決議によりあらかじめ3人以上の特別取締役を選定し，取締役会は，重要財産処分の決定権限を特別取締役に委ねることができます（会社373条1項）。

(4)　事後的に承認を得た場合

取締役会の決議がなければ重要な財産の処分や譲受けは無効になりますが，事後的にその取引について承認を受けた場合には，遡って有効になると考えられています。

(5)　買い手側である会社の注意点

購入依頼を受けた土地の売却について，取締役会の決議を得ていることをBに確認する必要があります。Bがその土地について重要財産と認識していない場合であっても，A社の取締役会では，重要財産であると判断する場合もあります。

もし，こういった確認をせず土地を購入した場合には，悪意がない場合には保護されることになりますが，場合によっては売買契約が無効となる可能性があります。いずれにせよ，売買契約にいたるまでの経緯等を立証する書類の作成はしておいた方がよいでしょう。

一方，購入予定の土地が買い手側の会社にとって重要な財産になるのであれば，重要財産の譲受けについては，取締役会の決議が必要になりますので，注意が必要です。

(6)　取締役の善管注意義務・忠実義務違反による損害賠償責任

取締役会において重要財産の処分を決議する場合に，取締役はそれにあたって，取締

役の善管注意義務に違反することにならないかを慎重に判断しなければなりません。重要財産処分の取締役会決議に賛成する取締役の善管注意義務（会社330条，民644条）・忠実義務（会社355条）の違反になるかどうかについては，いわゆる「経営判断の原則」が適用されることになります。

税法の理解

(1)　土地の購入価額

　A社からの土地の購入については，第三者間取引においては，公の秩序に反しないかぎり，当事者間の契約を尊重することになっています。したがって，A社が，仮に資金繰りの都合上急いで換金する必要があり，若干市場価格よりも低額で売却したとしても，そこに恣意性がなければ，妥当な価額として認められます。

　しかし，仮にA社が，古くからの取引業者である御社に時価に比べて著しく低い価額で譲渡した場合には，その差額は，A社では寄附金または交際費等として取り扱われます。また，買入れ側では，その買入価額と時価の差額を受贈益として計上する必要があります。

　反対に，時価よりも高くA社から土地を買った場合には，その買入価額のうち実質的に贈与をしたものと認められた金額がある場合には，買入価額から当該金額を控除した金額を取得価額とすることになります（法基通7-3-1）。時価との差額は，寄附金として取り扱われます。

(2)　契約が無効となった場合の取扱い

　仮に，本件取引の対価が時価に比べて低額で，取引時点で買い手側の会社が時価との差額を受贈益として益金に計上していたとします。その後，本件取引が無効であったとされた場合，取引時点に遡及して益金を減額することができるのでしょうか。

　法人税法上，そのようなケースにおいて遡及して益金を減額修正することはできないと考えられています（契約解除があった事案に関して，横浜地判昭和60・7・3行集36巻7・8号1081頁を参照）。その理由は，以下のとおりです。

　法人税法では所得の計算の基礎となる収益や費用，損失の額は「一般に公正妥当と認められる会計処理の基準」によって計算されます。そして，その会計処理基準では，契約が後に解除等がなされた場合には，遡及して会計処理を修正するのではなく，その年度の損失として計上することになっています。もし，遡及するとなると，数年前の決算もやり直し，配当なども計算し直さなければならなくなってしま

います。そのため，法人の所得の計算については，契約が後で無効になっても遡及して修正することはできないものとされているのです。

ポイント

　固定資産等，高額の資産の購入の際には，相手方の意図や事情を調査する必要があります。取締役会の決議が経られていても，価格等の決定において恣意的事情があれば，課税問題が生じる可能性があります。

（木島　裕子）

★★ 68　会社の寄附

Question

　私は製造業を営むＡ社の株主ですが，最近Ａ社が行った次の2つの行為は会社の行為として認められるかどうか疑問です。また，税務的にも何か問題があるのではないでしょうか。

　①　ある政党の地元支部への寄附

　②　Ａ社の代表取締役が代表取締役である別会社へ行った債務引受の求償権の貸倒計上

会社法の理解

⑴　会社の寄附行為と定款の目的

　会社が *Question* ①のような寄附を行うことが，会社の定款に定められた目的の範囲内の行為であるかどうかが問題となります。民法が法人一般に関して適用があるため（民33条），会社の権利能力は定款所定の目的により制限されます（民34条）。

　定款所定の目的の範囲内の行為とは，定款に明示された目的にかぎらず，その目的遂行のために直接または間接に必要な行為すべてを含むものとされ，そして必要かどうかの判断は，その行為が目的遂行上現実に必要であったかどうかではなく，行為の客観的な性質に即し，抽象的に判断されなければならないとされています（八幡製鉄事件・最大判昭和45・6・24民集24巻6号625頁）。

　そこで，寄附行為が目的達成のために必要な行為であるかについては，その寄附を行うことが，客観的・抽象的に会社の目的達成に寄与しているかがその判断基準となります。寄附は非営利行為ですが，会社に対して社会通念上，一般的に期待される社会的な役割を果たす上で，有益であると考えられます。すなわち，寄附のうち，客観的・抽象的に対外的に円滑な関係を築くことが可能になり，利益を得ることを容易にさせ，会社が発展していく上で必要だと社会通念上考えられる行為は，権利能力の範囲内と評価されます（たとえば，会社の本店所在地の町内会の夏祭りへの寄附など）。

　政治献金は，事業遂行上必要かという観点からは評価しにくいのですが，むしろ事業活動を行う上での前提として（定款の目的を遂行する前提として），会社が社会的実存であり，納税の義務を果たす者として，性質上許されないもの（選挙権）を除き政治的活動の自由が認められるべきことを根拠に，賄賂性がある場合を除き，一般的には定款所定の目的の範囲内の行為とされています。

Quesiton ① については，会社の所在地の政党支部への寄附金であり，原則として有効と考えられます。

(2) 寄附行為と取締役の善管注意義務

一方，寄附自体は目的の範囲内であるとしても，会社にとってそれが不相応であれば，取締役の善管注意義務が問題となります。上記八幡製鉄事件では，「取締役が会社を代表して政治資金の寄附をなすにあたっては，その会社の規模，経営実績その他社会的経済的地位および寄附の相手方など諸般の事情を考慮して，合理的な範囲内においてその金額等を決すべきであ」るとしています。

善管注意義務違反に該当するかどうかについては，「取締役には経営判断上の裁量があり，経営判断により事後的・結果的に会社に損害を生じたとしても取締役は必ずしも責任を問われない」とする「経営判断の原則」にそって判断するものとされています。

現在は，政治資金規正法が制定され，同法 21 条の 3 第 2 項による制限額の枠内であるかどうかも，重要な判断基準とされています（熊谷組事件・名古屋高金沢支判平成 18・1・11 判時 1937 号 143 頁，日本生命事件・大阪地判平成 13・7・18 金判 1145 号 36 頁）。

(3) 事業関連性のない業務執行行為

Question ② の場合には，同一人物が代表取締役を務めていますので，債務引受の実施や，求償権を放棄することは，利益相反取引規制（間接取引）の対象となり，取締役会の承認を経なければ有効とはされません（非取締役会設置会社では株主総会の承認が必要。会社 356 条 1 項 3 号，365 条 2 項）。

取締役会（株主総会）の承認があっても，債務引受や求償権の放棄により会社に損害を与える場合には，任務懈怠が推定され（会社 423 条 3 項），関与した取締役は任務懈怠責任を負うことになります。

債務引受をした段階で，債務者に十分な資力があり，将来の回収不能が予測できない場合には，直ちに善管注意義務違反を問えるわけではなく，その時点において十分な情報収集を行ったか，取締役会で慎重な検討を行ったか，等の事情を考慮し，合理的な判断であったかどうかを見極める必要があります。しかし，その寄附の実態が，会社の目的に沿ったものではなく，寄附の相手方から，会社内の特定の取締役が利益を得ているような場合，たとえば，A 社の代表取締役が，自身が代表を務めているだけで会社の事業とは関係ない別会社の債務引受をしたといった事実が認識された場合には注意義務違反に加えて，忠実義務違反の問題も生じることになります。この場合においても，代表者が同一，という面だけをとらえるのではなく，事実関係を検討して合理性を判断しなければなりません。

税務では，後述のように，債務引受を行うことについて事業関連性がなければ，債務引受をした相手方に対する利益供与にあたり，寄附金とみなされます。

税法の理解

(1)　寄附金の意義

　法人税法上の寄附金とは，寄附金，拠出金，見舞金その他いずれの名義をもってするかを問わず，内国法人が金銭その他の資産または経済的な利益の贈与または無償の供与（広告宣伝および見本品の費用その他これらに類する費用ならびに交際費，接待費および福利厚生費とされるべきものを除きます）というものとされています（法税37条7項）。したがって，一般にいう寄附金よりは，範囲が広いことに留意する必要があります。

(2)　寄附金の課税上の取扱い

　法人が支出した寄附金の額は，以下の区分に応じた金額を損金の額に算入することとされています（法税37条）。

① 全額が損金の額に算入されるもの

　ⓐ 国または地方公共団体に対するもの（法税37条3項）

　ⓑ 公益法人その他公益を目的とする団体に対する寄附金のうち一定の要件を満たすものとして財務大臣が指定したもの

② 一般寄附金とは別枠で損金算入限度額を計算する寄附金

　ⓐ 特定公益増進法人に対する寄附金

　ⓑ 認定NPO法人に対する寄附金

次のいずれか少ない金額が損金の額に算入されます。

　㋐ ⓐⓑに対する寄附金の額の合計額

　㋑ （資本金の額×（当期の月数÷12）×0.375％＋所得の金額×6.25％）×1/2

③ 一般の寄附金の損金算入額の計算

　ⓐ 資本金の額×（当期の月数÷12）×0.25％

　ⓑ 所得の金額×2.5％

(3)　政党に対する寄附金の取扱い

　税法においては，会社所定の定款の目的の範囲にあるかどうかは問題にならず，贈与または無償の供与に該当するかで寄附金の該当性を判断します。したがって，政党に対する寄附金も，上記③の一般の寄附金として取り扱われます。また，パーティー券についても，実際は出席しないことが多く，基本的に政治団体等への寄附として，交際費ではなく，寄附金として取り扱われますが，パーティーに，事業関係者が多く出席するなどの理由から，実際に出席したような場合には，出席分のパーティー券の代金は交際費になります。

⑷　**関連会社や子会社への支援の取扱い**

　無償の供与であっても，子会社等を整理する場合の損失負担や子会社等を再建する場合の無利息貸付について，たとえば業績不振の子会社等の倒産を防止するためにやむをえず行われるもので合理的な再建計画にもとづくものであるなど，その無利息貸付等をしたことについて相当の理由があるときは，寄附金には該当しないものとする取扱いがあります（法基通9-4-1，9-4-2）。

　相当の理由は，合理的再建計画の存在があるなどの事実認定によることになりますが，事例のような代表者が同一のケースでは，裁決例や裁判例においても見解が分かれており，実務上判断が難しいところです。また，支援をした時点ですでに回収不能が見込まれる場合には，上記通達の取扱いは適用されません。したがって，支援をしたときの相手会社の経営状況，両会社間の関係などを総合的に検討して判断する必要があります。

⑸　**寄附金の帰属**

　たとえ，会社名義でなされた寄附金であっても，その法人の役員等が個人として負担すべきものと認められるものは，その負担すべき者に対する給与とすることとされています（法基通9-4-2の2）。たとえば，役員の地元の神社に対する寄附金が，役員賞与とされた事例があります（最決平成12・1・27税資246号303頁）。

　*Question*②が，代表者の個人的動機で行われた債務引受の貸倒と認定された場合，その貸倒れについて，同族会社の行為計算否認規定（法税132条）を適用し，損害賠償請求権という収益を認識して法人税等の更正が行われることもあります（那覇地判平成7・7・19税資213号163頁）。

　ポイント　―――――――――――――――――――――――――――――――――

　税法上の寄附金は，通常よりも範囲が広く，損金の額に算入される金額もその寄附金の累計額で異なります。また，寄附金の帰属が問題になることも多いので注意が必要です。

（木島　裕子）

★ 69　圧 縮 記 帳

Question

　当社は貨物運送業を営んでいます。今般排ガス規制対策として低公害車両を，約1000万円で購入しました。その他に，排気ガスを軽減する装置も導入しましたが，こちらは単価が一括損金計上できる金額です。これらについて県から800万円の補助金交付がありました。車両について圧縮記帳を行いたいとも考えますが，累積欠損金があるので迷っていますが，会社の選択でよいのでしようか。

会計上の理解

(1)　圧縮記帳の意義

　圧縮記帳とは，国庫補助金や火災による保険金などの金銭を受領して固定資産を購入した場合等に，その購入価額から補助金の額を控除して帳簿価額とすることをいいます。

　国庫補助金や，火災による保険金収入等は，本来は益金として課税の対象になりますが，そのまま課税すると，たとえば，国庫補助金を受けたときの受贈益に対して課税した場合，予定していた資産の取得が税負担のためにできなくなり，補助金の目的が達成できなくなる，という問題があります。そうした弊害を免れるために，固定資産圧縮損という損金の額を計上して，資産の取得価額を減額することにより，法人税の負担を軽減させる政策的観点から設けられたのが，圧縮記帳という制度です。圧縮記帳をすることで，固定資産の取得価額が減額されることによって，その後の減価償却の計算の基礎となる金額，または譲渡原価・除却損失がそれだけ少額となり，課税所得がその分多くなります。つまり，圧縮記帳とは，税負担の免除ではなく，課税の繰延べにすぎません。

　圧縮記帳は税法の制度であり，会計上は，有形固定資産は取得原価で計上することとされていますが，「圧縮記帳に関する監査上の取扱い」（監査第一委員会報告第43号，昭和58年3月29日）において，その取扱いが示されています。

(2)　圧縮記帳の会計上の経理方法

　圧縮記帳の会計処理には，①直接減額方式と②株主資本等変動計算書で行う方式の2つがあり，いずれも監査上妥当なものとして取り扱うこととされています。

　①の方式は，計算は容易ですが，資産の帳簿価額が取得原価と異なっているため，減価償却費も本来の金額より少なくなって，期間損益が正しく反映されない欠点があります。そのため，財務諸表を開示する際は，圧縮記帳について注記が必要です。

　以上のことから，会計上は②の方式を採用する場合が多いようです。②の方法は，会計上，固定資産の取得原価はそのままとして，利益剰余金の積立ておよび取崩しを行い，その事業年度の法人税申告書の別表4で減算することにより課税所得を圧縮する方法です。具体的な経理方法は，当期末の貸借対照表に税法上の積立金の積立ておよび取崩しを反映させるとともに，株主資本等変動計算書に税法上の積立金の積立額と取崩額を記載することになります。

　翌事業年度以後の各事業年度においては，税務上の取得価額が圧縮されるため，償却限度額が少なくなります。会計上の取得価額は圧縮前の金額ですので，償却超過額が毎期発生することになるため，別表4で「償却超過額」の加算を行う必要があります。

　税効果会計を採用している場合には，将来加算一時差異が発生することになり，貸方には繰延税金負債，借方には法人税等調整額が計上されます。したがって，圧縮積立金は税効果相当額を減額した後の金額で純資産の部に計上されることになります。

⑶　圧縮記帳の選択

　圧縮記帳は，元来税法上の制度であり，選択しなくても会計上は違法となりません。どちらをとるかは会社の選択にまかされていますので，その事業年度の取締役の経営判断にかかってきます。課税繰延べの制度ではありますが，事例のように繰越控除ができる欠損金がある場合には，圧縮記帳を行わない方がよいかもしれません。

　取締役の経営判断には，「取締役には経営判断上の裁量があり，経営判断により事後的・結果的に会社に損害を生じたとしても，それだけで取締役が必要な注意を怠ったと評価できない」という経営判断原則が働くとされていますが，経営判断の前提となった事実の認識に不注意な誤りがあった場合や，その判断の過程と内容とが著しく不合理な場合には，取締役の善管注意義務違反を問われる可能性もあります（経営判断原則については，**59**「役員の任務懈怠による損害賠償」を参照）。

税法の理解

⑴　圧縮記帳の適用を受けることができる場合

　下記の場合には，圧縮限度額の範囲内で，減額した金額を損金の額に算入する圧縮記帳の適用を受けることができます。

① 法人税法上の圧縮記帳

　ⓐ 国庫補助金で取得した固定資産等の圧縮記帳（法税42条）

　ⓑ 工事負担金で取得した固定資産等の圧縮記帳（法税45条）

　ⓒ 非出資組合が賦課金で取得した固定資産等の圧縮記帳（法税46条）

　ⓓ 保険金等で取得した固定資産等の圧縮記帳（法税47条）

　ⓔ 交換により取得した資産の圧縮記帳（法税50条）

② 租税特別措置法上の圧縮記帳（一部抜粋）

 ⓐ　収用等にともない代替資産を取得した場合の圧縮記帳（租特64条）

 ⓑ　換地処分等にともない資産を取得した場合の圧縮記帳（租特65条）

 ⓒ　特定の資産の買換えの場合等の圧縮記帳（租特65条の7）

(2)　補助金等の交付を受ける事業年度より以前に資産を取得した場合

補助金はその交付を受けた事業年度において圧縮記帳の規定を適用することとされており，事前に概算で経理することはできません。補助金の対象となる設備の取得が補助金の交付前となった場合には，実際に補助金の交付を受けた年度で圧縮記帳をすることが認められています（法基通10-2-2）。

その場合は，交付事業年度の期首簿価を基礎に下記の算式により圧縮限度額を算定することとなります。

$$\langle\text{算式}\rangle\quad 圧縮限度額 = 交付確定日の帳簿価額 \times \frac{交付補助金額}{固定資産の取得価額}$$

(3)　補助金等の交付を受けた事業年度後に資産を取得した場合

補助金等の交付を受けた事業年度後の事業年度において，圧縮対象資産を取得する見込みがあるときは，補助金収入について未決算特別勘定等適当な経過科目で処理するものとする取扱いが公表されています（国税庁1976年5月15日付回答「圧縮記帳に関する会計処理及び表示について」参照）。

(4)　圧縮記帳と特別償却の併用

特別償却は，租税特別措置法で規定されています。そのため，同法上の圧縮記帳の適用を受ける場合は，特別償却との併用はできませんが，法人税法上の圧縮記帳の適用を受ける場合には，併用することができます。この場合には，まず圧縮記帳経理を行い，圧縮記帳後の金額を基礎として償却計算を行うこととなります。

(5)　圧縮記帳の選択

圧縮記帳の特例を適用するかどうか，補助金の一部について圧縮または積立金経理をするかどうかはすべて法人の任意とされています。この制度の趣旨はあくまで「課税の延期」であって免除ではありません。翌期以降の減価償却や将来譲渡したときの譲渡原価によって課税の取戻しが行われます。したがって，取得資産の利用予定，今後の会社の事業計画等をよく検討して，制度適用の選択をするべきです。

ポイント

圧縮記帳については会計上の制度ではありませんが，課税所得に大きな影響を及ぼすので，その選択適用にあたっては，慎重な検討が必要です。　　　　　（木島　裕子）

純資産の部の
変動

70　税務申告（確定決算主義）と定時株主総会

Question

　同族会社である中小法人が，適法な株主総会の承認を受けていない計算書類にもとづいて行った法人税の確定申告は有効でしょうか。

会社法の理解

(1)　株式会社の決算手続の趣旨

　会社法は第2編第5章「計算等」の項目を設けて株式会社が会計帳簿にもとづき，貸借対照表や損益計算書等の計算書類等を作成し，所定の手続により株主総会の承認等を受けなければならないとしています（会社431条～440条）。これらの決算手続を会社法が法定している趣旨は，株主に対して分配可能利益を確定すること，債権者保護の観点から会社の財産状況を明らかにすることなど会社の利害関係者に対して，会社の財産状況や営業成績を適正に明らかにすることです。

(2)　株式会社の決算手続

　計算書類についての決算手続は次のとおりです。

　①　各事業年度にかかる計算書類および事業報告等（以下「計算書類等」といいます）を作成します（会社435条2項）。

　②　計算書類とは，貸借対照表，損益計算書，株主資本等変動計算書，個別注記表です（会社計算59条）。

　③　監査役設置会社においては，計算書類等について監査役の監査を受けなければなりません（会社436条1項）。

　④　会計監査人設置会社においては，計算書類について監査役および会計監査人，事業報告等については監査役の監査を受けなければなりません（会社436条2項）。

　⑤　取締役会設置会社においては，計算書類等は取締役会の承認を受けなければなりません（会社436条3項）。この承認を受けた計算書類等を定時株主総会の招集通知に際して株主に対し提供しなければなりません（会社437条）。

　⑥　取締役は，監査役または会計監査人の監査を受けた計算書類等を，または取締役会の承認を受けた計算書類等を定時株主総会に提出または提供しなければなりません（会社438条1項）。

　⑦　上記⑥の提出された計算書類は，定時株主総会の承認を受けなければなりません（会社438条2項）。なお，会計監査人設置会社については定時株主総会の承認は必要

なく，計算書類の報告を行えばよいとされています（会社439条）。

⑧　定時株主総会の終結後遅滞なく貸借対照表（大会社の場合は貸借対照表および損益計算書）を公告しなければなりません（会社440条）。

(3)　決算の確定

会社法上の決算手続における決算の確定時期は，上記の会社法で定められた決算手続からすると(2)⑦の定時株主総会の承認によって確定します。ただし，会計監査人設置会社の場合は取締役会の承認によって確定します。

税法の理解

(1)　法人税の確定決算主義の趣旨

法人税法74条第1項は，各事業年度終了の日の翌日から2か月以内に確定した決算にもとづき所定の事項を記載した申告書を提出しなければならないとしています。この規定が「確定した決算」にもとづくことを前提としている趣旨は，企業会計上の利益計算を前提とした会社法の計算書類における利益金額から課税所得を誘導計算する法人税の課税所得計算の構造によります。法人税がこのような課税所得計算の基本構造をとる理由は次のとおりです。

①　会社法上の計算書類とは別に法人税の課税所得計算のための計算書類を作成する煩雑さ，二度手間の手数を省く簡便性，便宜性が得られること。

②　企業の意思決定について会社法の決算手続を前提とすることにより，会社の意思決定の客観性と安定性が確保されること。

③　会社法に定められた利益計算にもとづくことにより，適正な所得計算が行われる可能性が高まること。

(2)　「確定した決算」の意義

法人税法74条第1項にいう「確定した決算」とは，上記のような法人税の確定決算主義の趣旨からすれば，会社法の決算手続を前提としていると考えられ，その意義は，定時株主総会による計算書類の承認（会社438条2項），会計監査人設置会社の場合には取締役会における承認を意味します（会社439条）。

(3)　適法な定時株主総会の承認を経ていない計算書類にもとづく確定申告の効力

Question のように同族会社である中小法人の場合，適法な定時株主総会を開催しないで，主に会計事務所が作成した決算書を代表者が確認して法人税の確定申告書を提出している場合が少なからず存在します。代表者が100%の株式を保有している場合には株主総会の招集手続は不要であり，結果的に適法に計算書類が承認さ

れていると解する余地もあります。しかし，そうでない場合には会社法上の適法な
定時株主総会における承認がない計算書類にもとづいて行われた確定申告となり，
「確定した決算」にもとづかない申告として，その有効性が問題になります。この
点について過去の裁判例（東京地判昭和 54・9・19 判タ 414 号 138 頁）では，次に記
載するように実質的に法人の意思にもとづいてなされたものである場合は，定時株
主総会の承認を得ていない計算書類にもとづく申告も有効であるとしています。

　　「法人税法が確定決算の原則（法 74 条 1 項）を導入している所以は，課税所得につ
　　いては会社の最高の意思決定機関である株主総会の承認を受けた決算を基礎として計
　　算させることにより，それが会社自身の意思として，かつ正確な所得が得られる蓋然
　　性が高いが故であるという趣旨に鑑みれば，たとえ商法上の確定決算上の手続に依拠
　　せず，従って商法上は違法であるとしても，確定申告自体が，実質的に，法人の意思
　　に基づきなされたものと認められる限り，税法上は法 74 条に基づく有効な申告とし
　　て扱うものと解するのが相当である。」

　また，わが国の株式会社の大部分を占める中小企業においては，株主総会の承認
を経ることなく，代表者や会計担当者等の一部の者のみで決算が組まれ，これにも
とづいて申告がなされている実情を考慮し，株主総会の承認を確定申告の効力要件
とすることは実体に即応しないというべきであるとした次のような裁判例（福岡高
判平成 19・6・19 税資 257 号順号 10729 第一審判示引用）もあります。

　　「決算がなされていない状態で概算に基づき確定申告がなされた場合は無効になら
　　ざるを得ないが，……当該会社が，年度末において，総勘定元帳の各勘定の閉鎖後の
　　残高を基に決算を行って決算書類を作成し，これに基づいて確定申告した場合は，当
　　該決算書類につき株主総会又は社員総会の承認が得られていなくても，当該確定申告
　　は無効とはならず，有効と解すべきである。」

　以上のように中小企業の実態に即した取扱いが行われているといえます。

ポイント

　中小企業の実態に即した取扱いについては，「一定の場合には，株主総会の承認を受
けていない計算書類に基づく確定申告も有効である」との見解が通説です（金子宏『租
税法（第 23 版）』（弘文堂，2019 年）933 頁）。

（藤曲　武美）

71　税法上の欠損金と会社法上の欠損

Question

　会社法上の欠損と法人税法上の欠損金について，両者の相違点などはどのようなものがありますか。

会社法の理解

(1)　会社法上の欠損

　会社法上の欠損の額とは，次の金額のうちいずれか高い金額とされています（会社則68条，会社計算151条）。

①　ゼロ

②　ゼロから分配可能額を減じて得た額

　上記②の算式はわかりにくい規定の仕方になっていますが，①ゼロより高い場合にのみ意味をもつ数値であることを考慮すると分配可能額がマイナスの数値のときにのみ意味をもつことになります。すなわち欠損とは分配可能額がマイナスの数値の状態をいい，欠損の額とはそのマイナスの金額の絶対値を指す（正数化した額である）といえます。

(2)　分配可能額とは

　上記(1)から，欠損の額は分配可能額の計算が前提になります。会社法上の分配可能額は次の算式により計算されます（会社461条2項）。

分配可能額 ＝ ｛①＋（②＋③）｝－（④＋⑤＋⑥＋⑦）

①　剰余金の額

②　臨時計算書類の承認を受けた場合のその期間における純利益金額

③　臨時計算書類の承認を受けた場合のその期間において自己株式を処分した場合におけるその対価の額

④　自己株式の帳簿価額

⑤　最終事業年度の末日後に自己株式を処分した場合におけるその対価の額

⑥　臨時計算書類の承認を受けた場合のその期間における純損失金額

⑦　その他法務省令（会社計算158条）に定める金額（のれん等調整額，その他有価証券差額金額など）

(3)　剰余金の額とは

　上記(2)①剰余金の額は，446条で定められています。その概要は，「その他利益剰余金＋その他資本剰余金」に前事業年度末後に生じたその他利益剰余金，その他資本剰余

金の変動額を加算，減算調整した後の金額といえます。

(4)　分配可能額の概算額

　会社法等の規定どおりに計算すると，上記のように種々の金額を加算，減算調整するので複雑ですが，上記(1)～(3)をふまえた分配可能額の概算目安額は次の算式で表すことができます。

　　分配可能額＝（その他利益剰余金＋その他資本剰余金）－自己株式の帳簿価額

(5)　欠損のてん補

　欠損とは，分配可能額がマイナスである状態を指し，欠損のてん補とは資本金や準備金を減少して分配可能額のマイナスを解消することをいいます（この場合には資本金または準備金の額の減少手続によります（会社447条～449条。**72**「資本金・準備金の増加・減少」参照））。欠損のてん補により，分配可能額のマイナスを解消すれば，その後に利益が発生したときに即座に分配可能額が発生し，剰余金の配当などが可能になります。

(6)　損失の処理

　452条は，株式会社は株主総会の決議によって「損失の処理」をすることができるとしています。この場合の典型的な「損失の処理」とは，その他資本剰余金により，マイナスのその他利益剰余金そのものを補てんすることをいいます。

(7)　期末に欠損が生じた場合の責任

　剰余金の分配（配当・自己株式取得など）をした場合，当該行為をした事業年度にかかる計算書類において欠損が生じる場合には，当該行為をした業務執行取締役は，職務を行うについて注意を怠らなかったことを証明できないのであれば，当該欠損額か株主への分配額の総額のいずれか少ない方の金額を会社に支払う義務があります（会社465条1項）。これは，剰余金の分配について取締役らに慎重に行動させることを目的としています。

税法の理解

(1)　会社法上の欠損のてん補，損失の処理と税法の取扱い

　欠損のてん補は，資本金または資本準備金を減額し，その他資本剰余金を増額させて分配可能額のマイナスを解消することをいいます。このような場合でも，法人税法においては，資本金等の額そのものには変動が生じないようにしています（法税令8条1項12号。なお**72**「資本金・準備金の増加・減少」を参照）。

　また，典型的な損失の処理は，上記のようにその他資本剰余金によりマイナスのその他利益剰余金そのものを補てんすることをいいます。この場合，企業会計，会社法では資本にかかるものであるその他資本剰余金により損益にかかる損失を補てんし，資本と損益との混同が生じているかのように思われますが，資本と損益とを厳格に区分する法人税法では資本金等の額，利益積立金額に何の変動も生じていな

いものとして処理します（法税令8条1項，9条1項）。

(2)　法人税法上の欠損金額とは

法人税の欠損金額は所得金額とは別個に定義されており，欠損金額とは「各事業年度の所得の金額の計算上，当該事業年度の損金の額が当該事業年度の益金の額を超える場合におけるその超える部分の金額をいう」とされています（法税2条19号）。その事業年度の損金の額が益金の額を超えてマイナスになる場合のそのマイナス部分が欠損金額です。分配可能額のマイナスを意味する会社法上の欠損の額やその他利益剰余金がマイナスを意味する損失の額とも明らかに異なります。

(3)　欠損金の繰越控除・繰戻し還付

法人税における課税物件は，法人の各事業年度の所得であり，課税標準は法人の各事業年度の所得の金額です。したがって，法人税が実際に課税されるのは所得の金額が生じた場合です。別段の定めを設けないかぎり，欠損金額は法人の各事業年度の所得の金額の計算上，考慮されないことになります。

この点について法人税法は，各種の別段の定めを設け，欠損金額を各事業年度の所得の金額の計算上で考慮する取扱いを定めています。この取扱いについては，次のように大別することができます。

a)　同一法人における欠損金の繰越し

この取扱いは，同一法人において欠損金額が生じた場合には，その欠損金の生じた事業年度以外で所得金額が生じた事業年度において欠損金額の繰越控除を認めるものです。この取扱いは，法人税計算において事業年度ごとに区切って計算することは，法人税計算上の必要から行う人為的なもので，法人の所得金額の発生状況や時期の異動にかかわらず，一定期間で同額の所得の金額が計算される法人間の税負担は同一になるべきことを考慮しています。このことを定めた別段の定めは，法人税法57条1項（青色申告書を提出した事業年度の欠損金の繰越し），58条1項（青色申告書を提出しなかった事業年度の災害による損失金の繰越し）です。

なお，その法人の過去の事業年度に発生した欠損金額を，その後の事業年度に影響させる別段の定めとしては，他に法人税法59条1項・2項・3項（会社更生等による債務免除等があった場合の欠損金の損金算入）がありますが，これらの定めは会社更生，会社再生等をスムーズに行うための措置で，上記の法人税法57条1項や58条1項とは趣旨を別にするものと考えられます。また，法人税法57条の2（特定株主等によって支配された欠損等法人の欠損金の繰越しの不適用）は，同一法人における欠損金の繰越しの制限規定になります。この取扱いは，欠損等法人を買い取

り，その欠損金額を利用する租税回避行為を防止するものです。

b) 組織再編成等にともなう欠損金の引継ぎ

ある法人の欠損金額が，他の法人に引き継がれてその法人において所得の金額の計算上，繰越控除されることは，欠損金額の繰越控除制度の趣旨を考慮すると原則としてあり得ないことになります。しかし法人税法には，適格合併にともない被合併法人の欠損金額が合併法人にまたは完全支配関係がある他の内国法人の残余財産の確定によりその欠損金額が株主である内国法人に，それぞれ引き継がれるなどの別段の定めがあります。これらの取扱いは，適格合併等により被合併法人等における課税関係がそのまま合併法人等に引き継がれ，なおかつ被合併法人等が法人格として消滅することにともなうもので，事業遂行上必要な組織再編成を不利益なく遂行するための措置です。法人税法57条2項，58条2項で定められた取扱いが主なものです。また，これらの欠損金額の引継ぎについては，自由に引き継げるわけではなく，同時に引継制限が定められています。租税回避目的の欠損金額利用の合併等が考えられるので，これらを防止するための措置で，組織再編成等にかかる被合併法人等または合併法人等の一定の欠損金については，その引継ぎまたは使用に制限が付されています（法税57条3項，4項）。

c) 欠損金の繰戻し還付

法人の青色申告書を提出する事業年度において生じた欠損金額がある場合には，その欠損金額が生じた事業年度開始の日前1年以内に開始したいずれかの事業年度の所得に対する法人税額のうち欠損金額に対応するものとして計算された一定の金額の還付を受けるための還付請求を行うことができます（法税80条）。この措置は，欠損が生じた法人の資金的手当てを考慮したものです。ただし，中小企業者の欠損金等以外の欠損金等については，この規定の不適用措置がとられています（租特66条の12）。なお，新型コロナウイルス感染症対策として一定の適用範囲の拡充が行われています（新型コロナウイルス感染症等の影響に対応するための国税関係法律の臨時特例に関する法律）。

ポイント

会社法上の「欠損のてん補」と「損失の処理」とは異なる概念であることに注意する必要があります。また，会社法上の欠損の額と法人税上の欠損金額とも異なる概念で，欠損金額は，その事業年度の損金の額が益金の額を上回る場合のその金額をいいます。

法人税の欠損金額には，繰越控除制度や適格合併等にともなう合併法人等への欠損金額の引継ぎ制度が一定の要件の下で一定金額について認められます。　　（藤曲　武美）

72　資本金・準備金の増加・減少

Question

　会社法における資本金・準備金の額の増加，減少のケースとはどのような場合をいいますか。また税務上の取扱いはどうなりますか。

会社法の理解

　資本金の額の増加，減少と準備金の額の増加，減少に区分し，準備金の額の増加，減少を資本準備金の額と利益準備金の額とに区分して整理します。

(1)　資本金，準備金の額の増加，減少と配当等の制限の意味

　会社法における資本金は，原則として，株主から過去に出資として払込み等を受けた財産の価額の全部または一部を計上した計算書類上の計数です。会社財産は，事業の遂行によって随時増減しますから，資本金と会社財産の関係は切断されています。会社債権者の保護の観点からは，会社に適切な財産を留保し，株主に対し不当な財産流出を防止する必要があり，そこで会社から株主への分配の際には当該分配の額の総額は分配可能額を超えてはならないという制限を設けています（会社461条）。会社が任意に分配可能額を増加させることができないようにする必要から，分配可能額の算定の基礎となるその他資本剰余金，その他利益剰余金を増加させることになる資本金，準備金の額の減少やその規制が緩和される資本金の額の減少による準備金の増加，準備金の減少については，原則として債権者異議手続をとらなければならないとしています（会社449条）。

(2)　設立，株式の発行による資本金・資本準備金の増加

　会社法において資本金が増加する典型的なケースは，設立または株式の発行に際して株主となる者が会社に対して払込みまたは給付をして財産が増加した（会社445条1項）場合です。このケースについては，**14**「募集株式の発行」～**21**「DES（デット・エクイティ・スワップ）」を参照してください。設立または株式の発行に際して株主となる者が会社に対して払込みまたは給付した財産の増加額の2分の1を超えない額は資本準備金とし，資本金に計上しないことができます（会社445条2項）。この点についてもⅡ「株主＝会社間の関係」の1「ファイナンス」にある各項目を参照してください。以下，これら以外の資本金，資本準備金が増加する場合について各ケースに区分して触れます。また，令和元年12月会社法改正により，募集株式・募集新株予約権を金銭の払込みまたは財産の給付を要しないで報酬として取締役等に発行することが認められました（会社202条の2，236条3項・4項，361条1項3号・4号。**56**「新株予約権を用いる報酬（ス

トックオプション）」，**57**「株式報酬」を参照）。この場合には現実の出資がなく資本金・
準備金が増加する可能性がありますが，ストックオプション等に関する会計基準に倣っ
た会計処理をし，会社債権者の利益を害さないように対応することが想定されています
（会社 445 条 6 項。前田雅弘「取締役の報酬規制」ジュリスト 1542 号（2020 年）37 頁）。

⑶ 資本金の額の増加のケース

会社法の下では，株式会社は，原則としていつでも株主総会の決議等によって，資本
の部の計数を変動させることができるものとされています。したがって，資本金，準備
金，その他の剰余金の間での計数の変動による資本金の増加，減少が行われることにな
ります。まず計数の変動により資本金の額が増加するケースを整理します。

a) 資本準備金の資本金組入れ

株式会社は，資本準備金の額を減少して資本金の額を増加することができます。この
場合には，株主総会の決議（普通決議）によって，減少する資本準備金の額などの一定
の事項を決めなければなりません（会社 448 条 1 項，会社計算 25 条 1 項 1 号，26 条 2 項）。
なお，減少する準備金の額は，効力が生ずる日の準備金の額を超えてはなりません。な
お，減少する資本準備金の額の全部を資本金とする場合，債権者異議手続は必要ありま
せん（会社 449 条 1 項かっこ書）。

b) その他資本剰余金の資本金組入れ

株式会社は，その他資本剰余金の額を減少して資本金の額を増加することができます。
この場合には，株主総会の決議（普通決議）によって，減少する資本剰余金の額などを
決めなければなりません（会社 450 条 1 項，会社計算 25 条 1 項 2 号，27 条 2 項 1 号）。なお，
減少する剰余金の額は，効力が生ずる日の剰余金の額を超えてはなりません。

c) 利益準備金の資本金組入れ

2009（平成 21）年 4 月から利益準備金の資本金組入れが可能になりました。制度とし
ての仕組みは，資本準備金の資本金組入れと同じです（会社 448 条 1 項，会社計算 25 条 1
項 1 号，28 条 2 項）。

d) その他利益剰余金の資本金組入れ

2009（平成 21）年 4 月からその他利益剰余金の資本金組入れが可能になりました。制
度としての仕組みは，その他資本剰余金の資本金組入れと同じです（会社 450 条 1 項，
会社計算 25 条 1 項 2 号，29 条 2 項 1 号）。

⑷ 資本金の額の減少のケース

a) 資本金の減少と資本準備金組入れ

株式会社は，資本金の額を減少して資本準備金の額を増加することができます。この
場合には，原則として株主総会の特別決議によって，減少する資本金の額などの一定の
事項を決めなければならず，常に債権者異議手続が必要です（会社 447 条 1 項，449 条 1
項，会社計算 25 条 2 項，26 条 1 項 1 号）。なお，例外的に，株式の発行と同時に資本金の
額を減少する場合で，減少した後の資本金の額が減少前の資本金の額を下回らないとき

は，取締役会決議（非取締役会設置会社では取締役の決定）により資本金の額の減少を決定できます（会社447条3項）。減少する資本金の額は，効力が生ずる日の資本金の額を超えてはなりません。

b) 資本金の減少とその他資本剰余金の増加

株式会社は，資本金の額を減少してその他資本剰余金の額を増加することができます。この場合には，原則として株主総会の特別決議によって，減少する資本金の額などの事項を決めなければならず，常に債権者異議手続が必要です（会社447条1項，449条1項，会社計算25条2項，27条1項1号）。なお，①定時株主総会において決議し，欠損の額を超えない範囲での減少のときは，普通決議によることができます（会社309条2項9号）。また②株式の発行と同時に資本金の額を減少する場合で，減少した後の資本金の額がそれ以前の資本金の額を下回らないときは，取締役会決議（非取締役会設置会社では，取締役の決定）により，資本金の額の減少を決定できます（会社447条3項）。減少する資本金の額は，効力が生ずる日の資本金の額を超えてはなりません。

⑸ 資本準備金の額の増加のケース

a) 資本金の減少と資本準備金組入れ

株式会社は，資本金の額を減少して資本準備金の額を増加することができます。このケースについては，上記⑷a)で説明したとおりです。

b) その他資本剰余金からの配当にともなう資本準備金の増加

株式会社がその他資本剰余金から配当を行った場合には，減少するその他資本剰余金の額に10分の1を乗じた金額を資本準備金として計上しなければなりません（会社445条4項，会社則116条，会社計算22条1項2号）。なお，準備金（資本準備金と利益準備金の合計額）が基準資本金額（資本金額×4分の1）に達すれば，その必要はありません（会社445条4項，会社則116条，会社計算22条1項1号・2項1号）。

c) その他資本剰余金の資本準備金組入れ

株式会社は，その他資本剰余金の額を減少して資本準備金の額を増加することができます。この場合には，株主総会の決議（普通決議）によって，減少するその他資本剰余金の額などの事項を決めなければなりません（会社451条1項，会社計算26条1項2号）。なお，減少する資本剰余金の額は，効力が生ずる日のその他資本剰余金の額を超えてはなりません。

⑹ 資本準備金の額の減少のケース

a) 資本準備金の資本金組入れ

株式会社は，資本準備金の額を減少して資本金の額を増加することができます。このケースについては，上記⑶a)で説明したとおりです。

b) 資本準備金の減少とその他資本剰余金の増加

株式会社は，資本準備金の額を減少してその他資本剰余金の額を増加することができます。この場合には，原則として株主総会の決議（普通決議）によって，減少する資本

準備金の額などの事項を決めなければなりません（会社448条1項，会社計算26条2項，27条1項2号）。例外として，株式発行と同時に資本準備金の額を減少する場合で，減少した後の準備金の額が減少前の準備金の額を下回らないときには，取締役会決議（非取締役会設置会社では取締役の決定）により資本準備金の額の減少を決定できます（会社448条3項）。減少する資本準備金の額は，効力が生ずる日の資本準備金の額を超えてはなりません。なお，資本準備金のみを減少する場合であって，定時株主総会において決議し，欠損の額を超えない範囲での減少のときは，債権者異議手続は必要ありません（会社449条1項ただし書）。それ以外の場合は債権者異議手続が必要です。

⑺　**利益準備金の額の増加のケース**

a)　**その他利益剰余金の配当にともなう利益準備金の増加**

株式会社がその他利益剰余金から配当を行った場合には，減少する剰余金の額に10分の1を乗じた金額を利益準備金として計上しなければなりません（会社445条4項，会社則116条，会社計算22条2項2号）。なお，準備金が基準資本金額（資本金額×4分の1）に達すれば，計上する必要はありません（会社445条4項，会社則116条，会社計算22条2項1号）。

b)　**その他利益剰余金の利益準備金組入れ**

株式会社は，その他利益剰余金の額を減少して利益準備金の額を増加することができます。この場合には，株主総会の決議（普通決議）によって，減少するその他利益剰余金の額などの事項を決めなければなりません（会社451条1項，会社計算28条1項）。なお，減少するその他利益剰余金の額は，効力が生ずる日の利益剰余金の額を超えてはなりません。

⑻　**利益準備金の額の減少のケース**

a)　**利益準備金の資本金組入れ**

2009（平成21）年4月から利益準備金の資本組入れが可能になりました。このケースについては，上記⑶c)で説明したとおりです。

b)　**利益準備金の減少とその他利益剰余金の増加**

株式会社は，利益準備金の額を減少してその他利益剰余金の額を増加することができます。この場合には，原則として株主総会の決議（普通決議）によって，減少する利益準備金の額などの事項を決めなければなりません（会社448条1項，会社計算28条2項，29条2項1号）。例外として，株式発行と同時に利益準備金の額を減少する場合で，減少した後の準備金の額が減少前の準備金の額を下回らないときには取締役会決議（非取締役会設置会社では取締役の決定）によります（会社448条3項）。減少する利益準備金の額は，効力が生ずる日の利益準備金の額を超えてはなりません。なお，利益準備金のみを減少する場合であって，定時株主総会において決議し，欠損の額を超えない範囲での減少のときは，債権者異議手続が必要ありません（会社449条1項ただし書）。

税法の理解

　会社法における資本金，準備金の額の増加，減少について，法人税法の取扱いがどのようになっているか整理します。

(1)　税法上の資本金等の額

　法人税法における資本金等の額は，法人が株主等から出資を受けた金額で，具体的な金額の計算は同法施行令に委ねられています（法税2条16号，法税令8条1項）。

　法人税法施行令8条は，会社法の制度を前提としつつも，それらの制度や処理に全面的に依拠するのではなく，税法独自の立場から調整を加え，具体的な資本金等の額を定めています（法税令8条1項1号～22号）。施行令で定めている資本金等の額の計算の概要は次のとおりです。

　資本金等の額＝資本金の額＋〈資本金等の額の加算項目[*1]〉－〈資本金等の額の減算項目[*2]〉

　＊1　〈資本金等の額の加算項目〉（法税令8条1項1号～12号）

①　株式の発行・自己株式の譲渡等

②　組織再編関係での増額項目

③　減資による資本金の減少金額

　＊2　〈資本金等の額の減算項目〉（法税令8条1項13号～22号）

①　準備金，その他剰余金の資本組入れ額

②　組織再編関係での減算項目

③　資本の払戻し

④　自己株式の取得等

　このように法人税法が会社法や会計処理とは別個に独自の立場から資本金等の額を定めているのは，法人税法は資本等取引と損益取引とを厳格に区分し，資本等取引にかかる収益の額，損失の額については益金の額，損金の額に算入しない，すなわち所得課税の対象から除外している取扱いを徹底しているからです。

(2)　資本金の減少と法人税法の処理

　法人税法施行令8条1項12号は，資本金の額を減少した場合のその減少した金額は資本金等の額の計算上，加算することとしています。資本金等の額の計算において，減資により法人の資本金の額は減少しますが，その減少した金額だけ施行令は加算するものとしていますので，結局，最終的な資本金等の額に変動は生じないことになります。したがって，資本金の減少取引（上記 *会社法の理解*(4)）については，法人税の資本金等の額に変動は発生せず，資本金等の額の増減取引は何も発生

しなかったことになります。もちろん資本金の額の減少取引は損益取引に該当しないので，法人税の所得金額計算にも影響しません（法税22条2項，3項，5項）。

(3)　準備金，その他剰余金の資本組入れによる資本金の増加と法人税法の処理

法人税法施行令8条1項13号は，準備金（資本準備金，利益準備金）またはその他剰余金（その他資本剰余金，その他利益剰余金）の額の減少による資本金組入れが行われた場合（上記 *会社法の理解*(3)）には，会社法上の資本金の額は増加しますが，法人税の資本金等の額の計算上においては，資本金の増加額に相当する額を減算することになっていますので，結果的に資本金等の額に変動は生じません。もちろん，この取引は損益取引にも該当しないため，法人税の所得金額計算にも影響しません。

(4)　準備金の減少によるその他剰余金の増加と法人税法の処理

準備金（資本準備金，利益準備金）の減少によるその他剰余金（その他資本剰余金，その他利益剰余金）の増加は，法人税の資本金等の額の計算上，何らかの調整を行う定めがないので，結果的に資本金等の額に変動が生じません。もちろん，この取引は損益取引にも該当しないため，法人税の所得金額計算に影響は生じません。

(5)　登録免許税

準備金または剰余金の減少と資本金組入れについては，株式会社の資本金の額が増加します。資本金の増加を登記するに際しては登録免許税が課されます。登録免許税は，増加した資本金の額の1000分の7の金額（最低3万円）です。

(6)　法人住民税均等割への影響

法人住民税均等割の税率区分の基準は，①法人税法の資本金等の額と②資本金額と資本準備金額の合計額のいずれか大きい金額とされています。そして，資本金等の額は，単純に法人税法の資本金等の額ではなく，2001（平成13）年4月1日以後に行われた欠損てん補のための無償減資，2010（平成22）年4月1日以後に利益準備金またはその他利益剰余金の資本金組入れによる無償増資を行った場合はその増減資額を資本金等の額に加減算した金額です。なお，法人住民税均等割の区分基準は，法人事業税の外形標準における資本割の課税標準と同様です。

(7)　資本金の額と法人税等の中小法人特例

法人税などにおいては中小法人に適用が限定された次のような特例があります。

①　年800万円以下の所得金額にかかる法人税の軽減税率の特例（法税66条2項・6項，租特42条の3の2第1項）

②　貸倒引当金の繰入限度額の損金算入の特例（法税52条1項）

③　欠損金の繰越控除限度額の特例（法税57条11項）

④　特定同族会社の特別税率の適用除外の特例（法税 67 条 1 項）

⑤　欠損金の繰戻し還付の適用停止の適用除外（法税 80 条 1 項，租特 66 条の 12 第 1 項）

⑥　各種の中小法人向けの特別償却，税額控除の特例（租特 42 条の 6，42 条の 12 の 3 など）

⑦　法人事業税の外形標準課税の適用除外（地税 72 条の 2 第 1 項 1 号ロ）など

　これらの特例の適用が受けられる中小法人とは，基本的には資本金の額が 1 億円以下の法人（上記①～⑤の特例については大法人との間で完全支配関係のある法人，⑥の特例については大規模法人に支配されている法人は除かれます）とされています。そのため，これらの特例の適用を受けるために，一部の大企業では資本金の額を減少させる行為がみられ，会社の規模を資本金の額で判定すること自体の合理性が問題とされました。2019（平成 31）年 4 月 1 日以降に開始する事業年度からは，中小企業向けの各租税特別措置について，平均所得金額が年 15 億円を超える事業年度の適用を停止する措置がとられています。

ポイント

　株式会社の株主資本の部内での資本金または資本準備金の計数変動によっては，法人税上の資本金等の額に変動はなく，損益取引にも該当しないことから法人税の所得金額計算にも影響はありません。なお，資本金の増加にともなって登録免許税が課されるのと，利益準備金またはその他の利益剰余金の資本金組入れによる無償増資は，法人住民税均等割の税率区分に影響します。さらに，資本金の額が 1 億円以下の中小法人（大規模法人に支配されているもの，大法人との間に完全支配関係のあるものは除きます）では各種の税法上の特例の適用があります。

（藤曲　武美）

会社法編

VIII

組織再編等

★★★ 73　組織再編の手続──略式組織再編・簡易組織再編

Question

　合併・会社分割を行う際に，株主総会決議による承認を省略することはできませんか。

会社法の理解

(1)　組織再編とは

　組織再編は，法律上の用語ではありませんが，会社法という組織法上の行為により，権利義務の承継（包括承継）の効果が発生するものを指します。大別すれば，既存の会社間で，権利義務や株式の承継が行われるもの（吸収合併，吸収分割，株式交換，株式交付。ここでは，吸収型組織再編とします）と，組織法上の行為により新しく会社が設立され，既存の会社から新たに設立される会社に権利義務や株式の承継が行われるもの（新設合併，新設分割，株式移転。ここでは，新設型組織再編とします）とに分けることができます。

　株式交付を除く吸収型組織再編においては，既存の消滅会社（権利義務または株式を承継させる会社）と存続会社（権利義務または株式を承継する会社）との間に組織再編するという契約（吸収合併契約，吸収分割契約，株式交換契約）を締結し，その契約の効果として，契約に定められた効力発生日に，権利義務や株式の承継（包括承継）という効果が発生します。

　令和元年改正で導入された株式交付は，Ａ株式会社がＢ株式会社を子会社とする場合に，Ｂ社株主に，Ａ社株式を取得の対価として交付し，Ｂ社株主からＢ社株式を取得する制度です（会社2条32号の2）。Ａ社はＢ社の承諾なく，Ｂ社株主に直接，Ｂ社株式の取得をしたい旨を通知し（会社774条の4），申し込みをしたＢ社株主に対しＡ社株式の割り当てを行うことで（会社774条の5），効力発生日にＡ社はＢ社株主からＢ社株式を取得し，譲渡したＢ社株主は代わりにＡ社株式を取得します（会社774条の11。**82**「株式交付」を参照）。株式交付は，いわばＡ社の新株発行に際して，広くＢ社株主にＢ社株式による現物出資をするように勧誘する制度（Ａ社によるＢ社に対する公開買付けで対価をＡ社株式と設定する制度）で，Ａ社が単独で実施しますから，株式交付は，株式交付を実行する会社（株式交付親会社）の株式交付計画（会社774条の2,774条の3）に基づいて実施されます。Ｂ社株主がＡ社株式を対価とするＢ社株式の取得に応じてくれるかは株式交付計画の作成時にはわかりませんので，株式交付を実施する条件として申

込株式数の下限を設定しなければなりません（会社774条の3第1項2号）。

　新設型組織再編では，新たに設立される会社（以下では設立会社）に権利義務や株式が承継されるため，既存の消滅会社（権利義務または株式を承継させる会社）が組織再編に関する契約（新設合併契約。この場合は2以上の会社が新設合併により，解散し，新しく設立される会社（新設合併設立会社）に権利義務が承継されます）または計画（新設分割計画，株式移転計画。2社以上が共同して行う場合には，共同して計画を作成）を定め，登記により，新設される会社の成立と権利義務や株式の承継という効果が発生します。新設型分割では，新たに設立される会社の設立にあたっては，設立に関する規制（**1**「法人成りと設立手続」〜**4**「現物出資等における証明者の証明」を参照）は適用されず，消滅会社が新たに設立される会社の定款を作成します（会社814条，816条）。

(2)　組織再編の手続

　第1に，株式交付を除く吸収型組織再編および新設合併では，当事会社間で組織再編に関する契約を締結し，新設合併を除く新設型組織再編および株式交付では組織再編に関する計画を消滅会社が作成します。契約締結の決定や計画の作成は，重要な業務執行の決定に該当しますので，取締役会設置会社では取締役会決議で決定します（会社362条4項柱書，399条の13第5項14号〜22号，416条4項16号〜24号）。

　第2に，これらの組織再編は会社の基礎的な変更であり，株主に大きな影響を与えますので，当事会社では株主総会の特別決議により組織再編に関する契約または計画の承認をすることが効力発生日の前日までに必要とされます（会社783条，795条，804条，816条の3）。株主への影響度が大きいことを考慮して，組織再編に反対する株主は，会社に株式の買取りを請求することができます（**75**「反対株主の株式買取請求」を参照）。株主総会決議による承認が要求される場合の株式の買取請求権を行使し得る株主とは，株主総会決議に先だって組織再編に反対である旨を通知し，実際に株主総会決議において反対の議決権行使を行使した者を指します。もちろん，当該株主総会で議決権を行使できない株主は，これらの行為をしなくとも，反対株主として買取請求権を行使し得ます。議決権を行使できない株主とは，議決権制限株主が想定されますが，下級審の判例では，株主総会の議決権に関する基準日後から組織再編の効力発生日までの間に株式を取得した株主も含まれると解するものもあります（東京地判平成25・9・17金判1427号54頁など）。

　株主は，このほか，組織再編が法令または定款に違反する場合において，不利益を受けるおそれがあるときは，株主の差止請求が認められます（会社784条の2第2号，796条の2第2号，805条の2，816条の5）。組織再編対価が著しく不当であることは法令違反に該当しないため，この差止事由には該当しないと説明されています（坂本三郎編著『一問一答　平成26年改正会社法（第2版）』（商事法務，2015年）339頁）。

　第3に，消滅会社が新株予約権を発行している場合にあって，組織再編により内容が変化するときに対応するために，消滅会社の新株予約権者にも一定の場合に（組織再編

の行為ごとに異なります）買取請求が認められます（会社789条，808条）。株式交付は株式交付子会社の新株予約権の内容を変更できませんので，買取請求権は整備されていません。

　第4に，組織再編は，会社債権者の債権の回収可能性に大きな影響を与えることがあります。組織再編ごとに影響を受ける債権者は異なりますが，影響を受ける債権者を保護する目的で，債権者異議手続が用意されています（会社789条，799条，810条，816条の8）。

　組織再編ごとに影響を受ける債権者は，「異議を述べることができる債権者」として特定され，一定期間（1か月を下ることができません），組織再編に対し，異議を述べることできます。当事会社は異議を述べることができることを公告し，知れている債権者には催告をすることが求められます（官報公告のほか，電子公告または日刊新聞紙での公告をする場合には，知れている債権者への催告を省略できます）。異議を述べた債権者に対し，当事会社は弁済し，もしくは，相当の担保を提供しまたは，当該債権者に弁済を消させることを目的として信託会社等に相当の財産を信託しなければなりません。もっとも，当事者会社の側で組織再編をしても当該債権者を害するおそれがないことを立証できれば，そのような必要はありません。異議を述べた債権者は組織再編に承認をしなかった債権者として，合併等の無効の訴えの提訴権者となります（会社828条2項。789条4項，799条4項，810条4項，816条の9）。

　第1から第4の手続にあっては，株主・新株予約権者・会社債権者に，組織再編に関する情報を提供する必要があり，第1から第4の手続の開始時のうちもっとも早い日から効力発生日の後6か月を経過する日まで（吸収合併消滅会社は効力発生日まで，新設型組織再編については効力発生日から6か月を経過する日まで），合併契約書等に関する書面等を当事会社に備え置き，開示をしなければなりません（会社782条，791条，794条，801条，803条，811条，815条，816条の2）。

(3)　株主総会決議の省略──略式組織再編・簡易組織再編

　株式交付を除く吸収型組織再編において，一方の会社（C社）が他方の会社（D社）の特別支配会社（総株主の議決権の10分の9（定款でこれを上回る割合を定めた場合はその割合）以上を直接・間接に有する会社（会社468条1項，会社則136条））である場合には，原則として，組織再編契約のD社の株主総会決議による承認は不要です（略式組織再編。会社784条，796条）。この場合C社がD社の議決権の多数を握るため，株主総会決議は常に成立することとなり，株主総会決議を要求するまでもないからです（産業競争力強化法にもとづく認定事業再編にあっては，総株主の議決権の3分の2以上の場合に不要とされます（産業競争力32条1項3号））。もっとも，組織再編対価が著しく不当である場合に，不利益を受けるおそれがあるときは，株主は組織再編の差止めを請求することができます（会社784条の2第2号，796条の2第2号）。特別支配会社は株式買取請求権の行使を認める必要はなく，平成26年改正で付与されなくなりました（会社785条2項2号，797

条2項2号)。

　組織再編によって当事会社の株主の被る影響が軽微と考えられる場合(簡易組織再編)にも,原則として,株主への影響が軽微である会社の株主総会決議による組織再編契約または組織再編計画の承認は要求されません。省略されるのは,① 会社分割において,吸収分割承継会社(新設分割設立会社)に承継される資産の帳簿価格が吸収分割会社(新設分割会社)の総資産の5分の1を超えない場合における吸収分割会社(新設分割会社)の株主総会決議による承認(会社784条2項,805条)および,② 吸収型組織再編において,消滅会社株主に交付される対価が存続会社の純資産の5分の1を超えない場合の存続会社の株主総会決議による承認です(会社796条2項,816条の4)。②の場合,反対株主の数が承認決議の成立を阻止できる数(議決権を行使できる株式の数の6分の1)を超えるときには,株主総会決議による承認を省略できません(会社796条3項)。簡易組織再編に該当する場合,株主への影響は軽微ですから,反対株主の買取請求権は原則として認められません(会社785条1項2号,797条1項ただし書,806条1項2号,816条の6等1項ただし書)。

税法の理解 ─────────────────────

(1)　組織再編税制の概要

　組織再編税制とは,会社法上の組織再編(合併,分割,株式交換,株式移転)および現物出資に関する課税の特例の総称です(現物出資は,会社法上の組織再編ではありませんが,法人税法では現物出資を含めて組織再編成とよんでいます。なお,株式交付については,**82**「株式交付」を参照)。組織再編税制は,平成13年度の税制改正で法人税法に導入され,一定の要件を満たす組織再編成につき,移転資産の含み損益の課税を繰り延べることを認めました。

　このような組織再編税制が整備されたのは次のような理由によります。合併などの組織再編成が行われる際,法人が有する資産等は別法人に移転します。法人が行う資産の移転は譲渡であり,当該資産に含み益や含み損がある場合には,通常それらが実現したものとして取り扱われ課税されます。しかし,組織再編成を目的とした資産の移転についてもこのような取扱いを行うとすると,大幅な含み益がある資産を有する法人は,組織再編成を行いたくても,当該含み益の実現による課税がネックとなって組織再編成を断念せざるをえなくなるといったケースが生じます。

　そこで,このような税制による弊害を取り除くために,組織再編成のうち後述する「適格要件」を満たした「適格組織再編成」においては,組織再編成にともなう資産の移転が帳簿価格で行われたものとして,移転資産の含み損益の課税を繰り延

べることにしました。

(2) 適格要件

　それでは，どのような組織再編成が適格組織再編成となるでしょうか。すなわち，適格要件とは何かが問題となります。この適格要件は，① 企業グループ内の組織再編成の場合と，② 共同事業を営むための組織再編成の場合とで異なります。ただし，原則として，組織再編成に際して非適格資産（組織再編成によって資産を受け入れる法人の株式以外の資産）が交付されないことは両者に共通します。なお，株主に対する剰余金の配当や合併等に反対する株主に対する買取請求の対価，合併比率の関係で1株未満の端数が生じた結果買い取られる端数株の対価として交付された金銭は，非適格資産にあたらないとされています（法税2条12号の8柱書かっこ書）。また，合併法人の被合併法人に対する持株割合が3分の2以上である場合や，株式交換完全親法人の株式交換完全子法人に対する持株割合が3分の2以上である場合には，少数株主に対して金銭その他の資産の交付がある場合にも，適格要件のうちの対価要件を満たすこととなっています（法税2条12号の8, 12号の17）。この場合，その少数株主に対しては旧株の譲渡損益が計上されることになり（法税61条の2），適格合併の場合は，みなし配当課税も行われません（法税24条1項1号）。

a)　企業グループ内の組織再編成（法税2条12号の8イ・ロなど）

　この場合は，組織再編成を行う法人間で完全支配関係（当該法人間の持株割合が100%）が存在するか，それが存在しない場合においては支配関係（当該法人間の持株割合が50% 超100% 未満）が存在し，かつ，① 資産負債承継要件，② 従業者承継要件，③ 事業承継要件の3つの要件をすべて満たす必要があります。①～③の各要件の内容は次のとおりです。

①　資産負債承継要件

　当該組織再編成により対象事業にかかる主要な資産および負債が当該取得法人に移転していること。

②　従業者承継要件

　当該組織再編成の直前の対象事業にかかる従業者のうち，その総数の約80% 以上が当該組織再編成後に当該取得法人の業務に従事することが見込まれていること。

③　事業承継要件

　当該組織再編成にかかる対象事業が当該組織再編成後に当該取得法人において引き続き営まれることが見込まれていること。

b)　共同事業を営むための組織再編成（法税2条12号の8ハなど）

　この場合は，もともと資本関係がないか希薄な企業どうしの組織再編成ですから，上記のような資本関係は求められていませんが，その代わりに，①資産負債承継要件，②従業者承継要件，③事業承継要件，④事業関連性要件，⑤事業規模・役員承継要件，⑥株式継続保有要件の6つの要件を満たす必要があります。このうち，①〜③については，a)の場合と同様です。その他，④〜⑥の各要件の内容は次のとおりです。

　④　事業関連性要件

　組織再編成にかかる対象法人の対象事業と取得法人が当該組織再編成前から行ってきた事業とが相互に関連するものであること。

　⑤　事業規模・役員承継要件

　組織再編成にかかる対象法人の対象事業と当該対象事業に関連する取得法人の事業のそれぞれの売上金額，それぞれの従業者の数もしくはこれらに準ずるものの規模の割合が概ね5倍を超えないこと，または対象法人と取得法人の双方の役員が当該組織再編成後に当該取得法人の常務級以上の役員となることが見込まれていること。

　⑥　株式継続保有要件

　組織再編成により交付された取得法人株式等のうち，その80%以上が当該組織再編成により当該株式を取得した者によって継続して保有されることが見込まれていること。

ポイント

　組織再編は，当事会社の株主，債権者に影響を与えますので，複雑な手続を要しますが，略式組織再編や簡易組織再編の場合には，株主総会決議が省略されます。適格組織再編成の場合には，移転資産の含み損益の課税を繰り延べることが認められます。

（安井栄二＝山田泰弘）

★ 74　合　　併

Question

合併を行うには，どのような手続が必要でしょうか。また，合併に関する課税関係はどのようなものになりますか。

会社法の理解

(1)　合併とは

合併とは，2つ以上の会社が，合併契約により1つとなることをいいます。

合併に参加する会社のいずれかが存続し（吸収合併存続会社（会社749条1項）。税法上は合併法人（法税2条12号）といいます），それ以外の会社（吸収合併消滅会社（会社749条1項）。税法上は被合併法人（法税2条11号）といいます）が消滅する場合を吸収合併といいます。合併に参加するすべての会社が消滅し，同時に新会社が設立される新設合併もあります。合併の効力発生日に合併法人は被合併法人の権利義務を承継します。

(2)　合併の手続

合併に必要とされる会社法上の主な手続は，① 合併契約の締結（会社748条，749条，753条），② 事前の開示（会社782条，794条，803条），③ 株主総会による承認（会社783条，784条，795条，796条，804条。なお，簡易合併，略式合併については **73**「組織再編の手続──略式組織再編・簡易組織再編」参照），④ 会社債権者異議手続（会社789条，799条，810条），⑤ 登記（会社921条，922条），⑥ 事後の開示（会社801条，815条）です。

なお，中小企業の吸収合併手続でもっとも時間がかかるのが債権者保護手続（最低1か月）ですので，これを中心にスケジュールを組むことになります。

合併当事会社の規模が一定以上の場合には独占禁止法上の事前手続が，また上場会社が関係する場合には金融商品取引上の開示や証券取引所とのやりとりや証券保管振替機構（保振機構）とのやりとり等が，それぞれ発生するので注意を要します。

税法の理解

合併にかかる課税関係は，原則的な扱い（非適格合併の場合）と例外的な扱い（適格合併の場合）とがあります。

(1)　非適格合併の場合

a)　被合併法人の課税関係

被合併法人は，その資産・負債を時価により合併法人に移転したものとして，その最終事業年度（合併の日の前日の属する事業年度）の所得の金額が計算されます（法税 62 条 1 項，2 項）。

b)　被合併法人の株主の課税関係

被合併法人の株主は，合併により，被合併法人の株式（旧株式）を失う代わりに合併対価（合併法人の株式や金銭など）を，被合併法人を通じて取得したものとして扱われます（法税 62 条 1 項後段参照）。そこで，旧株式を手放す点につき，その譲渡損益課税が，合併対価が被合併法人から支払われたと扱われる点につき，みなし配当課税の有無がそれぞれ問題となります。

ⅰ）　みなし配当課税

非適格合併の場合，被合併法人の利益積立金額が他に引き継がれることなく消滅するため，このタイミングで配当課税をしないと，永遠にその課税機会が失われます。そこで，合併対価の価額が，被合併法人の資本金等の額に対応する部分を超える額が剰余金の分配とみなされ，みなし配当課税がなされます（法税 24 条 1 項 1 号，所税 25 条 1 項 1 号）。

ⅱ）　譲渡損益課税

合併対価に合併法人の株式または合併法人の完全親法人の株式のうちいずれか一の株式以外の財産が含まれない場合（「金銭等不交付合併」といいます）または特定無対価合併（無対価合併のうち合併法人株式の交付が省略されたと認められるものとして政令（法税令 119 条の 7 の 2 第 2 項）で定めるものをいいます）の場合には，旧株式の譲渡損益に対する課税はなされません。これら以外の場合には，合併対価の額（その時価）からみなし配当金額を控除した金額を譲渡対価として課税されます（法税 61 条の 2 第 1 項・2 項，租特 37 条の 10 第 3 項 1 号，法税令 119 条 1 項 5 号・27 号，所税令 112 条 1 項）。

c)　合併法人の課税関係

税務上，合併法人は，被合併法人から包括承継する資産・負債を，その時価で受け入れます（法税令 32 条 1 項 3 号等）。

被合併法人の利益積立金は承継されず，被合併法人の株主に交付した合併対価の時価を基礎として，合併法人における資本金等の額が増加します。

なお，交付した合併対価の時価が受け入れた資産負債の純資産価額を超過すると

きは，借方差額に「資産調整勘定」（税務上の「のれん」）が計上され，逆に貸方差額となるときは「負債調整勘定」が計上され，それぞれ 60 か月にわたり定額法（残存価額ゼロ）により償却され，損金または益金に計上されます（法税 62 条の 8 第 1 項，3 項，4 項，7 項）。

d)　繰越欠損金

被合併法人の繰越欠損金の引継ぎは認められません。

(2)　適格合併の場合

a)　被合併法人の課税関係

被合併法人の資産・負債は，その帳簿価額により引き継がれたものとして扱われるため（法税 62 条の 2 第 1 項），合併にかかる譲渡損益は生じません。

b)　被合併法人の株主の課税関係

適格合併では，被合併法人の株主に対するみなし配当課税は生じません（法税 24 条 1 項 1 号）。

他方，譲渡損益課税については非適格合併の場合と同様，金銭等不交付合併か特定無対価合併の場合には，旧株式の譲渡損益に対する課税はなされず，これら以外の場合には，合併対価の額（その時価）を譲渡対価として課税されます。

c)　合併法人の課税関係

適格合併では，合併法人は，被合併法人から包括承継する資産・負債を，被合併法人における帳簿価額で受け入れます（法税 62 条の 2 第 4 項，法税令 123 条の 3 第 3 項）。

また，合併法人において増加すべき資本金等の額は，被合併法人の最終事業年度終了時の資本金等の額から抱き合わせ株式（合併法人が合併直前に有していた被合併法人株式のこと）の帳簿価額を控除した金額とされます（法税令 8 条 1 項 5 号）。さらに，承継した資産・負債の純資産価額から，増加すべき資本金等の額，そして抱き合わせ株式の帳簿価額を控除した金額につき，合併法人の利益積立金が増加されます（法税令 9 条 1 項 2 号）。

なお，適格合併の場合，合併法人に，資産調整勘定や負債調整勘定が計上されることはありません。

d)　繰越欠損金

適格合併の場合，被合併法人の未処理欠損金額（合併の日前 10 年以内に開始した事業年度に生じた青色欠損金ですでに損金算入されたものを除いた金額）も合併法人に引き継がれます（法税 57 条 2 項）。

　ただ，これを無制限に認めると，合併を利用した不当な租税回避が誘発されるおそれがあるため，一定の制限が課されています。

　引継制限の対象となるのは，適格合併の要件のうち完全支配関係か支配関係の要件（後掲(3)①，②）による場合です。共同事業の要件（後掲(3)③）の場合，制限はされません。前二者の要件は，株式を移動させることにより恣意的に満たすことができ，租税回避に用いられる可能性があるのに対し，後者の要件はそのような可能性が低いためと思われます。そのため，完全支配関係や支配関係の要件による場合でも，「みなし共同事業要件」という，共同事業の要件に類似した要件（後掲(4)参照）を同時に満たす場合は，制限対象から外れます。また，適格合併の日の属する事業年度開始の日の5年前の日から継続して支配関係がある場合（設立から継続して支配関係がある場合も可）も制限対象から外れます。

　未処理欠損金額の引継ぎが制限される場合，引き継げる未処理欠損金額が小さくなります。具体的には，支配関係を生じる前の事業年度に生じた欠損金，または支配関係を生じた事業年度以後に生じた欠損金のうち被合併法人が支配関係成立前から所有していた資産の譲渡等による損失に相当する金額が，引継対象である未処理欠損金額から除かれてしまいます（法税57条3項）。

(3)　適格合併の要件

　適格合併とは，次の①～③のいずれかの要件を満たす合併をいいます。

　①　完全支配関係のある法人間の合併は，次の②，⑤のいずれも満たす場合です。

　　③　金銭等不交付の要件

　　合併対価として合併法人またはその合併親法人のうちいずれか一の法人の株式または出資以外の資産の交付がないこと。

　「合併親法人」とは，合併直前に合併法人と合併法人以外の法人との間にその法人による完全支配関係があり，かつ，合併後に合併法人とその法人（親法人）との間にその親法人による完全支配関係が継続することが見込まれている場合のその親法人をいいます（法税2条12号の8，法税令4条の3第1項）。なお，合併（当初合併）後に，合併法人や親法人を被合併法人とする合併がなされると，上記の「完全支配関係が継続する」見込みはないことになります（会社法上，被合併法人は消滅するため）。しかし，当初合併後に，合併法人や親法人を被合併法人とする適格合併が見込まれている場合に関しては，当該「完全支配関係が継続する」見込みは満たされるよう税法上の対処がされています（法税令4条の3第1項，同条25項1号）。

　ただし，この金銭等不交付の要件にはいくつかの例外があり，たとえば，合併直

前に合併法人が被合併法人の発行済株式等の総数または総額の3分の2以上を有する場合に，当該合併法人以外の株主に交付される金銭その他の資産があっても，金銭等不交付の要件は満たされます。この例外は，平成29年改正で導入されたスクィーズアウト税制と呼ばれるもので，支配的立場にある株主が，合併等の手続を利用して少数株主を会社から締め出す場合（スクィーズアウト）にも，適格組織再編の要件を満たしうるようにされたものです。

　ⓑ　完全支配関係継続要件

　合併法人と被合併法人との間にいずれか一方の法人による完全支配関係（発行済株式等の全部を直接または間接に保有すること）があること，または，これらの間に同一の者による完全支配関係があり合併後も当該同一の者による合併法人との完全支配関係の継続が見込まれること等（法税2条12号の8イ，法税令4条の3第2項）。「同一の者による完全支配関係」とは，たとえばA（個人も可）が合併法人と被合併法人の発行済株式の全部を直接または間接に保有していることです。

　②　支配関係のある法人間の合併は，次のⓐ〜ⓓすべてを満たす場合です。

　ⓐ　金銭等不交付の要件（上記①ⓐ参照）

　ⓑ　支配関係継続要件

　合併法人と被合併法人との間にいずれか一方の法人による支配関係（発行済株式等の50%超100%未満を直接または間接に保有すること）があること，または，これらの間に同一の者による支配関係があり合併後も当該同一の者による合併法人との支配関係の継続が見込まれること等（法税2条12号の8ロ，法税令4条の3第3項）。

　ⓒ　従業者引継要件

　合併直前の被合併法人の従業者のうち概ね80%以上の者が合併後の合併法人の業務に従事することが見込まれていること。なお，「合併法人の業務」には，その合併法人との間に完全支配関係がある法人の業務等が含まれるため，たとえば合併により承継した従業員を合併法人の完全親会社法人に転籍させても当該要件を満たします（法税2条12号の8ロ(1)）。

　ⓓ　主要事業引継要件

　合併前の被合併法人の主要な事業が合併後の合併法人において引き続き営まれることが見込まれていること。なお「合併法人」には，その合併後に行われる適格合併によりその主要な事業が当該適格合併にかかる合併法人に移転することが見込まれる場合における当該合併法人等も含まれます（法税2条12号の8ロ(2)）。

③　共同事業を営むための合併は，上記①または②の要件を満たさない場合で，次の@〜①のすべてを満たす場合です。ただし，①の要件は不要となる場合もあります。

@　金銭等不交付の要件（上記①@参照）

ⓑ　事業関連性要件

合併前に，被合併法人の営む主要な事業のいずれか（被合併事業）と合併法人の営む事業（合併事業）のいずれかが，相互に関連するものであること（法税令4条の3第4項1号）。

ⓒ　事業規模等要件

㋐被合併事業と関連する合併事業の売上金額や従業者数，被合併法人と合併法人の資本金の額等の規模の割合が，概ね5倍を超えないことまたは，㋑合併前の，被合併法人の特定役員（常務以上またはこれに準じる者で経営に従事している者）のいずれかと合併法人の特定役員のいずれかとが，合併後の合併法人の特定役員となることが見込まれていること（法税令4条の3第4項2号）。

ⓓ　従業者引継要件（上記②ⓒ参照）

ⓔ　主要事業引継要件

被合併法人の被合併事業（合併法人の合併事業と関連するもの）が合併後に合併法人において引き続き営まれることが見込まれていること（法税令4条の3第4項4号）。判定対象となる被合併法人の事業が合併事業と関連するものに限定されるほかは，上記②ⓓと同様です。

①　株式継続保有要件

合併により交付される合併法人の株式または合併親法人の株式（議決権のないものを除きます）のうち支配株主（合併直前にその者による被合併法人との支配関係がある者等）に交付されるものの全部（支配株主交付株式）が支配株主により継続して保有されることが見込まれること（法税令4条の3第4項5号）。なお「支配株主」には，その合併後に行われる適格合併により支配株主交付株式が当該適格合併にかかる合併法人に移転することが見込まれる場合における当該合併法人等も含まれます。

なお，この株式継続保有要件は，合併直前の被合併法人に支配株主がいない場合には不要となります。

⑷　みなし共同事業要件

上述（⑵ⓓ）のとおり，完全支配関係や支配関係の要件による適格合併の場合

は原則として未処理欠損金額の引継ぎに制限がかかりますが,「みなし共同事業要件」を満たす場合は, 制限対象から外れます。このみなし共同事業要件とは, 次のⓐからⓓまでのすべての要件を満たす場合, またはⓐの要件とⓔの要件の2つを満たす場合です (法税57条3項, 法税令112条3項)。

　ⓐ　事業関連性要件

　被合併法人の被合併事業と合併法人の合併事業のいずれかが, 相互に関連するものであること。

　ⓑ　事業規模要件

　被合併事業と関連する合併事業の売上金額や従業者数, 被合併法人と合併法人の資本金の額等の規模の割合が, 概ね5倍を超えないこと。

　ⓒ　被合併事業規模継続要件

　被合併事業が, 被合併法人と合併法人との間に最後に支配関係があることとなった時から適格合併の直前まで継続して行われ, かつ, 当該支配関係発生時と適格合併直前時における被合併事業の規模の割合が概ね2倍を超えないこと。

　ⓓ　合併事業規模継続要件

　合併事業が, 被合併法人と合併法人との間に最後に支配関係があることとなった時から適格合併の直前まで継続して行われ, かつ, 当該支配関係発生時と適格合併直前時における合併事業の規模の割合が概ね2倍を超えないこと。

　ⓔ　特定役員要件

　合併前の, 被合併法人の特定役員 (常務以上またはこれに準じる者で経営に従事している者) のいずれか (被合併法人と合併法人との間に最後に支配関係があることとなった日前において被合併法人の経営に従事していた役員等であった者に限ります) と, 合併法人の特定役員のいずれか (被合併法人と合併法人との間に最後に支配関係があることとなった日前において合併法人の役員等であった者に限ります) とが, 合併後の合併法人の特定役員となることが見込まれていること。

ポイント

　非適格合併に該当すると課税関係が複雑化することから, 合併に際しては, 適格要件を満たすか否かをあらかじめ正確に把握しておくことが重要です。

（島村　謙）

75　反対株主の株式買取請求

Question

　会社の合併などに反対の株主が，会社に対して株式の買取りを請求するにはどのような手続が必要でしょうか。また，関連する課税関係はどのようなものになりますか。

会社法の理解

(1)　反対株主の買取請求とは

　反対株主の株式買取請求権とは，重要な会社の行為に反対する株主が，会社に対して自己の株式を公正な価格で買い取ることを請求することにより，投下資本の回収をはかることができる権利です。

　買取請求は，①会社が発行する全部の株式を譲渡制限株式とする場合や全部取得条項付種類株式とする場合の定款変更（会社116条1項1号，2号），②種類株主に損害を及ぼすおそれのある行為（その行為を実行する際に種類株主総会の承認を要しないという定款の定め（会社322条2項）がある場合にかぎられます。会社116条1項3号），③1株未満の端数が生じる株式併合（会社182条の4），④事業譲渡等（会社469条，468条1項），⑤合併等（会社785条，797条，806条，816条の6）の場合に認められます。

(2)　買取請求の手続

a)　株主による反対通知等

　買取請求権を行使するには，買取請求の対象となる会社の行為にかかる株主総会（または種類株主総会）で議決権を行使することができる株主は，総会に先立ち，当該行為に反対する旨を会社に通知し，かつ，総会において当該行為に反対しなければなりません。他方，当該総会で議決権を行使することのできない株主（無議決権株式の株主など）は，反対通知を要することなく，買取請求権を行使することができます。

b)　会社による通知・公告

　会社は，当該行為が効力を発生する日の20日前までに，株式買取請求の対象となる株主に対し，当該行為をする旨を，通知または公告をしなければなりません（会社116条3項，4項ほか）。

c)　株券の提出等

　そして，買取請求をする株主は，当該行為の効力発生日の20日前から効力発生日の前日までの間に，会社に対し，その買取請求にかかる株式の種類・数を明らかにしなけ

ればなりません。

　また，株主は，請求時に，株券発行会社の場合は株券を提出し（会社 116 条 6 項ほか），振替株式（上場会社の場合）の場合は振替の申請をします（社債株式振替 155 条 3 項）。

(3)　買取請求の効果

　株主が適法に買取請求権を行使すると，会社はその株式を「公正な価格」で買い取る義務を負います。

　買取価格につき，会社と株主の間に協議が調ったときは，会社は，効力発生日から 60 日以内にその支払をしなければなりません。効力発生日から 30 日以内にその協議が調わないときは，株主または会社は，その期間満了の日後 30 日以内に，裁判所に，価格決定の申立てを行うことができます（会社 117 条 2 項等）。

　「公正な価格」の意味は，基本的には，会社が当該行為を行わなければその株式が有していたであろう価格を意味するものと解され（いわゆる「ナカリセバ価格」），市場価格のある株式の場合，たとえば当該会社の行為を公表したことにより株価が下落したとすれば，公表前 1 か月の平均株価などが用いられることになります。

　他方，当該会社の行為が組織再編行為など他社とのプラスの相乗効果（シナジー）を生じさせるものである場合，当該シナジーを反映した価格が「公正な価格」になると考えられています（最決平成 23・4・19 民集 65 巻 3 号 1311 頁）。

　近時は「公正な価格」を二分類的に捉えるのではなく，合併などの組織再編や株式併合が企業買収の後に少数株主の締出しに利用されることを捉えて，第一義的には「部分解散」による株主の退出の機会を保障する目的で，買取請求時の企業価値を基礎に算定されるものと，第二義的には資本多数決にもとづく取締役の忠実義務・株主の平等取扱いの要請に反する組織再編等の行為がなされたことに対する損害賠償の性質を有するとして，両者の分類を連続的に捉え，企業買収（公開買付）の手続の公正さを加味して，手続が公正であれば，公開買付価格を「公正な価格」とする傾向があります（最決平成 24・2・29 民集 66 巻 3 号 1784 頁等）。

　なお，市場価格のない株式の場合には，当該会社の将来において期待される収入金額を一定の割引率で割り戻した金額の総和を用いる算定方法（いわゆる DCF 法など）や，当該会社の純資産価額を基礎とする方法などの種々の方法により，公正な価格が算定されています。

　会社は，裁判所の決定にかかる価格につき，効力発生日から 60 日の期間満了日後の法定利率による利息を株主に支払わなければなりません（会社 117 条 4 項ほか）。そこで会社は，買取価格の決定があるまでに，会社が公正な価格と認める額を先払いすることができ（会社 117 条 5 項ほか），先払いした金額につき利息の発生を抑えることができます。

　買取請求による株式買取の効力発生時期（株主が株主でなくなる時期）は，当該会社の行為の効力発生日とされています（会社 117 条 6 項ほか）。したがって，効力発生日後に買取価格が争われている場合の法律関係は，株式の譲渡は成立したものの，価格が確定していない状態となります。

税法の理解

(1)　基本的な課税関係

買取請求権の行使は，自己株式の取得として課税がなされます。

a)　株主の課税関係

会社から買取請求の対価の交付を受けると，当該対価のうち，その交付の基因となった株式に対応する資本金等の額を超える部分につき，みなし配当課税がなされます（所税25条1項5号，法税24条1項5号）。当該対価のうち，みなし配当とされた部分以外の金額は，株式譲渡の収入金額として扱われ，キャピタルゲインに対する課税がなされます（租特37条の10第3項5号）。

ただし，合併に反対する被合併会社の株主による買取請求および1株未満の端数が生じる株式併合にかかる反対株主の買取請求等については，みなし配当課税が除外されています（所税令61条1項8号・9号，法税令23条3項8号・9号）。さらに，改正（平成29年度税制改正）により，全部取得条項付種類株式を発行する旨の定めを設ける定款変更に反対する株主等の買取請求にもとづく自己株式の取得も，みなし配当から除外されました（法税令23条3項10号）。すなわち，全部取得条項付種類株式を用いた少数株主の締出し（スクィーズアウト）に際しては，全部取得条項付種類株式を発行する旨を定める定款変更決議と，当該全部取得条項付種類株式の取得の決議が同時に行われるのが通常です。従前，少数株主がこれらに反対せずに端数株式にかかる端数処理を受ける場合や，後者の決議に反対して価格決定の申立てをする場合はみなし配当課税が除外されていたのに，前者の決議に反対して買取請求をする場合はみなし配当課税がなされていたのですが，改正によりこの不整合が解消されました。

b)　会社の課税関係

買取請求に応じた会社は，上記 a) でみなし配当がある場合は，取得直前の発行済株式総数（自己株式を除きます）に占める当該買取請求にかかる株式数の割合に応じて，資本金等の額を減額し，株主に交付する対価の額が当該資本金等の減額の額を超える部分は，利益積立金額を減算します（法税令8条1項20号，9条1項14号）。

他方，みなし配当がない場合，自己株式取得の対価の額だけ，資本金等の額を減額します（法税令8条1項21号）。

c)　所得の実現時期

みなし配当の収入金額やキャピタルゲインの収入は，課税実務上，会社が自己株

を取得する日に実現するものとして扱われます（所基通36-4（3）ホ，法基通2-1-27（5）ホ）。そして，買取請求との関係で会社が自己株を取得する日とは，定款変更などの会社の行為の効力発生日です（会社117条6項ほか）。そうすると，課税上，効力発生日をもってみなし配当やキャピタルゲインが実現したものとして扱う必要がありそうです。

　しかし，効力発生日後，会社と株主の間で買取価格が争われている間は，関連する所得の計算ができません。このような場合は，会社と株主の間で価格の協議が調った日，あるいは裁判所により価格が決定された日を，各収入の実現時期として処理するほかないように思われます（大阪国税局2011年8月4日付回答「株式交換に反対する個人株主の株式が買取請求に基づき買い取られた場合の課税関係について」参照）。

(2)　上場廃止の場合の取扱い

　上場株式の場合には，その配当やキャピタルゲインの課税について種々の特例的な措置が講じられています（たとえば租特8条の4第1項，37条の11の4など）。

　ところで，たとえば上場会社を完全子会社化する株式交換が行われる場合などでは，取引所の実務上，株式交換の効力発生日の3日前（休業日を除外）の日に，その株式は上場廃止とされるため（東京証券取引所有価証券上場規程601条1項15号，13項），株式取得の効果が生じるときには，当該株式は非上場株式となってしまいます。

　しかし，株主が買取請求を行った時点では，当該株式は上場株式であったことなどを重視して，このような場合にも，一定の上場株式にかかる課税の特例を認める見解があります（前掲大阪国税局回答）。

ポイント

　反対株主の買取請求は，課税上，有価証券の譲渡ではなく，会社による自己株式の取得として扱われます。

（島村　謙）

★★ 76　会社分割——物的分割と人的分割

Question

　会社分割にはどのような種類がありますでしょうか。また，分割会社株主の持株数に比例しない形で分割対価を交付する会社分割は可能でしょうか。あわせて，会社分割における基本的な課税関係を教えてください。

会社法の理解

(1) 物的分割と人的分割

　会社分割とは，会社（分割会社）が，その事業に関して有する権利義務の一部または全部を，他の会社に承継させることをいいます。「他の会社」が既存の会社（承継会社）である場合を吸収分割といい，「他の会社」が分割に際して新設される会社（新設会社。便宜上，承継会社とあわせて「承継会社等」といいます）である場合を新設分割といいます。2社以上が共同で分割会社となり，1つの新設会社を設けることも可能であり，これを共同新設分割といいます。

　また，会社分割は，実務上，会社分割の対価（分割対価）としての株式等が誰に交付されるかによって「物的分割」と「人的分割」に区別されます。

　すなわち，会社法上は，分割対価は分割会社に交付されるものとされており（その結果，分割会社と承継会社等とは親子会社のような関係となります），このような場合を物的分割といいます。

　他方，承継会社等から分割会社に交付された分割対価を，直ちに分割会社の株主に現物配当等として，あるいは全部取得条項付種類株式の取得対価として交付すること（その結果，分割会社と承継会社等は兄弟会社のような関係となります）も可能であり，このような場合を人的分割といいます。

　なお，人的分割に関して，吸収分割契約または新設分割計画に，効力発生日に剰余金の配当または全部取得条項付種類株式の取得を行う旨を定めておくと（会社758条8号，763条1項12号），剰余金の配当や全部取得条項付種類株式の取得にかかる財源規制（会社461条）が適用されません（会社792条，812条）。

(2) 按分型人的分割と非按分型人的分割

　人的分割において，分割会社の株主に交付される分割対価は，株主平等原則（会社109条1項）との関係で，株主の持株数に比例して按分的に交付されるのが原則です（按分型人的分割）。しかし，株主の持株数に比例しない数を交付することも可能と解されて

います（非按分型人的分割）。

(3)　人的分割の手続

　会社分割の一般的な手続については，**77**「会社分割と不法行為債権者」を参照してください。ここでは，人的分割の手法について検討します。

a)　「物的分割＋剰余金の配当」方式

　「物的分割＋剰余金の配当」方式を実施する場合，吸収分割契約・新設分割計画において，分割対価として分割会社株式を交付する旨に加え，当該分割に際し，分割会社は当該交付を受けた分割対価をその株主に分配する旨を定めることが考えられます（会社758条8号ロ，763条1項12号ロ）。吸収分割契約・新設分割計画に記載すれば，会社分割に関する承認の株主総会決議があれば，それに重ねて配当決議をする必要はなく，配当に際して分配の財源規制（会社461条）も適用されません（会社792条，812条）。剰余金の配当は株主の有する持株数に応じて平等に行われるため，この方法は按分型人的分割に該当します。

　なお，剰余金の配当において「株主Aには分割対価を，株主Bには金銭を配当する」というように，配当内容を株主ごとに区々とすることができるなら，非按分型人的分割が実現しそうです。

　このような配当の可否については，株式数に応じた平等な配当が行われた後，株主間において分割対価の交換が行われるという構成の理解の下，全株主の同意があれば許容され得るとの見解があります（相澤哲ほか編著『論点解説　新・会社法』（商事法務，2006年）515頁）。この場合においては，吸収分割契約や新設分割計画の定めにもとづく配当として整理することは難しいため，会社分割契約等の承認とは別に剰余金の配当決議が必要になります。

b)　「物的分割＋全部取得条項付種類株式の取得」方式

　「物的分割＋全部取得条項付種類株式の取得」方式により非按分型人的分割を行う場合，分割会社が，定款変更により形式的に種類株式発行会社となった上，既発行の株式に取得条項を付して「取得条項付株式」とし（総株主の同意が必要。会社111条1項），その取得対価を「全部取得条項付種類株式」（対価を会社分割で取得した分割対価とするもの）とする方法が考えられます。取得条項付株式については，会社が，その一部のみを対象として取得することができるため（会社107条2項3号ハ，108条2項6号イ参照），たとえば，株主Aからは取得せず（既発行株式のまま），株主Bからは取得して，全部取得条項付種類株式を交付することができます。その上で，会社分割に際して，全部取得条項付種類株式の取得を行う旨を吸収分割契約または新設分割計画に定めれば（会社758条8号イ，763条1項12号イ），全部取得に際して分配規制の適用もなく（会社792条，812条），分割会社の株主はA，承継会社等の株主はBというように，会社をAB間で分けることが可能となります。

税法の理解

(1)　基本的な課税関係

　税務上は，物的分割は「分社型分割」に含まれ，人的分割は「分割型分割」に含まれます。会社分割にかかる課税関係にも，合併の場合（**74**「合併」参照）と同様，原則的な扱い（非適格会社分割の場合）と例外的な扱い（適格会社分割の場合）とがありますが，会社分割の課税関係の難しさは，むしろ分社型分割の場合と分割型分割の場合とで，課税関係が大きく異なることにあります。

　すなわち，分社型分割は，分割法人（分割会社のこと）から分割対象となる権利義務が移転し，これと交換に分割承継法人（承継会社等のこと）から分割対価（分割承継法人の株式など）が分割法人に交付されるだけです。これは，分割法人が分割承継法人に対し，分割対象の権利義務を現物出資する関係に似ているため，課税関係も現物出資に似た仕組みとなっています。利益積立金額の引継ぎは適格分割であっても認められず，適格か非適格かで大きく異なるのは，各勘定科目の価格の決め方くらいです。また，分割法人の株主には何も交付されないので，株主の課税問題もありません。

　他方，分割型分割の場合は，分割承継法人から分割法人に交付される分割対価（分割承継法人の株式など）は，直ちに分割法人の株主に交付されます。これは，分割法人のすべての権利義務を分割する場合を想定すれば明らかなように，分割法人を被合併法人とする合併に似た関係といえます（ただし，合併と異なり，分割法人は清算せず存続します）。そこで，分割型分割の場合，部分的な合併とでもいうべき課税の仕組みが採用されています。分割法人の株主段階の課税も問題となり，また適格分割型分割であれば，利益積立金の事実上の引継ぎもなされます。

(2)　分社型分割

a)　非適格分社型分割の場合

ⅰ)　分割法人の課税関係

　分割法人は，その資産・負債を時価により分割承継法人に移転したものとして，その譲渡損益が計上されます（法税62条1項）。受け入れた分割対価はその時価で受け入れます（法税令119条1項27号）。

ⅱ)　分割承継法人の課税関係

　分割承継法人は，基本的に，分割対象である資産・負債を，時価により受け入れ（法税令32条1項3号等），差額につき資本金等の額を増加させます（法税令8条1項7号）。「非適格分割等（法税62条の8第1項参照）」に該当する場合は，分割対

価の時価と分割対象の資産・負債の時価純資産額の差額につき，資産調整勘定または負債調整勘定も計上されます。

b)　適格分社型分割の場合

ⅰ）　分割法人の課税関係

分割法人は，その資産・負債を分割直前の簿価により分割承継法人に移転したものとされ，その譲渡損益は計上されません（法税62条の3第1項）。分割対価である株式は，移転した資産・負債の簿価純資産額により受け入れます（法税令119条1項7号）。

ⅱ）　分割承継法人の課税関係

分割承継法人は，分割対象である資産・負債を，その分割法人における簿価により受け入れ（法税62条の3第2項，法税令123条の4），差額純資産額は資本金等の額を増加させます（法税令8条1項7号）。利益積立金額は増加しません。

(3)　分割型分割

a)　非適格分割型分割

ⅰ）　分割法人の課税関係

分割法人は，その資産・負債を時価により分割承継法人に移転したものとして，その譲渡損益が計上されます（法税62条1項）。

分割型分割の場合，分割法人の利益積立金額と資本金等を減少させます。受け入れた分割対価は直ちに分割法人の株主に交付されるので，分割法人には残りません。資本金等の減少額は，分割前の資本金等の額に，分割により移転する純資産が分割法人の全純資産に占める割合を乗じたものです（法税令8条1項15号）。利益積立金額の減少額は，株主に交付される分割対価の時価から，資本金等の減少額を控除した額です（法税令9条1項9号）。利益積立金額の減少に対応して，株主にはみなし配当課税がなされます（後述ⅲ）参照）。

ⅱ）　分割承継法人の課税関係

分割承継法人は，基本的に，分割対象である資産・負債を，時価により受け入れ（法税令32条1項3号等），差額につき資本金等の額を増加させます（法税令8条1項6号）。利益積立金額の増加はありません。「非適格分割等（法税62条の8第1項参照）」に該当する場合は，分割対価の時価と分割対象の資産・負債の時価純資産額の差額につき，資産調整勘定または負債調整勘定も計上されます。

ⅲ）　分割法人の株主の課税関係

分割法人の株主には，分割法人における利益積立金額の減少に対応したみなし配

当課税がなされます（法税24条1項2号，所税25条1項2号）。

　その余の課税関係は，分割対価に分割承継法人の株式（あるいは分割承継法人との間にその法人による完全支配関係がある場合のその法人（親法人）の株式）以外の金銭等が含まれるかどうかにより異なります。金銭等が交付される場合，株主が保有する分割法人株式のうち，分割により分割法人より移転する純資産が分割法人の全純資産に占める割合に対応する部分が譲渡され，分割対価を時価で受け入れたような処理がなされ，譲渡損益が認識されます。金銭等の交付がない場合は，譲渡損益は認識されません。

　なお，後述のとおり，非按分型人的分割を行った場合は，税法上は非適格分割型分割に該当します。その場合，前述の「物的分割＋全部取得条項付種類株式の取得」方式による場合，分割に際して，株主の一部だけに分割対価が交付される関係上，上記のみなし配当課税や譲渡損益課税は，当該交付を受けた株主のみに課されるべきと思われます。他方，「物的分割＋剰余金の配当」方式による場合，いったん，株式数に応じた平等な配当が行われた後，株主間において分割対価の交換が行われるという理解に従うなら，みなし配当課税や譲渡損益課税も全株主に適用されることになりそうです。

b) 適格分割型分割

ⅰ）分割法人の課税関係

　分割法人は，その資産・負債を分割直前の簿価により分割承継法人に移転したものとされ，その譲渡損益は計上されません（法税62条の2第2項）。

　分割法人の利益積立金額と資本金等を減少させることおよび，資本金等の減少額が，分割前の資本金等の額に，分割により移転する純資産が分割法人の全純資産に占める割合を乗じたものであることは（法税令8条1項15号），非適格の分割型分割と同じです。

　しかし，利益積立金額の減少額は，移転した資産・負債の簿価純資産額から，資本金等の減少額を控除した額となります（法税令9条1項10号）。そして，この利益積立金額の減少分は実質的に分割承継法人に引き継がれるため，株主のみなし配当課税はありません。

ⅱ）分割承継法人の課税関係

　分割承継法人は，分割対象である資産・負債を，分割法人の簿価により受け入れます（法税62条の2第4項，法税令123条の3第3項）。また，分割法人における資本金等の減少額に対応する額につき，資本金等の額を増額させます（法税令8条1

項6号）。そして，受け入れた分割対象簿価純資産額から増額させた資本金等の額を減算した額につき，利益積立金額を増加（または減少）させます（法税令9条1項3号。実質的に分割法人の利益積立金額の減少分が引き継がれます）。

ⅲ）　分割法人の株主の課税関係

みなし配当課税はありません。株主が保有する分割法人株式のうち，（分割法人において）分割により移転する純資産が分割法人の全純資産に占める割合に対応する部分の簿価が減額され，その簿価が，受け入れる分割対価に引き継がれるので，譲渡損益は認識されません。

(4)　**適格分割の要件**

適格分割の要件は，分割法人と分割承継法人との間に，①完全支配関係がある場合（法税2条12号の11イ），②支配関係のある一定の場合（法税2条12号の11ロ），③共同で事業を営むための分割（法税2条12号の11ハ）のいずれかに該当する分割で，分割対価として分割承継法人の株式（または分割承継親法人（分割直前に分割承継法人との間にその法人による完全支配関係があり，分割後に完全支配関係が継続することが見込まれている場合のその法人）の株式）以外の金銭等が含まれない場合です。なお，分割型分割のうち，非按分型人的分割は適格分割の要件を満たさないので注意が必要です。

ポイント

会社分割は，事業譲渡に代わって事業の一部を譲渡するM&Aの手段として利用されており，会社分割の方法としては，物的分割が使用される場合が多いようです。人的分割，特に非按分型人的分割の実例は多くはないようですが，たとえば本文中の既発行株式の一部のみ全部取得条項付種類株式に変更する方法を採用すれば，合弁事業を解消するにあたり，合弁会社のa事業を株主Aに，b事業を株主Bに取得させる手法として，1回の手続で目的を達することができるなど，実益はありそうです。今後の実務の進展が期待されます。

なお，会社分割の課税関係は，分社型分割と分割型分割とでまったく異なりますので，事前のタックスプランニングが大切です。

（島村　謙）

77　会社分割と不法行為債権者

Question

　製薬会社 A において薬害被害が発覚しましたが，いまだ薬害被害者は特定されていません。A は薬害被害を生じさせた医薬品の製造事業を，新設分割により新設分割設立会社である B に承継しました。このため，薬害被害者に対する A の不法行為債務は B に承継されましたが，B は十分な資金力がありません。薬害被害者は，A に損害賠償金の支払を請求できますか。

会社法の理解

(1)　会社分割の手続

　会社分割（その意義については **76**「会社分割——物的分割と人的分割」を参照。なお，用語法も **76** に従っています）に必要とされる会社法上の主な手続は，① 分割契約の締結（吸収分割の場合）または分割計画の作成（新設分割の場合）（会社 757 条，758 条，762 条，763 条），② 事前の開示（会社 782 条，794 条，803 条），③ 株主総会による承認（会社 783 条，784 条，795 条，796 条，804 条，805 条。なお，簡易合併，略式合併については **73**「組織再編の手続——略式組織再編・簡易組織再編」を参照），④ 債権者による異議手続（会社 789 条，799 条，810 条），⑤ 登記（会社 923 条，924 条），⑥ 事後の開示（会社 791 条，801 条，811 条，815 条）です。

　手続でもっとも時間がかかるのが債権者保護手続（最低 1 か月）ですので（**74**「合併」を参照。手続の詳細は(2)で述べます），これを中心にスケジュールを組むことになります。

　なお，一定の要件を満たす共同新設分割や吸収分割の場合には独占禁止法上の事前手続が，また上場会社が関係する場合には金融商品取引上の開示や証券取引所とのやりとりや保振機構とのやりとり等が，それぞれ発生するので注意を要します。

(2)　債権者保護手続と不法行為債権者の扱い

a)　異議を述べることができる債権者

　会社分割においては，分割契約または分割計画に定めることにより，移転する事業に関する特定の「債務」を承継会社等に承継させることができます。これは，債権者にとっては，分割会社らの行為により，一方的に債務者や債務者の資力に変更が生じることを意味します。

　そこで，会社分割により不利益を受ける可能性のある債権者を「異議を述べることが

できる債権者」と定め，この者がある場合には，上記(1)④の債権者による異議手続を
行うこととされています。

　異議を述べることができる債権者とは，類型的にみて，その会社分割により債務者の
弁済力が減少するおそれがある債権者であり，これは，次のとおり，物的分割の場合と
人的分割の場合で異なります。

　まず，物的分割の場合は，① 承継会社のすべての債権者（会社799条1項2号）および，
② 分割会社の債権者のうち会社分割後に分割会社に対し債務の履行を請求できなくなる
債権者（会社分割により承継会社等の債権者とされ，しかも分割会社が連帯保証も重畳的債
務引受もしない場合です。会社789条1項2号，810条1項2号）。

　承継会社の債権者（①）は，会社分割により，承継会社が不良資産を承継するなどの
リスクがあることから，異議を述べることができるものとされています。他方，分割会
社の債権者は，会社分割後に分割会社に対し債務の履行を請求できなくなる債権者だけ
が異議を述べることができます（②）。したがって，分割会社に残存する債権者は，異
議を述べることができません。これは，会社分割によって分割会社は移転した純資産と
同じ価値の対価を取得するはずだから，分割会社に残存する債権者は害されることがな
いという考えによります。しかし，この仕組みを濫用した詐害的な会社分割が横行した
ことから，2014（平成26）年の会社法改正により，分割会社が，残存する債権者を害す
ることを知って会社分割をした場合，残存債権者は承継会社等に対して，一定の範囲で
債務の履行を請求することができることとされました（会社759条4項～7項等。**78**「詐
害的会社分割対応」を参照）。

　次に，人的分割の場合は，① 承継会社に元から存在する債権者（会社799条1項2号）
のほか，② 分割会社のすべての債権者（会社789条1項2号，810条1項2号の各かっこ
書）が，異議を述べることができる債権者となります。

　人的分割（会社758条8号または760条7号に掲げる事項の定めがある会社分割）の場合，
分割会社が承継会社等から交付を受ける分割対価は，分割会社の株主に交付されますが，
その際，剰余金の配当や全部取得条項付種類株式の取得にかかる財源規制（会社461条）
が適用されないものとされています（会社792条）。このため，分割会社のすべての債権
者が，異議を述べることができるものとされています。以上をまとめると以下のとおり
になります。

① 　物的分割の場合
　ⓐ 　承継会社のすべての債権者（会社799条1項2号）
　ⓑ 　分割会社の債権者のうち会社分割後に分割会社に対し債務の履行を請求できな
　　くなる債権者（会社789条1項2号，810条1項2号）
② 　人的分割の場合
　ⓐ 　承継会社に元から存在する債権者（会社799条1項2号）
　ⓑ 　分割会社のすべての債権者（会社789条1項2号，810条1項2号の各かっこ書）

b) 公告・催告

分割会社および承継会社等は，異議を述べることができる債権者がある場合には，分割に際し，分割する旨や，一定期間（1か月以上）内に異議を述べることができる旨等を，官報に公告し，かつ，そのうち「知れている債権者」には個別に催告（はがきなどで通知すること）をしなければなりません。

なお，官報公告に加えて，日刊新聞紙による公告（新聞公告）か電子公告を行った場合（定款でその会社の公告方法と定められている場合「会社939条1項」にかぎります。いわゆる「ダブル公告」を行う場合）には，個別催告は要しません。ただし，分割会社の不法行為債権者に対しては，個別催告を省略することが許されません（会社789条3項，810条3項）。

期間内に異議を述べた債権者に対しては，異議を受けた合併会社または承継会社等は，弁済か担保提供などの対応をしなければなりません。ただし，分割後もその債権者に対する十分な弁済原資が見込まれるなど，分割によってもその債権者を害するおそれがない場合は，対応は不要です（以上，会社789条，799条，810条）。

c) 個別催告を受けなかった債権者の保護

上記 b) の手続において，個別催告を受けなかった債権者は，分割契約や分割計画の定めにかかわらず，一定の限度で，会社分割後，分割会社と承継会社等の双方に対して，債務の履行を請求することができます（会社759条2項・3項，764条2項・3項，789条1項2号・3項）。会社分割により不測の損害を受けるおそれのある者を特に保護するものです。

具体的には，まず b) の手続のうち官報公告＋個別催告を選択した場合，異議を述べることができる債権者のうち，個別催告を受けなかった者のすべて（会社にとって「知れている債権者」でなかった者も含みます）は，一定限度で承継会社と分割会社の双方に対して債務の履行を請求することができます。

b) の手続のうちダブル公告を選択した場合，個別催告をしなければならないのは，物的分割では分割会社から分割承継会社（分割設立会社）に承継される不法行為債務に関する不法行為債権者だけとなり，人的分割ではこれに加えて会社分割後も分割会社にしか請求できない不法行為債権者のみとなります（会社789条3項，810条3項）。これらの者は，通常の取引債務に関する債権者と異なり，分割会社が会社分割を行うことにつき，公告をうかがい知ることができないため，いわゆるダブル公告をした場合でも，個別の催告が必要とされます。この者が個別催告を受けなかった場合には，やはり一定限度で分割会社と承継会社の双方に対して債務の履行を請求することができます。現実には，会社も把握していないような潜在的な不法行為債権者に対して個別催告が行われることはほとんどあり得ず，不法行為債権者の多くはこの制度で保護されることになります。*Question* の薬害被害者も，（消滅時効などの問題がないかぎり）分割会社である A に対して損害賠償金の支払を請求できます。

税法の理解

　会社分割の基本的な課税関係については，**76**「会社分割——物的分割と人的分割」を参照してください。ここでは，個別催告を受けなかった債権者の保護が適用される場合の課税問題について触れます。たとえば，*Question* の薬害被害者は，承継会社等のＢのみならず，分割会社であるＡに対しても損害賠償請求債権を行使することができます。そこで，Ａがこれに応じて弁済をした場合の法律関係はどうなるでしょうか。

　明文の規定はありませんが，Ａは，本来，Ｂが弁済すべき債務を弁済したことになるため，Ｂに対して，弁済の額に相当する求償債権を取得するものと思われます（民 462 条 1 項参照）。そうだとすれば，当該弁済の時点ではＡには損益が発生せず，課税すべき所得の変動も生じません。

　その後，Ａが当該求償債権を行使しない場合に，貸倒損失の損金算入が認められるか否かは，貸倒損失にかかる判例・通達の枠組みにより判断されます。したがってたとえば，Ｂの資産状況，支払能力等からみて求償債権の全額が回収できないことが明らかになった場合には，その明らかとなった事業年度において貸倒れとして損金経理の上，損失計上が認められる可能性があります（法基通 9-6-2 参照）。

　反対に，求償債権の全額の回収不能が明らかではないにもかかわらず，またＢにおける債務超過が継続したなどの事情（法基通 9-6-1（4）参照）もなく，ＡがＢに対する求償権を免除したような場合には，Ａの方では貸倒損失の計上が認められず，寄附金として処理されるものと思われます。

ポイント

　平成 26 年会社法改正の施行前は，個別催告を受けなかったとして分割会社と承継会社等の双方に請求ができる者は，会社にとって「知れている債権者」にかぎられていました。同改正により，知れている債権者でなくとも保護の対象となりました。さらに，個別催告に代わりダブル公告がなされた場合は，この意味での保護は誰にも及ばないという制度設計も可能ですが，特に不法行為債権者にかぎっては保護の対象とされました。

（島村　謙）

78　詐害的会社分割対応

Question

　詐害的会社分割とは何ですか。当社が売掛金を保有している会社（債務者）が詐害的会社分割をした場合，どのような対応が可能でしょうか。

会社法の理解

(1)　詐害的会社分割

　会社分割に関する一般論については，**76**「会社分割──物的分割と人的分割」および**77**「会社分割と不法行為債権者」をご参照ください。会社分割が行われた場合，会社分割によって権利義務の移転が生じることから，民法上債務引受には債権者の同意が必要とされることと比較すれば，会社分割後に分割会社に請求することができなくなる債権者（分割承継会社または分割設立会社に承継される債務に関する債権者）は不利に扱われ，承継される債務に関する債権者にとっては，同じく包括承継が起きる合併と同様に債権回収リスクが変動し，分割によって債権者に不利益を及ぼす可能性があります。そこで，会社分割後に分割会社に債務の履行を請求できなくなる債権者には異議を述べる権利が付与され（会社 789 条 1 項 2 号，810 条 1 項 2 号等），異議を述べた債権者が基本的には担保の提供を受けることができる（会社 789 条 5 項，810 条 5 項）といった債権者異議手続が用意されています（いわゆる人的分割の場合には，分割会社のすべての債権者が債権者異議手続の対象となります）。なお，分割承継会社の債権者も分割承継会社が行う債権者異議手続の対象です（会社 799 条 1 項 2 号）。

　しかしながら，いわゆる人的分割の場合を除き，会社分割後に分割会社に対して債務の履行を請求できる債権者（分割承継会社または分割設立会社に承継されない債務の債権者。このような債権者を残存債権者といいます（会社 759 条 4 項，764 条 4 項））は債権者保護手続の対象外ですので，これを利用して，分割会社が，債権者保護手続が不要な形で，承継会社に承継させた資産に見合わない対価しか取得できない分割条件を設定するなどの方法を用いて，分割会社の優良事業だけを承継会社に引き継がせておき，多額の債務を分割会社に残存させるというスキームで会社分割を行うケースが頻発するようになりました。このような会社分割を詐害的会社分割といいます。

(2)　詐害的会社分割への対応

a)　法人格否認の法理

　詐害的会社分割に対して，残存債権者は，法人格否認の法理の適用，22 条 1 項の類推

適用，詐害行為取消権の行使等で対応してきました。

　法人格否認の法理は，ある法人の法人格を否定して，当該法人と，その背後に存在する個人や法人とを同一視するものです。会社分割に関して法人格否認の法理の適用を認め，債権者の請求を認容した裁判例としては，福岡地裁（福岡地判平成 23・2・17 判タ 1349 号 177 頁），東京地裁（東京地判平成 22・7・22 金法 1921 号 117 頁）等があります。もっとも，会社分割において法人格否認の法理を適用する場合には，法人格否認の法理における「濫用型」を用いることになると考えられるところ，濫用型では ① 支配の要件と，② 目的の要件が必要とされます。そして，② 目的の要件に関しては，裁判所での主張・立証のハードルが相対的に高いといえますので，会社分割が違法または不当な目的で行われたことが明らかな場合等でなければ，会社分割において法人格否認の法理の適用が認められることは容易ではありません。

b)　22 条 1 項類推

　会社分割における 22 条 1 項の類推適用というのは，事業譲渡が行われた場合に事業の譲受会社が譲渡会社の商号を続用する場合に，譲受会社も譲渡会社の事業によって生じた債務を弁済する責任を負うことを規定した 22 条 1 項の規定を，会社分割の事例に類推適用するものです。これを認めた事例として，最高裁（最判平成 20・6・10 判時 2014 号 150 頁）があります。商号でなくとも，事業主体を示す名称（屋号）を続用する場合にも類推が可能であるとされ，下級審では広くブランド（略称や標章）が継続する場合にその責任を肯定するものもあります（東京地判平成 27・10・2 金判 1480 号 44 頁）。もっとも，そもそも商号の続用がない場合や，商号や屋号を続用する場合でも分割会社が「分割会社の債務を弁済する責任を負わない」旨の登記をした場合（塚田佳代＝前田和樹「商業・法人登記実務の諸問題（2）」登記研究 740 号（2009 年）27 頁，「質疑応答 7792」登記研究 675 号（2004 年）247 頁）には，22 条 1 項を類推適用することはできません。

c)　詐害行為取消と平成 26 年会社法改正

　会社分割における詐害行為取消権の行使は，民法 424 条にもとづいて，会社分割を詐害行為であるとして取り消すことを裁判所に求めるものです。これが認められるのかについては議論がありましたが，最高裁は，会社分割について詐害行為取消権の行使を認める判断をしました（最判平成 24・10・12 民集 66 巻 10 号 3311 頁）。

　また，2014（平成 26）年の会社法改正では，上記の事情をふまえ，分割会社（破産手続などが開始されていないことが条件となります）が残存債権者を害することを知って会社分割をした場合には，残存債権者は，承継会社または設立会社に対し，承継した財産の価額を限度として債務の履行を請求することができる旨の規定が新設されました（会社 759 条 4 項，764 条 4 項等）。会社法改正にもとづくこの制度と，上記の法人格否認の法理や詐害行為取消権の行使等とは，併存するものと考えられています。

d)　分割承継会社（分割設立会社）による求償の可否

　詐害行為取消権の効果に関し，従前は，債務者に当該判決の効力が及ばないと考えられていました（相対的効力）。会社分割の例でいえば，分割会社の債権者を原告，設立会

社を被告として会社分割について詐害行為取消権を行使する内容の訴訟を提起した場合，これを認める判決の効力は分割会社には及ばないことになります。これに対し，民法改正により「詐害行為取消請求を認容する確定判決は，債務者及びその全ての債権者に対してもその効力を有する。」(民425条)とされました。これは，詐害行為取消を認める判決の効力について，従前の相対的効力の考え方を修正するものです。会社分割について詐害行為取消権の行使を認める上記の最高裁判例は，詐害行為取消権の効果が相対的効力であることを前提とした上で，会社分割についても詐害行為取消権の行使を認めたものであると考えられることからすれば，相対的効力の修正を内容とする民法改正後にも会社分割について詐害行為取消権の行使が認められるのかについては，注意が必要です。

　分割承継会社(分割設立会社)が残存債権者に対し債権額に相当する金銭を支払うことにより，分割会社に対する債務が消滅するのであれば，そもそも当該債務は分割承継会社(分割設立会社)に承継されるべき性質のものであること(会社23条参照)を論拠とする22条類推の場合は除いて，弁済による代位に類似するものとして，分割承継会社(分割設立会社)は分割会社に対し何らかの求償権を有すると観念できると思われます。

税法の理解

　詐害的会社分割が行われた場合の課税庁の対応については，詐害的事業譲渡の場合と，ほぼ同様の対応になると考えられることから，この点については**80**「詐害的事業譲渡」を参照してください。ここでは，詐害的会社分割につき残存債権者が債権確保のため行動した場合の課税関係についてみることにしましょう。

　残存債権者が，分割承継会社または分割設立会社から債権を回収した場合には，それ自体によって，特別な課税関係が生じるということはありません(会社分割に関する一般的な課税関係については，**76**「会社分割——物的分割と人的分割」を参照してください)。もっとも，債務を履行した分割承継会社または分割設立会社が，求償権の行使が可能であるにもかかわらず(現実的には，詐害的会社分割が行われた場合に分割会社に返済資力があるケースは想定しにくいかもしれません)，あえて求償権を行使しない場合には，免除益課税の問題が生じるものと考えられます。法律上は求償権の行使が可能であるものの，分割会社に資力がない場合には，貸倒れによる損金処理の可否を検討することになるでしょう(会社法22条が類推される場合には，そもそも求償権が発生しないので，このような問題は生じません)。

　なお，会社分割では，分割の効果として当然に会社が消滅するわけではないことから，合併等と異なり，繰越欠損金の引継ぎが認められていませんので，分割会社

の繰越欠損金を設立会社または承継会社が引き継ぐことができません。したがって，詐害的会社分割における設立会社または承継会社では，分割会社の債権者に対して承継対象ではない債務の支払義務を負担する上，分割会社の繰越欠損金も引き継げないという事態になることがあり得ます。

ポイント

　改正民法の下では会社分割について詐害行為取消権を行使することができるのか疑問が残りますので，残存債権者としては，この点に注意した上で，詐害的会社分割に対応する必要があります。

（藤井　宣行）

79　事　業　譲　渡

Question

　取締役会設置会社である当社は，競合他社への事業譲渡を検討しています。その際に留意しなければならない会社法上の手続・規制と税務上の取扱いにはどのようなものがありますか。

会社法の理解

(1)　事業譲渡の意義

　事業譲渡（会社 467 条）とは，一定の事業目的のために組織化され，有機的一体として機能する財産の全部または重要な一部の譲渡で，これによって譲渡会社がその財産によって営んでいた事業的活動の全部または重要な一部を譲受人に受け継がせ，譲渡会社がその譲渡の限度で当然に競業避止義務（会社 21 条）を負うものです（最大判昭和 40・9・22 民集 19 巻 6 号 1600 頁）。したがって，単なる事業用財産または権利義務の譲渡はこれにあたりません。また，譲受会社が譲渡会社のどの資産や債務を具体的に承継するのかは契約で定まります。

(2)　会社法上の手続

　譲渡会社にあっては，事業譲渡の実施は，取締役会の決議で決定します（会社 362 条2 項 1 号，4 項 1 号）。そして，譲渡の対象が事業の全部または重要な一部である場合，原則として株主総会の特別決議による承認を受ける必要があります（会社 467 条 1 項 1号・2 号，309 条 2 項 11 号）。ただし，事業の重要な一部の譲渡であっても譲渡資産の帳簿価額が総資産額の 5 分の 1 以下の場合（簡易事業譲渡。会社 467 条 1 項 2 号かっこ書）または略式事業譲渡（会社 468 条。譲受会社が譲渡会社の総株主の議決権の 10 分の 9 以上を有する特別支配会社である場合）に該当する場合には，株主総会決議による承認は不要です。

　譲受会社にあっては，事業の譲受けは，取締役会の決議で決定しますが，株主総会特別決議による承認が必要とされるのは，事業の全部譲受けである場合のみです（会社467 条 1 項 3 号）。譲渡対価として交付する財産の帳簿価格が純資産の 5 分の 1 を超えない場合（簡易事業譲受）または譲渡会社が譲受会社の特別支配会社である場合（略式事業譲受）には，株主総会決議による承認は不要とされます（会社 468 条）。

(3)　会社法上の規制

　事業の全部もしくは重要な一部の譲渡または，簡易事業譲受以外の事業の譲受けに反

対する株主には株式買取請求権が認められており（簡易事業譲渡には認められません），その行使のために会社は，株主に対して事業譲渡をする旨の通知（一定の場合には公告で足りる）をしなければなりません（会社469条）。

　事業を譲渡した会社は，当事者の別段の意思表示がないかぎり，事業譲渡した日から20年間は，同一市町村およびその隣接市町村内で同一の事業を営むことができません（競業避止義務。会社21条）。

　その他，商号続用責任および詐害事業譲渡にかかる規制については，**80**「詐害的事業譲渡」を参照してください。

税法の理解

(1) 基本的な考え方

　税法上，事業譲渡の意義については特別の規定がないため，事業譲渡は個々の資産や負債の譲渡の集合体であると理解されており，この点は会社法の理解と異なるといえます。このような理解を基礎に，法人間で行われることを前提として，事業譲渡に関する基本的な税務上の取扱いを整理すると以下のようになります。

(2) 譲渡法人の取扱い

　法人税の所得の計算上，事業譲渡により譲渡した資産等の譲渡価額が益金の額に算入され，資産等の譲渡直前の帳簿価額が損金の額に算入されます（法税22条）。ただし，譲渡価額が時価よりも低い場合，時価と譲渡価額の差額が寄附金に該当するとともに，時価で譲渡したものとして益金の額を計算するものとされる可能性があります（法税22条2項，37条7項・8項）。

　また，事業譲渡による資産の譲渡は，消費税法上の資産の譲渡に該当しますので，非課税とされている資産の譲渡（たとえば，土地，有価証券や金銭債権等の譲渡）を除いた，課税資産の譲渡に該当する部分について，消費税が課されます（消税2条1項8号・9号，4条1項，6条1項，別表第1，消税令9条）。一般的に，事業譲渡が行われる際には課税資産と非課税資産がともに譲渡されることが多いと考えられますが，そのことにともなって通常の課税期間に比べて課税売上割合（消税30条6項，消税令48条）が大きく変動する可能性に注意が必要です。

(3) 譲受法人の取扱い

　法人税の所得の計算上，事業譲渡により譲り受けた資産等をその譲受価額を取得価額として受け入れます（法税令54条等）。ただし，譲受価額が時価よりも高い場合，時価と譲受価額の差額が寄附金に該当するとされる可能性がありますし，逆に譲受価額が時価よりも低い場合には時価と譲受価額の差額が受贈益にあたるとされ

る可能性があります（法税22条2項，37条7項・8項）。

　なお，譲渡法人が事業譲渡直前において営む事業およびその事業にかかる主要な資産負債の概ね全部を譲受法人に移転した場合において，①譲受価額と譲受資産負債の時価純資産額に差額がある場合は，当該差額を資産調整勘定または差額負債調整勘定とし，それぞれ5年間にわたって減額して同額を損金または益金の額に算入，②譲渡法人から退職給与債務引受をした場合および短期重要債務を引き受けた場合には，それらの金額を負債調整勘定とし，それぞれ一定の事由が生じたときに減額して同額を益金の額に算入します（法税62条の8，法税令123条の10）。これらの資産調整勘定等に関する定めは，法人間の事業譲渡についてのみ適用があることに注意が必要です。

　また，資産の譲受けのうち課税仕入（消税2条1項12号）に該当するものについては消費税の仕入税額控除の対象になります（消税30条）。

　さらに，一定の事業譲渡に該当する場合には，譲受会社は譲渡会社の未納税額について第2次納税義務を負います（詳細は**80**「詐害的事業譲渡」を参照してください）。

(4) 事業譲渡にともなう自己株式の取得

　譲受法人が事業の全部譲渡により譲り受ける資産に譲受法人株式が含まれる場合，譲受法人は自己株式を取得することになりますが（会社155条10号。一部譲受けの場合は認められません），この場合，みなし配当課税がありません（法税24条1項5号，法税令23条3項4号）。その他，自己株式の取得に関する課税関係については**29**「自己株式取得・処分・消却」を参照してください。

(5) グループ法人税制と事業譲渡

　完全支配関係（法税2条12号の7の6）がある内国法人間の事業譲渡により譲渡した資産のうちに譲渡損益調整資産がある場合，譲渡法人における当該資産にかかる譲渡損益への課税は，当該資産の譲渡等があるまでまたは完全支配関係がなくなるまでの間，繰り延べられます（法税61条の13）。

　また，上記(3)の受贈益についても，完全支配関係がある内国法人間の事業譲渡で生じたものについては益金の額に算入されません（法税25条の2）。

(6) その他の取引税

　事業譲渡の対象である資産に不動産が含まれる場合，不動産の登記に登録免許税および不動産取得税が課されますし，また事業譲渡にかかる契約書に印紙税が課されます（登税2条，別表第1，地税73条の2，印税2条，別表第1）。

ポイント

　税法上，事業譲渡は個々の資産等の譲渡であると理解されていますので，そのことを前提に法人税や消費税の課税関係が生じます。また，事業譲渡に関する課税関係を検討する際には，グループ法人税制等の特例的な取扱いを検討することのほか，第2次納税義務を負担する可能性や登録免許税等を負担する可能性にも配慮が必要です。

（峯岸　秀幸）

★ 80　詐害的事業譲渡

Question

　当社は，多額の債務を負う競合他社を救済するため，事業の譲受けを検討しています。その際に注意すべき会社法上の規制と税務上の取扱いにはどのようなものがあるでしょうか。

会社法の理解

(1)　事業譲渡と債権者保護

　譲渡会社から特定の債権者に対する債務と優良な資産だけを選別して，事業譲渡によって譲受会社に移転したとしたら，譲渡会社の残りの債権者（残存債権者）にとっては債権回収が困難になります。このような場合には，次のような規定等の適用により，残存債権者は救済される可能性（裏を返せば，譲受会社が弁済を求められる可能性）があります。

(2)　商号続用責任

　譲受会社が譲渡会社の商号を事業譲渡後も引き続き使用する場合には，原則として，譲受会社は譲渡会社の事業によって生じた債務を弁済する責任を負います（会社22条1項）。ただし，譲受会社が，事業を譲り受けた後遅滞なく，譲渡会社の債務を負わない旨を登記した場合，または，譲受会社および譲渡会社から債権者に対して債務を負わない旨の通知を個別にした場合には，この責任を免れます（会社22条2項）。なお，商号ではなく屋号を継続使用した場合にも本規定が類推適用される可能性があります（最判平成16・2・20民集58巻2号367頁）。

(3)　詐害的事業譲渡における直接履行請求権と詐害行為取消権

　譲渡会社が事業譲渡により残存債権者を害することを知って事業譲渡をした場合には，残存債権者は，譲受会社に対して，事業譲渡により承継した財産の価額を限度として，債務の履行を請求することができます（会社23条の2）。

　ここでの「害する」は，民法上の詐害行為取消（民424条。詳細は民法編の**35**「詐害行為取消権」を参照）における「害する」と同様に解するものと考えられています。また，本規定は詐害行為取消権の行使を妨げるものではありませんので，残存債権者としては，詐害行為取消権によって事業譲渡の取消しを裁判所に請求することもできます。もっとも債権法改正により債権者詐害行為取消権に関する相対的効力の修正が行われましたので，民法改正後も事業譲渡に関する詐害行為取消権の行使が認められるのかにつ

いては注意が必要です。

(4) 法人格否認の法理

法人格否認の法理とは，法人の独立性（権利義務が会社に帰属することと，会社に対して効果を生じる財産法上の行為は会社の機関が行うということ）を形式的に認めることが正義・衡平に反する場合に，特定事案についてこれを否認して会社と株主を同一視する法理です。この適用が認められる場合は，具体的には法人格濫用の場合と法人格形骸化の場合であるといえます（最判昭和44・2・27民集23巻2号511頁）。事業譲渡について問題となるのは，特に法人格濫用の場合といえるでしょう。

法人格の濫用とは，法人格が株主の意のままに道具として支配されていて，株主が違法または不当な目的をもって法人格を利用している場合をいいます（最判昭和48・10・26民集27巻9号1240頁）。上記(1)のような事業譲渡が親子会社間で行われるとこれにあてはまる可能性があります。もし法人格否認の法理が適用されると，譲受会社と譲渡会社は法人格が異なることを主張できず，残存債権者は譲受会社に対して弁済を求めることができます。

税法の理解

(1) 詐害的事業譲渡と税務

会社法の理解(1)のような場合には，課税庁も譲渡会社が滞納した税金の徴収が困難になります。このような場合には，課税庁は次のような規定等を適用して税金を徴収することになります（上記*会社法の理解*(2)が実行された場合の課税関係は，**78**「詐害的会社分割対応」を参照）。事業譲渡後は譲渡会社には財産がないから税金を納める必要はない，などと安易に考えてはいけません。

(2) 第2次納税義務

まず，①譲渡人が親族等の特殊関係個人または同族会社に事業を譲渡し，かつ，譲受人が同一とみられる場所で同一または類似の事業を営んでいる場合および②譲渡人が譲受人に無償または著しく低い額の対価で事業譲渡した場合には，譲受人は譲渡人が滞納した税金について第2次納税義務を負います（税徴38条，39条）。課税庁は，まずこの方法で譲受会社から譲渡会社が滞納した税金を徴収できます。

なお，①の「事業の譲渡」とは，納税者が1個の債権契約で行う（社会通念上同様と認められるものを含みます），一定の事業目的のために組織化され，有機的一体として機能する財産の全部または重要な一部の譲渡であって，会社法上の事業譲渡を含むより広い概念であると解されています（徴基通38条関係9）。

⑶　**詐害行為取消権**

次に，国税通則法 42 条は，国税の徴収に関して民法 424 条を準用しています。したがって，他の残存債権者と同様に，課税庁は詐害行為取消権によっても滞納税金の回収をはかることができます。なお，上記⑵の第 2 次納税義務と詐害行為取消権とは，次の点で異なります。

①　詐害行為取消では納税者側に債権者を害する意思が必要であるのに対して第 2 次納税義務は納税者の主観を問わない。

②　第 2 次納税義務では法定納期限の 1 年前を基準に対象となる譲渡の該当性を判断するのに対して詐害行為取消にはそのような制限はない（消滅時効はある）。

③　詐害行為取消は訴訟によらなければならないのに対して第 2 次納税義務は課税庁の処分により行うことができる。

⑷　**法人格否認の法理**

最後に，課税庁は法人格否認の法理の適用によっても滞納税金の徴収をはかることができます。たとえば，実際に次のような事案（神戸地判平成 8・2・21 金法 1485 号 50 頁）で，裁判所は法人格否認の法理の適用を認めています。

a)　**事案の概要**

滞納会社が 2 回目の不渡手形を出して倒産した後，倒産直前に設立された新会社に事業の免許を譲渡しました。新会社は，滞納会社と同じ場所に事務所を構え，設備や什器も滞納会社と同一で，滞納会社の従業員を承継雇用するなどしていました。課税庁は，滞納会社に対する滞納国税徴収のため，新会社の債権を差し押さえました。

b)　**裁判所の判断**

本事案で裁判所は，事実関係に照らすと，滞納会社と新会社は，その実質が前後同一であって，新会社は滞納会社の債務を逃れる目的で設立されており，法人格の濫用にあたるとして法人格否認の法理の適用を肯定し，新会社は滞納会社とともに滞納国税を支払わなければならないとしました。また，法人格否認の法理と租税法律主義の関係については，法人格否認の法理は権利濫用法理等の一般条項にもとづくものであり，租税法律主義の「法律」に内在するものと判示しました。

ポイント

課税庁を含む譲渡会社の債権者には譲受会社に対して債務の弁済を求めるためのさまざまな方法がありますので，譲受会社は，事業譲渡後において租税を含む譲渡会社の債務を負担する可能性を事前に十分検討することが必要です。

（峯岸　秀幸）

★★ 81 株式交換・株式移転

Question

株式交換・株式移転が行われた場合，完全親会社，完全子会社，それらの株主については，どのような課税関係が生じますか。

会社法の理解

⑴ 株式交換・株式移転の意義

株式交換・株式移転は，既存の株式会社を完全子会社とすることを目的とする行為です。

すなわち，株式交換とは，株式会社（株式交換完全子会社）がその発行済株式の全部を他の株式会社または合同会社（株式交換完全親会社）に取得させることをいい（会社2条31号），株式移転とは，1または2以上の株式会社（株式移転完全子会社）がその発行済株式の全部を新たに設立する株式会社（株式移転設立完全親会社）に取得させることをいいます（会社2条32号）。いずれの場合も，完全子会社の株主には，完全親会社に取得させる株式の対価として，完全親会社の株式等が交付されます。

図表81-1　株式交換

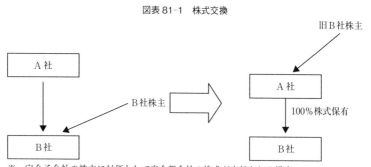

※　完全子会社の株主に対価として完全親会社の株式が交付される場合

図表 81-2　株式移転

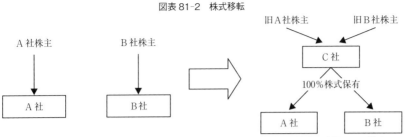

※　共同株式移転で，完全子会社の株主に対価として設立完全親会社の株式が交付される場合

(2)　株式交換・株式移転の手続

株式交換をする場合には，当事会社間で株式交換の条件等の法定事項を定めた株式交換契約を締結し（会社 767 条，768 条，770 条），原則として，各会社の株主総会の特別決議による承認を受ける必要があります（会社 783 条 1 項，795 条 1 項，309 条 2 項 12 号）。

株式移転をする場合には，完全子会社となる株式会社は，株式移転の条件等の法定事項を定めた株式移転計画を作成し（会社 772 条，773 条），株主総会の特別決議による承認を受ける必要があります（会社 804 条 1 項，309 条 2 項 12 号）。

いずれの場合も，反対株主は株式買取請求権を有し（会社 785 条，786 条，797 条，798 条，806 条，807 条），また，一定の場合には債権者の異議手続が定められています（会社 789 条 1 項 3 号，799 条 1 項 3 号，810 条 1 項 3 号）。

(3)　株式交換・株式移転の効力

株式交換は，株式交換契約に定めた効力発生日（会社 768 条 1 項 6 号）にその効力が生じ，完全親会社は，完全子会社の発行済株式全部を取得し（会社 769 条 1 項，2 項），完全子会社の株主は，株式交換の対価として株式交換契約に定められた金銭等（会社 768 条 1 項 2 号，3 号）の交付を受けます（会社 769 条 3 項）。

株式移転は，株式移転設立完全親会社の設立登記（会社 925 条）による成立の日に効力が生じ，設立完全親会社は，完全子会社の発行済株式の全部を取得し（会社 49 条，774 条 1 項），完全子会社の株主は，株式移転計画の定めに従って，設立完全親会社から株式や社債等の発行を受けます（会社 773 条 1 項 5 号～8 号，774 条 2 項・3 項）。

法令・定款に違反して行われるなど違法な株式交換・株式移転については，株主は差止めを請求することができ（会社 784 条の 2，796 条の 2，805 条の 2），株主，取締役等は，効力が生じた日から 6 か月以内に，株式交換等の無効の訴えを提起することができます（会社 828 条 1 項 11 号，12 号）。

(4)　株式交換・株式移転と株主代表訴訟

株主代表訴訟（法文上は，「責任追及等の訴え」と称されています（会社 847 条 1 項））係属中に，株式交換・株式移転が行われれば，完全子会社となる会社の株主は，その会社の株主資格を失いますが，その対価が完全親会社となる会社の株式であれば，投資が継

続していますので，原告適格の維持が認められています（会社851条1項1号）。平成26年会社法改正は，この点を一歩進めて，株式交換・株式移転の効力発生日において（公開会社であれば，原則として，効力発生日の6か月前から引き続き）完全子会社の株主であった完全親会社の株主（旧株主）にも，株式交換・株式移転の効力発生日前に原因たる事実が生じた責任にかかる（完全子会社の）株主代表訴訟の原告適格を肯定することとしました（会社847条の2第1項，2項）。

　このほか，平成26年会社法改正は，最終完全親会社等の株主にも株式会社の発起人等（会社847条1項）の特定責任を代表訴訟によって追及し得るとし（会社847条の3第1項，4項），いわゆる多重代表訴訟の制度を導入しました。

税法の理解

(1)　組織再編税制としての株式交換税制・株式移転税制

　株式交換は，子法人の株主は，その意思とは関係なく株主の地位を失い，親法人の株主になる一方，親法人は子法人の事業等を実質的に支配することになり，合併と類似性を有します。そこで，株式交換・株式移転に対する課税は，合併等にかかる税制と整合性をもったものとするため，平成18年度税制改正において，それ以前の租税特別措置による制度に代えて，適格株式交換・適格株式移転の概念などを新たに導入し，組織再編成にかかる税制として再構築されました。

(2)　適格株式交換・適格株式移転

　適格株式交換・適格株式移転の概要は以下のとおりです（詳細な要件は，以下の条文のほか，法税令4条の3第17項〜第24項参照）。

a)　適格株式交換

　適格株式交換は，以下の①〜③のいずれかに該当する株式交換で，完全子法人の株主に完全親法人の株式またはその100%親法人の株式のいずれか一方の株式以外の資産が交付されない株式交換です（法税2条12号の17柱書）。①および②は「企業グループ内の株式交換」，③は「共同事業を営む株式交換」といいます。

　①　完全子法人と完全親法人との間に後者による完全支配関係（一方が他方の発行済株式等の全部を直接または間接に保有する関係）がある場合の株式交換（法税2条12号の17イ，法税令4条の3第18項）。

　②　完全親法人と完全子法人との間に支配関係（いずれか一方が他方の発行済株式等の総数の50%超100%未満の株式を直接または間接に保有する関係）がある株式交換のうち，ⓐ完全子法人の株式交換直前の従業者のうち，その総数の概ね80%以上の者がその完全子法人の業務に引き続き従事することが見込まれていることお

よび，ⓑ完全子法人の株式交換の前に営む主要な事業が完全子法人において引き続き営まれることが見込まれていること，の 2 つの要件を満たすもの（法税 2 条 12 号の 17 ロ，法税令 4 条の 3 第 19 項）。

③　完全子法人と完全親法人とが共同で事業を営むための株式交換（法税 2 条 12 号の 17 ハ，法税令 4 条の 3 第 20 項）。

b)　適格株式移転

適格株式移転とは，以下の ① 〜 ③ のいずれかに該当する株式移転で，株式移転完全子法人の株主に株式移転完全親法人の株式以外の資産が交付されない株式移転です（法税 2 条 12 号の 18 柱書）。① および ② は「企業グループ内の株式移転」と，③ は「共同事業を営む株式移転」といいます。

①　完全子法人とその株式移転にかかるほかの株式移転完全子法人（以下「他の株式移転完全子法人」といいます）との間に，同一の者による完全支配関係がある場合のその株式移転または一の法人のみが株式移転完全子法人となる株式移転（法税 2 条 12 号の 18 イ，法税令 4 条の 3 第 21 項・22 項）。

②　完全子法人と他の株式移転完全子法人との間に支配関係がある株式移転のうち，ⓐ完全子法人の株式移転直前の従業員のうち，その総数の概ね 80% 以上の者がその完全子法人の業務に引き続き従事することが見込まれていることおよび，ⓑ完全子法人の株式移転前に営む主要な事業が完全子法人によって引き続き営まれることが見込まれていること，の 2 つの要件を満たすもの（法税 2 条 12 号の 18 ロ，法税令 4 条の 3 第 23 項）。

③　完全子法人と他の株式移転完全子法人とが共同で事業を営むための株式移転（法税 2 条 12 号の 18 ハ，法税令 4 条の 3 第 24 項）。

⑶　完全親法人，その株主の課税関係

完全親法人が，完全子法人の株主に株式を発行する行為は，資本等取引に該当し（法税 22 条 5 項），完全親法人に対する課税はなく，また，その株主に対する課税もありません。

株式交換・株式移転の場合に，完全親法人において増加させる資本金等の額は，非適格株式交換等の場合には，完全子法人の株式の時価とされますが，適格株式交換等の場合には，① 完全子法人の株主が 50 人未満であるときは，旧株主における完全子法人株式の簿価の合計額に相当する金額，② 完全子法人の株主が 50 人以上であるときは，完全子法人の簿価純資産価額に相当する金額となります（法税令 119 条 1 項 10 号）。

⑷　完全子法人の株主の課税関係

　完全子法人の株主は，株式交換・株式移転により，交付を受ける金銭等の時価と旧株の帳簿価額の差額について譲渡所得課税を受けるのが原則です（法税61条の2，所税27条，33条，35条）。

　しかし，完全子法人の株主が，（適格株式交換等であるか否かを問わず）対価として完全親法人株式またはその100％親法人の株式のみの交付を受けた場合は，法人株主の場合は，旧株式の帳簿価額をもって譲渡したものとして（法税61条の2第8項〜10項），個人株主の場合は，旧株式の譲渡がなかったものとして（所税57条の4第1項，2項），譲渡損益は認識されず，課税は生じません。

　また，完全子法人からは何らの資産の交付もないため，みなし配当課税も生じません（法税24条1項，所税25条1項）。

⑸　完全子法人の課税関係

　完全子法人においては，株式交換等の直前のときにおいて有する時価評価資産（固定資産，土地等，有価証券，金銭債権および繰延資産）の評価益または評価損は，その株式交換等の日の属する事業年度の所得の金額の計算上，益金または損金の額に算入されるのが原則です（法税62条の9第1項）。これは，株式交換等は合併と類似性を有するところ，非適格合併等の場合に被合併法人等の資産について譲渡損益が計上されることとの整合性をはかったものです。

　ただし，当該株式交換等が，①適格株式交換・適格株式移転に該当する場合，②非適格であっても100％グループ内の株式交換・株式移転である場合，具体的には，株式交換の直前に完全子法人と完全親法人との間に完全支配関係がある場合または株式移転の直前に完全子法人と他の株式移転完全子法人との間に完全支配関係がある場合には，完全子法人において，時価評価資産の時価評価は行われません（法税62条の9第1項かっこ書）。

ポイント

　株式交換等により，完全子法人の株主は譲渡所得課税を受けるのが原則ですが，完全親会社またはその100％親法人の株式のみの交付を受けた場合は，譲渡所得課税を受けません。非適格株式交換等の場合，完全子会社は，その時価評価資産の評価損益が益金または損金に算入されます。

（橋本　浩史）

★★★ 82　株式交付

Question

　令和元年の改正会社法では株式交付制度が創設されましたが，この制度の内容は
どのようなものですか。また，税制上はどのような措置が講じられるのでしょうか。

会社法の理解

　令和元年12月4日に成立した会社法の一部を改正する法律（令和元年法律第70号，同
月11日公布）では，新たに「株式交付」制度が創設されました。同改正は，公布の日か
ら1年6月以内の政令で定める日から施行されることが予定されています。

(1)　株式交付の内容

　現行法上，自社（A社）の株式を対価として他の会社（B社）を子会社とする手段と
しては株式交換（会社767条）がありますが，同制度はB社を完全子会社とする場合で
なければ利用することはできず，また，B社の株式の一部を現物出資財産として募集株
式の発行（会社199条1項）をする場合には，原則として検査役の調査が必要となり（会
社207条），一定の時間と費用を要するなどの問題点が指摘されていました。

　今回の改正では，完全子会社とすることを予定していない場合でも，募集株式の発行
の手続によらず，株式を対価とするM&Aを可能とする制度として株式交付制度が創設
されました。

　改正法では，「株式交付」は，株式会社（株式交付親会社，A社）が他の株式会社（株
式交付子会社，B社）をその子会社とするために他の株式会社（B社）の株式を譲り受け，
当該株式の譲渡人に対して当該株式の対価として当該株式会社（A社）の株式を交付す
ることと定義されています（会社2条32号の2）。なお，A社は，B社株式の譲渡人に対
して，株式以外の金銭等を交付することもでき，また，B社の株式と併せて新株予約権
等を譲り受けることもできます。

　株式交付を行うには，(2)以下で述べるような手続を経る必要があります。

(2)　株式交付計画

　株式会社が株式交付をする場合には，株式交付計画を作成しなければならず（会社
774条の2），同計画において，株式交付子会社の商号および住所，株式交付親会社が譲
り受ける株式交付子会社の株式の数の下限（以下「子会社株式数の下限」といいます），株
式交付親会社が株式交付子会社の株式の譲渡人（以下「譲渡人」といいます）に対して当
該株式の対価として交付する株式交付親会社の株式の数またはその数の算定方法，株式

図表82-1　株式交付子会社の株式の譲渡人

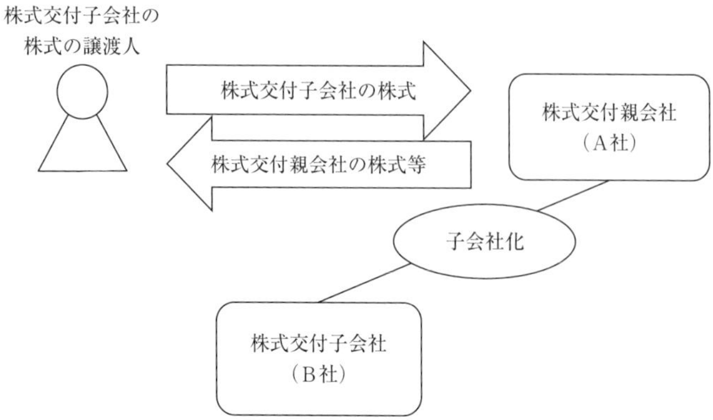

交付子会社の株式等の譲渡しの申込みの期日，株式交付がその効力を生ずる日（効力発生日）などを定めなければなりません（会社774条の3第1項）。

(3)　株式交付子会社の株式の譲渡しの申込み等

株式交付子会社の株主は，任意の判断で譲渡人になります。

すなわち，株式交付子会社の株式の譲渡しの申込みをする者は，申込みの期日までに，申込みをする者の氏名または名称および住所，譲り渡そうとする株式交付子会社の株式の数を記載した書面を株式交付親会社に交付しなければなりません（会社774条の4第2項）。

株式交付親会社は，申込者の中から株式交付親会社が株式交付子会社の株式を譲り受ける者，およびその者に割り当てる株式交付親会社が譲り受ける株式交付子会社の株式の数を定めた上で（会社774条の5第1項），効力発生日の前日までに，申込者に対し，当該株式の数を通知しなければなりません（同条2項）。

そして，当該申込者は通知を受けた株式交付子会社の株式の数について譲渡人になり（会社774条の7第1項），効力発生日に，当該株式を株式交付親会社に給付しなければなりません（同条2項）。

なお，申込みの期日において，申込者が譲渡しの申込みをした株式交付子会社の株式の総数が株式交付計画の子会社株式数の下限の数に満たない場合には，株式交付親会社は，申込者に対し，遅滞なく，株式交付をしない旨を通知しなければなりません（会社774条の10）。

(4)　株式交付の効力の発生

株式交付親会社は，効力発生日に，給付を受けた株式交付子会社の株式等を譲り受け（会社774条の11第1項），給付をした譲渡人は，効力発生日に，株式交付親会社の株式の株主になります（同条2項）。

(5)　株式交付親会社の手続

　株式交付親会社は，原則として，効力発生日の前日までに，株主総会の特別決議によって，株式交付計画の承認を受けなければならず（会社816条の3第1項），また，組織再編に共通する手続を経る必要があります。

　すなわち，株式交付親会社は，株式交付計画に関する書面等の事前の備置義務（会社816条の2第1項）および株式交付に関する書面等の事後の備置義務（会社816条の10第1項・2項）を負い，株式交付親会社の株主は，同会社に対して，当該書面等の閲覧等を請求することができます（会社816条の2第3項，816条の10第3項）。

　また，株式交付をする場合には，反対株主は，株式交付親会社に対し，自己の有する株式を公正な価格で買い取ることを請求することができ（会社816条の6第1項），一定の場合には，株式交付親会社の債権者は，株式交付親会社に対し，株式交付について異議を述べることができ（会社816条の8第1項），債権者が所定の期間内に異議を述べたときは，株式交付親会社は，当該債権者に対し，弁済するなどしなければなりません（同条5項）。

(6)　株式交付の無効の訴え

　株式交付の無効は，訴えをもってのみ主張することができ，その提訴期間は効力発生日から6か月以内とされています（会社828条1項13号）。

税法の理解

　平成30年度税制改正で，法人が，産業競争力強化法に規定する認定特別事業再編事業者の行ったその認定に係る特別事業再編計画に係る特別事業再編によりその有する他の法人（特別事業再編対象法人）の株式等を譲渡し，その認定特別事業再編事業者の株式の交付を受けた場合には，その特別事業再編対象法人の株式等の譲渡損益の計上を繰り延べる制度が創設されています（租特66条の2の2，租特令39条の10の3）。

　「株式交付」制度の当事者に当てはめると，同条の「法人」は「株式交付子会社株式の譲渡人」に，「認定特別事業再編事業者」は「株式交付親会社」に，「特別事業再編対象法人」は「株式交付子会社」に該当します。

　一方で，令和2年度税制改正では，「株式交付」制度導入にともなう税制措置が講じられませんでした。そのため，現時点において株式交付を行った場合には，株式交付子会社の株式等の譲渡損益が計上されることになります。ただし，与党による2019（令和元）年12月12日の「令和2年度税制改正大綱」においては，「自社株式を対価とした公開買付け等に係る課税のあり方については，会社法制の見直しを踏まえ，組織再編税制等も含めた理論的な整理を行った上で，必要な税制措置に

ついて検討する」とされており，株式交付についても，今後，産業競争力強化法に
もとづく租税特別措置と同様の税制措置が講じられることが予想されています（阿
部徳幸「会社法改正と法人税法」税理 62 巻 11 号（2019 年）245 頁）。

ポイント

　株式交付制度の導入により，自社の株式を対価の全部または一部として他の株式会社
を円滑に子会社とすることが可能になりました。同制度に関して，今後，譲渡人による
株式交付子会社の株式の譲渡損益の計上を繰り延べる制度の税制措置が講じられること
が予想されます。

（橋本　浩史）

★ 83　三　角　合　併

Question

　三角合併とは何ですか。そしてどのような場合に利用されるのですか。また，三角合併に関する課税関係はどのようなものでしょうか。

会社法の理解

(1)　三角合併とは

　合併の一形態として，合併対価（**74**「合併」参照。なお，合併に関する用語法は，特に断りのないかぎり **74**「合併」に準じるものとします）に，合併会社の親会社の株式を用いる場合を，一般に「三角合併」とよんでいます。

　なお，新設合併の場合は，必ず合併会社である新設会社の株式が交付されるので（会社設立の側面があるから），三角合併が行われるのは，吸収合併の場合にかぎられます。

(2)　三角合併はどのような場合に利用されるのか

　たとえば，外国の会社が，なるべく現金支出を抑えて日本の会社を買収したいとします。現金支出を抑えるには，合併等の買収方法の対価として，現金ではなく株式を用いることが有効です。しかし，外国の会社と日本の会社と間の合併は，会社法上不可能と解されているため（通説），外国会社が合併会社となることはできません。

　そこで，外国会社が日本国内に買収の受け皿としての子会社（これは日本の会社なので合併もできます）を設立し，当該日本子会社を合併会社とし，かつ，合併対価としては外国会社の株式を利用することにより，実質的な国際間の合併が可能となります。

　なお，日本の会社どうしの買収手法として，三角合併が利用される例もあります。たとえば，グループ会社の子会社と同種事業を営む会社を，その子会社との合併により買収したい場合，グループ親会社が上場会社であり，その上場株式を合併対価に利用する（一般に，非上場株式は換金価値が低いので，それを合併対価とする合併は，被合併会社の株主が受け入れません）などの事情があれば，国内の M&A でも三角合併が利用され得るものと思われます。

(3)　三角合併の手続

　三角合併も吸収合併の１つですから，会社法上の合併の手続は，通常の吸収合併の場合とほぼ同じです（事前開示書類や株主総会参考書類中に，親会社に関する情報の記載を要するなどの違いはあります）。

　なお，合併対価を確保するため，合併会社が親会社株式を取得しておくことが必要と

なります。この点，親会社株式の取得は原則として禁止されていますが，合併会社が，被合併会社の株主に交付するための親会社株式の取得は例外的に許容されています（会社800条，135条2項5号，会社則23条8号）。

税法の理解

通常の合併にかかる課税関係と比べると，三角合併の課税関係には以下のような特徴があります。

(1)　非適格合併の場合

被合併法人の株主の課税関係における譲渡損益の課税につき，合併対価に合併親法人の株式のみが交付される場合には，旧株式の譲渡損益に対する課税はなされません（法税61条の2第1項・2項，租特37条の10第3項1号，法税令119条1項5号・27号，所税令112条1項）。

(2)　適格合併の要件

適格合併の要件における「金銭等不交付の要件」は，合併対価として合併親法人の株式以外の交付がない場合にも充足されます。

(3)　合併法人における合併親法人株式取得時の課税関係

合併法人は，何らかの方法（購入，第三者割当増資，現物出資などが考えられます）で合併対価としての合併親法人株式を取得します。

その後，これを合併に際して被合併法人の株主に交付するわけですが，適格合併の場合，交付に際して，当該親法人株式を簿価で譲渡したものとみなされるため，譲渡益課税は生じません（法税61の2第6項）。

ただし，① 合併法人が，合併の契約日においてすでに当該親法人株式を有していた場合，または ② 合併の契約日後に当該親法人株式を取得したものの，その取得方法が，当該完全親法人以外の法人から適格合併等により移転を受けた場合には，合併の契約日（①）または移転を受けた日（②）において，当該親法人株式を時価で譲渡して買い戻したものとみなされ，含み益に対する課税がなされます（法税61の2第23項，法税令119条の11の2第1項）。

これらは，三角合併以前より親法人株式を有していた子法人が，当該株式の含み益課税を免れるために適格三角合併を利用することを防止する趣旨と思われます。

したがって，実務上，合併法人におけるかかる課税を回避するためには，合併契約日より後に，購入，第三者割当増資，現物出資などの方法により親法人株式を取得することになります。

ポイント ───────────────────────────

　なお，当初は，国際 M&A での利用が想定された三角合併ですが，三角株式交換（親会社株式を株式交換完全子会社の株主に交付する株式交換）と異なり，三角合併が利用された例は少ないようです。

（島村　謙）

★★ 84　会社の解散・清算

> ある株式会社の解散・清算手続を税務面で手伝うことになりましたが，この会社は過去に粉飾決算をしていたことがわかりました。このことは税務においてどのような影響がありますか。

会社法の理解

(1)　会社の解散・清算の規定とその法的効果

物事には始まりがあれば必ず終わりがあります。会社も例外ではありません。株式会社の終わりは，解散と清算の手続として規定されています。

株式会社の解散とは，その会社の法人格の消滅を生じさせる原因となる事実です。

解散事由として，存続期間満了（会社 471 条 1 号）等定款で定めた解散事由の発生や株主総会決議（会社 471 条 3 号），合併（会社 471 条 4 号），破産手続開始の決定（会社 471 条 5 号）などが規定されています。

解散した株式会社は，合併または破産の場合を除き，清算手続に入ります。

清算手続とは，会社の法人格の消滅前に，解散前の会社の業務（現務）の後始末をつけ，債権を取り立て，債権者に対して債務を支払い，株主に対して残余財産を分配する等の手続です（会社 481 条）。

(2)　株式会社の解散・清算手続

株式会社の解散・清算手続（通常清算）の概略は，以下のとおりです。

解散事由の発生（株主総会の解散決議等）

↓

清算人の選任（会社 478 条）

↓

解散および清算人の登記（会社 926 条，928 条，976 条 1 号に罰則規定あり）

↓

清算事務の開始

　・会社財産の調査（解散日における財産目録・貸借対照表の作成，株主総会の承認（会社 492 条））

　・現務の結了（会社 481 条 1 号），債権の取立て（会社 481 条 2 号），財産の換価

　　・債権申出の公示および知れたる債権者への催告（会社 499 条），債務の弁済（会社
　　　500 条等）

$\downarrow$

　清算事務年度の株主総会における貸借対照表・事務報告の承認等（会社 494 条，497
条）。

$\downarrow$

　株主に対する残余財産の分配（会社 502 条，504 条〜506 条）

$\downarrow$

　清算事務の終了

$\downarrow$

　決算報告の作成，株主総会の承認（会社 507 条）

$\downarrow$

　清算結了登記（会社 929 条 1 号）

　なお，債務超過の疑いがあると認められるときなどに裁判所が命ずる特別清算（会社
510 条以下）は，実質的に破産等と同列の倒産処理手続であり，まったく異なる手続と
なります。

税法の理解

(1)　解散・清算手続における事業年度

　会社法では，株式会社が解散すると，定款上の事業年度は解散の日で終了し，解
散の日の翌日から各 1 年の期間の清算事務年度が開始します（会社 494 条 1 項）。

　法人税法でも，これに対応して，株式会社が事業年度の中途で解散した場合には，
その事業年度開始の日から解散の日までを 1 事業年度（解散事業年度，法税 14 条 1
項 1 号）とみなし，その翌日からは清算事業年度となります（法税 13 条 1 項，法基
通 1-2-9）。清算事業年度は 1 年ごとに繰り返され，中途で残余財産が確定した場合
は，その確定の日までの期間が 1 事業年度（清算確定事業年度，法税 14 条 1 項 21 号）
となります。

　なお，連結子法人（法税 14 条 1 項 9 号，10 号），持分会社，破産会社については
扱いが異なり，各清算事業年度は定款上の事業年度（あるいは連結事業年度）の末
日までとなります。

(2)　平成 22 年度税制改正前後での課税所得の考え方の変更

　平成 22 年度税制改正によって，清算株式会社に対する課税の制度・発想が大き
く変更になりました。

　平成 22 年度税制改正前は，① 解散事業年度までは各事業年度の所得につき法人
税が課税され，② 清算事業年度の所得には法人税は課税されず，残余財産確定時
に，清算所得（残余財産額から解散時の資本金等および利益積立金額等の合計額を控
除した金額）に対して課税されました（清算所得課税，財産法）。

　しかし，改正によって，清算事業年度の所得にも法人税を課税することとなりま
した（通常の所得課税，損益法）。このことに派生して，清算手続における税務申告
にさまざまな変更が生じていますので，注意が必要です。

(3)　期限切れ欠損金の損金算入

　上記のように，清算中の各事業年度でも損益を計算し，益金があれば課税される
制度となりました。したがって，仮に債務免除益が発生した場合には相殺できる欠
損金がなければ課税される可能性があります。そのため，期限切れ欠損金等を有効
に使うことが重要となります（法税 59 条 3 項，法税令 118 条）。

　また，清算中の各事業年度でも欠損金の繰戻しによる還付請求が選択できるよう
になりました（法税 80 条 1 項）。通常時には中小企業者等以外の法人（資本金額が 1
億円以下である普通法人等，租特 66 条の 12 第 1 号〜4 号他）への適用は停止されて
いますが，清算中の各事業年度等においては中小企業者等以外の法人にも適用され
ます（租特 66 条の 12，法税 80 条 4 項）。

(4)　仮装経理にもとづく過大申告の場合の更正にともなう法人税額の還付

　許されざる行為ですが，銀行や取引先，株主などへの対面上，いわゆる粉飾決算
をすることで，本来であれば払う必要のなかった法人税を納付していたことが発見
されることがあります。このような株式会社の清算手続に参画することになったと
します。会社の経理担当者から粉飾決算の事実をはじめて聞いた税理士としては，
払いすぎたものがあればこれを利用したいと考えるでしょう。

　法人税法にはこれに対応する制度があります。一定の条件を満たせば，5 年以内
の過大納付税額について，原則として還付は行わず，更正の日の属する事業年度以
降の法人税額から順次控除し（繰越控除），5 年間で控除しきれない金額については
還付されます（法税 70 条，135 条 3 項）。平成 22 年度税制改正前は，解散によって
そのときにおける控除しきれない額を還付することとなっていましたが（旧法税
134 条の 2），改正後は解散が還付事由とならず繰越控除制度が適用され，残余財産
の確定のあった場合等に還付されることになりました（法税 135 条 3 項 1 号〜3 号，
4 項）。

ポイント

　解散・清算株式会社の税務は，特に平成 22 年改正前後でその考え方が大きく変わっています ので注意しましょう。

（田村　裕樹）

85　組 織 変 更

Question

株式会社を合同会社に変更する場合，税務上の変更点はありますか。

会社法の理解

(1)　組織変更とは

設立手続や機関がシンプルな合同会社は，設立のしやすさから創業時の形態として選ばれることも多い会社形態です。一方，事業の発展とともに，合同会社を株式会社に変更したくなることも多々あります。反対に，株式会社を合同会社に変更したい場合もあるでしょう。

会社の法人格としては同一性を維持しつつ，会社の組織を株式会社から持分会社へ，あるいはその逆に変更する行為を，組織変更といいます。

合併や分割，事業譲渡とは異なり，組織変更の前後を通じて会社自体は同一の法人格が維持されています。したがって，財産の移転や債権者保護などが問題になることは原則としてありません。

合名会社，合資会社または合同会社（以上を持分会社といいます。会社575条1項）の間での変更は，定款の変更による定款記載事項である社員の責任の態様の変更として整理されています（会社638条）。社員の責任の態様が変更されても，変更前からの債権者に対しては従前と同じ責任を負います（会社583条）。そのため，組織変更の手続と異なり，債権者保護手続等は不要です。ただし，定款変更自体には社員全員の同意が必要です（会社637条）。

(2)　組織変更の手続

株式会社が組織変更をする場合，法定事項を定めた組織変更計画を作成しなければなりません（会社743条）。法定事項とは，組織変更後の組織・体制等，組織変更に際して株主等に交付する金銭等，手続の進行時期等です。

また，組織変更契約等の備置・開示（会社775条），計画について総株主の同意（会社776条1項），新株予約権の買取り（会社777条），債権者の異議手続（会社779条）等が必要です。

組織変更の効力は計画に定めた効力発生日に生じますが（会社745条），会社は2週間以内に登記手続（株式会社の解散，持分会社の設立）をしなければなりません（会社920条）。

(3) 組織変更の無効

　組織変更が違法に行われた場合，組織変更の無効の訴えを提起することができます（会社828条1項6号）。

　無効原因は組織変更手続の瑕疵であり，組織変更計画に対する総株主の同意がない，書面等の不備置，不実記載，債権者異議手続を行っていない等です。組織変更の効力発生日から6か月以内という提訴期間制限があります。

　無効判決が出ると，組織変更は将来に向かって効力を失い（会社839条），組織変更前の会社が復活します。

税法の理解

(1) 原則として変化なし

　すでに述べたように，組織変更とは，法人格は同一のまま会社の組織だけが変更されるものです。したがって，会社法上は種々の手続が法定されていますが，税務上は特別の変化はなく，事業年度は区分されず継続するとされています（法基通1-2-2）。要するに，すべてが変更後の会社にそのまま引き継がれます。

(2) 株主に対するみなし配当課税

　法人の組織変更（当該組織変更に際して当該組織変更をした当該法人の株式または出資以外の資産を交付したものにかぎります）にともなって，当該法人から金銭その他の資産の交付を受けた株主には，その額が資本金等の額のうちその交付の基因となった株式または出資に対応する部分の金額を超える部分に対してみなし配当課税がされます（所税25条1項7号，法税24条1項7号）。当該会社は上記金額に対応する所得税を源泉徴収する義務があります（所税181条1項，24条1項）。

(3) 資本金の額の変更による税率変更

　法人税の税率は，出資金の多寡によって異なります。したがって，（組織変更自体の効果ではありませんが）組織変更にともなって資本金の額に増減があった場合，適用される税率が変更されることがあります。

　法人税の税率は，通常23.2%（法税66条1項）ですが，当該事業年度終了時において資本金または出資金の額が1億円以下となった会社等については，各事業年度の所得の金額のうち800万円以下の部分については19%になります（法税66条1項，2項）。

　地方税（法人住民税）については，資本金等の額等が変更になることで税率が変わる場合があります。法人住民税の均等割につき道府県民税は，資本金等の額によって税額が決められています（地税52条1項）。

① 資本金等の額を有する法人（法人税法別表第2に規定する独立行政法人で収益事業を行わないものおよび地方税法52条1項1号に掲げる法人を除く。以下この表において同じ）で資本金等の額（以下，「資本金」という）が1000万円以下であるもの	年額2万円
② 資本金が1000万円を超え1億円以下	年額5万円
③ 資本金が1億円を超え10億円以下	年額13万円
④ 資本金が10億円を超え50億円以下	年額54万円
⑤ 資本金が50億円を超えるもの	年額80万円

　また，市町村民税についても，資本金等の額によって税額が決められています（地税312条1項）。

① 資本金等の額を有する法人（法人税法別表第2に規定する独立行政法人で収益事業を行わないものおよび地方税法312条1項1号に掲げる法人を除く。以下この表において同じ）で資本金等の額（以下，「資本金」という）が1000万円以下であるもののうち，市町村内に有する事務所，事業所または寮等の従業者（政令で定める役員を含む）の数の合計数（以下，②～⑨までにおいて「従業者数」という）が50人以下のもの	年額5万円
② 資本金が1000万円以下で，従業者数が50人以上	年額12万円
③ 資本金が1000万円を超え1億円以下で，従業者数が50人以下	年額13万円
④ 資本金が1000万円を超え1億円以下で，従業者数が50人を超える	年額15万円
⑤ 資本金が1億円を超え10億円以下で，従業者が50人以下	年額16万円
⑥ 資本金が1億円を超え10億円以下で，従業者数が50人を超える	年額40万円
⑦ 資本金が10億円を超え，従業者数が50人以下	年額41万円
⑧ 資本金が10億円を超え50億円以下で，従業者数が50人を超える	年額175万円
⑨ 資本金が50億円を超え，従業者数の合計数が50人を超える	年額300万円

ポイント

　会社の組織変更を行っても，税務には基本的に変更はありません。しかし，組織変更にともなう資本金等の額等に変更があった場合には注意が必要です。

（田村　裕樹）

グループ会社

86　親会社・子会社

Question

　会社法上，B 社が A 社の子会社である場合，B 社から A 社に対する剰余金の配当は，A 社においていかなる課税上の扱いを受けますか。

会社法の理解

(1)　子会社の意義

　会社法において，子会社とは，会社がその総株主の議決権の過半数を有する株式会社その他の当該会社がその経営を支配している法人として法務省令で定めるものをいいます（会社 2 条 3 号）。また，これを受けて，会社法施行規則は，会社が他の会社等の財務および事業の方針の決定を支配している場合における当該他の会社等を子会社と定めています（会社則 3 条 1 項）。

　会社法施行規則は，上記の「財務及び事業の方針の決定を支配している場合」について，① 他の会社等の議決権の総数に対する自己（その子会社および子法人等を含みます）の計算において所有している議決権の数の割合が 50％ を超えている場合（第 1 類型（会社則 3 条 3 項 1 号）），② 他の会社等の議決権の総数に対する自己（その子会社および子法人等を含みます）の計算において所有している議決権の数の割合が 40％ 以上 50％ 以下であって，一定の要件を満たす場合（第 2 類型（会社則 3 条 3 項 2 号）），③ 他の会社等の議決権の総数に対する「自己所有等議決権数」（自己の計算において所有している議決権の数に自己の意思と同一内容の議決権を行使することに同意している者等が所有している議決権の数を加えた合計数）の割合が 50％ を超えていて，一定の要件を満たす場合（第 3 類型（会社則 3 条 3 項 3 号））という 3 類型に分類しています。

　上記第 2 類型における一定の要件を満たす場合とは，次の ①～⑤ のいずれかの要件に該当することを指します。

　①　他の会社等の議決権の総数に対する「自己所有等議決権数」の割合が 50％ を超えていること。

　②　他の会社等の取締役会その他これに準ずる機関の構成員の総数に対する自己の役員，業務執行社員，使用人（これらの者であった者を含みます）の数の割合が 50％ を超えていること。

　③　自己が他の会社等の重要な財務および事業の方針の決定を支配する契約等が存在すること。

④　他の会社等の資金調達額の総額に対する自己が行う融資の額の割合が50％を超えていること。

⑤　その他自己が他の会社等の財務および事業の方針の決定を支配していることが推測される事実が存在すること。

また，上記第3類型における一定の要件を満たす場合とは，第2類型の上記各要件のうち，②〜⑤のいずれかに該当することをいいます（会社則3条3項3号）。

なお，「会社等」は外国会社や組合その他これらに準ずる事業体も含みますので（会社則2条3項2号），会社法上の子会社には，外国における子会社も含まれます。

(2)　親会社の意義

親会社とは，株式会社を子会社とする会社その他の当該株式会社の経営を支配している法人として法務省令で定めるものをいいます（会社2条4号）。これを受けて，会社法施行規則は，子会社の場合と同様の考え方にもとづき，経営の支配を基準として親会社の範囲を定めています（会社則3条2項，3項）。

ただし，親会社については，その定義上，株式会社の経営を支配している場合のみを想定している点に留意する必要があります。

以上のとおり，会社法上の子会社・親会社の判定は，議決権数割合のみにもとづいて行われるのではなく，実質的な経営の支配にも着目している点で，形式基準ではなく実質基準を採用しているといえます。

税法の理解

(1)　B社（子会社）が内国法人である場合の課税関係

税法においては，会社法のように，親会社・子会社といった形での一般的定義はおかれていませんが，法人間の一定の支配関係を表すものとして，「支配関係」，「完全支配関係」という用語が用いられています。たとえば，「完全支配関係」とは，一の者が法人の発行済株式等の全部を直接もしくは間接に保有する関係のうち一定のもの（当事者間の完全支配の関係）または一の者との間に当事者間の完全支配の関係がある法人相互の関係をいいます（法税2条12号の7の6，法税令4条の2第2項。完全支配関係の例については **27**「現物配当」を参照）。

現行の法人税法は，法人が内国法人から配当等の額（剰余金の配当の額にかぎらず剰余金の分配の額等を含みます）を受けた場合について，①完全子法人株式等，②関連法人株式等，③その他株式等，④非支配目的株式等（5％以下の株式保有割合）という4つの区分を設けた上で，配当等の額が法人において益金不算入とされる要件，範囲等について異なる扱いをしています（法税23条1項）。

まず，上記①，②については益金不算入割合を100％とし（②の益金不算入額に

ついては負債利子が控除されますが，令和2年度税制改正適用後は，負債利子控除の計算方法が変更されます），上記③は50%，上記④は20%としていますが，これは支配目的の株式等と支配目的の乏しい株式等とを一層明確化し，益金不算入額の適正化等をはかる観点から，従前の区分，益金不算入割合等を変更する形で，平成27年度税制改正において規定されたものです。

　また，完全子法人株式等については，配当等の額の計算期間を通じて前述の「完全支配関係」があったことが要求され（法税23条5項，法税令22条の2），関連法人株式等については，発行済株式等の3分の1を超える株式等を配当等の額の計算期間の初日から末日まで引き続き保有することが要求されています（法税23条6項，法税令22条の3。ただし，令和2年度税制改正適用後は，100%グループ内の法人全体の保有株式数等により判定）。このように，法人税法上の「支配」ないし「支配目的」は基本的に形式基準（株式保有等の割合と期間）で判定されており，同じ支配といっても，実質基準を採用する会社法とは判定基準のコンセプトが根本的に異なります。

　以上のように，B社からA社に対する剰余金の配当等の額の益金不算入割合については，会社法上の支配関係の有無にかかわらず，上記の税法上の区分に照らして，慎重に要件を検討していく必要があります。

(2)　B社（子会社）が外国法人である場合の課税関係

　法人税法上，内国法人が外国子会社から受ける剰余金の配当等の額がある場合には，当該剰余金の配当等の額からその5%（費用の額に相当するもの）を控除した金額は，内国法人において益金の額に算入されません（法税23条の2，法税令22条の4第2項）。この制度は，外国子会社配当益金不算入制度とよばれており，平成21年度税制改正により，制度の簡素化等の観点から，従来の間接外国税額控除に代わる二重課税排除措置として導入されました。同制度が適用される剰余金の配当等にかかる外国源泉税については，損金の額に算入されず（法税39条の2），外国税額控除の対象にもなりません（法税69条1項，法税令142条の2第7項3号）。

　外国子会社配当益金不算入制度の下で，「外国子会社」は，内国法人による株式等の直接保有割合が25%以上（自己株式等は計算から除き，租税条約で25%未満の割合が定められている場合は，その割合以上）であって，剰余金の配当等の支払義務確定日以前6か月以上その保有が継続するものと規定されており（法税23条の2第1項，法税令22条の4第1項），会社法上の子会社概念を借用せずに，税法独自の観点にもとづき定義されています。

　したがって，Ｂ社が会社法上の子会社に該当する場合であっても，Ａ社による直接保有の割合が低い場合等，前述の税法上の外国子会社には該当しないケースがあり得るため，注意が必要です。

　なお，平成27年度税制改正により，外国子会社の本店所在地国の法令において当該外国子会社の所得の金額の計算上損金の額に算入することとされている剰余金の配当等の額は，益金不算入措置の対象外とされています（法税23条の2第2項1号）。この改正は，国際的な二重非課税への対応として，OECDの「税源浸食と利益移転（BEPS）プロジェクト」の報告書における勧告をふまえてなされたものです。

ポイント

　会社法と税法は，「支配」について異なる考え方を採用しており，このことは，会社法上の子会社・親会社の定義，剰余金の配当等が益金不算入となるための税法上の要件を比較すれば明らかです。

（河野　良介）

87 子会社株式の譲渡と現物分配

Question

　当社は，100% 子会社である A 社から同社の 100% 子会社である B 社の株式を，株式譲渡，現物配当，会社分割のいずれかのスキームを用いて取得することを計画しています。上記各スキームを検討する場合の，会社法，税法上の留意点はありますか。

会社法の理解

(1) 株式譲渡

　A 社が B 社の株式を当社に移転させるもっともシンプルな方法は，株式譲渡といえます。平成 26 年会社法改正前は，親会社が子会社の株式等を譲渡する場合，株主総会の承認は不要でした。しかしながら，子会社の株式等の譲渡は，親会社に対し，事業の一部譲渡と同様の経済的影響を与えるものであることから，平成 26 年会社法改正により，事業譲渡と同様の規制を及ぼすこととなりました。

　すなわち，親会社（株式会社）が子会社の株式等の全部または一部の譲渡をするにあたり，① 当該譲渡により譲り渡す株式等の帳簿価額が親会社の総資産額の 5 分の 1（これを下回る割合を定款で定めた場合は，その割合）を超えるとき，② 親会社が，効力発生日において当該子会社の議決権の総数の過半数の議決権を有しないとき，という両要件に該当する場合，原則として，株主総会の特別決議が必要となります（会社 467 条 1 項 2 号の 2，309 条 2 項 11 号）。

　上記要件 ① は，意思決定の迅速性を確保するためのものであり，要件 ② は，親会社が譲渡後も子会社の支配を失わないのであれば，事業譲渡類似の影響は生じないことをふまえたものです。

　その一方で，株式譲渡が，いわゆる略式事業譲渡等に該当する場合は，株主総会決議による承認は不要となります（会社 468 条 1 項）。Question において B 社株式の譲渡の相手方は，A 社株式を 100% 保有する当社（特別支配会社）であって，A 社による B 社株式の譲渡は略式事業譲渡等に該当することから，A 社において株主総会決議は不要となります。

(2) 現物配当

　A 社が B 社株式を当社に移転させる方法としては，A 社から当社に対する B 社株式の現物配当も考えられます。

　現物配当とは，金銭以外の財産を配当財産とする剰余金の配当のことをいいます。株式会社が現物配当をするにあたっては，株主総会決議が必要となり（決議事項，決議要件等については **27**「現物配当」を参照），さらに，株主に交付される現物財産の帳簿価額が分配可能額を超えてはならないという財源規制にも服します（会社 461 条 1 項）。

(3)　会 社 分 割

　以上の他に，当社を承継会社，A 社を分割会社，B 社株式等を分割対象資産とする会社分割（吸収分割）を実行するスキームが考えられます。会社法上，分割の対象は「事業に関して有する権利義務の全部又は一部」とされ（会社 2 条 29 号，30 号），有機的一体としての実質を備えている必要はないため，B 社株式のような個別資産のみを対象とする会社分割も可能です。

　吸収分割を行う場合，原則として各当事会社において株主総会特別決議が必要となりますが（会社 783 条，795 条，309 条 2 項 12 号），略式吸収分割，簡易吸収分割に該当するかぎり，株主総会決議は不要となります（会社 784 条 1 項・2 項，796 条 1 項・2 項）。たとえば，当社の 100% 子会社である A 社にとって，上記会社分割は略式吸収分割に該当します。また，会社分割については，債権者保護手続（会社 789 条，799 条）が問題となりますので，スキームに応じて的確なスケジュール管理等を行う必要があります。

　なお，会社法上は，吸収分割について，無対価分割（承継会社が対価を交付しない会社分割）を選択することも可能です（会社 758 条 4 号参照）。

税法の理解

(1)　株 式 譲 渡

　株式譲渡を行う場合，移転資産である株式について，譲渡人において譲渡損益が生じますが，完全支配関係にある法人間の取引には，グループ法人税制が適用されます。完全支配関係には，一の者が法人の発行済株式等の全部を直接または間接に保有する場合の関係が含まれており（法税 2 条 12 号の 7 の 6，法税令 4 条の 2 第 2 項），*Question* における当社と A 社の関係もこれに該当します。

　Question でもグループ法人税制が適用される結果，B 社株式の譲渡直前の帳簿価額が 1000 万円以上であるかぎり，同株式（譲渡損益調整資産）の譲渡損益に関する課税は繰り延べられることになります（法税 61 条の 13 第 1 項，法税令 122 条の 14）。その後，当社が B 社株式を譲渡するなどの事由が生じたとき，あるいは当社と A 社との間の完全支配関係がなくなったときは，A 社において繰り延べられた譲渡損益が認識されます（法税 61 条の 13 第 2 項，3 項）。

　なお，株式譲渡は時価相当額の対価の授受をともなうのが通常ですが，無償で行われる場合も想定されます。このような場合であってもグループ法人税制の適用に

より，譲渡人であるA社においては，株式の時価相当額が寄附金となり全額損金不算入となる一方で，株式の譲渡損益（時価と簿価の差額）は，課税繰延べの対象となります（法税37条2項，61条の13）。また，上記の場合，譲受人である当社は，対象株式を時価で受け入れることになりますが，全額益金不算入となります（法税25条の2）。

⑵　現 物 分 配

法人税法は，会社法上の現物配当を含む概念として，現物分配について規定しています。現物分配とは，法人がその株主等に，一定の事由により，金銭以外の資産の交付をすることをいいますが，この一定の事由には剰余金の配当等の他にみなし配当を発生させる事由も含まれます（法税2条12号の5の2）。

平成22年度税制改正は，現物分配を組織再編税制に組み込み，一定の要件（現物分配により資産の移転を受ける者が，現物分配の直前において，現物分配法人との間に完全支配関係（**86**「親会社・子会社」参照）がある内国法人のみであること）を満たす場合は適格現物分配（法税2条12号の15）に該当することとしました。

適格現物分配に該当する場合，現物分配法人においては，現物分配の直前の帳簿価額により資産を譲渡したものとして，譲渡損益は計上されません（法税62条の5第3項）。また，被現物分配法人側でも，移転資産を直前の帳簿価額で受け入れ（法税62条の5第6項，法税令123条の6第1項），資産の移転を受けたことによる収益の額は益金に算入されません（法税62条の5第4項）。

なお，被現物分配法人との関係では，欠損金の使用制限規定（法税57条4項），特定資産譲渡等損失額の損金算入制限規定（法税62条の7）も検討する必要がありますが，その際は，平成29年度税制改正（対象資産の取得時期等の見直し）にも留意する必要があります。

*Question*では，当社とA社は完全支配関係にあり，適格現物分配に該当することから，現物分配に関する税務上の処理は上記のとおりとなります。

⑶　会 社 分 割

無対価分割は，会社法上，物的分割（分社型分割）となりますが（物的分割と人的分割については**76**「会社分割——物的分割と人的分割」を参照），税法上の無対価分割は，平成22年度税制改正により，分割型分割（法税2条12号の9ロ）と分社型分割（法税2条12号の10ロ）とに明確に区分されています。たとえば，無対価分割の直前において，分割承継法人が分割法人の発行済株式等の全部を保有しているケースは，分割型分割に該当します。

　また，無対価組織再編の場合，以前は税制適格性が認められるか不明確な部分もありましたが，平成22年度税制改正は，株式の保有関係に着目する形で，無対価組織再編の税制適格性を明確化するための規定を整備しました。無対価分割に関しては，分割承継法人が分割法人の発行済株式等の全部を保有する関係にある場合が，適格分割となるための類型の1つとされています（法税2条12号の11イ，法税令4条の3第6項1号イ参照）。この場合，平成29年度税制改正前は，分割後に分割承継法人による上記関係が継続することが見込まれていることも要件となっていましたが，同税制改正により当該要件が削除されていることに注意する必要があります。

　Question で当社はA社の株式を100%保有する関係にありますので，無対価であっても適格分割型分割（法税2条12号の12）に該当することになります。この場合，移転資産であるB社株式は帳簿価額により当社に引き継がれたものとして，A社における譲渡損益に対する課税は繰り延べられます（法税62条の2第2項）。なお，分割承継法人である当社との関係では，適格現物分配の場合と同様，欠損金の使用制限等に留意する必要があります。

ポイント

　Question のいずれの方法を用いても課税の繰延べは達成できますが，税法上の要件や会社法上の手続の相違を意識したスキーム選択が必要となります。

（河野　良介）

★ 88　グループ企業内の資本取引

Question

　A社は，第三者から内国法人B社の発行済株式の100%を取得しました。買収資金の一部に外部借入を利用したため，その弁済に充てるためにB社からの配当を実施します。この子会社からの配当はどのように扱われるでしょうか。

会社法の理解

(1)　グループ企業内における取引

　平成26年会社法改正において，親子会社関係においては，親会社が，子会社の株主総会における議決権を背景とした影響力により，子会社の利益を犠牲にして自己の利益をはかろうとするおそれがあると懸念されてきました。

　そこで，中間試案では，子会社少数株主の保護として，親子会社間の利益相反取引等における親会社の責任について明文規定を設ける案が出されました。しかし，現行制度で対応可能としてこの案は採用されませんでした（子会社債権者の保護については中間試案においても立案が見送られました）。なお，362条4項6号において，子会社を含めた企業集団のコンプライアンス体制整備について取締役会の権限とされています。

　一方，親子会社関係についての規律として，情報開示の充実がはかられました。

　すなわち，不当な利益移転を防止する観点から，親子会社間取引（会社間だけでなく重要な自然人との取引（間接取引）を含む，会社2条4号の2）を事業報告の内容とし（会社則118条5号）監査報告の対象としました。

(2)　連結計算書類の剰余金とグループ企業の頂点にある親会社の配当

　会計監査人設置会社は，連結計算書類として連結貸借対照表・連結損益計算書・連結株主資本等変動計算書および連結注記表を作成することができ（会社444条1項），金商法上の有価証券報告書提出会社はその作成が義務づけられます（会社法上の連結計算書類は，金商法上の連結財務諸表と比較すれば，内容や書類の数は簡素化されています）。多くの会社を支配下におく上場会社等の真の財政状態や経営成績は連結計算書類によらなければならないからであり，会社法上の連結計算書類は，株主への情報提供を目的とし，原則として，分配可能額の算定には影響しません。すなわち，子会社から配当を受け取ったことにより会社の利益剰余金が増加し，配当原資となりますが，子会社に利益や損失があっても親会社の分配可能額には影響しません。

　もっとも，会社法は，会社が任意に連結配当規制適用会社となることを選択した場合

（注記表に明示します。会社計算 115 条）には，連結貸借対照表上の株主資本の額が親会社の個別貸借対照表上の株主資本の額を下回る場合には，その差額が分配可能額から控除されるとします（会社 461 条 2 項 6 号，会社計算 158 条 4 号）。連結配当規制適用会社になることを選択すれば，分配可能額算定の際の控除科目が追加されることになりますが，次のようなメリットもあります。連結配当規制適用会社は，第 1 に，連結配当規制適用会社の子会社間における親会社株式の取得が自由になり（会社 135 条 2 項，会社則 23 条 12 号），第 2 に，簿価債務超過の子会社を消滅会社等とする組織再編をする場合においても，説明義務の規定（会社 795 条 2 項 1 号）の適用がなく（会社 795 条 2 項 1 号，会社則 195 条 3 項〜5 項），その結果，消滅会社等の株主に交付する組織再編対価の総額が純資産額の 5 分の 1 を超えない場合には，組織再編で差損が生じる場合でも簡易組織再編をすることも可能となります（会社 796 条 2 項・795 条 2 項 1 号，会社則 195 条 3 項〜5 項）。合併等の差損がすでに分配可能額から差し引かれているので，合併による分配可能額の影響を受けないからです。このように，連結配当規制適用会社となれば，分配可能額の控除科目は増加しますが，子会社の整理統合や子会社の再編を迅速・簡易にすることができるというメリットは享受できます。

税法の理解

(1)　受取配当益金不算入

　従前は，連結法人株式等にかかる配当のみ，受取配当の負債利子控除なく配当全額を益金不算入とされていました。

　平成 22 年度税制改正において，配当等の額の計算期間を通じて内国法人との間に完全支配関係があった他の内国法人にかかる株式等（「完全子法人株式等」）からの配当等について負債利子控除を行わない（すなわち全額を益金不算入）とされました（法税 23 条 1 項，4 項，5 項）。

　完全子法人株式等とは，要するに，配当等の額の計算期間を通じて，内国法人との間に完全支配関係があった他の内国法人の株式または出資をいいます（法税 23 条 5 項）。当該計算期間の全期間を通じて完全支配関係があることが要件になっていますから，途中から完全支配関係が発生した場合が問題になります。この場合も，同じグループ内（たとえば，両社が期間前から持株会社の完全支配関係にあるなど）の子会社どうしで株式を取得して完全支配関係が生じた場合であれば，完全子法人株式等にあたるとされています。

　これは，100% グループ内の子法人からの配当は事業部門からの資金移転と同質であり，連結納税制度の採用の有無にかかわらず同一の取扱いをすべきであること，などが理由とされています。

Question においても，A社の完全支配関係が当該計算期間を通じて存在していれば，B社からA社への配当は益金不算入となり，法人税負担なしに還流させて支払原資とすることが可能となります。

⑵　中小企業向け特例措置の大法人の 100% 子法人に対する適用

なお，B社が法人税法上の中小法人（資本金の額または出資金の額が1億円以下の法人）であり，A社の資本金の額が10億円であったとすると，今後B社には，以下の制度の適用がありません。

① 　軽減税率（法税66条2項等）

② 　特定同族会社の特別税率の不適用（法税67条1項）

③ 　貸倒引当金の法定繰入率（租特57条の9）

④ 　交際費の損金不算入制度における定額控除制度（租特61条の4）

⑤ 　欠損金の繰戻しによる還付制度（租特66条の12）

なぜなら，資本金の額もしくは出資金の額が5億円以上の法人または相互会社等の 100% 子法人には上記制度が適用されないためです（法税66条5項2号等）。このような取扱いとなっている理由は，同じ中小企業でも大企業のグループ法人には資金調達のための政策的配慮の必要性は乏しく，グループ内で事業を子会社に分社化した場合と一社集中させた場合とで取扱いを異ならせることは適当でないと考えられるためです。

ポイント

　グループ法人税制の趣旨に則り，完全支配関係にある内国法人間での資金・資産の移転には課税されないようにするため，グループ内資本取引において損益が生じない場合が増え，連結配当規制適用会社となればさらに機動的な組織再編が行いやすくなります。

（田村　裕樹）

グループ会社経営・グループ法人税と連結納税

Question

　当社は持株会社で傘下に複数の 100% 子会社を抱えています。持株会社グループにおける子会社管理の留意点および完全支配関係グループに適用される税制について教えてください。

会社法の理解

　独占禁止法の平成 9 年改正により持株会社（子会社の株式の取得価格の総額が会社の総資産の 50% を超える会社。独禁 9 条 4 項 1 号）の設立が解禁され，事業支配力が過度に集中する場合を除いて持株会社の設立や転化を任意に実施できるようになって以降，上場会社を中心に持株会社体制へ移行する企業グループが増えています。グループ企業が一体的に事業運営されていることを反映して，子会社管理は親会社の取締役の重要な職務の 1 つとされ，会社法上，特に下記に留意する必要があります。

(1)　親会社取締役の子会社管理（会社 348 条 3 項 4 号，362 条 4 項 6 号，399 条の 13 第 1 項 1 号ハ，416 条 1 項 1 号ホ）

　持株会社にかぎらず子会社を有する親会社においては，当該企業グループの業務の適正を確保するための体制，いわゆる「内部統制システム」の整備・構築が求められます。具体的には大会社である親会社は，取締役会において子会社の取締役等の職務執行が効率的に行われるための体制確保や親会社への報告体制の整備，子会社の損失の危険の管理に関する規程の整備などについて決定しなければならず，その決定の内容および運用状況を事業報告で開示する必要があります。

(2)　多重代表訴訟（会社 847 条の 3）

　親会社の議決権また発行済株式の 1% 以上を有する株主（公開会社においては 6 か月前から同要件を満たす者にかぎります）は，子会社に対してその取締役等の責任を追及する訴え（「特定責任追及の訴え」といいます）の提起を請求することができます。これは「多重代表訴訟制度」とよばれるもので，子会社がその請求の日から 60 日以内に訴えを提起しないときは，親会社の株主が，子会社の取締役等に対して直接特定責任追及の訴えを提起することができます。

　なお，多重代表訴訟制度の対象となる子会社は，その責任追及の原因となった事実が生じた日において，親会社が有する当該子会社の株式の帳簿価額が，親会社の総資産額の 5 分の 1 以上を超える場合における子会社にかぎります。

税法の理解

(1)　グループ法人税制

完全支配関係（1の者が法人の発行済株式等の全部を直接・間接に保有する関係または1の者により法人の発行済株式等の全部を直接・間接に保有される法人相互の関係をいいます）のある法人間での取引に対しては，次の①〜③に掲げるグループ法人税制が適用されます（法税2条12の7の6，法税令4条の2第2項）。

①　譲渡損益調整資産の譲渡（法税61条の13，法税令122条の14）

内国法人が譲渡損益調整資産を完全支配関係のあるほかの内国法人に譲渡した場合には，その譲渡損益はその譲渡のあった事業年度の益金または損金の額に算入されずに翌事業年度以後に繰り延べられます。その後，譲受法人においてその資産を譲渡，除却したとき，または譲渡法人と譲受法人との間に完全支配関係を有しないこととなったとき，もしくは譲渡法人が連結納税を開始することとなったときは，譲渡法人はその繰り延べられた譲渡損益を，その事業年度の益金または損金の額に算入します。

なお，譲渡損益調整資産とは，固定資産，土地（土地の上に存する権利を含み，固定資産に該当するものを除きます），有価証券（売買目的有価証券を除きます），金銭債権および繰延資産のうち，その帳簿価額が1000万円以上のものをいいます。

②　寄附金・受贈益の損金・益金不算入（法税37条2項，25条の2）

法人による完全支配関係のある内国法人間で授受された寄附金の額または受贈益の額は，その全額が損金の額または益金の額に算入されません。この場合，寄附金を支出した法人の株主においては，寄附金の額に持分割合を乗じた金額をその株式の帳簿価額から控除し，受贈益を受けた法人の株主においては，受贈益の額に持分割合を乗じた金額をその株式の帳簿価額に加算します。

③　中小法人向け特例の適用関係（法税66条5項）

期末資本金の額が1億円以下の法人については，「法人税の軽減税率の適用」，「特定同族会社の特別税率の不適用」，「貸倒引当金の法定繰入率」，「交際費等の損金不算入制度における定額控除制度」，「欠損金の繰戻還付制度」などの制度が適用されますが，各事業年度終了時において資本金の額が5億円以上である法人との間に完全支配関係がある内国法人は適用対象外となります。

(2)　連結納税

a)　制度概要（法税4条の2，4条の3，6条）

連結納税は，完全支配関係を有する内国法人のグループについて一体で課税を行

う制度であり，連結納税グループの各法人の所得を合算して，法人税を計算するものです。連結納税は法人税固有の制度ですので，連結納税を採用した場合においても地方税は各々の法人による単体申告・納税になります。

連結納税を採用するには，親法人・子法人の連名で，原則として，最初に連結納税を開始しようとする事業年度開始日の3か月前までに承認申請をする必要があります。また，連結納税をいったん採用した場合には，原則として継続適用が求められ，帳簿書類の不備などの一定の取消事由等に該当する場合を除いて，法人の任意で取り止めることはできません。

b)　連結子法人の繰越欠損金と時価評価（法税81条の9，61条の11，法税令122条の12）

連結納税制度の開始時において，連結グループ法人の繰越欠損金は，「親法人の繰越欠損金はそのまま引き継ぎ，子法人の繰越欠損金は切捨て」が大原則です。連結納税グループへの子法人の新規加入時においても同様に，子法人の繰越欠損金は切捨てとなります。

また，連結納税の開始・新規加入にあたっては，連結子法人となる法人の保有する時価評価対象資産（固定資産，土地等，金銭債権，有価証券（売買目的有価証券等を除きます）および繰延資産のうち，その含み損益が，その子法人の資本金等の額の2分の1または1000万円のいずれか少ない金額以上で帳簿価額が1000万円以上のものをいいます）を時価評価することとされています。この時価評価による損益は，税務上，連結子法人となる法人の連結納税加入直前事業年度の益金・損金に算入されます。

ただし，その連結子法人が「親法人又は連結子法人により設立された法人」や「親法人に5年超，直接・間接に100%保有されている子法人」，「適格株式交換による完全子法人」などの一定要件を満たす特定連結子法人に該当する場合には，上記の子法人の繰越欠損金の切捨てや保有資産の時価評価は行われません。連結納税の採用にあたっては，これらの規定の適用関係について慎重な検討が必要になります。

図表 89-1　連結納税とグループ法人税制の比較表

項目	連結納税	グループ法人税制
適用対象グループ	完全支配関係グループ （内国法人のみ）	完全支配関係グループ （個人・外国法人に保有されている場合も含む）
承認申請	必要 （適用開始事業年度の3月前まで）	不要 （強制適用）
事業年度の統一	必要 （統一しない場合には，子法人はみなし事業年度）	不要
損益通算	可	不可
中小法人向け特例	親法人の資本金で判定	各法人の資本金で判定 （親法人の資本金が5億円以上の場合，不適用）
子法人の欠損金切捨て・時価評価	必要 （一定の場合には適用なし）	不要
子法人株式の帳簿価額修正事由	子法人株式の譲渡，子法人のグループ離脱など	グループ内法人間の寄附
譲渡損益調整資産の譲渡損益	繰延べ	同左
グループ内法人間の寄附金	寄附金は全額損金不算入 受贈益は全額益金不算入	同左

　ポイント

　グループ法人税制は強制適用，連結納税は選択適用です。連結納税の採用にあたっては直接的な税制上のメリット・デメリットだけでなく，管理部門にかかる手間暇・コスト面も含めて慎重な検討が必要です。

（杉山　康弘）

事 項 索 引

判 例 索 引

〈高等裁判所〉

<監修者・編者紹介>

三木　義一（みき　よしかず）
1973年　中央大学法学部卒業
1975年　一橋大学大学院法学研究科修士課程修了
現在　青山学院大学名誉教授

山田　泰弘（やまだ　よしひろ）
1995年　名古屋大学法学部卒業
2000年　名古屋大学大学院法学研究科博士課程後期課程修了
現在　立命館大学法学部教授

安井　栄二（やすい　えいじ）
2003年　立命館大学法学部卒業
2008年　立命館大学大学院法学研究科博士課程後期課程修了
現在　立命館大学法学部教授

新　実務家のための税務相談（会社法編）〔第2版〕
Tax Law for Professionals (The Law of Corporations), 2nd ed.

2017年 6 月20日　初　版第 1 刷発行
2020年11月20日　第 2 版第 1 刷発行

監　修　　三　木　義　一
編　者　　山　田　泰　弘
　　　　　安　井　栄　二
発 行 者　　江　草　貞　治
発 行 所　　株式会社　有　斐　閣
　　　　　郵便番号 101-0051
　　　　　東京都千代田区神田神保町 2-17
　　　　　電話　(03) 3264-1314〔編集〕
　　　　　　　　(03) 3265-6811〔営業〕
　　　　　http://www.yuhikaku.co.jp/

印　刷　　大日本法令印刷株式会社
製　本　　大口製本印刷株式会社